婚姻家庭继承法

（第二版）

主　编／梁继红　刘　枭

产教融合　　校企合作

工学结合　　知行合一

西南财经大学出版社

中国·成都

图书在版编目(CIP)数据

婚姻家庭继承法/梁继红,刘枭主编.—2版.—成都:西南财经大学
出版社,2024.1
ISBN 978-7-5504-5934-2

Ⅰ.①婚… Ⅱ.①梁…②刘… Ⅲ.①婚姻法—中国②继承法—中国
Ⅳ.①D923

中国国家版本馆 CIP 数据核字(2023)第 173125 号

婚姻家庭继承法(第二版)
HUNYIN JIATING JICHENGFA

主编　梁继红　刘　枭

策划编辑:高小田
责任编辑:高小田
责任校对:王甜甜
封面设计:墨创文化
责任印制:朱曼丽

出版发行	西南财经大学出版社(四川省成都市光华村街55号)
网　　址	http://cbs.swufe.edu.cn
电子邮件	bookcj@swufe.edu.cn
邮政编码	610074
电　　话	028-87353785
照　　排	四川胜翔数码印务设计有限公司
印　　刷	郫县犀浦印刷厂
成品尺寸	185mm×260mm
印　　张	21.125
字　　数	485 千字
版　　次	2024 年 1 月第 2 版
印　　次	2024 年 1 月第 1 次印刷
印　　数	1—2000 册
书　　号	ISBN 978-7-5504-5934-2
定　　价	49.80 元

Q 第二版前言

该书在第一版的基础上根据教学过程中发现的问题，同时根据婚姻家庭继承法理论与实践最新动态和新的法律法规，对教材个别章节内容做了修订，补充了新知识、新方法、新信息资料与案例。

以婚姻为基础的家庭既是社会的基本细胞，也是社会发展的基础，兼具自然属性与社会属性，不仅调节婚姻生活和两性关系，还具有实现人口再生产、组织经济生活、实现家庭教育等多重重要的社会职能。因而，增进民生福祉，维护家庭和谐，是社会发展的根本目的，构成了人民日益增长的美好生活需要的重要载体和基本诉求。

党的二十大报告提出：加快建设法治社会。推进多层次多领域依法治理，提升社会治理法治化水平。婚姻家庭继承法主要调整有关婚姻家庭的社会关系及因自然人的死亡而引起的继承法律关系，涉及我们每一个人的权益，既是民法的重要组成部分，也是我国社会主义市场经济体制下社会制度的重要组成部分。婚姻家庭继承法是民事审判实践中适用性极强的法律之一，因而对婚姻家庭法、继承法的深入研究和学习是非常必要的，是法学专业学生需要学习的一门专业课程。修读这门课程，对于培养学生的法律思维，掌握涉及婚姻家庭关系以及以婚姻、血缘为重要基础的、与民生紧密相关的民事法具有重要作用。

编写一本适用于法学专业婚姻家庭法和继承法课程教学需要的《婚姻家庭继承法》教材，是我们的主要目的。为了培养合格的法学人才，本教材在编写过程中突出了理论与实践相结合的特点，并在注重阐述基本概念、基本知识和基本理论的同时，明晰了现行法律、法规和司法解释的内涵，为婚姻家庭继承制度的学习和适用奠定了基础。本教材在编写体例上作了如下安排：第一，将婚姻家庭法和继承法分成两编分别阐释；第二，强化有关婚姻家庭和继承方面的基本内容，以适应部分基础薄弱的学生的需求；第三，注重对现行法律条文的司法解释，内容充实、实用性强，对提高学生掌握法律条文内涵的理解能力有直接帮助；第四，在每一章末尾，以思考题的形式，对本章内容的重点和难点进行巩固学习。在教学中，本教材适宜采取重点讲授和学生自学两种教学方法，同时强化对学生法律思维的训练。

本教材由梁继红和刘枭主编，在编写过程中，西南财经大学法学院2016级法律硕士王菲同学、韩小双同学承担了大量的工作。由于编者水平有限，本教材不可避免会出现一些疏漏、不足和错误，敬请广大读者批评指正。

编者

2024 年 1 月

目录

第一编　婚姻家庭法

第一章　婚姻家庭法概述……………………………………………………（3）

第一节　婚姻家庭…………………………………………………………（3）

第二节　婚姻家庭法的概念与调整对象…………………………………（5）

第三节　婚姻家庭法的特征………………………………………………（7）

第四节　婚姻家庭法的渊源………………………………………………（8）

第五节　我国婚姻家庭法的基本原则……………………………………（9）

第二章　亲属制度……………………………………………………………（21）

第一节　亲属的概念与亲属制度的历史演变…………………………（21）

第二节　亲属的种类和分类……………………………………………（23）

第三节　亲系和亲等……………………………………………………（25）

第四节　亲属关系的发生、终止以及效力……………………………（28）

第三章　结婚制度……………………………………………………………（33）

第一节　结婚制度概述…………………………………………………（33）

第二节　婚约……………………………………………………………（37）

第三节　结婚条件………………………………………………………（38）

第四节　结婚程序………………………………………………………（42）

第五节　婚姻的无效和可撤销…………………………………………（48）

第四章 夫妻关系 ……………………………………………………………………… （55）

　　第一节 夫妻人身关系 ………………………………………………………… （56）

　　第二节 夫妻财产关系 ………………………………………………………… （60）

第五章 离婚制度概述 …………………………………………………………………… （67）

　　第一节 婚姻的终止 …………………………………………………………… （67）

　　第二节 准予或不准予离婚的法定条件 ………………………………… （74）

　　第三节 离婚登记 ……………………………………………………………… （77）

　　第四节 诉讼离婚 ……………………………………………………………… （82）

　　第五节 诉讼离婚的两项特别规定 ………………………………………… （84）

第六章 离婚的效力 ……………………………………………………………………… （87）

　　第一节 离婚在当事人身份上的效力 …………………………………… （87）

　　第二节 离婚在当事人财产上的效力 …………………………………… （88）

　　第三节 离婚时所欠债务的清偿 …………………………………………… （94）

　　第四节 离婚救济制度 ………………………………………………………… （98）

　　第五节 离婚在亲子关系上的效力 ……………………………………… （107）

第七章 亲子制度 ………………………………………………………………………… （115）

　　第一节 亲子关系概述 ………………………………………………………… （115）

　　第二节 亲权 ……………………………………………………………………… （120）

　　第三节 父母子女 ……………………………………………………………… （125）

　　第四节 非婚生子女 …………………………………………………………… （127）

　　第五节 继子女 ………………………………………………………………… （130）

第八章 收养制度 ………………………………………………………………………… （133）

　　第一节 收养制度概述 ………………………………………………………… （133）

　　第二节 收养法的基本原则 ………………………………………………… （136）

第三节 收养关系的成立 ·· (137)

第四节 收养关系成立的法律效力 ·· (143)

第五节 收养关系的解除 ·· (145)

第二编 继承法

第一章 继承法概述 ·· (151)

第一节 继承概说 ··· (151)

第二节 继承法 ··· (155)

第三节 继承权 ··· (156)

第四节 我国《民法典》继承编的基本原则 ···························· (161)

第二章 法定继承 ··· (165)

第一节 法定继承概述 ·· (165)

第二节 法定继承人的范围和继承顺序 ·································· (166)

第三节 代位继承与转继承 ·· (170)

第三章 遗嘱继承与遗赠 ·· (172)

第一节 遗嘱继承概述 ·· (172)

第二节 遗嘱 ··· (176)

第四章 遗赠与遗赠扶养协议 ·· (182)

第一节 遗赠 ··· (182)

第二节 遗赠扶养协议 ·· (183)

第五章 遗产的处理 ·· (186)

第一节 继承的开始 ··· (186)

第二节 遗产 ··· (187)

第六章　民族、涉外继承法律问题 ···（191）

　　第一节　涉外继承法律问题 ···（191）

　　第二节　区际婚姻家庭与继承 ···（194）

附录一　中华人民共和国民法典 ···（195）

附录二　最高人民法院关于适用《中华人民共和国民法典》婚姻家庭编的解释（一） ···
···（314）

附录三　最高人民法院关于适用《中华人民共和国民法典》继承编的解释（一） ·········
···（324）

第一编
婚姻家庭法

第一章　婚姻家庭法概述

第一节　婚姻家庭

一、婚姻家庭的性质

（一）婚姻、家庭的概念

一般来说，婚姻是男女两性结合的特别形式，这种结合是为当时社会制度所认可的，具有长期性、稳定性和合法性。其他非配偶身份的结合，即使男女双方长期共同生活也不能称其为婚姻。婚姻是男女双方以共同生活为目的而缔结的，具有公示身份的两性结合①。因此，它的含义有：以男女两性结合为基础；以夫妻永久共同生活为目的；互享社会所认可的夫妻间的权利和义务。

家庭是指在血缘、婚姻或法律拟制基础上产生的，具有权利义务内容的一定范围的亲属所组成的共同生活单位。家庭具有以下几个特征：首先，家庭是以血缘、婚姻和法律拟制为基础而形成的亲属团体；其次，家庭成员之间具有法定的权利义务关系；最后，家庭是一个社会生活单位，它既是一个人的集合体，又是一个财产的集合体。它既是生活和消费部门，又是从事生产的单位。

（二）婚姻家庭的自然属性

婚姻家庭的自然属性是指婚姻家庭赖以形成的自然因素以及本身包含的自然规律②。如男女两性的生理差别，人类固有的性的本能以及通过自身繁衍而形成的血缘联系等。这种自然属性是婚姻家庭关系区别于其他社会关系的重要特征。如果没有上述种种自然因素，人类社会根本不可能出现婚姻家庭。因此，对婚姻家庭的自然属性应给予足够的重视。

（三）婚姻家庭的社会属性

婚姻家庭的社会属性是指社会制度赋予婚姻家庭的本质属性。婚姻家庭是一定的物质社会关系和一定的思想社会关系结合的产物，它并不是先天就有的。在不同的社会，婚姻

---

① 方文晖. 论婚姻在法学上的概念 [J]. 民商法学，2001 (4)：66.
② 张贤钰. 婚姻家庭继承法 [M]. 北京：法律出版社，2004：2.

家庭的结构特性不同；在同一社会，婚姻家庭也是在不断发展变化的。

作为社会关系的特定形式，婚姻家庭的性质、特点及其变化发展都是由其社会性质决定的①。和婚姻家庭的自然属性相比，社会属性是其本质属性。在人与人结合的形式上，使婚姻家庭形式和非婚姻家庭形式相区别的关键不是结合者的生理基础，而是其结合是否为社会所认可。

二、婚姻家庭的社会职能

以婚姻为基础的家庭是社会的细胞，它是适应人类社会发展的客观需要而出现的，在社会生活中具有多种重要的社会职能。按照一般公认的见解，婚姻家庭不仅具有调节两性关系的作用，而且担负着实现人口生产和再生产、组织生活消费和参与社会经济活动、教育家庭成员和培育下一代等社会职能。

（一）实现人口生产和再生产的职能

人口生产和再生产是社会存在和发展的必要条件。以两性结合和血缘联系为其自然条件的婚姻家庭，是人口再生产的社会形式。社会若要延续，首先必须解决人种的延续问题。人种的延续是通过计划生育制度来完成的。生育下一代并不是单纯的生理事件，而是在特定社会制度中完成的社会事件。我国目前人口的出生主要是在婚姻家庭的组织中完成的，因此，客观上婚姻家庭承担着重要的延续后代的职能②。中华人民共和国成立之后，为向社会经济发展提供充足的劳动力，国家鼓励多生。而人口的盲目增长与国民经济的发展不协调，并成为现代化建设的不利因素。为加速经济发展，必须适当控制人口，实行计划生育政策。2013年，国家积极开展应对人口老龄化行动，实行促进人口均衡发展，坚持计划生育的基本国策，完善人口发展战略，党的十八届五中全会决定全面实施一对夫妇可生育两个孩子的政策，积极应对人口老龄化③。

2021年8月20日，第十三届全国人民代表大会常务委员会第三十次会议通过《全国人民代表大会常务委员会关于修改〈中华人民共和国人口与计划生育法〉的决定》，对《人口与计划生育法》进行了修订。《人口与计划生育法》在第十八条中规定：国家提倡适龄婚育、优生优育。一对夫妻可以生育三个子女。

（二）组织生活消费和参与社会经济活动的职能

在传统的农业社会中，"男耕女织"，社会的经济生产主要是由以婚姻为基础的家庭来完成的；在现代社会，尤其是城市社会中，经济生产是在工厂等"单位"完成的，家庭的生产功能就明显弱化。但是生活消费的大部分是由家庭来完成的，为家庭共同生活而发生

---

① 张贤钰. 婚姻家庭继承法 ［M］. 北京：法律出版社，2004：3.
② 许莉. 婚姻家庭继承法 ［M］. 2版. 北京：北京大学出版社，2012：2.
③ 来源：东方网：http://news.eastday.com/eastday/13news/node2/n4/n6/u7ai173782_K4.html，最后访问时间：2017年7月10日。

的对房屋、汽车、饮食等的支出仍是现代社会的重要消费来源。

（三）教育家庭成员和培育下一代的职能

家庭是人口出生的主要场所，人一出生就面对着家庭。因此，社会学认为，家庭是人的"首属群体"。社会的文化传承首先便在家庭里对下一代发挥着作用，家庭的濡化是社会文化重要的传承渠道，同时也是个人人格形成和社会化的重要途径。随着托儿所、幼儿园和各级学校在现代社会的建立以及电视、网络等媒体进入家庭，家庭文化教育和人格培养等功能也在一定程度上发生着改变。因此，家庭是社会中一个重要的教育单位。基于家庭成员之间的血缘联系、感情联系、生活上和经济上的联系，家庭教育具有自身的特点，它的作用是其他教育形式不能替代的。

第二节　婚姻家庭法的概念与调整对象

一、婚姻家庭法的概念

婚姻家庭法，指调整有关婚姻家庭的社会关系的法律。我国的婚姻家庭法是规定婚姻家庭关系的发生和终止，以及婚姻家庭主体之间，其他近亲属之间的权利义务的法律规范的总和。

一是形式意义上的婚姻家庭法，它是以婚姻家庭法、婚姻法、家庭法或亲属法等命名的法律或民法典中的婚姻家庭规范。在这一层面上，婚姻家庭法概念理论的着眼点为规范的表现形式和法律的编纂结构，它以专门的法律文件——婚姻家庭法作为表现形式。不过，"婚姻家庭法"作为一个集合或分解的名词在历史上由来已久，但各国的法律文件对其的称谓则各不相同。有的称其为婚姻家庭法，如1986年的《越南婚姻家庭法》；有的称其为家庭法，如1987年的《菲律宾共和国家庭法》；有的称其为婚姻和家庭法，如1968年的《苏俄婚姻和家庭法典》；有的称其为亲属法，如大陆法系国家和地区的民法典均将婚姻家庭关系规范纳入"亲属编"的内容；我国2021年1月1日起施行的《中华人民共和国民法典》（以下简称《民法典》）以婚姻家庭编命名。

二是实质意义上的婚姻家庭法，它是指一切调整婚姻家庭关系的法律规范的总称。这一概念的理论着眼点为婚姻家庭法律规范的性质、规范的作用、规范的构成、规范实施的方式等的有机统一。在这个层面上，调整婚姻家庭关系的法律规范，不仅存在于形式意义上的婚姻家庭法中，也存在于其他法律、法规之中。就此而言，无论是大陆法系国家还是英美法系国家，都有一部分实质意义上的婚姻家庭法。例如，大陆法系国家的国籍法中就有部分调整婚姻家庭关系的内容。而在英美法系国家，一些国家一方面有规范婚姻家庭关系的法律文件，如英国的《家庭赡养法》，美国的《统一结婚离婚法》《统一婚姻财产法》

等；另一方面还有部分调整婚姻家庭关系而不以婚姻家庭法命名的法律规范，如英国的《已婚妇女财产法》，其属于实质意义上的婚姻家庭法。

从我国目前的情况来看，一方面，我国有形式意义上的婚姻家庭法，即《民法典》，其集中而系统地规定了婚姻家庭法的基本内容。另一方面，在婚姻家庭法之外还有部分调整婚姻家庭关系的其他法律规范，如《民法典》总则部分有关亲属监护的制度，《中华人民共和国母婴保健法》有关结婚条件的规定等。

二、婚姻家庭法的调整对象

婚姻家庭法虽属于民事法律，但与其他民事法律相比，仍然以其特殊的调整对象与其他法律部门相区别。

（1）从婚姻家庭法调整对象的范围看，婚姻家庭法既调整婚姻关系，也调整家庭关系。《民法典》婚姻家庭编第一千零四十条规定："本编调整因婚姻家庭产生的民事关系。"婚姻关系包括婚姻的成立、婚姻的效力和婚姻的终止。家庭关系包括夫妻关系、父母子女关系和其他家庭成员之间的关系。可见，婚姻家庭法所调整的婚姻家庭关系涉及婚姻家庭关系发生、变更和终止的动态运行的全过程，以及该关系运行中相应主体之间形成的权利义务关系。因此，家庭成员之间亲属身份的确定以及家庭成员之间的权利义务关系的产生、变更和终止等方面的事项均由婚姻家庭法来调整。

（2）从调整对象的性质看，婚姻家庭法既调整婚姻家庭关系方面的人身关系，也调整婚姻家庭关系方面的财产关系。其中人身关系处于主导地位，财产关系是基于人身关系而产生的。婚姻家庭方面的人身关系是指存在于具有特定亲属身份的主体之间，本身并无直接财产内容的一种社会关系。

婚姻家庭方面的财产关系是以人身关系为前提的，是人身关系发生变更和终止所引起的相应的法律后果。在法律意义上为财产性质的权利义务关系，如抚养、扶养、赡养、继承等。这种财产关系随人身关系的产生而产生，随人身关系的变更、消灭而消灭。婚姻家庭法中的财产关系与民法中的财产关系是不相同的。其主要体现在：第一，主体不同。婚姻家庭法中财产关系的主体只能是具有特定身份的自然人，而民法中财产关系的主体可以是一切具有平等法律地位的自然人和法人。第二，原则不同。民法中的财产关系适用等价有偿、公平、自愿原则，而婚姻家庭法中的财产关系以男女平等为前提，兼顾保护弱者的原则，不具有对等性。第三，目的不同。民法中的财产关系以保障商品经济的正常运行秩序为目的，婚姻家庭法中的财产关系旨在为家庭共同生活服务，从而实现家庭的职能。第四，产生的依据不同。民法中的财产关系以各种能够引起民事法律关系的事件、行为或事实构成为依据，具有任意性的特点，婚姻家庭法中的财产关系则以引起特定身份关系的法律事实为依据，带有强制性的特点。

第三节　婚姻家庭法的特征

婚姻家庭法调整对象的范围和性质，决定了该法具有以下几个方面的特征：

一、适用范围的广泛性

婚姻家庭法是适用范围极为广泛的法律。婚姻法的普遍性仅次于宪法。因为婚姻法的调整对象必然会涉及每个公民，关系到男女老幼、千家万户，关系到社会生产和生活，也关系到物质文明和精神文明的建设。一个人只要在社会中生存，就不可能不参与到婚姻法领域的法律关系中，每个社会成员，无论其性别如何，年龄长幼，无论婚否，其依然以亲属关系的一个实体而存在，并受婚姻法的调整。

每个人一生中都不可避免地与婚姻家庭发生着联系，受到婚姻家庭法律的规范，享受着婚姻家庭法赋予的权利，并承担婚姻家庭法所规定的义务。因此，婚姻家庭法是适用于一切公民的普通法，而不是只适用于部分公民的特别法。当然婚姻家庭法不可能包罗万象，它只是规定人们在婚姻家庭领域中所必须遵守的一般性原则。有一些婚姻家庭问题得由道德规范和风俗习惯来调整。同时要认识到婚姻家庭法适用范围的广泛性，并不妨碍法律对某些特殊主体所作的专门规定，如一方为现役军人的配偶要求离婚的规定等。

二、鲜明的伦理性

婚姻家庭法属于身份法，它所调整的婚姻家庭关系既是一种身份关系，同时又是一种伦理关系。众所周知，伦理道德是制定法律的重要依据，特别是在婚姻家庭领域，并不是所有的事情都能依靠法律来解决，更多地依靠伦理道德来调节。这也就要求婚姻家庭立法必须充分反映伦理道德的要求，在处理婚姻家庭问题时，必须坚持将法律与道德相结合，并且注意发挥道德对法律的补充作用。

三、法律的强制性

婚姻家庭法除了规定自然人结婚、离婚自由，还有关于夫妻财产约定、子女姓氏约定、离婚时的子女抚养和财产分割的协议等任意性规范。同时，婚姻家庭法的内容多数都具有强制性，比如当一定的法律事实如结婚、离婚、出生、死亡、收养等发生之后，便在一定的婚姻家庭主体之间产生一定的权利和义务。这种法律后果是由法律预先规定的，当事人不得自行改变或通过约定加以改变。结婚、离婚、收养等行为必须依照法律规定的条件和程序进行，而不能自行改变或约定人为的附条件或附期限，否则，其随意性将会导致行为人的合法权益得不到保护。同时，婚姻家庭各个主体，如夫妻、父母子女之间的法定义务必须履行，否则，根据情节轻重，依法予以行政处分、民事制裁和刑事制裁。

第四节　婚姻家庭法的渊源

法的渊源，又叫作法源，是指法律存在的形式，婚姻家庭法的渊源就是婚姻家庭法存在的形式。我国的婚姻家庭法主要存在于专门处理婚姻家庭事项的《民法典》婚姻家庭编等制定法典以及相关的行政法规和司法解释中，但其他的法律、行政法规和司法解释中也会有涉及婚姻家庭事项的规定，性质上也是婚姻家庭法的规范，即实质意义的婚姻家庭法。

其他涉及婚姻家庭事项的婚姻家庭法的渊源如下：

一、专门处理婚姻家庭事项的婚姻家庭法的渊源

（1）法律。专门处理婚姻家庭事项的法律有《中华人民共和国民法典》[①] 婚姻家庭编。

（2）行政法规。专门处理婚姻家庭事项的行政法规主要有《婚姻登记管理条例》[②]。

（3）司法解释。专门处理婚姻家庭事项的司法解释主要有《最高人民法院关于适用〈中华人民共和国民法典〉婚姻家庭编的解释（一）》。

二、其他涉及婚姻家庭事项的婚姻家庭法的渊源

（一）宪法

宪法是国家的根本大法，它是我国制定其他法律、法规的基础，当然婚姻家庭法也应当遵循宪法的基本原则和方向。比如，宪法第四十九条规定了，"婚姻、家庭、母亲和儿童受国家的保护。""夫妻双方有实行计划生育的义务。""父母有抚养教育未成年子女的义务，成年子女有赡养扶助父母的义务。""禁止破坏婚姻自由，禁止虐待老人、妇女和儿童。"

（二）法律

《中华人民共和国民法典》《中华人民共和国老年人权益保障法》《中华人民共和国妇女权益保障法》《人口与计划生育法》《中华人民共和国家庭教育促进法》《未成年人保护法》等法律中都或多或少地规定了关于婚姻家庭的事项。

（三）国际条约

针对涉外民事法律关系，包括涉外婚姻家庭关系，我国缔结或参加的相关国际条约应

---

① 《中华人民共和国民法典》，2020 年 5 月 28 日十三届全国人大三次会议表决通过。2021 年 1 月 1 日起施行。
② 《婚姻登记管理条例》，2003 年 10 月起施行。

优先适用，即在国内法和国际条约有不同规定时应优先适用国际条约的规定。1991 年 12 月我国加入《儿童权利公约》，其第三条确定了"儿童最大利益"原则，这一原则对我国婚姻家庭立法和司法有极大的指导意义。

我国婚姻家庭法的渊源除了制定法以外，还包括非制定法，比如习惯法、判例法、法理以及学说。

第五节　我国婚姻家庭法的基本原则

婚姻家庭法的基本原则，是指导婚姻家庭立法的根本准则，它集中反映了一定社会婚姻家庭的本质和统治阶级的婚姻家庭观。我国婚姻家庭法的基本原则，是我国婚姻家庭立法的精神和所追求的基本价值理念，这些基本价值和理念无论在我国立法、司法，还是执法中都不可偏离。

一、婚姻家庭受国家保护原则

《民法典》婚姻家庭编第一次明确提出了"婚姻家庭受国家保护"。这一规定不但凸显了婚姻家庭在国家的独特价值与地位，也彰显出国家对婚姻家庭的坚定守护。无论时代如何变化，无论经济社会如何发展，对一个社会来说，家庭的生活依托都不可替代，家庭的社会功能都不可替代，家庭的文明作用都不可替代。无论过去、现在还是将来，绝大多数人都生活在家庭之中。我们要重视家庭文明建设，努力使千千万万个家庭成为国家发展、民族进步、社会和谐的重要基点，成为人们梦想启航的地方。家庭是社会的细胞。家庭和睦则社会安定，家庭幸福则社会祥和，家庭文明则社会文明。历史和现实告诉我们，家庭的前途命运同国家和民族的前途命运紧密相连。我们要认识到，千家万户都好，国家才能好，民族才能好。国家富强，民族复兴，人民幸福，不是抽象的，最终要体现在千千万万个家庭都幸福美满上，体现在亿万人民生活不断改善上①。

1948 年《世界人权宣言》第十六条宣明：家庭是天然的和基本的社会单元，并应受社会和国家的保护。这彰显了婚姻家庭在国际人权立法上的重要价值和地位，并强调缔约国应积极致力于对婚姻家庭的支持与保护，最大限度地采取一切立法、行政或其他措施承担对家庭的保障义务，以确保婚姻家庭圆满维持幸福和谐，免遭破坏和瓦解。我国《宪法》明确规定国家尊重和保障人权，并进一步规定了婚姻、家庭、母亲和儿童受国家的保护。国家保护婚姻家庭，已经成为我国宪法的核心意旨。《民法典》总则编第三条规定民事主体的人身权利、财产权利以及其他合法权益受法律保护，任何组织或者个人不得侵

---

① 习近平. 在会见第一届全国文明家庭代表时的讲话 [M]. 北京：人民出版社，2016：3.

犯。《民法典》也对其他涉及婚姻家庭的具体人格权、身份权、财产权、继承权及弱势群体作出了保护性规定①。

《民法典》将"婚姻家庭受国家保护"明确为婚姻家庭编的基本原则，既承载着我国宪法的核心意旨，也是对国际人权公约"家庭条款"的一种中国表达，表明了我国对婚姻家庭关系的全面关照和倾力守护，并在婚姻家庭编对婚姻家庭关系进行了体系化科学建构，完备了婚姻和家庭制度。

二、婚姻自由原则

（一）婚姻自由的含义及特征

首先，婚姻自由是指婚姻关系的建立和解除应根据当事人的意愿，任何人都不应当包办或强迫。奴隶社会和封建社会实行的都是包办、强迫婚姻。缔结婚姻和维系婚姻主要是为了实现家族的利益，满足传宗接代的要求。父母、家长对子女的婚事享有人身特权，当事人根本没有缔结婚姻和解除婚姻的自由。因此在当代，婚姻自由是人类社会发展的一大进步。

婚姻自由有以下两个特征：

（1）婚姻自由是法律赋予公民的一项权利。我国《宪法》第四十九条规定："禁止破坏婚姻自由。"《民法典》第一百一十条规定：自然人享有婚姻自主权。第一千零四十二条规定："禁止包办、买卖婚姻和其他干涉婚姻自由的行为。"第一千零四十六条规定："结婚应当男女双方完全自愿，禁止任何一方对另一方加以强迫，禁止任何组织或者个人加以干涉。"可见，婚姻自由是由法律规定并禁止受法律保护的一项权利，任何人都不得侵害这项权利，否则就是违法。

（2）婚姻自由权的行使必须符合法律的规定，禁止滥用婚姻自由权。婚姻自由权和公民的其他权利一样，不是绝对的，而是相对的。行使婚姻自由权，必须在法律规定的范围内进行，《民法典》明确规定了结婚、离婚的条件与程序，这些规定就是在婚姻问题上合法与违法的界限。凡符合法律规定的，即合法行为，受法律保护；不符合法律规定的，即违法行为，不受法律保护。

（二）婚姻自由的内容

1. 结婚自由

婚姻自由是法律赋予公民的一项权利。我国《宪法》第四十九条规定："禁止破坏婚姻自由。"《民法典》第一百一十条规定："自然人享有生命权、身体权、健康权、姓名权、肖像权、名誉权、荣誉权、隐私权、婚姻自主权等权利。"第一千零四十一条规定："婚姻家庭受国家保护。实行婚姻自由、一夫一妻、男女平等的婚姻制度。"第一千零四十

---

① 《民法典》第一百一十、一百一十二、一百一十三、一百二十四、一百二十八条。

二条规定："禁止包办、买卖婚姻和其他干涉婚姻自由的行为。禁止借婚姻索取财物。禁止重婚。禁止有配偶者与他人同居。"第一千零四十六条规定："结婚应当男女双方完全自愿，禁止任何一方对另一方加以强迫，禁止任何组织或者个人加以干涉。"具体说有两个方面的内容：一是双方当事人自主自愿结婚；二是结婚必须符合法律规定的条件和程序。自愿是实现婚姻自由的前提，是婚姻以互爱为基础的必要条件。但自愿必须不违背法律规定的条件和程序。因为结婚自由绝不意味着当事人可以在婚姻问题上为所欲为。我们既要反对包办强迫或干涉他人婚姻自由的违法行为，也要反对在婚姻问题上的各种轻率行为。当事人双方应以对自己、对后代、对社会严肃负责的态度处理这个问题，以利于建立幸福美满的婚姻家庭。

2. 离婚自由

离婚自由是指夫妻一方或双方具有通过法定程序解除婚姻关系的自由权利。具体说有三个方面的内容：一是指夫妻双方有共同达成离婚协议的权利，或夫妻任何一方有权以夫妻感情确已破裂，婚姻关系无法维系为理由，诉讼离婚的权利；二是离婚必须符合法定条件并履行法定程序；三是离婚当事人在主张和提出离婚的同时，要妥善地协商和处理好离婚后的财产分割以及未成年子女的抚养和教育问题，经济条件好的一方要帮助贫困的一方，有过错的一方还要承担损害赔偿责任等。由此，我们可以看出，婚姻法对离婚自由既予以保护，又强化了离婚时的法律救济手段。

3. 结婚自由和离婚自由的关系

结婚自由和离婚自由是相互联系、缺一不可的。保障结婚自由的目的是使未婚或丧偶、离婚的男女，能够按照自己的意愿，建立起以爱情为基础的婚姻关系。保障离婚自由的目的是使那些感情确已破裂，婚姻在事实上已经"死亡"的夫妻，能够依法解除婚姻关系，并使当事人有可能重新建立幸福美满的家庭。结婚自由是婚姻自由的主要方面，离婚自由是婚姻自由不可缺少的内容。结婚是一种极为普遍的行为，对于是否结婚、与谁结婚的问题，当事人享有最广泛的自由。离婚则是在不得已的情况下发生的，它只是解决夫妻冲突的最后的手段。行使离婚自由的权利不能仅凭当事人一方的主观愿望，其对另一方、对子女、对家庭和社会应当具有高度的责任感。

（三）禁止破坏婚姻自由的违法行为

虽然我国婚姻家庭法明确规定婚姻自由的内容，但是并不排除破坏婚姻自由的违法行为。比如，父母干涉子女结婚，以及子女干涉父母再婚。婚姻家庭领域还不可避免地存在着封建社会伦理道德观念的残余，阻碍着婚姻自由的实现。为了贯彻婚姻自由原则，婚姻家庭法作了两项禁止性规定：

1. 禁止包办、买卖婚姻和其他干涉婚姻自由的违法行为

包办婚姻是指第三人（包括父母）违背当事人的意愿，强迫其结婚的违法行为。买卖婚姻是指第三人（包括父母）以索取大量财物为目的，包办强迫他人结婚的违法行为。包

办婚姻与买卖婚姻既有联系，又有区别。其共同之处在于两者都违背了当事人的意愿，对婚事包办强迫。区分包办婚姻和买卖婚姻的关键，主要看是否以索取大量的财物为目的。如果包括父母在内的第三人，包办自己的子女或他人的婚姻，是以索取大量财物为目的的就是买卖婚姻；如果包括父母在内的第三人强迫包办自己的子女或他人的婚姻，并不以索取大量财物为目的，则是包办婚姻。包办婚姻不一定是买卖婚姻，但买卖婚姻必然是包办婚姻。这是干涉婚姻自由的两种主要的违法行为，故婚姻家庭法明文加以禁止。

其他干涉婚姻自由的行为，是除包办、买卖婚姻以外的各种干涉他人结婚自由、离婚自由的违法行为的总称。如子女干涉丧偶、离异的父母再婚、复婚；父母干涉子女的结婚自由和离婚自由，干涉非近亲关系的同姓男女结婚等。

包办、买卖婚姻和其他干涉婚姻自由的违法行为，侵害了公民婚姻自由的权利，给一些家庭加重了经济负担，同时也容易造成各种纠纷，影响群众的生产、生活，不利于社会的安定和文明进步。由于干涉婚姻自由的情况比较复杂，对此需要综合治理。首先要大力开展法治宣传和道德教育，继续在婚姻问题上破旧俗、立新风。同时要加强这方面的执法力度，真正做到有法必依、违法必究。在处理具体问题时，要区别情况，划清各种必要的界限，对违法行为人进行严肃的批评教育，有的还应视其违法行为的情节和后果，追究行为人的法律责任。干涉他人婚姻自由时如果使用了暴力，比一般的干涉婚姻自由行为具有更大的社会危害性，应当按照刑法的有关规定，追究犯罪者的刑事责任。

2. 禁止借婚姻索取财物

借婚姻索取财物是指除买卖婚姻以外的其他借婚姻索取财物的违法行为。常见的情况为男女双方结婚基本上是自主自愿的，但一方（主要是女方或女方的父母）向他方索要一定的财物，作为结婚的条件。有时女方的父母也从中索要部分财物。在认定和处理此类问题时，应注意以下几个问题：

（1）注意借婚姻索取财物与买卖婚姻的区别

二者虽然都具有索要财物的共同特征，但却有着根本性的区别。①买卖婚姻是第三人索要财物，而借婚姻索取财物主要是婚姻当事人本人索要财物；②买卖婚姻索要的财物必须是大量的，而借婚姻索取财物不一定是大量的；③买卖婚姻必须是包办强迫的，而借婚姻索取财物基本上是自主自愿的；④买卖婚姻以索取大量财物为目的，而借婚姻索取财物以结婚为目的。

借婚姻索取财物虽然在性质上不同于买卖婚姻，但是，现实生活中此类行为比买卖婚姻多，涉及面广，其危害性不可低估。借婚姻索取财物不是正当地行使婚姻自由的权利，而是借自由之名滥用这种权利。对于此类行为人，应当进行批评教育，责令其改正错误，同时还要根据具体情况，妥善处理由此而引起的财物纠纷。这方面的纠纷有的发生在毁婚约时，有的则是在离婚时发生。最高人民法院《关于适用〈中华人民共和国民法典〉婚姻家庭编的解释（一）》第五条规定："当事人请求返还按照习俗给付的彩礼的，如果查明属于以下情形，人民法院应当予以支持：（一）双方未办理结婚登记手续；（二）双方办理结婚登记手续但确未共同生活；（三）婚前给付并导致给付人生活困难。适用前款第二项、第三项的规定，应当以双方离婚为条件。"

（2）注意借婚姻索取财物与赠与行为、借婚姻骗取财物的区别

男女双方之间，以及一方对另一方的父母，出于自愿的赠与是完全合法的，这种赠与并非被迫付出的代价。借婚姻索取财物也不同于以婚骗财。骗取财物者并无与对方结婚的目的，其社会危害性比借婚姻索取财物要大，对其应根据具体情况按诈骗行为处理，追究骗财者的民事责任、行政责任，直至按诈骗罪追究其刑事责任。

二、一夫一妻制原则

一夫一妻是指一个男子一个女子结为夫妻的制度。一夫一妻制是人类社会婚姻家庭发展中经过了从群婚制到对偶婚再到一夫一妻的发展变化过程。自1950年婚姻法颁布实施以来，我国的婚姻制度中已彻底废除了封建社会的一夫一妻多妾制。一夫一妻制原则是我国婚姻家庭制度改革的重要成果。

（一）坚持一夫一妻制原则的必要性

一夫一妻是指一男一女结合为夫妻的婚姻形式。一夫一妻制原则的法律特征有：①任何未婚男女，无论其地位高低、财产多寡，都不得同时与两个或两个以上的人结婚；②任何已婚者，在其配偶死亡或双方离异前不得再行结婚；③任何公开的、隐蔽的一夫多妻或一妻多夫都是违法的，违法者要承担法律责任。

虽然我国坚决贯彻一夫一妻制原则，从现实情况看，随着经济的发展，社会进一步融合，在人们的思想进一步解放，物质生活条件日益改善的同时，重婚、婚外同居等违反一夫一妻制的现象也呈增长趋势。但是坚决贯彻一夫一妻制仍有必要。这是因为：第一，坚持一夫一妻制是婚姻的本质属性的必然要求。婚姻不同于友谊，具有排他性，以性爱为基础的婚姻，按其本性来说就是个体婚姻。一夫一妻制顺应了婚姻自然属性的要求。第二，坚持一夫一妻制是婚姻家庭伦理本质的要求。因为一夫一妻制可保证子女血缘纯净，防止近亲结婚，发生乱伦现象，有利于人类自身的健康和稳定发展。第三，一夫一妻制符合婚姻家庭制度的社会属性。违反一夫一妻制行为的存在不仅破坏了家庭关系，也给受害人和子女造成伤害，甚至引发情杀、自杀等，影响了社会安定。坚持一夫一妻的婚姻制度，不单单是维护某一家庭的稳固，也不仅仅是保护某一受害人的利益，而是事关社会安定的大事。第四，一夫一妻制反映了男女性别比例的自然要求。一夫多妻只会造成社会的混乱。第五，坚持一夫一妻制是男女两性平等的保障。

三、男女平等原则

男女平等，是指男女两性在婚姻家庭关系中的法律地位平等，即平等地享有权利、平

等地履行义务。男女平等是破除男尊女卑的旧的传统，促进妇女彻底解放，巩固和发展我国社会主义婚姻家庭关系的重要保证。中华人民共和国成立以来在政治、经济、文化、教育和婚姻家庭等方面都始终贯彻着男女平等的原则。

在婚姻家庭关系中，男女平等既表现为权利上的平等，也表现为义务上的平等，主要包括以下内容：

（一）婚姻关系方面的权利义务平等

男女有平等缔结婚姻的权利，结婚条件对男女双方是平等的；结婚后，男女任何一方都可成为对方家庭的成员；男女有平等的离婚请求权；离婚时男女双方对夫妻共同财产均享有平等分割的权利；对债务的清偿和离婚时的损害赔偿、经济补偿以及经济上的相互帮助，双方的权利也是平等的。

（二）家庭关系中的地位平等

夫妻是婚姻关系中的平等主体，享有平等的权利，承担平等的义务。双方要互相尊重、互相体贴、互相谅解、互相扶助、互相照顾。在赡养老人、抚育和教育子女等方面要通力合作。在财产处理、家务管理等方面要相互协商，一方不得把自己的意见强加于对方。具体说，夫妻都有独立的姓名权、人身自由权、计划生育的权利义务，双方对共有财产有平等的处理权，夫妻有相互扶助的义务，同时享有相互继承遗产的权利。

在父母子女关系方面，父母抚养教育子女的权利义务平等，接受子女赡养扶助的权利平等。子女接受父母抚养教育的权利平等，赡养扶助父母的义务平等，父母、子女之间的继承权平等。

（三）其他家庭成员间的地位平等

在其他家庭成员关系方面，祖父母和外祖父母抚养孙子女、外孙子女的义务平等，接受孙子女、外孙子女赡养的权利平等，兄和姐扶养弟和妹的义务平等，接受弟和妹扶养的权利平等。

虽然《中华人民共和国宪法》《中华人民共和国民法典》和《中华人民共和国妇女权益保障法》等赋予所有家庭成员平等的法律地位，但是由于我国有着几千年封建社会的历史，男女不平等的情况还是大量存在的。

四、保护妇女、未成年人、老年人、残疾人的合法权益的原则

（一）保护妇女的合法权益

保护妇女的合法权益是对男女平等原则的补充。历史上妇女一直受政权、神权、族权、夫权的压迫，中华人民共和国成立以来，妇女的地位已经有了很大的变化，经济、政治地位有了显著的提高，在社会主义建设事业中发挥了重要的作用，男女在婚姻家庭领域的地位日趋平等。但是受长期存在的男尊女卑的封建残余思想的影响，男尊女卑的性别歧视并没有完全消除。在婚姻家庭生活中个别家庭丈夫对妻子、父母对女儿的合法权益加以限制的情况依然存在，妇女被虐待或遗弃的现象依然存在，遗弃女婴、剥夺女儿继承权的情况还时有发生。这都是婚姻家庭法确定保护妇女合法权益这一原则的根本原因。

男女平等是基础，保护妇女合法权益是补充，二者只有互相配合，相辅相成，才能有利于男女平等原则的真正实现。

（二）保护未成年人的合法权益

保护未成年人的合法权益，是指保护不满 18 周岁的未成年人的一切合法权利和利益。2020 年 11 月进行的第七次全国人口普查结果显示，0~14 岁人口占 17.95%，比 2010 年人口普查上升 1.35 个百分点[①]。我国《宪法》规定："儿童受国家的保护。禁止虐待儿童。""国家培养青年、少年、儿童在品德、智力、体质等方面全面发展。"这是保障未成年人的生活和生存权利的最基本的规定。《中华人民共和国未成年人保护法》《中华人民共和国预防未成年人犯罪法》对保护未成年人的合法权益作了更为全面和具体的规定，其中对未成年人在家庭中的权益的保护，主要有以下几方面的内容：

（1）父母或其他监护人必须履行抚养义务和监护职责，不得虐待、遗弃未成年人，不得歧视女性和有残疾的未成年人。

（2）父母或其他监护人必须保证未成年人接受义务教育的权利，不得使其中途辍学。这是婚姻家庭法所规定的父母对子女的教育义务的具体体现。

（3）父母或其他监护人应当以健康的思想品行和正确的方法教育未成年人，使之树立良好的道德品质，预防和制止未成年人的不良习惯。

（4）父母或其他监护人不得允许或迫使未成年人结婚。

（5）非婚生子女享有与婚生子女平等的权利，任何人不得加以歧视和危害。

我国宪法和婚姻家庭法等法律、法规为儿童权益提供了法律保护，但在现实生活中，还存在着侵害儿童合法权益的现象。比如，将女婴、残疾婴儿溺死或遗弃；在儿童处于应受教育的年龄阶段，强制其辍学外出打工；对子女娇生惯养，忽视品德教育，使子女走上违法犯罪道路的事例也时有发生。因此，必须切实贯彻保护儿童合法权益的原则，使广大儿童能够在家庭和社会的关怀下健康成长。

（三）保护老年人的合法权益

老龄化是任何一个国家都必须正视的现实，但中国今后的情况也许更为严重。面对汹涌而来的老龄化浪潮，中国远远没有做好准备。

中国的老龄人口基数大，增速快。第七次全国人口普查数据显示：60 岁及以上人口占 18.70%，其中 65 岁及以上人口占 13.50%。尊重、赡养和爱护老年人是中华民族的传统美德。但是，在社会主义初级阶段，社会保障并不能取代家庭赡养，绝大多数老年人还

---

① 来源：中华人民共和国国家统计局，http://www.stats.gov.cn/ztjc/zdtjgz/zgrkpc/dlcrkpc/，最后访问时间：2023 年 5 月 4 日。

需要由子女承担赡养义务。目前,我国 65 岁以上老年人中有 77.02% 的老年人与其子女一起居住。因此,子女对老人要在经济上给予帮助,生活上给予关心,精神上给予安慰,这不仅是子女的法定义务,也是道德规范的要求。

对老年人合法权益的保护,包括人身权利与财产权利两个方面。《民法典》对老年人合法权益的保护体现在两个方面:一是规定了子女对父母的赡养义务。如果子女不履行法定义务,父母有要求子女给付赡养费的权利。另外,在特定条件下,孙子女或外孙子女有赡养祖父母或外祖父母的义务。二是规定了禁止遗弃和虐待老人。1996 年 8 月 29 日全国人大常委会通过了《中华人民共和国老年人权益保障法》,2018 年 12 月 29 日第十三届全国人民代表大会常务委员会第七次会议第三次修正,全面具体地对老年人合法权益的保护作了明确规定。

妇女、儿童和老人已是《妇女权益保障法》《老年人权益保障法》《未成年人保护法》专门保护的对象,但妇女、儿童和老人是社会中的相对弱势群体,强调对他们的保护,目的在于维护其合法权益。

(四)保护残疾人的合法权益

残疾人是指在心理、生理、人体结构上,某种组织、功能丧失或者不正常,全部或者部分丧失以正常方式从事某种活动能力的人。残疾人包括视力残疾、听力残疾、言语残疾、肢体残疾、智力残疾、精神残疾、多重残疾和其他残疾的人①。《宪法》第四十五条规定:"中华人民共和国公民在年老、疾病或者丧失劳动能力的情况下,有从国家和社会获得物质帮助的权利。国家发展为公民享受这些权利所需的社会保险、社会救济和医疗卫生事业。国家和社会保障残废军人的生活,抚恤烈士家属,优待军人家属。国家和社会帮助安排盲、聋、哑和其他有残疾的公民的劳动、生活和教育。"1990 年 12 月 28 日第七届全国人民代表大会常务委员会第十七次会议通过《中华人民共和国残疾人保障法》(以下简称《残疾人保障法》),于 2008 年 4 月 24 日由第十一届全国人民代表大会常务委员会第二次会议修订通过,根据 2018 年 10 月 26 日第十三届全国人民代表大会常务委员会第六次会议《关于修改〈中华人民共和国野生动物保护法〉等十五部法律的决定》修正。《残疾人保障法》第三条提出:"残疾人在政治、经济、文化、社会和家庭生活等方面享有同其他公民平等的权利。"

根据国家统计局发布的数据,截至 2022 年年底,我国有 8 500 多万残疾人口,他们由于自身无法克服的局限,长期受到忽视、歧视与排斥,在各项权利、发展机遇等各方面处于劣势,是一类需要特殊关注的弱势群体。《民法典》将残疾人独立出来并与妇女、老年人、未成年人三类特定群体并列,体现出了对残疾人合法权益保护的高度重视。

---

① 《残疾人保障法》第二条。

五、禁止重婚、禁止有配偶者与他人同居

由于受西方"性解放、性自由"观念的影响，重婚、包二奶、姘居、婚外恋等现象挑战我国的一夫一妻制度，成了我国一个比较严重的社会问题。修正后的《民法典》加大了维护一夫一妻原则的力度。首先，在保留禁止重婚的条款的同时，增加了禁止"有配偶者与他人同居"的规定。其次，一方重婚或有配偶者与他人同居，另一方诉请离婚，调解无效的，可视为夫妻感情确已破裂，应准予离婚。最后，因一方重婚或有配偶者与他人同居而导致离婚的，离婚时无过错方有权请求损害赔偿。

（一）禁止重婚

重婚是指已有婚姻关系的人又与他人缔结婚姻关系的违法行为。重婚者可能同时存在两个或两个以上的婚姻关系。重婚有两种表现形式：一是有配偶而与他人结婚，或者明知他人有配偶而与之结婚。二是有配偶者与他人未办理结婚登记手续，但以夫妻名义同居生活，群众也认为他们是夫妻关系的。

对重婚的，不仅要解除其重婚关系，而且还应追究违法者的行政责任与民事法律责任，甚至还要追究当事人的刑事法律责任。根据我国婚姻法和刑法的有关规定以及有关的司法解释，重婚的法律后果有：一是民事后果。重婚是结婚的禁止条件。重婚是婚姻无效的原因，这种违法结合不具有婚姻的法律效力。配偶一方重婚是另一方诉请离婚的法定理由，调解无效时应准予离婚。重婚是离婚损害赔偿请求权的发生根据，因一方重婚而导致离婚的，无过错方有权请求损害赔偿。二是刑事后果。我国《刑法》第二百五十八条规定："有配偶而重婚的，或者明知他人有配偶而与之结婚的，处二年以下有期徒刑或者拘役。"由此可见，重婚罪的主体，是实施了重婚行为的有配偶者和明知故犯的无配偶者。不知他人有配偶而与之结婚，往往是受有配偶一方的欺骗而造成的，没有重婚的故意，因此不产生刑事后果。此外，为了保护现役军人的婚姻，《刑法》第二百五十九条规定："明知是现役军人的配偶而与之同居或者结婚的，处三年以下有期徒刑或者拘役。"

在认定和处理重婚问题时，应当注意以下问题：

（1）要划清重婚与通奸之间的界限。在现实生活中，重婚和通奸都是影响一夫一妻制原则实施的违法行为。通奸是指男女双方或一方已有配偶，自愿与他人发生秘密的临时的两性关系的违法行为。重婚与通奸的界限较为明显，因为通奸是秘密进行的；通奸对外不以夫妻名义相待，双方也不同居生活。重婚者之间是以夫妻名义共同生活的。

（2）注意重婚和重婚罪的区别。尽管任何重婚行为都是违法的，但因重婚的原因不同，应当区别情况分别对待。只要客观上一个人有双重婚姻关系存在，不管当事人有无过错，即构成重婚。但是否对重婚者予以刑事处罚，则要按照有关法律的规定处理。对于重婚者，无论是否构成重婚罪，按照最高人民法院的司法解释，不管前一个婚姻是事实婚还是法律婚，都应先解除后一个婚姻关系。因重婚而提出离婚的，应当先处理重婚者的刑事

责任问题，然后再解决民事问题。

（二）禁止有配偶者与他人同居

遵守一夫一妻的法律原则是公民应尽的法定义务。虽然有配偶者与他人同居的行为不构成重婚，但也是对一夫一妻制的严重破坏，应当坚决制止，以遏制这种违法行为的滋生和蔓延。

有配偶者与他人同居是指有配偶者与婚外异性，不以夫妻名义，持续地、稳定地共同居住。有配偶者与他人同居与通奸以及事实重婚也不完全相同。有配偶者与他人同居与事实重婚，既有相同点也有不同之处。其相同点为：二者的主体都是一方或双方有配偶者，二者的当事人之间通常都有共同的住所，有稳定的一段时间的同居生活。不同点为：前者不以夫妻名义同居，周围的人也不认为他们是夫妻关系，后者则公开以夫妻名义同居，周围的人认为他们是夫妻关系。有配偶者与他人同居和重婚都是违法行为，是对我国一夫一妻制的侵害，但由于违法情节与后果不同，二者在性质上是罪与非罪的区别。有配偶者与他人同居不构成犯罪，但须承担民事责任。

有配偶者与他人同居和通奸既有相同点，也有不同之处。二者的相同点为：两性关系都不以夫妻名义。不同点为：前者有共同的同居生活，后者则无共同的同居生活。

有配偶者与他人同居和通奸虽然都不是犯罪行为，但他们严重违反一夫一妻制原则，违反社会公德，破坏夫妻和睦，败坏社会风气，极易引起家庭纠纷，影响安定团结，是一种违法行为。

我国婚姻家庭法在有关规定中指明了有配偶者与他人同居民事上的法律后果。主要有：夫妻一方与他人同居，另一方诉请离婚，调解无效的，应准予离婚；因有配偶与他人同居导致离婚的，无过错方有权请求损害赔偿。根据《最高人民法院关于适用〈中华人民共和国民法典〉婚姻家庭编的解释（一）》第三条：当事人提起诉讼仅请求解除同居关系的，人民法院不予受理；已经受理的，裁定驳回起诉。当事人因同居期间财产分割或者子女抚养纠纷提起诉讼的，人民法院应当受理。对通奸这种违法行为应当采取批评教育、道德谴责、行政处分等方式予以综合处理。对那些情节严重、屡教不改者，应视情况给予党纪处分、行政制裁。

六、禁止家庭暴力、禁止虐待和遗弃家庭成员

家庭成员间相亲相爱是建立平等、和睦家庭关系的前提，也是构建现代社会文明的基础。家庭暴力、虐待和遗弃家庭成员不仅破坏家庭关系，也是引起社会不安定的因素。社会主义婚姻家庭制度必须对此行为进行有效的遏制。

（一）禁止家庭暴力

家庭暴力是指家庭成员间的一方以暴力或胁迫、侮辱等手段，侵害其他家庭成员的身体、精神、性等方面的权利，造成一定伤害后果的行为。《中华人民共和国反家庭暴力法》

第二条规定："本法所称家庭暴力，是指家庭成员之间以殴打、捆绑、残害、限制人身自由以及经常性谩骂、恐吓等方式实施的身体、精神等侵害行为。"2020 年 12 月 25 日由最高人民法院通过的《最高人民法院关于适用〈中华人民共和国民法典〉婚姻家庭编的解释（一）》第一条规定："持续性、经常性的家庭暴力，可以认定为民法典第一千零四十二条、第一千零七十九条、第一千零九十一条所称的'虐待'。"

家庭暴力是严重侵犯家庭成员人身权利的违法犯罪行为。禁止家庭暴力，保护妇女、儿童和老年人的合法权益，是当今世界各国都普遍关注的社会问题。无论是发达国家还是发展中国家，都不同程度地存在家庭暴力。世界卫生组织透露：自 20 世纪以来，全球共有 25%~50%的妇女受到过与其关系密切者的不同程度的身体虐待。在美国，约有 1 500 万名妇女至少遭受过一次配偶的暴力行为，其中有 4 000 名需要药物治疗；平均每 12 秒钟就有一名妇女遭受丈夫或男友的暴力行为，平均每星期约有 30 名妇女死于暴力之下，有 1 600 名妇女遭受到不同程度的暴力伤害；在 15~44 岁受到精神、肉体伤害的女性中，家庭暴力成为其首要原因。在苏格兰和威尔士，45%的妇女被害案系现任或以前的性伴侣所为，有 1/3 的婚姻家庭因暴力的原因而破裂。在曼谷，有 50%的妇女经常遭到丈夫的肉体摧残。近年来，家庭暴力问题在我国一些地区比较突出，因家庭暴力导致离婚和人身伤害的案件增多。家庭暴力的后果具有严重性，它不仅给家庭带来损害，也给社会造成危害。家庭暴力往往导致婚姻关系和家庭关系破裂，使社会的细胞出现裂痕，甚至引发恶性案件，影响社会的安定团结。家庭暴力虽然发生在一个个家庭中，但它不是个别家庭的问题，而是一个社会性的问题。

我国《刑法》《治安管理处罚条例》《未成年人保护法》《反家庭暴力法》等对家庭暴力行为，根据情节轻重追究行为人相应的刑事、行政、民事责任作了规定。为了明确禁止家庭暴力，加强对受害者的保护和救助，同时考虑到婚姻法与其他法律有关惩治家庭暴力违法犯罪行为的规定相衔接，《民法典》婚姻家庭编在总则中规定"禁止家庭暴力"，又在离婚一章中，对家庭暴力受害者的救济做了程序上的保障，根据家庭暴力施暴人的施暴行为情节轻重，依法追究其刑事责任或行政责任，被害人有权请求损害赔偿。2016 年 3 月 1 日《反家庭暴力法》的实施，对家庭暴力的预防、处置以及人身安全的保护，减少或者预防家庭暴力的发生具有一定的积极作用。

（二）禁止家庭成员间的虐待和遗弃

《民法典》禁止虐待和遗弃家庭成员的规定，是保护妇女、儿童和老年人合法权益的必然要求，对保障家庭中没有独立生活能力的成员的生活需要，保证家庭职能的顺利实现具有重要的意义。虐待行为除了表现为家庭暴力外，还表现为不予适当的衣食、患疾病不予治疗，冻饿、恐吓、限制人身自由等。虐待可以表现为作为的方式，也可以表现为不作为的方式。虐待行为包括身体上的虐待、精神上的虐待等，其情节和后果不尽相同，对此，应当对施虐者进行批评教育，或依相应的法律规定予以处理。

　　家庭成员之间的抚养、扶养和赡养，不仅是道德的要求，也是法定的义务。遗弃是指家庭成员中负有赡养、抚养和扶养义务的一方，对需要赡养、抚养和扶养的另一方，不履行其法定义务的违法行为。行为人应为而不为，致使被遗弃人的权益受到损害，是我国法律严格禁止的。婚姻家庭法将禁止遗弃家庭成员作为一项基本原则，为家庭中的弱势群体提供了法律保护。

思考题

1. 什么叫婚姻自由、重婚、借婚姻索取财物？
2. 什么是买卖婚姻？它与借婚姻索取财物有何区别？
4. 婚姻家庭法调整对象有何特征？
5. 简述重婚的法律后果。
6. 《反家庭暴力法》的主要内容有哪些？

第二章 亲属制度

亲属是人类社会的一种重要的社会关系。亲属关系一经法律调整，便在具有亲属身份的主体之间产生法定的权利义务关系。也有人称亲属关系是一种以具有共同伦理目的为本质的社会结合关系，并不同于财产关系着眼于追求自身交易的利益①。亲属制度是婚姻家庭制度的组成部分，不同的社会有不同的婚姻家庭制度，也就有不同的亲属制度。我国法律尚未对亲属制度进行全面、系统的规定，但在民法典、诉讼法、国籍法等有关法律中，从不同的角度对亲属关系作了具体规定。

第一节 亲属的概念与亲属制度的历史演变

一、亲属的概念

亲属的概念具有广义和狭义之分。广义的亲属是指基于婚姻、血缘、法律拟制所产生的人与人之间的社会关系。其主体包括受法律调整或不受法律调整的所有的具有婚姻、血缘、法律拟制关系的成员。狭义的亲属是指基于婚姻、血缘、法律拟制所产生的、彼此具有法律上的权利义务内容的特定主体之间的社会关系。

婚姻，是亲属的源泉，家庭由一定范围的亲属组成。在当今社会，亲属关系仍在婚姻家庭中起着重要的作用，有关亲属关系的通则性规定是婚姻家庭法的重要组成部分②。

《民法典》第一千零四十五条规定："亲属包括配偶、血亲和姻亲。配偶、父母、子女、兄弟姐妹、祖父母、外祖父母、孙子女、外孙子女为近亲属。配偶、父母、子女和其他共同生活的近亲属为家庭成员。"

二、亲属的特征

（一）亲属是一种以婚姻和血缘为纽带而产生的社会关系

亲属不同于其他社会关系，它是一种以两性结合和血缘联系为自然条件的社会关系。

---

① 曹贤信. 亲属法的伦理性及其限度研究 [M]. 北京：群众出版社，2012：209.
② 费孝通. 乡土中国生育制度 [M]. 北京：北京大学出版社，1998：26.

亲属关系的产生，必须具有婚姻、血缘或法律拟制三个原因之一。

（1）结婚是亲属关系产生的基础。男女因结婚而形成夫妻关系，也称配偶关系，由此产生夫对妻的父母、兄弟姐妹以及妻对夫的父母、兄弟姐妹等的姻亲关系。

（2）出生是亲属自然形成的重要原因。父母子女关系、兄弟姐妹关系以及祖父母、外祖父母与孙子女、外孙子女关系等其他亲属关系，血缘是这类亲属关系的联系纽带。

（3）拟制血亲是产生亲属关系的又一原因。拟制血亲是指本来没有血缘关系的人，通过某一法律事实而创设的具有血亲之间的权利与义务关系。如通过收养这一法律行为，在收养人与被收养人之间产生父母子女亲属关系；继父母与继子女之间形成抚养关系的法律事实，产生父母子女之间的法律关系。这类由法律确认的血亲关系为拟制血亲。但是，从根本上说，婚姻和血缘是亲属产生的最基本的前提，拟制血亲往往是建立在婚姻和血缘之上的。如养子女和养父母的亲属产生拟制血亲，其基础是因为养父母与其亲属之间有着以婚姻和血缘为纽带的亲属关系；继父母和受其抚养教育的继子女形成拟制血亲，其生父或生母与继母或继父结婚是这一拟制血亲关系形成的条件之一。

（二）亲属是有固定身份和称谓的社会关系

亲属关系多为自然血亲形成，而血亲关系一般不得变更，其存在具有永久性；婚姻关系和拟制血亲的存在类似血亲关系，与其他社会关系相比，具有稳定性，其变更较少。因此，基于婚姻、血缘、法律拟制而产生的亲属间的身份和称谓，随这类关系的存在而相对固定。但是，基于婚姻和法律拟制而产生的亲属关系，其身份和称谓可因离婚或收养的解除等法律行为而变更或解除。

（三）法律调整的亲属之间体现为权利义务关系

一定范围的亲属之间不仅具有固定的身份和称谓，而且具有法律上的权利与义务关系。根据法律规定，夫妻、父母子女、兄弟姐妹、祖孙等亲属之间具有权利义务关系。如夫妻之间、父母子女之间具有相互扶养的权利和义务；祖父母、外祖父母与孙子女、外孙子女之间以及兄弟姐妹之间，在特定的条件下也有扶养的权利和义务等。这种法定的权利与义务是亲属社会关系所特有的。

三、亲属和家庭成员的区别

（一）概念不同

亲属是指基于婚姻、血缘、法律拟制所产生的、彼此具有法律上的权利义务内容的特定主体之间的社会关系。而家庭成员是指同居一家共同生活、相互具有法律上权利义务关系的近亲属，如夫妻、父母子女、祖孙、兄弟姐妹等。

（二）范围不同

家庭成员仅仅是亲属的一部分，且相互间有法定的权利与义务，而亲属的范围更大，并不是所有的亲属间都具有法定的权利与义务关系。

第二节　亲属的种类和分类

一、我国各种亲属的演变

亲属制度是婚姻家庭制度的组成部分。不同的社会、不同的历史时期有不同的婚姻家庭制度，也就有不同的亲属制度。

（一）我国古代对亲属的分类

我国古代礼和法根据宗法制度以男系为中心的要求，将亲属分为宗亲、外亲和妻亲三种。

1. 宗亲

宗亲又称本亲、内亲、本族，是指源于同一祖先的男系血亲及其配偶和在室未嫁的女性血亲、离婚或被休回家的出嫁女。宗亲是封建礼法所确认的亲属，由同一宗族的成员组成，其地位高于外亲。宗亲具体由下列成员组成：

（1）源于同一祖先的男系血亲。一般指包括自己在内的上、下各四代，共九代男系血亲，通称为"九族"。如自己为一代，直系血亲向上，包括父母、祖父母、曾祖父母、高祖父母；向下包括子女、孙子女、曾孙子女、玄孙子女。还包括旁系宗亲，如兄弟姐妹、堂兄妹、叔、伯等。

（2）源于同一祖先的男系血亲的配偶，即嫁入的妇女。如伯母、婶母、嫂子、儿媳、孙媳等。这部分亲属虽然来自外姓，但已脱离本宗，加入了丈夫的宗族。

（3）源于同一祖先的未出嫁的女性。如未出嫁的女儿、姐妹、姑、侄女等。她们结婚后，则成为丈夫家的宗亲。

（4）离婚或被休回家的出嫁女。如出嫁的女儿、姐妹、姑、侄女等。她们离婚或被休后，脱离丈夫家的宗亲。

2. 外亲

外亲又称女亲、外姻、外族，是指与女系血亲相联系的亲属，包括与母亲血统相联系的亲属和本宗的出嫁女及其后代。与母亲有关的亲属，如外祖父母、舅、姨及表兄妹等。与出嫁姑和出嫁女儿相联系的亲属，如女婿、外孙子女和姑夫及其子女等。外亲的地位不如宗亲，范围很窄。

3. 妻亲

妻子娘家的亲属，包括妻的父母、妻的兄弟姐妹及其子女等。妾的父母、兄弟姐妹不得视为亲属。因为纳妾并非婚姻，故无亲属可言。妻亲的范围比外亲更窄。

在这三种亲属中，宗亲的范围最广，关系也最重要，法律上的权利义务规定得也最多。而外亲、妻亲则是亲属中的次要部分，相互间基本无权利义务关系。我国古代对亲属的这种分类，不能科学地反映亲属关系的亲疏远近，是重男轻女、以男子为中心的宗法制度的产物。

（二）现代亲属的分类

现代各国大都根据亲属产生的原因，将亲属分为配偶、血亲和姻亲三种。

1. 配偶

配偶即夫妻，是男女双方因结婚而产生的亲属关系。在婚姻关系存续期间，夫妻互为配偶。配偶在亲属关系中居于重要地位，它是血亲和姻亲产生的基础，在亲属关系中起着承上启下的作用。

2. 血亲

血亲是指有血缘关系的亲属。血亲又有自然血亲和拟制血亲之分。

自然血亲，是指因出生而自然形成的、源于同一祖先的有血缘联系的亲属。如父母与子女，兄弟姐妹，祖父母与孙子女，叔伯，姑与侄子女，舅、姨与外甥、外甥女，堂兄弟姐妹，表兄弟姐妹等。这些亲属不分父系、母系，无论是婚生或非婚生，也无论是全血缘（同父同母）的或半血缘（同父异母、同母异父）的，都属于自然血亲的范围。

法律拟制血亲，是指本来没有血缘关系，但法律确认其具有与自然血亲同等的权利义务的亲属。如养父母与养子女之间，继父母和受其抚养教育的继子女之间的权利义务，适用婚姻法对父母子女关系的规定。

3. 姻亲

姻亲是指除配偶以外的以婚姻关系为中介而产生的亲属。男女结婚以后，配偶一方与另一方的亲属之间产生姻亲关系。如儿媳与公婆、女婿与岳父母、丈夫与妻子的兄弟姐妹、妻子与丈夫的兄弟姐妹之间等为姻亲。姻亲分为四种：

（1）血亲的配偶，指自己直系、旁系血亲的配偶。如儿媳、女婿及无扶养关系的继父母是自己直系血亲的配偶；兄弟的妻子、姐妹的丈夫、姑父、舅母、姨父、伯母等是自己旁系血亲的配偶。

（2）配偶的血亲，指自己配偶的血亲。包括配偶的直系血亲，如公婆、岳父母；还包括配偶的旁系血亲，如妻子和丈夫的兄弟姐妹等，以及无扶养关系的继子女。

（3）配偶的血亲的配偶，指自己配偶的血亲的配偶。如丈夫的兄弟的妻子（妯娌），妻子的姐妹的丈夫（连襟）等。

（4）血亲的配偶的血亲。姻亲在我国婚姻法上一般无特定的权利义务关系。至于《民法典》规定，丧偶儿媳和丧偶女婿可以在一定条件下，以第一顺序的法定继承人身份继承公婆或岳父母的遗产，其主要原因不是考虑他们之间的血缘关系，而是为了鼓励发扬尊重、赡养老人的社会道德风尚。

第三节 亲系和亲等

一、亲系

亲系是指亲属间的联系。现代世界各国的立法研究亲属之间的联系，在遵循男女平等原则的前提下，通常把亲属划分为直系亲和旁系亲。以行辈为标准将亲属划分为长辈亲、平辈亲、晚辈亲，也是用以表示亲属彼此之间的相互关系的重要方式。

（一）直系亲属和旁系亲属

1. 直系亲

直系亲又分为直系血亲和直系姻亲。

直系血亲，是指彼此之间具有直接血缘联系的亲属，即生育自己或自己所生育的上下各代血亲。如：自己的父母、祖父母和外祖父母、曾祖父母和外曾祖父母、高祖父母和外高祖父母；子女、孙子女和外孙子女、曾孙子女和外曾孙子女、玄孙子女和外玄孙子女等，均为自己的直系血亲。同理，养父母与养子女、形成抚养关系的继父母与继子女之间，也为拟制的直系血亲。

直系姻亲，是指己身的晚辈直系血亲的配偶或己身配偶的长辈直系血亲。如自己的儿媳、公婆等，均为自己的直系姻亲。

2. 旁系亲

旁系亲又分为旁系血亲和旁系姻亲。

旁系血亲，是指彼此之间具有间接血缘关系的亲属，即除直系血亲以外的，最终彼此能溯及同源的亲属。旁系血亲的范围很广，包括辈分不同和辈分相同的旁系血亲。如自己的同胞兄弟姐妹，堂、表兄弟姐妹，叔伯姑舅姨，侄子（女）、外甥（女）等。

旁系姻亲，是指自己旁系血亲的配偶或自己配偶的旁系血亲，以及自己配偶的旁系血亲的配偶三类。这类亲属的范围大、数量多，从世俗的角度来看，他们是亲属中不可或缺的重要组成部分，但法律并未规定他们彼此之间的权利与义务。

（二）父系亲和母系亲

1. 父系亲

父系亲指父亲方面的血亲和姻亲，如祖父母、叔伯姑及其配偶、堂兄弟姐妹及其配偶等。

2. 母系亲

母系亲指母亲方面的血亲和姻亲，如外祖父母、姨舅及其配偶（姨夫、舅母）、表兄弟姐妹及其配偶等。

（三）长辈亲、晚辈亲、平辈亲

（1）长辈亲，指辈分高于自己的亲属，如自己的外祖父母、自己的伯叔等。

（2）晚辈亲，指辈分低于自己的亲属，如子女、侄子（女）、外甥（女）等。

（3）平辈亲，指与自己辈分相同的亲属，如兄弟姐妹、表兄弟姐妹等。

我国《民法典》规定在一定条件下，被继承人的子女的晚辈直系血亲可以代位继承。因此，了解按辈分划分亲系具有重要的现实意义。

二、亲等

亲等是指计算亲属关系亲疏远近的单位。亲等数越少，表示亲属关系越密切，即亲等数与亲属关系的亲密程度成反比。根据世界各国亲属法的规定，国外计算亲等有两种方法，即罗马法计算法和寺院法计算法。我国古代亲属关系的计算采用丧服制。我国婚姻法则采用独特的世代计算法来确定禁婚亲的范围。

（一）罗马法的亲等计算法

罗马法的亲等计算法是古罗马帝国使用的计算亲属等级的方法。由于其亲等数可直观地反映出亲属关系的亲疏远近，因此其计算法最为科学，延续使用至今已近 2 000 年，仍为世界大多数国家所采用。

1. 直系血亲的亲等计算法

从己身向上或向下数，但不算己身，比自己长一辈或晚一辈为一亲等，依此类推。如从己身往上数，自己与父母为一亲等，与祖父母为二亲等；往下数，自己与子女为一亲等，与孙子女为二亲等。依此类推，亲等数越大，表示血缘关系越远。

2. 旁系血亲的亲等计算法

先要找出自己与对方最近的同源长辈直系血亲，即自己与对方最近的共同长辈直系血亲，再按直系血亲的亲等计算方法，从己身向上数至双方同源最近的长辈直系血亲，记下亲等数；再从同源直系血亲往下数至要计算的旁系血亲，记下亲等数；然后将两边直系血亲的亲等数相加之和，就是自己与对方之间旁系血亲的亲等数。例如，计算自己与舅表兄弟姐妹之间的亲等，先从己身向上数至最近的同源长辈直系血亲外祖父母为二亲等，再从外祖父母向下数，经过舅父到舅表兄弟姐妹，也为二亲等，其上数与下数的亲等数之和为"四"，故己身与舅表兄弟姐妹为四亲等的旁系血亲。其他依此类推。

关于姻亲亲等的计算，以罗马法"姻亲从血亲"为原则。即姻亲间的亲等数是以赖以发生姻亲的一方与其血亲的亲等数为依据的。如儿媳与公婆的亲等，因丈夫与其父母是一亲等的直系血亲，因此，儿媳、女婿是直系姻亲的一亲等；姨父、舅母是旁系姻亲的三亲等。

（二）寺院法的亲等计算法

寺院法的亲等计算法是中世纪教会计算亲等的方法。由于它不能准确地反映出亲属关系的亲疏远近，目前，只有个别国家在沿用寺院法来计算亲等。寺院法的亲等计算法也有直系、旁系之分。

1. 直系血亲的亲等计算法

寺院法直系血亲的亲等计算法与罗马法直系血亲的亲等计算法完全相同。

2. 旁系血亲的亲等计算法

采用旁系血亲的亲等计算法可以找出二者最近的同源长辈直系血亲。从己身和该旁系血亲分别上数至最近的同源长辈直系血亲，如果两边计算的直系血亲的亲等数相等，这一相同数即双方的亲等数；如果两边直系血亲的亲等数不等，则取较大的亲等数作为两者的亲等数。如要计算自己和堂兄弟姐妹的亲等数，首先从双方分别往上数至祖父母，两边都是二亲等，那么，就确定相同数"二"为自己和堂兄弟姐妹之间的亲等数。再如，计算自己和舅父的亲等数，首先从双方分别上数至外祖父母，一边为二亲等，另一边为一亲等，则取较大的亲等数"二"作为自己和舅父的亲等数。

由上所述，罗马法与寺院法对于旁系血亲的亲等计算结果不相同。按照寺院法的旁系血亲计算法，己身与舅父、舅表兄弟姐妹之间，均属二亲等的旁系血亲，它无法精确地揭示出亲属间的亲疏远近。按照罗马法的旁系血亲亲等计算法，己身与舅父、舅表兄弟姐妹之间，分别为三亲等、四亲等的旁系血亲。由于罗马法的亲等计算法能科学地反映出旁系血亲之间血缘关系的亲疏远近，因此现代绝大多数国家采用罗马法的亲等计算法。

（三）我国《民法典》中采用的"亲等"的计算法

我国《民法典》关于亲属关系的亲疏远近的计算方法是用世代来表示。比如，我国《民法典》关于禁婚亲的规定："直系血亲或者三代以内的旁系血亲禁止结婚。"

1. 直系血亲的代数计算法

直系血亲从己身往上数，己身为一代，父母为二代，祖父母、外祖父母为三代，余者类推。从己身往下数，己身为一代，子女为二代，孙子女、外孙子女为三代，依此类推。

2. 旁系血亲的代数计算法

首先从己身和与自己计算代数的那个旁系血亲分别上数至最近的同源长辈直系血亲。如果两边的世代数相等，则取任何一边的世代数定代数；如果两边的世代数不等，则取世代数大的一边定代数。计算时需要注意：应当包括己身的世代及该旁系血亲本身的世代。例如，要计算己身和堂兄弟之间的代数，首先从己身和堂兄弟分别上数至祖父母均为三代，则堂兄弟是自己的三代以内的旁系血亲。再如，要计算己身和表侄女之间的代数，首先从己身上数至同出一源最近的直系血亲外祖父母为三代，从表侄女上数至自己的外祖父母为四代，则表侄女是自己的四代以内的旁系血亲。

我国现行婚姻家庭法所采用的世代计算法类似于寺院法的亲等计算法，两者唯一的区别在于：我国世代计算法将己身和所指旁系血亲各算一代，而寺院法则排除了己身和所指旁系血亲本身的世代。如果将两者加以换算，只要将寺院法亲等数加一所得之数即我国的世代数。由于这两者的计算结果都不够清晰明了，所以采用罗马法亲等计算法取代我国的世代计算法已势在必行。

第四节　亲属关系的发生、终止以及效力

一、亲属关系的发生

亲属关系的发生，是指因一定法律事实的出现，而使当事人之间产生亲属关系。亲属关系的发生既可以因行为而发生，如结婚；也可以因事件而发生，如出生。不同类型的亲属，其发生根据不同。

（一）自然血亲关系的发生

出生是自然血亲关系发生的唯一依据。基于人出生的事实，出生者就与其父母、兄弟姐妹、伯叔等亲属存在着自然的血缘关系，发生自然血亲关系，无须当事人双方或对方认可，也不需要履行法律手续。因此，出生是自然血亲发生的唯一原因。

（二）拟制血亲关系的发生

拟制血亲是法律设定的血亲，由于拟制血亲的种类不同，其发生原因也不相同。

（1）养父母与养子女关系的发生。养父母与养子女这种拟制血亲，因收养关系的成立而发生。收养关系一经成立，使本来没有自然血亲关系的养父母与养子女之间产生父母子女关系，同时，被收养人与收养人的其他近亲属之间也发生拟制血亲关系。

（2）有抚养关系的继父母与继子女关系的发生。发生这种拟制血亲关系：其条件之一是存在生父（或生母）与继母（或继父）再婚的法律行为；其条件之二是继父母在事实上与继子女已形成了抚养关系。因此，未形成抚养关系的继父母与继子女之间，仅为直系姻亲关系。

（三）配偶关系的发生

男女因缔结婚姻而产生配偶关系。结婚是一种民事法律行为，根据婚姻法，以准予结婚登记、领取结婚证为配偶关系发生的依据。

（四）姻亲关系的发生

姻亲关系是以婚姻和血缘两种事实为中介而发生的。男女结婚是产生姻亲关系的主要原因。但婚姻双方当事人必须有自己的血亲，才能发生姻亲关系。例如，男女结婚后，由此产生了夫对妻的父母、兄弟姐妹等以及妻对夫的父母、兄弟姐妹等的姻亲关系。

二、亲属关系的终止

亲属关系的终止，是指因发生一定的法律事实，而使当事人之间的亲属身份和权利义

务关系归于消灭。由于各类亲属的性质和特点不尽相同，因此亲属关系终止的原因也有所不同，终止的法律后果也不相同。

（一）自然血亲关系的终止

自然血亲只能因一方自然死亡或被宣告死亡而终止，不能通过法律手段或其他任何人为手段加以解除（送养例外）。例如，父母子女关系，既不因父母离婚而终止，也不因双方协议、一方声明或法院判决而解除。即使子女被他人收养，终止的也仅是双方的父母子女之间的权利义务关系，法律上的血亲关系仍然存在。

（二）拟制血亲关系的终止

养父母与养子女之间的拟制血亲关系，除因一方死亡而终止外，还可因法律行为而终止，如收养关系的解除。收养关系解除后，收养人及其近亲属与被收养人的拟制血亲关系终止。

有抚养关系的继父母与继子女之间的拟制血亲关系的终止，除可因继父母子女一方死亡而终止外，也可基于双方当事人自愿而协议解除，或由一方当事人诉请法院依法调解或判决解除。如果生父（母）与继母（父）离婚，继子女未成年由生父母带走而与继父母终止抚养关系的，则该子女与继父母之间的拟制血亲关系终止；但如果继子女已被继父母抚养成年，则其与继父母间的拟制血亲关系仍然存在，不因生父（母）与继母（父）离婚而终止。

（三）配偶关系的终止

配偶关系因婚姻终止而消灭。引起婚姻终止的原因：一是一方死亡（包括自然死亡或被宣告死亡）；二是双方离婚。根据《民法典》的规定，以配偶一方死亡时间或领得离婚证、人民法院准予离婚的调解书或判决书生效的时间，为配偶关系终止的时间。

（四）姻亲关系的终止

姻亲关系是否因离婚或配偶一方死亡而终止，各国法律规定不同。姻亲关系是否因离婚而消灭，现代各国立法有消灭和不消灭主义两种情况。姻亲关系是否因配偶一方死亡而终止，现代各国立法差异很大。有的采取任意主义，即立法对配偶一方死亡后，是否终止姻亲关系不予规定，完全由姻亲双方当事人自愿决定是否继续保持姻亲关系；有的则采取有条件的消灭主义，即立法规定配偶一方死亡后，如生存配偶一方再婚或作出终止姻亲关系的意思表示时，姻亲关系终止。如日本旧民法规定，夫妻一方死亡，生存配偶离其家时（即再婚），公婆与儿媳、岳父母与女婿等的姻亲关系终止。

我国婚姻家庭法未规定姻亲关系终止的原因。配偶一方死亡后，生存的一方是否与死亡配偶的血亲仍保持姻亲关系，听其自便。但根据我国《民法典》规定丧偶的儿媳对公婆、丧偶的女婿对岳父母尽了主要赡养义务的，不论再婚与否，均可作为公婆、岳父母的第一顺序的法定继承人，且不影响其子女的代位继承权。从其立法精神可见，姻亲关系不因配偶一方死亡而终止，也不因生存配偶一方再婚而终止。

三、亲属关系的效力

亲属的法律效力，是指一定范围内的亲属所具有的法定权利义务以及其在法律上产生的后果①。亲属的法律效力在诸多法律中都有所体现。

（一）在婚姻法上的效力

在婚姻法上的效力，这是亲属关系法律效力最直接的体现。

（1）扶养效力。一定范围内的亲属有相互扶养的义务。我国《民法典》规定，夫妻之间、父母子女之间互负扶养义务，在一定条件下，祖孙之间和兄弟姐妹间也负扶养义务。

（2）禁婚效力。一定范围内血亲禁止结婚。我国《民法典》规定直系血亲或者三代以内的旁系血亲禁止结婚。在一些国家的立法中，还有禁止直系姻亲之间和一定范围内不同辈分的旁系姻亲结婚的规定②。法律拟制的直系血亲，如养父母与养子女、有扶养关系的继父母与继子女之间，虽然没有自然血缘联系，但基于伦理道德，也禁止结婚。

（3）共同财产效力。家庭及夫妻之间有法定的共同财产。我国《民法典》规定，夫妻在婚姻关系存续期间，无论双方所得或一方所得的财产，除另有约定或法律另有规定外，归夫妻共同所有。双方都有平等的处理权。

（4）继承效力。一定范围内的近亲属有相互继承遗产的权利。我国《民法典》规定，被继承人的配偶、父母、子女是第一顺序法定继承人，兄弟姐妹、祖父母、外祖父母为第二顺位继承人，被继承人死亡后所留下的财产，除依法丧失继承权之外，还享有继承遗产的权利。

（二）在民法上的效力

（1）法定代理效力。一定范围内的亲属为无民事行为能力人或限制民事行为能力人的法定代理人。我国《民法典》规定，父母是未成年子女的法定代理人，依法行使代理权，进行民事活动，如父母代理未成年人子女缔结合同、代理民事诉讼等。

（2）监护效力。近亲属可以担任未成年人和精神病人的法定监护人。《民法典》第二十七条规定："父母是未成年子女的监护人。未成年人的父母已经死亡或者没有监护能力的，由下列有监护能力的人按顺序担任监护人：（一）祖父母、外祖父母；（二）兄、姐；（三）其他愿意担任监护人的个人或者组织，但是须经未成年人住所地的居民委员会、村民委员会或者民政部门同意。"第二十八条规定："无民事行为能力或者限制民事行为能力的成年人，由下列有监护能力的人按顺序担任监护人：（一）配偶；（二）父母、子女；（三）其他近亲属；（四）其他愿意担任监护人的个人或者组织，但是须经被监护人住所地的居民委员会、村民委员会或者民政部门同意。"监护人依法行使监护权，保护被监护

---

① 巫昌祯. 婚姻与继承法学 [M]. 北京：中国政法大学出版社，2011：81.

② 陈苇. 外国婚姻家庭比较法研究 [M]. 北京：群众出版社，2006：154.

人的人身、财产以及其他合法权益。被监护人的人身、财产及其他民事权益遭受损害时，监护人有要求加害人停止侵害、赔礼道歉、赔偿损失等权利。监护人可以被监护人的名义向人民法院提起诉讼。被监护人对国家、集体和他人的人身或财产造成损害时，监护人承担一定的赔偿责任。被监护人有财产的，由其财产支付赔偿费用，不足部分，由监护人承担。

（3）对失踪人、精神病人申请宣告效力。对下落不明达到法律规定期限的人，其近亲属可以向人民法院申请宣告失踪、宣告死亡，可以对精神病人申请宣告无民事行为能力或限制民事行为能力。当失踪人生还或有生存信息时，本人或近亲属可依法对失踪的亲属向法院提出撤销宣告失踪和宣告死亡判决。当被宣告为无民事行为能力的精神病人，已经治愈而具有民事行为能力时，本人或其近亲属可以向人民法院申请撤销其民事行为能力或限制行为能力的判决。

（三）在刑法上的效力

根据我国《刑法》的规定，某行为是否构成犯罪，或虽属犯罪但是否必须给予刑罚处罚，与是否为亲属有一定的关系。

（1）犯罪构成效力。我国《刑法》中规定的虐待罪、遗弃罪、暴力干涉婚姻自由罪等，加害人和被害人必须是家庭成员或有扶养义务的亲属关系才能成立。

（2）告诉效力。某些犯罪必须具有一定亲属关系的人才能行使告诉权。如我国《刑法》第九十八条规定，"本法所称告诉才处理，是指被害人告诉才处理。如果被害人因受强制、威吓无法告诉的，人民检察院和被害人的近亲属也可以告诉。"根据《刑法》第二百五十七条、第二百六十条的规定，近亲属以暴力干涉他人婚姻自由和虐待家庭成员且情节恶劣的，被害人告诉的才处理。不过我国《刑法》并没有因为犯罪与受害人之间的亲属关系而加重或者减轻刑罚的规定[①]。

（四）在诉讼法上的效力

（1）回避效力。在刑事诉讼、民事诉讼、行政诉讼中，审判人员、检察人员、侦查人员、书记员、鉴定人和勘验人员等承办案件的人员是当事人的近亲属时，应当回避。

（2）上诉、申诉效力。一定范围内的亲属可以代为行使上诉、申诉权。一定的亲属可担任民事诉讼或刑事诉讼中的代理人；被告人的近亲属经被告同意，可以提起上诉等。

（3）强制执行效力。强制迁出房屋或者强制退出土地且被执行人逾期不履行的，根据《民事诉讼法》第二百五十条的规定，被执行人是公民的，应当通知被执行人或他的成年家属到场。

（4）和解效力。根据《刑事诉讼法》第二百零六条的规定，近亲属之间的暴力干涉婚姻自由、虐待、遗弃等自诉案件，虽然已经构成犯罪的（被害人重伤或死亡外），自诉

---

① 陈苇. 婚姻家庭继承法学［M］. 3 版. 北京：高等教育出版社，2022.

人在宣告判决前，可以同被告人自行和解或者撤回自诉。

（五）在国籍法上的效力

（1）国籍自然取得。中国国籍的自然取得，依据一定的亲属关系。根据我国《国籍法》第四至六条的规定，父母双方或一方为中国公民，本人出生在中国，则具有中国国籍；父母双方或一方为中国公民，本人出生在外国，则具有中国国籍；父母双方或一方为中国公民并定居在外国，本人出生时即具有外国国籍；父母无国籍或国籍不明，定居在中国，本人出生在中国，具有中国国籍。

（2）申请入籍。外国人或无国籍人是中国人的近亲属，愿意遵守中国宪法和法律，可以申请批准加入中国国籍。

（3）申请退籍。中国公民是外国人的近亲属的，经申请批准退出中国国籍。

此外，亲属关系在劳动法、行政法等领域中均有一定的法律效力。

思考题

1. 什么叫亲属、亲等、亲系、直系血亲、旁系血亲？

2. 亲属有哪些种类？

3. 各种亲属关系发生和终止的原因有哪些？

4. 亲属在法律上的效力主要有哪些？

5. 按照罗马法的亲等计算法，怎样计算直系血亲和旁系血亲的亲等？

第三章　结婚制度

第一节　结婚制度概述

结婚不仅是男女双方的终身大事，而且还关系到家庭和社会的健康稳定与发展。因此，古今中外任何国家，都对结婚问题作出了明确的法律规定。婚姻的法律效力是以结婚为前提的。因此，有关结婚的法律规定是婚姻法不可缺少的内容，处于极为重要的地位。

一、结婚的概念

结婚又称婚姻的成立，是指男女双方依照法律规定的条件和程序，建立夫妻关系的民事法律行为。结婚必须符合法律规定的各种要件，否则会导致婚姻无效，或者其婚姻被依法予以撤销。

结婚有广义和狭义之分。广义的结婚包括订婚和夫妻关系的确立。狭义的结婚仅指夫妻关系的确立，不包括婚约的订立。关于婚约的效力，没有法律的约束力，而且只能是由当事人本人订立，它不是结婚的必经程序。

二、结婚的特征

（一）结婚的主体须是男女两性

婚姻关系的产生，是以男女两性的生理差异为前提的，人类性的本能和自身的繁衍是婚姻的自然属性，是婚姻家庭人口再生产职能实现的基础。2000年12月，荷兰参议院通过一项法律，允许同性恋者结婚并领养孩子，该项法案于2001年4月1日正式生效，使荷兰成为世界上第一个实现同性婚姻合法化的国家，该法不但允许同性婚姻，而且可以完全享有与异性婚姻相同的所有权益[①]。因而，它是一部真正的同性婚姻法。目前世界上一些国家和地区的法律承认同性婚姻和同居的合法化，并赋予其与异性婚姻相同或部分相同的权利义务。但是，目前为止，我国法律层面，仍然不承认同性婚姻具有法律效力。

---

① 1998年1月1日，荷兰的《家庭伴侣法》正式生效；2000年12月，荷兰参议院通过一项法律，允许同性恋者结婚并领养孩子，该项法案于2001年4月1日正式生效。

（二）结婚须依照法律规定的条件和程序才能成立

结婚行为是要式民事法律行为，依法缔结的婚姻关系才具有法律效力。从 1994 年 2 月 1 日民政部新的《婚姻登记管理条例》生效后，未到结婚年龄的公民以夫妻名义同居的，或符合结婚条件的当事人未经登记以夫妻名义同居的，其婚姻关系无效，不受法律保护。也就是说从 1994 年 2 月 1 日起，没有配偶的男女，未办结婚登记即以夫妻名义同居生活的，按同居关系处理。也即 1994 年 2 月 1 日之前我国还是承认事实婚姻的。

（三）结婚的目的

结婚是男女双方自愿建立以共同生活为目的的夫妻关系。

（四）结婚的后果是确立夫妻关系和产生亲属关系

男女双方因结婚产生互为配偶的夫妻身份，从而相互享有和承担法律规定的权利和义务。夫妻关系确立后，未经法定程序，双方不得任意解除。

四、结婚的要件

结婚的要件是指国家从当事人和其子女及社会的利益和需要出发，对自然人结婚所做的必要的限制。法律规定结婚的要件，是国家对婚姻的成立进行审查和监督的手段。现代世界各国婚姻法一般都对婚姻的成立规定了各种要件。

根据婚姻法学的一般理论，结合中外婚姻立法的具体规定，婚姻的成立条件可以有以下的分类：

（一）实质要件与形式要件

结婚的实质要件，是指结婚当事人本身以及双方之间的关系必须符合的法定要件。一般包括双方意思表示的一致性、均达到法定婚龄、无配偶以及禁止结婚的疾病、禁止结婚的亲属等的规定。

结婚的形式要件，是指婚姻成立的法定程序或形式。它是婚姻取得社会承认的方式。我国承认要式婚姻，是指当事人须履行法定的程序或方式，才能成立合法的婚姻，否则当事人虽有以夫妻名义共同生活的事实，但未履行法定的结婚方式，仍不受法律的承认和保护。即对婚姻的成立采用国家监督主义，要求结婚当事人履行法定的结婚方式，婚姻才能合法成立。

在不同时代、不同国家甚至有些不同地区，法律确认的结婚方式有所不同，大体可分为仪式制、登记制、登记与仪式结合制三种类型。

1. 仪式制

仪式制即指结婚须举行一定的仪式，婚姻才能有效成立的制度。仪式制包括三种形式：世俗仪式，指按民间习俗举行的结婚仪式，通常均有主婚人和证婚人参加；宗教仪式，即指结婚按宗教要求，由神职人员主持的结婚仪式；法律仪式，即指结婚依法在政府官员面前举行的仪式，实际上是一种行政仪式。

2. 登记制

登记制即指婚姻当事人须接受法定机关的审查，履行登记程序，而不必举行仪式。凡未进行登记，即使举行了一定的结婚仪式，婚姻也不能有效成立。依我国婚姻法的规定，合法婚姻成立的唯一形式是结婚登记。

3. 登记与仪式结合制

登记与仪式结合制即指结婚须既履行法定的登记手续，又须履行法定的仪式，婚姻才能合法有效成立的制度，两者缺一不可。如只履行其中的一种程序，则婚姻不能有效成立。

结婚当事人双方符合结婚的实质要件，是其结合受国家法律承认和保护的前提，而又具备结婚的形式要件即履行法定的结婚方式，才能成立合法的婚姻。在我国婚姻成立的实质要件称为结婚要件，婚姻成立的形式要件称为结婚程序。

（二）结婚的必备要件与禁止要件

必备要件与禁止要件均为结婚的实质要件。必备要件又称为积极要件，是指结婚当事人双方必须具备的不可缺少的要件。如双方当事人的合意、须达到法定婚龄等。禁止要件又称为消极要件，是指当事人结婚时不得具备的要件。如结婚双方或一方未达法定婚龄，或一方患有不宜结婚的疾病。

（三）公益要件与私益要件

公益要件是指与社会公共利益有关的结婚要件；私益要件是指仅与当事人及其近亲属的利益有关的结婚要件。一般来说，欠缺公益要件者，违法的程度较重，属于无效婚姻；欠缺私益要件者，违法的程度较轻，属于可撤销婚姻。

法律所规定的结婚要件，无不取决于一定社会的经济基础和社会制度。因此，在不同的历史时期和不同性质的国家里，关于结婚要件的规定差别很大。我国婚姻法规定的结婚要件，体现了个人利益、国家利益和社会利益的统一。在通常情况下，凡欠缺法定结婚要件的男女结合不具有婚姻的效力，是无效婚姻或可撤销婚姻。

三、结婚制度的沿革

结婚制度是婚姻家庭制度的重要组成部分，其性质、内容和特点总是被当时的社会制度所决定和制约。据历史记载，在个体婚形成时期，结婚的形式多种多样，最具代表性的主要有以下几种：

（一）掠夺婚

掠夺婚又称为抢婚，是古代氏族部落外婚制时期用战争手段俘获妇女的一种强制性的婚姻形式，后来在不少民族中还不同程度地存在，但逐渐由真抢变为假抢。其基本特征是：男子以暴力抢夺为对外宣告占有女子的形式，女子作为被抢夺的客体。我国现实生活中，也有极少数违背女方意愿的暴力抢婚行为，这种行为属于违法行为应予以制止。

（二）有偿婚

有偿婚是指男子娶妻须付出一定金钱、物品或以提供一定劳役为代价的结婚方式。根据给付代价的不同形式，有偿婚又可分为买卖婚、交换婚和劳役婚。买卖婚是以女子为货品，男方以支付金钱和其他等价物作为成婚条件的婚姻。买卖婚是在私有制和商品交换的基础上发展起来的，盛行于私有制的各个时代，是中国古代普遍通行的嫁娶方法。交换婚，也称互易婚或换亲，是指双方父母互换其女为子媳，或男子各以其姐妹互换为妻。交换婚实际上是以人易人，以人作为等价物。劳役婚，是指男方以向女方家庭提供一定数量的劳役为条件而成立的婚姻。劳役婚的成因一般是男方家既无财物可买媳，又无姊妹可换亲，只能提供一定的劳动，作为娶妻的交换条件。劳役婚由于是以力代财，因此这种婚姻中男子的地位较低。男方入赘就是由此演变而来的。赘，质也。家贫无聘财，以身为质。

（三）聘娶婚

聘娶婚，是指以男方或男方家向女方家交付一定数量的聘财为要件的婚姻。聘娶婚通行于整个中国古代社会，盛行于奴隶制社会和封建制社会。在婚姻关系的形成过程中，聘娶婚要严格依照成婚的礼仪程序。中国的聘娶婚形成于西周时期所创制的"六礼"。据《礼记》《仪礼》的记载，六礼为：纳采，问名，纳吉，纳征，请期，亲迎。六礼以纳征为核心，聘财的多少依双方的身份、地位而定。六礼程序到后来虽有变通，但是聘娶婚的本质始终如一。至今它对我国民间婚姻的成立，仍产生很大的影响。在我国某些地区，结婚要彩礼仍被认为是"天经地义"，大量彩礼给男方家及夫妻婚后生活带来沉重的经济负担，甚至成为夫妻不和的重要因素。

（四）宗教婚

宗教婚是欧洲中世纪各国占统治地位的结婚形式，由基督教的教会法调整婚姻关系。由于基督教认为婚姻是神作之合，结婚是一种宣誓圣礼，故教会法规定：结婚须经公告程序并在神职人员面前举行宣誓仪式。当事人双方的合意是结婚的必备要件，以不能人道、重婚、相奸婚、近亲婚等为阻碍婚姻成立的原因。随着欧洲中世纪的结束，封建的宗教婚日趋没落，后逐渐为法律婚所取代。

（五）共诺婚

共诺婚也称为自由婚或契约婚，它是以男女双方合意而成立的婚姻。共诺婚是资产阶级革命的产物，以契约理论为基础，最早受到法律的保护，发端于法国民法典。共诺婚的确立无疑是历史的进步，它把婚姻的自主权从父母或其他人手中归还给了当事人，使当事人享有了自由支配自己人身的权利，有利于民主、和睦的现代婚姻关系的建立。但是，真正意义上的共诺婚远远晚于法律的规定，在现代已成为各国主要的结婚形式。

第二节 婚约

一、婚约的概念和类型

婚约是指男女双方以将来结婚为目的所作的事先约定。订立婚约的行为称为订婚。婚约在古代是结婚的必经程序，具有法律约束力。现代各国对婚约大多采取不保护的态度，婚约的效力相当薄弱。我国自1950年婚姻法颁行之后，一直不承认婚约的法律效力。婚约在历史上大致经历了两个发展阶段：

（一）早期型婚约

在中国和世界各国的古代，都盛行婚约制度，并赋予婚约以强大的法律效力。早期型婚约具有以下特征：①订立婚约是婚姻成立的必经程序，无婚约的婚姻视为无效。②订立婚约须由父母做主。订立婚约者是有主婚权的父母家长，而非结婚的当事人。结婚的当事人无任何自由意志。③婚约一经订立，便产生法律约束力，无故违约要受到法律制裁。

（二）晚期型婚约

近现代各国对婚约大多采取不限制也不保护的态度。晚期型婚约有如下特征：①订立婚约已不再是结婚的必经程序。结婚的当事人可自行决定是否订立婚约，法律对婚约不加禁止或干涉。②婚约的订立须有男女双方当事人的合意，父母不得强制包办。③婚约不具有法律的强制性，当事人不因婚约的订立而发生必须结婚的义务，法院不受理婚约履行之诉。婚约可凭双方或一方的意愿随时解除。

近现代大多数国家都没有明文规定订立婚约为结婚的必经程序，是否订立婚约可由当事人自由选择，但事实上婚约在各国仍普遍存在。因此大多数国家对婚约的解除后果在法律上有所规定。婚约宣告解除后，双方当事人便不再受任何约束。

二、我国法律政策对婚约的态度

我国1950年婚姻法、1981年婚姻法、《民法典》，以及《婚姻登记条例》，对婚约均无明文规定。最高人民法院关于适用法律的解释以及司法实践中都坚持对婚约不予禁止也不予保护的原则。

（1）订婚不是结婚的必经程序。我国法律既不禁止订婚，也不提倡订婚。婚约没有法律约束力，解除婚约无须办理任何法律手续。双方同意解除婚约的可自行解除，一方要求解除婚约的，无须征得对方的同意，只要通知他方即可。

（2）对解除婚约引起的财产纠纷的处理。我国法律对婚约不予保护，但对因解除婚约引起的财物纠纷，法院予以受理。对因解除婚约而引起的财物纠纷，根据我国司法实践经验，在处理时应根据双方交付财物的动机、目的以及财物的价额来判断财物的性质，从有利于促进社会安定团结，贯彻婚姻自由原则出发，区别不同情况妥善处理：

①对于借订立婚约而进行买卖婚姻的财物，应依法没收上缴国库。

②对于以订婚为名，行诈骗钱财之实的，原则上应将诈骗所得的财产归还给受害人，构成诈骗罪的，还应依法追究其刑事责任。

③对于以订婚为名，以赠送财物为手段，玩弄异性者，其所交付给对方的财物，无论由何方提出解除婚约，均应按赠与物对待，不予退还。

④对于以结婚为目的的赠与，价值较大的，应酌情返还；对于婚约期间的一般赠与物，受赠人无返还的义务。

⑤《最高人民法院关于适用〈中华人民共和国民法典〉婚姻家庭编的解释（一）》对婚约问题的处理作了明确规定。当事人请求返还按照习俗给付的彩礼的，对于双方未办理结婚登记手续的，人民法院都会予以支持。对于双方办理结婚登记手续但确未共同生活的，或婚前给付并导致给付人生活困难的，双方离婚的，人民法院也会予以支持。

第三节　结婚条件

基于婚姻的自然属性和社会属性，法律要求结婚的男女必须具备一定的实质条件。如果一方或双方不符合法定的结婚条件，那么该婚姻就不具有法律效力。我国婚姻法规定的结婚的实质条件，包括必备条件和禁止条件。

一、结婚的必备条件

必备条件又称积极要件，是指当事人结婚时必须具备的条件。根据我国婚姻法的规定，结婚的必备条件有三个：男女双方完全自愿，双方必须达到法定婚龄，必须符合一夫一妻制原则。

（一）必须男女双方完全自愿

我国《民法典》第一千零四十六条规定："结婚应当男女双方完全自愿，禁止任何一方对另一方加以强迫，禁止任何组织或者个人加以干涉。"这是结婚的首要条件，是婚姻自由原则在结婚问题上的具体体现。其核心就是国家把结婚的决定权赋予了婚姻当事人自己。在法定条件下，是否结婚、与谁结婚，都由当事人自己决定。男女双方完全自愿包括以下三层含义：

（1）结婚必须是男女双方共同的自愿，而不是一厢情愿。要求双方共同自愿的目的，在于强调双方意思表示的一致，即当事人双方均有与对方结婚的意思表示，这就排除了一方对他方的强迫。

（2）结婚必须是当事人本人自愿，而不是必须经过父母或第三人的同意。这就排除了婚姻当事人以外的任何人的包办强迫。结婚是男女双方基于爱情的结合，这就排除了第三者的包办强迫。

（3）结婚必须是当事人完全自愿，而不是附加条件的勉强同意。这就排除了各种外来的干涉和影响。婚姻应是男女双方真正的爱情结合，那种只看重对方的钱财、学历、地位，并无真正爱情的勉强凑合的婚姻，或者把结婚作为自己达到某种目的的婚姻，表面上看是自愿的结合，实质上并不是真正的自由婚姻，这进一步排除了婚姻之外其他因素的影响。

在司法实践中，主要应从以下几个方面来认定男女双方是否完全自愿：①男女双方首先要有表示结婚意愿的行为能力。②男女双方所作的同意结婚的意思表示必须真实。③男女双方同意结婚的意思表示必须由本人在婚姻登记机关作出。

（二）双方必须达到法定婚龄

我国《民法典》第一千零四十七条规定："结婚年龄，男不得早于二十二周岁，女不得早于二十周岁。"

1. 法定婚龄的概念

我国关于法定婚龄的规定不是必婚年龄，也不是最佳婚龄，而是结婚的最低年龄，是划分违法婚姻与合法婚姻的年龄界限，只有达到了法定婚龄才能结婚，否则就是违法。达到法定婚龄是结婚的必备条件之一，具有强制力，当事人必须遵守。世界上几乎每个国家都规定了相应的结婚年龄，只是我国的法定婚龄与其他国家相比是较高的，我国对结婚年龄的规定，是在综合了与婚龄相关的各种自然因素和社会因素的基础上确定的，符合我国的国情，有其科学性和合理性。

2. 确定法定婚龄的依据

古今中外各国规定法定婚龄的依据，主要有两方面的因素：

（1）自然因素。自然因素是指人们的生理和心理的发育状况和成熟程度，受地理环境和气候的影响很大。根据自然规律，男女只有达到一定年龄，生理和心理才能发育成熟，才具有婚姻行为能力，才能履行夫妻义务，承担对家庭和社会的责任。

（2）社会因素。社会因素是指一定的生产方式以及与之相适应的其他社会条件，如政治、经济、人口状况，道德、宗教及民族风俗习惯等。其中最主要的是社会生产力发展状况和人口状况，这是确定法定婚龄的主要依据。在我国农耕时代需要大量的劳动力，抵御疾病的能力弱，以及战争的频繁等因素导致人口的锐减，为了适应征兵、服劳役的需要等，长期采取早婚的政策，法定婚龄普遍偏低。

现代我国法定婚龄确定的主要依据有：①我国所处的地理环境、气候条件对结婚年龄的影响；②我国公民的生理发育、成熟的客观条件和实际的结婚年龄；③我国当前社会生产力发展的需要；④我国计划生育基本国策的推行；⑤改变早婚陋习。我国婚姻法就是在综合了以上因素的情况下确立了男不得早于 22 周岁、女不得早于 20 周岁的法定婚龄，这是比较科学的，对适应我国经济发展、提高人口素质都具有重要意义。

3. 正确理解法定婚龄应当注意的问题

一是虽然我国婚姻法确立了法定婚龄，但只是男女结婚年龄的最低起点，不是必须结婚的年龄，也不一定是人们的最佳结婚年龄。二是法定婚龄是符合结婚的要件之一，如有些人达到了法定婚龄，但是患有法律规定禁止结婚的疾病，或者想要同三代以内近亲结婚也是不允许的。

4. 有关婚龄的特殊规定

婚姻法作为我国的基本法律，其效力适用于各民族、各行业的任何人。因此，任何人结婚都得遵循婚姻法的有关规定。但是在法定婚龄这个问题上，法律允许对某些特殊情况作出特别规定。对法定婚龄的变通规定，主要有以下两种情况：

（1）民族自治地区可以根据本民族的实际情况，通过地方性法规适当降低结婚年龄。如我国新疆、西藏、内蒙古、宁夏等少数民族自治区通过颁布地方性法规，将男女法定婚龄，各降低了两岁。

（2）现行的有关法律政策对某些特殊情况，规定某些已达到法定婚龄的人暂时不得结婚。如中国人民解放军和中国人民武装警察部队的义务兵在未服满现役期间、某些特殊项目的运动员在国家队期间均不得结婚。此外，对于正在服刑的犯人在关押或保外就医、监外执行期间一般不准结婚。

（三）必须符合一夫一妻制原则

我国《民法典》第一千零四十一条、一千零四十二条规定：实行一夫一妻制，禁止重婚。实行一夫一妻制，禁止重婚，既是我国社会主义婚姻法的一项基本原则，也是结婚必须遵循的一项法定条件。要求结婚的男女，必须是无配偶的人。无配偶包括三种情况：一是未婚，二是丧偶，三是离婚。只有双方都是无配偶的人，才能结婚；否则构成重婚，为法律所禁止。

二、结婚的禁止条件

结婚的禁止条件又称为消极条件或婚姻的障碍，在我国结婚的法定禁止条件是直系血亲和三代以内的旁系血亲。

在我国古代就已经有"同姓不婚"的规定，同姓不婚始于西周，古人认为"男女同姓，其生不蕃"，因此，"娶妻不娶同姓"。我国《民法典》第一千零四十八条规定：直系血亲或者三代以内的旁系血亲禁止结婚。

1. 直系血亲

直系血亲包括父母与子女、祖父母与孙子女、外祖父母与外孙子女等，不问亲等和代数，凡直系血亲之间都不得结婚。养父母与养子女、形成抚养教育关系的继父母与继子女，属于法律拟制的直系血亲，他们之间虽无血缘联系，法律也未明确规定禁止其结婚，但基于伦理道德关系也禁止结婚。

2. 三代以内的旁系血亲

三代以内的旁系血亲是指与己身出自同一父母或同一祖父母、外祖父母的除直系血亲以外的血亲。其范围包括：

（1）同源于父母的兄弟姐妹，包括同父同母的全血缘的兄弟姐妹、同父异母或同母异父的半血缘的兄弟姐妹。至于异父异母的兄弟姐妹虽然以兄弟姐妹相称，但实际上他们之间并无血缘关系，故不属禁婚亲，可以结婚。

（2）同源于祖父母或外祖父母的辈分相同的堂兄弟姐妹、姑表兄弟姐妹、舅表、姨表兄弟姐妹。

（3）同源于祖父母或外祖父母的辈分不同的伯、叔与侄女，姑与侄子、舅与外甥女、姨与外甥。

关于三代以内旁系拟制血亲是否可以结婚的问题，法律并无明确规定。但从法理上分析同样适用法律关于亲属关系的规定，所以应该受到相应的限制。在司法实践中，法律拟制的三代以内旁系血亲，如继兄弟姐妹之间、养兄弟姐妹之间，因为没有血缘关系，在伦理上也没有障碍，一般被认为不属于禁婚亲属范围。

对于姻亲的禁婚问题，我国《民法典》也无明文规定。从伦理观念来看，直系姻亲之间一般不宜结婚，而旁系姻亲之间则没有障碍。关于姻亲的禁婚问题，我国法律没有明文禁止，但现实生活中，有直系姻亲关系的当事人要求结婚的，应予允许。

禁止一定范围内的血亲结婚，是古今中外婚姻家庭立法的通例。其理由主要有三个：

一是基于自然选择规律的作用。在古代社会，人们从长期实际生活中基于自然选择规律的作用，体会到近亲婚配的危害，因此限制一定范围的近亲婚配。但由于受宗法制度的影响，我国古代只禁止同姓同宗亲属和异性不同辈分亲属结婚，对异姓近亲平辈亲属的中表婚则不禁止。

二是基于优生学的科学根据。对遗传规律的研究证实，夫妻如果血缘太近，容易将生理上和精神上的疾病或缺陷遗传给下一代，给后代自身的素质以及人类的发展带来危害。

三是基于伦理道德观念的要求。由于近亲结婚有悖伦理道德，有碍于人类长期形成的婚姻道德，容易造成亲属身份上和继承上的紊乱，因此，世界各国均有禁止一定范围的亲属结婚的立法传统。

对于有生理缺陷，不能发生性行为者能否结婚的问题，我国 1950 年颁布的婚姻法曾经规定，禁止有生理缺陷不能发生性行为者结婚。1980 年婚姻法取消了这一规定。也就是说，有生理缺陷不能发生性行为者可以结婚，正常人自愿与有生理缺陷不能发生性行为者结婚也是准许的。夫妻之间的性生活是夫妻关系的重要组成部分，也是婚姻生活不可或缺的一部分。考虑到夫妻正常的性生活是婚姻的重要内容，一些国家或地区把"不能人道"

（指不能进行正常的性行为）作为结婚的禁止要件或婚姻无效、婚姻可撤销以及离婚的法定理由。通常情况下，一方也不会同意与生理有缺陷的人结婚，但是，性生活并不是婚姻的唯一目的，也不是夫妻生活的全部。毕竟选择无性关系的婚姻不会影响社会公众的利益，纯属个人的私事，是公民正当地行使婚姻自由权利的一种表现形式。因此，实践中，在婚姻登记人员讲明利害关系并要求当事人慎重考虑后，出于尊重当事人的婚姻自由权利和对未来生活的选择，应当给他们办理结婚登记。但是，一方婚前隐瞒自己生理有缺陷的事实，婚后另一方发现其没有性行为能力并且不愿意继续保持婚姻关系的，可以将此作为准予双方离婚的法定理由。

第四节　结婚程序

结婚程序也称结婚的形式要件，是指法律规定的缔结婚姻所必须履行的法定手续。婚姻的成立，除要求当事人必须符合结婚的实质要件外，还必须符合一定的形式要件。符合结婚实质要件的当事人，只有履行了法定的结婚程序后，婚姻才具有法律上的效力，才能被国家和社会承认和保护。我国实行结婚登记制度，即结婚必须履行的程序是结婚登记。我国《民法典》第一千零四十九条规定："要求结婚的男女双方应当亲自到婚姻登记机关申请结婚登记。符合本法规定的，予以登记，发给结婚证。完成结婚登记，即确立婚姻关系。未办理结婚登记的，应当补办登记。"我国在 1994 年 2 月 1 日《婚姻登记条例》颁布实施之前，事实婚姻也是可以的，但是婚姻登记条例颁布之后规定，结婚必须要办理结婚登记，未办理的应当补办登记。

一、结婚登记的意义

结婚登记制度是我国婚姻登记制度的重要组成部分。双方当事人均符合结婚的条件，只有通过办理结婚登记，才能使双方的婚姻为国家所承认，得到法律的保护。结婚必须依法办理登记，这是保障婚姻合法成立的必要措施。我国《婚姻登记条例》第一条规定："为了规范婚姻登记工作，保障婚姻自由、一夫一妻、男女平等的婚姻制度的实施，保护婚姻当事人的合法权益，根据《中华人民共和国婚姻法》（以下简称《婚姻法》），制定本条例。"实行结婚登记制度，体现了国家对公民婚姻行为的指导和监督，是执行婚姻法、坚持结婚的法定条件的需要。其意义具体体现在：第一，这一制度有利于保障婚姻自由、防止包办、强迫和其他干涉婚姻自由的行为。第二，有利于维护一夫一妻制，防止重婚。第三，有利于保护男女双方和子女后代的健康，防止早婚、近亲婚和依法禁止的疾病婚。

总之，通过结婚登记对当事人是否符合结婚的条件作必要的审查，既符合当事人的个人利益，又符合社会公共利益。实行结婚登记对维护我国的婚姻制度，提高婚姻质量，防止违法婚姻的发生，预防和减少婚姻纠纷，都具有重要的意义。婚姻登记机关应当严格依法办事，结婚当事人应当自觉地遵守有关结婚登记的各项规定。

二、结婚登记的机关和程序

（一）结婚登记的机关

有关结婚登记的具体事项，适用我国《婚姻登记条例》的有关规定。《婚姻登记条例》第二条规定："内地居民办理婚姻登记的机关是县级人民政府民政部门或者乡（镇）人民政府，省、自治区、直辖市人民政府可以按照便民原则确定农村居民办理婚姻登记的具体机关。"婚姻登记机关的管辖范围，原则上与户籍管理范围相适应。当事人双方的户口在一地的，到当地婚姻登记机关办理结婚登记，当事人双方的户口不在一地的，到任何一方户口所在地的婚姻登记机关均可办理登记。

（二）结婚登记的程序

结婚登记的具体程序，分为申请、审查和登记三个环节。

1. 申请

申请是当事人双方正式向婚姻登记机关提出结婚登记的请求。申请必须由双方亲自到一方当事人常住户口所在地的婚姻登记机关提出。申请时必须由双方亲自到场，不能采取委托代理的方式，也不能用书面意见代替本人亲自到场。《婚姻登记条例》第五条规定："办理结婚登记的内地居民应当出具下列证件和证明材料：（一）本人的户口簿、身份证；（二）本人无配偶以及与对方当事人没有直系血亲和三代以内旁系血亲关系的签字声明。"

2. 审查

审查是指婚姻登记机关依法对当事人的结婚申请进行审核和查证。根据《婚姻登记条例》第七条的规定，婚姻登记机关应当对结婚登记当事人出具的证件、证明材料进行审查并询问相关情况。

审查是结婚登记程序的关键环节，审查应当依法办事，不得草率或拖延。经审查，如果办理结婚登记的当事人有下列情形之一的，婚姻登记机关不予登记：未到法定婚龄的；非双方自愿的；一方或者双方已有配偶的；属于直系血亲或者三代以内旁系血亲的。

关于婚前体检的问题，婚前体检是为了了解双方以往的健康状况，患有何种疾病，以及有无遗传病等。还要了解父母、家族的健康情况，最好追溯三代有无遗传或先天缺陷等家族病史。

3. 登记

登记是婚姻登记机关对当事人结婚申请的合法性加以确认，进行正式的登录和记载，签发结婚证。经婚姻登记机关审查，对当事人符合结婚条件的，应当当场予以登记，发给结婚证；对当事人不符合结婚条件不予登记的，应当向当事人说明不予登记的理由，进行法律宣传，教育当事人自觉遵守法律。《婚姻登记条例》第六条规定："办理结婚登记的当事人有下列情形之一的，婚姻登记机关不予登记：（一）未到法定结婚年龄的；（二）非双方自愿的；（三）一方或者双方已有配偶的；（四）属于直系血亲或者三代以内旁系血亲；（五）患有医学上认为不应当结婚的疾病的。"

根据《婚姻登记条例》第十四条的规定，离婚的男女双方自愿恢复夫妻关系的，应当到婚姻登记机关办理复婚登记。复婚登记适用本条例结婚登记的规定。具体说，要求复婚的当事人应按结婚的要求提出复婚申请，由婚姻登记机关依法进行审查，符合结婚条件的，予以登记，发给结婚证。在发结婚证的同时，将原离婚证件缴销。

结婚证遗失或者损毁的，当事人可以持户口簿、身份证向原办理婚姻登记的机关或者一方当事人常住户口所在地的婚姻登记机关申请补领。婚姻登记机关对当事人的婚姻登记档案进行查证，确认属实的，应当为当事人补发结婚证。

婚姻登记机关和婚姻登记员在婚姻登记时为不符合婚姻登记条件的当事人办理婚姻登记的；玩忽职守造成婚姻登记档案损失的；办理婚姻登记或者补发结婚证超过收费标准收取费用的，对直接负责的主管人员和其他直接责任人员依法给予行政处分。给当事人造成经济损失的，应当承担民事责任，触犯刑律的，应当依法追究刑事责任。

三、结婚登记的效力

我国《民法典》第一千零四十九条规定："要求结婚的男女双方应当亲自到婚姻登记机关申请结婚登记。符合本法规定的，予以登记，发给结婚证。完成结婚登记，即确立婚姻关系。"结婚登记是婚姻合法有效的程序，它是一种重要的民事法律行为。凡办理结婚登记，取得结婚证的，婚姻即成立，具有法律效力，受法律的保护。结婚登记的效力主要是：第一，夫妻身份关系的确立。只要当事人双方履行了结婚登记手续，取得结婚证，双方就是合法的夫妻关系。第二，当事人之间产生夫妻的法定权利义务关系，其合法权益受法律保护。第三，双方的婚姻关系不得随意解除，如果要解除该婚姻关系，须按离婚程序办理。

进行登记是结婚唯一的法定程序，当事人只要依法办理登记，取得了结婚证，夫妻关系即可确立，而不问其是否举行了结婚仪式，或是否已同居。应当指出的是，我国历来就有举行结婚仪式的习俗，婚姻法不予禁止，但不能以是否举行结婚仪式作为婚姻成立的标志，更不能以仪式代替登记。任何以未举行仪式为借口否认合法的婚姻关系法律效力的做法都是错误的；相反，当事人双方完全符合婚姻法规定的结婚条件，举行了结婚仪式，或以夫妻名义公开同居生活，但未办理结婚登记的，不具有合法有效的婚姻关系。只有当事人双方到婚姻登记机关补办了结婚登记手续，才能承认其有合法婚姻的效力。

四、未办理结婚登记的，应当补办登记

我国《民法典》第一千零四十九条规定："未办理结婚登记的，应当补办登记。"需

要补办婚姻登记的情形，一是《最高人民法院关于适用〈中华人民共和国民法典〉婚姻家庭编的解释（一）》第六条规定："男女双方依据民法典第一千零四十九条规定补办结婚登记的，婚姻关系的效力从双方均符合民法典所规定的结婚的实质要件时起算。"第七条规定："未依据民法典第一千零四十九条规定办理结婚登记而以夫妻名义共同生活的男女，提起诉讼要求离婚的，应当区别对待：（一）1994年2月1日民政部《婚姻登记管理条例》公布实施以前，男女双方已经符合结婚实质要件的，按事实婚姻处理。（二）1994年2月1日民政部《婚姻登记管理条例》公布实施以后，男女双方符合结婚实质要件的，人民法院应当告知其补办结婚登记。未补办结婚登记的，依据本解释第三条规定处理。"也就是说，男女双方依法补办结婚登记后，具有溯及婚姻关系合法有效的效力，但婚姻关系不是从同居之日起有效，而是从男女双方均符合结婚的实质要件之日起有效。二是1994年2月1日民政部《婚姻登记管理条例》公布实施以后，男女双方符合结婚实质要件的，人民法院应当告知其在案件受理前补办结婚登记；未补办结婚登记的，按解除同居关系处理。

五、结婚登记程序存在瑕疵的处理

结婚登记瑕疵是指在结婚登记程序中存在程序违法或欠缺必要形式条件等缺陷。往往表现为：一方或双方当事人未亲自到婚姻登记机关办理登记（他人代办或代领结婚证）、借用或冒用他人身份证明进行登记、用虚假身份证明办理结婚登记、婚姻登记机关越权管辖、当事人提交的婚姻登记材料有瑕疵等。

结婚为要式法律行为，婚姻登记程序存在瑕疵，属于形式违法。由于《民法典》规定的婚姻无效和撤销的法定事由中不包括形式违法，因此，我国司法实务中对这类案件的处理方式也不一致。

《最高人民法院关于适用〈中华人民共和国民法典〉婚姻家庭编的解释（一）》第十七条规定："当事人以民法典第一千零五十一条规定的三种无效婚姻以外的情形请求确认婚姻无效的，人民法院应当判决驳回当事人的诉讼请求。当事人以结婚登记程序存在瑕疵为由提起民事诉讼，主张撤销结婚登记的，告知其可以依法申请行政复议或者提起行政诉讼。"这一规定明确了登记瑕疵的性质及处理路径。进一步准确理解这条规定：①当事人请求宣告婚姻无效的，只要不是无效婚姻的法定情形，法院要判决驳回当事人的申请。②如果当事人在诉讼中以登记程序存在瑕疵为由否认存在婚姻关系的，首先应当解决登记的效力问题，不是民事案件的审查范围。③因司法为民的宗旨，告知其可以依法申请行政复议或者提起行政诉讼。

在现实生活中，婚姻登记瑕疵的表现形式多样，并不能一律予以撤销，而是应当根据瑕疵的具体情况予以处理。一般情况下，如瑕疵不仅严重违反结婚程序，而且违背了当事人的结婚意志，如冒用他人名义登记，或当事人持虚假身份证登记的，一般可以撤销该婚姻登记；如系单纯的程序瑕疵，一般不宜予以撤销。

六、事实婚姻问题

（一）事实婚姻的概念、特征

事实婚姻是指没有配偶的男女，未办理结婚登记，便以夫妻名义共同生活，群众也认为是夫妻关系的违法的两性结合。

事实婚姻具有以下特征：

（1）男女双方均无配偶。有配偶的，构成事实重婚。

（2）男女双方有以夫妻名义共同生活的目的。男女双方是否互以配偶相待，是事实婚姻和不正当两性关系在内容上的重要区别。

（3）男女双方有公开的夫妻身份，群众也认为他们是夫妻关系。这是事实婚姻和一切隐蔽的、临时性的不正当两性关系在形式上的重要区别。

（4）事实婚姻没有进行结婚登记。这是事实婚姻与合法婚姻的区别。

事实婚姻按其欠缺结婚法定要件的情况不同，可分为两种：一种是双重违法的事实婚姻，是指既违反结婚实质要件又欠缺结婚法定形式要件的事实婚姻；另一种是单一违法的事实婚姻，仅指符合结婚实质要件仅欠缺结婚形式要件的事实婚姻。

在我国事实婚姻长期大量存在，在广大农村特别是边远地区尤为突出。造成这一状况的原因很复杂，有的是当事人双方或一方不符合结婚条件，但更多的则是当事人双方符合结婚条件而因登记不便或收费不合理造成的，此类事实婚姻的违法程度较轻。所以，对事实婚姻应当予以区别对待。对于违反结婚实质要件的事实婚姻，按照《民法典》第一千零五十一条、第一千零五十二条、第一千零五十三条的精神，可分别依其欠缺结婚实质要件的情况不同，属于无效婚姻或可撤销婚姻。对于符合结婚实质要件仅欠缺结婚形式要件的事实婚姻，《民法典》第一千零四十九条规定"未办理结婚登记的，应当补办登记。"这是对当事人双方均符合结婚要件的事实婚姻的一种补救措施，使其效力有机会得到补正，转化为合法婚姻，以保护事实婚姻当事人，尤其是妇女和子女的利益。如果符合结婚实质要件的事实婚姻当事人未补办结婚登记的效力，对此我国《民法典》未予规定。《最高人民法院关于适用〈中华人民共和国民法典〉婚姻家庭编的解释（一）》第七条规定，未依据民法典第一千零四十九条规定办理结婚登记而以夫妻名义共同生活的男女，提起诉讼要求离婚的，应当区别对待。

（二）《民法典》及其司法解释对事实婚姻的处理

1. 事实婚姻的男女补办结婚登记后有追溯的效力

《民法典》第一千零四十九条规定："要求结婚的男女双方应当亲自到婚姻登记机关进行结婚登记。符合本法规定的，予以登记，发给结婚证。完成结婚登记，即确立夫妻关系。未办理结婚登记的，应当补办登记。"最高人民法院《关于适用〈中华人民共和国民法典〉婚姻家庭编的解释（一）》明确规定，补办结婚登记的，婚姻关系的效力从双方均符合结婚的实质要件时起算。

2.1994年2月1日之后的事实婚姻不补办结婚登记的,其婚姻关系无效

对不补办结婚登记的事实婚姻的效力问题,《民法典》既没有列为无效婚姻,也没有承认其部分效力。《最高人民法院关于适用〈中华人民共和国民法典〉婚姻家庭编的解释(一)》第七条第二项规定:1994年2月1日民政部《婚姻登记管理条例》公布实施以后,男女双方符合结婚实质要件的,人民法院应当告知其补办结婚登记。未补办结婚登记的,依据本解释第三条规定处理。

3. 1994年2月1日之前形成的事实婚姻的效力与解除方式

根据《最高人民法院关于适用〈中华人民共和国民法典〉婚姻家庭编的解释(一)》第七条第一款的规定:1994年2月1日民政部《婚姻登记管理条例》公布实施以前,男女双方已经符合结婚实质要件的,按事实婚姻处理。根据最高人民法院1989年发布的《关于人民法院审理未办结婚登记而以夫妻名义同居生活案件的若干意见》(以下简称《若干意见》)的规定,认定为事实婚姻关系的,即确认该婚姻关系有效,当事人双方具有夫妻身份,彼此间的关系适用婚姻法关于夫妻权利义务的规定,互负扶养的义务,互相享有继承遗产的权利,同居后的收入,除有约定外,为夫妻共同财产。根据该《若干意见》第六条的规定,法院在审理事实婚姻关系的离婚案件时,应该首先进行调解,经调解和好或者撤诉的,确认婚姻关系有效,发给调解书或者裁定书;经调解不能和好的,应调解或者判决准予离婚。这里应当注意的是,法院处理事实婚姻案件与一般的离婚案件应当有所区别。当事实婚姻关系的离婚案件调解无效时,应当判决准予离婚,而不应以夫妻感情是否确已破裂为标准,判决不准离婚。由于对事实婚姻虽是有条件地承认其具有婚姻的效力,但因其本身具有违法的性质,判决不准离婚,有悖法律的精神。法院在判决事实婚姻关系的离婚时,子女的抚养、财产的分割以及对生活困难一方的经济帮助等问题,应适用《婚姻法》中对离婚的有关规定。

《最高人民法院关于适用〈中华人民共和国民法典〉婚姻家庭编的解释(一)》第三条规定:"当事人提起诉讼仅请求解除同居关系的,人民法院不予受理;已经受理的,裁定驳回起诉。当事人因同居期间财产分割或者子女抚养纠纷提起诉讼的,人民法院应当受理。"《若干意见》第九条规定,解除非法同居关系时,双方所生的非婚生子女,由哪一方抚养,由双方协商,协商不成时,应根据子女的利益和双方的具体情况判决。《若干意见》第十条规定,同居生活期间双方共同所得的收入和购置的财产,按一般共有财产处理。具体分割财产时,应照顾妇女、儿童的利益,考虑财产的实际情况和双方过错程度妥善分割。

第五节　婚姻的无效和可撤销

男女两性结合只有在符合婚姻成立的实质要件和形式要件时，才是合法婚姻，具有婚姻的法律效力，受国家法律的承认和保护。如果男女两性的结合，违反了法律规定的结婚要件则是违法婚姻，为法律所禁止，得不到法律的认可。婚姻无效与可撤销制度是规定违法婚姻的法律后果，调整因违法婚姻所形成的各种社会关系的一种法律制度，是结婚制度的重要组成部分。欠缺婚姻成立要件的违法结合，应依法认定其无效，或依法予以撤销。

一、无效婚姻

（一）规定无效婚姻的必要性

无效婚姻是指欠缺婚姻成立的法定要件，因而不具有婚姻的法律效力的违法婚姻。我国 1950 年婚姻法和 1980 年婚姻法都没有对婚姻的无效作出规定。长期以来，由于我国欠缺无效婚姻制度，除一些司法解释外，对违法婚姻没有明确的法律规定，绝大多数违法婚姻，在司法实践中是按离婚处理的。只是对重婚宣布婚姻关系无效，这不仅损害了婚姻法的严肃性、权威性和统一性，也在一定程度上损害了无效婚姻及其子女的权益[①]。离婚是解除合法婚姻的法律手段，两者的性质完全不同，以离婚的方式处理违法婚姻，等于默认了违法婚姻的法律效力。修正后的《婚姻法》增设了无效婚姻制度，对建立健全结婚制度，加强我国婚姻法治建设具有十分重要的意义。《民法典》对无效婚姻进行了修改，将婚前患有医学上认为不应当结婚的疾病，婚后尚未治愈的删除，充分体现了对当事人意思自治的尊重。

（二）无效婚姻的法定情形

我国《民法典》第一千零五十一条规定："有下列情形之一的，婚姻无效：（一）重婚；（二）有禁止结婚的亲属关系；（三）未到法定婚龄。"

1. 重婚

所谓重婚，是指有配偶者再行缔结婚姻关系的违法行为。有配偶者已有一个婚姻关系，如果再与他人缔结婚姻，便会产生另一个婚姻关系，这就构成了重婚。由于重婚违反了一夫一妻制原则，因此《民法典》明确规定它不具有婚姻的法律效力。

由于我国《民法典》在结婚一章未具体规定什么情况下属于重婚，因此在婚姻无效或撤销之前可否再行结婚，就找不到明确的法律依据。我国有的专家学者指出，我国今后不采取当然无效制度，而采用宣告无效制度，以便国家对当事人的婚姻状况进行监督。所

---

① 陈苇. 关于建立我国婚姻无效制度的思考 [J]. 法律科学，1996（4）：90-96.

以，我们认为，我国今后婚姻家庭法应明确限定原婚姻（无论是违法还是合法）关系未被宣告无效或撤销前，当事人不得再行结婚；原合法婚姻当事人在婚姻关系未离婚或因一方死亡、被宣告死亡而终止前，不得再行结婚。

2. 有禁止结婚的亲属关系

《民法典》第一千零四十八条明确规定：直系血亲或者三代以内的旁系血亲禁止结婚。凡是违反这一规定而成立的婚姻都是无效的。也就是说，凡是男女双方具有法律禁止结婚的直系血亲或者三代以内旁系血亲关系而结婚的，都应当认定该婚姻无效。

3. 未到法定婚龄

男女双方分别达到了法定结婚年龄，才允许结婚，其成立的婚姻才是合法有效的。男女双方或一方未达到法定婚龄而结婚的，认定该婚姻无效。但申请确认该婚姻关系无效时当事人已经达到了法定婚龄，则说明法定的婚姻无效的情形消失了，人民法院不予支持。

（三）确认婚姻无效的机关和程序

《最高人民法院关于适用〈中华人民共和国民法典〉婚姻家庭编的解释（一）》第十二条规定："人民法院受理离婚案件后，经审理确属无效婚姻的，应当将婚姻无效的情形告知当事人，并依法作出确认婚姻无效的判决。"婚姻无效由人民法院判决，为确认无效。婚姻当事人及其利害关系人若主张婚姻无效，应经诉讼程序向人民法院提出确认婚姻无效的诉讼请求。

《关于适用〈中华人民共和国民法典〉婚姻家庭编的解释（一）》第九条规定："有权依据民法典第一千零五十一条规定向人民法院就已办理结婚登记的婚姻请求确认婚姻无效的主体，包括婚姻当事人及利害关系人。其中，利害关系人包括：（一）以重婚为由的，为当事人的近亲属及基层组织；（二）以未到法定婚龄为由的，为未到法定婚龄者的近亲属；（三）以有禁止结婚的亲属关系为由的，为当事人的近亲属。"第十四条规定："夫妻一方或者双方死亡后，生存一方或者利害关系人依据民法典第一千零五十一条的规定请求确认婚姻无效的，人民法院应当受理。"第十五条规定："利害关系人依据民法典第一千零五十一条的规定，请求人民法院确认婚姻无效的，利害关系人为原告，婚姻关系当事人双方为被告。夫妻一方死亡的，生存一方为被告。"

第十一条规定："人民法院受理请求确认婚姻无效案件后，原告申请撤诉的，不予准许。对婚姻效力的审理不适用调解，应当依法作出判决。涉及财产分割和子女抚养的，可以调解。调解达成协议的，另行制作调解书；未达成调解协议的，应当一并作出判决。"第十二条规定："人民法院受理离婚案件后，经审理确属无效婚姻的，应当将婚姻无效的情形告知当事人，并依法作出确认婚姻无效的判决。"第十三条规定："人民法院就同一婚姻关系分别受理了离婚和请求确认婚姻无效案件的，对于离婚案件的审理，应当待请求确认婚姻无效案件作出判决后进行。"

二、可撤销婚姻

（一）规定可撤销婚姻的必要性

可撤销婚姻，是指已经成立的婚姻关系，因欠缺婚姻当事人的合意，可以由受胁迫的一方当事人向婚姻登记机关或人民法院申请，请求予以撤销的违法婚姻。对违法婚姻的处理，我国《民法典》兼采无效婚姻和可撤销婚姻并行的双轨制。首先，无效婚姻损害了法律所保护的社会公共利益，而可撤销婚姻主要侵害了法律所保护的当事人在结婚问题上的个人权益，因而对无效婚姻和可撤销婚姻在适用法律上应有所区别。只有区别违法婚姻的违法情节和社会危害性的不同，分别予以无效或者撤销的不同处理，才能更有利于保护当事人及其子女的权益，维护婚姻家庭的安定和社会的利益。其次，由于当事人的真实意思属主观认识范畴，不同于无效婚姻可用违反结婚实质要件去衡量。因此，因违背真实意思而缔结的婚姻，不宜通过无效婚姻制度解决，而应由当事人申请撤销，从而使婚姻关系归于无效。

（二）可撤销婚姻的法定情形

1. 协迫婚姻

《民法典》第一千零五十二条规定："因胁迫结婚的，受胁迫的一方可以向或人民法院请求撤销婚姻。请求撤销婚姻的，应当自胁迫行为终止之日起一年内提出。被非法限制人身自由的当事人请求撤销婚姻的，应当自恢复人身自由之日起一年内提出。"所谓胁迫，根据《最高人民法院关于适用〈中华人民共和国民法典〉婚姻家庭编的解释（一）》的规定，是指行为人以给另一方当事人或者其近亲属的生命、身体、健康、名誉、财产等方面造成损害为要挟，迫使另一方当事人违背真实意愿结婚的情况。胁迫的主体可能是另一方当事人、男女双方的父母或亲属，不论是受到谁的胁迫，只要受胁迫方认为结婚是非自愿的，是受到强制的，就可以请求有关机关撤销该婚姻。婚姻法修订时有人提出，因受欺诈而结婚的也应当列入可撤销婚姻。考虑到欺诈的范围太广，比如有配偶而欺骗对方说自己未婚，可以认为是欺诈，那么自己50岁告诉对方只有40岁、自己没有多少钱告诉对方自己是个富翁、自己离婚有子女告诉对方未婚无子女，等等，是否是欺诈呢？是不是只要在结婚时有不实之词，都可以作为请求撤销婚姻的理由呢？为了有利于婚姻家庭关系的稳定，鉴于欺诈内容属于违反结婚实质要件的已作为无效婚姻规定，因此，婚姻法修订时没有将受欺诈作为可撤销婚姻的情形。

2. 隐瞒重大疾病

《民法典》第一千零五十三条规定："一方患有重大疾病的，应当在结婚登记前如实告知另一方；不如实告知的，另一方可以向人民法院请求撤销婚姻。"对于重大疾病《民法典》没有明确规定，2017年修正的《母婴保健法》第八条规定："婚前医学检查包括对下列疾病的检查：（一）严重遗传性疾病；（二）指定传染病；（三）有关精神病。经婚前医学检查，医疗保健机构应当出具婚前医学检查证明。"第三十八条规定："本法下列用语的含义：指定传染病，是指《中华人民共和国传染病防治法》中规定的艾滋病、淋病、梅毒、麻风病以及医学上认为影响结婚和生育的其他传染病。严重遗传性疾病，是指由于遗传因素先天形成，患者全部或者部分丧失自主生活能力，后代再现风险高，医学上认为不宜生育的遗传性疾病。有关精神病，是指精神分裂症、躁狂抑郁型精神病以及其他重型精神病。产前诊断，是指对胎儿进行先天性缺陷和遗传性疾病的诊断。"《民法典》把疾病婚作为可撤销婚姻，充分体现了对疾病患者婚姻自由权的尊重，同时基于婚姻诚信和意思表示真实的要求，疾病患者有在结婚登记前向对方告知的义务，否则被隐瞒方有撤销婚姻的权利。

《民法典》规定，婚姻撤销的法定事由包括胁迫和隐瞒重大疾病。

婚姻自由是我国宪法赋予公民的基本的人身权利，也是婚姻法的首要原则。结婚自由是婚姻自由的一个重要方面，结婚自由要求婚姻当事人双方应当具有结婚的合意，意思表示真实一致。如果一方或双方当事人本人或其亲友因受到威胁而产生恐惧，不得不作出同意结婚的意思表示，鉴于其本人并不具有结婚的真实意愿，因而法律赋予其撤销该婚姻关系的权利。或者因为婚姻当事人隐瞒重大疾病，导致另外一方作出了违背真实意思的选择，因此享有了撤销权。

（三）撤销婚姻的程序

关于撤销婚姻的程序，《民法典》第一千零五十二条规定："因胁迫结婚的，受胁迫的一方可以向人民法院请求撤销婚姻。请求撤销婚姻的，应当自胁迫行为终止之日起一年内提出。被非法限制人身自由的当事人请求撤销婚姻的，应当自恢复人身自由之日起一年内提出。"第一千零五十三条规定："一方患有重大疾病的，应当在结婚登记前如实告知另一方；不如实告知的，另一方可以向人民法院请求撤销婚姻。请求撤销婚姻的，应当自知道或者应当知道撤销事由之日起一年内提出。"撤销婚姻实行不告不理，即受胁迫的一方当事人或者被隐瞒了重大疾病的一方当事人不主动提出，人民法院不主动宣布撤销该婚姻。因此，可撤销婚姻中婚姻关系的消灭，必须有撤销行为，仅有可撤销的事由而无撤销行为的，其婚姻关系的效力并不消灭。法律把行使撤销婚姻的权利仅赋予了受胁迫的和被隐瞒的当事人一方，受胁迫的和被隐瞒的当事人既可以以明示或默示的方式放弃该权利，也可以用明示的方式行使该权利，但受胁迫的和被隐瞒的当事人行使撤销权的意思表示，必须是向人民法院作出，而非向相对人作出。

法律在赋予受胁迫当事人一方撤销权的同时，为促使权利人尽快地行使权利，也为了避免婚姻关系长期处于不稳定的状态，还对权利人行使这项权利规定了除斥期间，即规定了行使撤销权的有效期间。如果享有撤销权的当事人在胁迫行为终止之日起一年内或恢复人身自由之日起一年内（该期间为除斥期间，不适用诉讼时效中止、中断或者延长的规定）；被隐瞒重大疾病的应当自知道或者应当知道撤销事由之日起一年内向人民法院提出撤销该婚姻的诉讼，撤销权因法定期间的经过而归于消灭，就视同受胁迫和被隐瞒当事人一方对该婚姻的默认，从而使该婚姻合法化。

三、无效婚姻和可撤销婚姻的区别

无效婚姻和可撤销婚姻的区别主要有：

（1）发生的原因不同。无效婚姻是违反结婚实质要件的违法婚姻；可撤销婚姻是违背当事人真实意思表示的违法婚姻。

（2）请求期间不同。请求宣告婚姻无效受原因条件的限制，一般不受期间的限制；请求撤销婚姻有期间的限制。

（3）行使请求权的主体不同。申请宣告婚姻无效的主体，既可以是婚姻当事人，也可以是利害关系人。而请求撤销婚姻的主体，只能是受胁迫一方和被隐瞒一方的婚姻关系当事人本人。

四、无效婚姻和可撤销婚姻的法律后果

我国《民法典》第一千零五十四条规定："无效的或者被撤销的婚姻自始没有法律约束力，当事人不具有夫妻的权利和义务。同居期间所得的财产，由当事人协议处理；协议不成时，由人民法院根据照顾无过错方的原则判决。对重婚导致的无效婚姻的财产处理，不得侵害合法婚姻当事人的财产权益。当事人所生的子女，适用本法关于父母子女的规定。婚姻无效或者被撤销的，无过错方有权请求损害赔偿。"所谓自始无效，是指无效或者可撤销婚姻在依法被宣告无效或被撤销时，才确定该婚姻自始不受法律保护。婚姻无效是无效婚姻和可撤销婚姻最重要的法律后果，此外，无效婚姻和被撤销婚姻还会引起其他法律后果。

（一）被撤销或被确认无效的婚姻，自始不发生婚姻的法律效力

被撤销或被确认无效的婚姻当事人之间，不具有基于婚姻的效力而产生的夫妻权利和义务关系，不适用法律有关合法婚姻的夫妻人身关系和财产关系的规定。具体说，主要是：其一，由于无效婚姻中的男女不是合法的配偶，一方与另一方的血亲及其配偶之间，不发生姻亲关系；其二，对无效婚姻的男女当事人，不适用夫妻财产制的规定；其三，男女双方不能以配偶的身份互为第一顺序的法定继承人，一方死亡，另一方无权作为配偶继承对方的遗产，只能按照《民法典》第一千一百三十一条的规定："对继承人以外的依靠被继承人扶养的人，或者继承人以外的对被继承人扶养较多的人，可以分给适当的遗产。"处理继承问题；其四，无效婚姻的男女双方相互之间没有法定的扶养义务。

（二）被撤销或被确认无效的婚姻的财产处理问题

《关于适用〈中华人民共和国民法典〉婚姻家庭编的解释（一）》第二十二条规定："被确认无效或者被撤销的婚姻，当事人同居期间所得的财产，除有证据证明为当事人一

方所有的以外，按共同共有处理。"对无效婚姻和被撤销婚姻的当事人不适用有关夫妻财产制的规定。因为夫妻财产制所调整的财产关系，是以夫妻的特定身份为前提的。无效婚姻当事人同居期间并非婚姻关系有效存续期间，而且法律明确规定他们之间不具有夫妻的权利和义务。因此，在同居期间所得的财产，不能按夫妻财产制的规定当然地归双方共同共有。男女双方在同居期间，因继承、遗赠、赠与等途径所得的合法收入，均应归本人所有。如果双方在同居期间有共同经营所得的收入，或者有共同出资购置的财产，婚姻被宣告无效后，首先由当事人双方协商处理，协商不成的，由人民法院按照《民法典》中有关按份共有的一般规定处理。如果因一方有过错而导致婚姻无效或被撤销的，有过错的一方应当少分或者不分财产，无过错一方多分财产。对于同居期间双方为共同生产、生活而形成的债权、债务，债权要比照按份共有处理，债务则应由双方共同偿还。若一方自愿赠送给对方的财物，无权要求返还。如果无效婚姻的当事人对财产事前作出了约定，只要这种约定符合民事法律行为的有效要件，就应当承认其具有法律效力。

（三）对重婚导致的婚姻无效的财产处理，不得侵害合法婚姻当事人的财产权益

《民法典》对重婚导致的婚姻无效的财产处理，体现了对夫妻财产权益的保护。婚姻当事人一方与第三人重婚，通常会涉及夫妻共同财产。除法律规定属于夫妻个人特有财产的外，对有证据证明的固定资产或其他价值较大的财产，属于婚姻当事人一方为与其重婚的第三人购买的财产，应当视为夫妻共同财产。婚姻当事人一方处分夫妻共同财产时没有征得其合法配偶的同意，应当认定该处分行为无效。也就是说，在重婚期间，婚姻当事人一方为与其重婚的第三人购买的固定资产或其他价值较大的财产，不属于他们在同居期间取得的财产，而是作为夫妻共同财产处理，从而保护合法婚姻当事人的财产权益。《最高人民法院关于适用〈中华人民共和国民法典〉婚姻家庭编的解释（一）》第十六条规定："人民法院审理重婚导致的无效婚姻案件时，涉及财产处理的，应当准许合法婚姻当事人作为有独立请求权的第三人参加诉讼。"这从程序上对合法婚姻当事人的财产权益提供了有效的司法保障。

（四）婚姻无效或被撤销后的子女抚养问题

婚姻无效或被撤销后，自始不具有婚姻的法律效力。在无效婚姻或被撤销婚姻中受胎出生的子女为非婚生子女，享有与婚生子女同等的法律地位，任何人都不得危害和歧视。因此，对于无效婚姻期间受胎出生的子女，父母子女间的权利义务，不受父母的婚姻无效或被撤销的影响。确认和解除无效婚姻后，有关其子女的归属及抚养费的负担等问题，均要适用婚姻法有关父母子女的权利和义务的规定。具体说，父母对该子女负有抚养教育、保护的权利和义务；该子女成年后对父母有赡养扶助的义务；父母与该子女之间有相互继承遗产的权利。切实、妥善地保护子女的合法权益，是宣告无效婚姻和撤销婚姻时必须注意的一个重要问题。

（五）婚姻无效或者被撤销的，无过错方有权请求损害赔偿

损害赔偿的范围包括物质损害和精神损害。

思考题

1. 简述我国结婚的法定条件。

2. 三代以内的旁系血亲包括哪些亲属？

3. 我国对事实婚姻如何认定和处理？

4. 我国法律政策对婚约持何种态度？如何正确处理解除婚约后的财产纠纷？

5. 什么叫无效婚姻？什么叫可撤销婚姻？我国《婚姻法》及司法解释对无效婚姻、可撤销婚姻有哪些规定？

第四章　夫妻关系

　　夫妻关系是指夫妻间人身和财产方面的权利义务关系，包括人身关系和财产关系。夫妻关系的性质取决于一定的社会制度。在不同的历史时期，夫妻在家庭中的法律地位不同，他们的权利义务也不同。夫妻法律地位的演变大致经历了以下三个阶段：一是男尊女卑，夫权统治阶段。二是法律形式上渐趋平等的阶段。三是法律上的平等向实际上的平等过渡阶段。我国《民法典》规定"夫妻在家庭中地位平等"，这是对夫妻法律地位的原则性规定，体现了男女平等的婚姻法的原则。

　　从夫妻关系法家庭自治与国家干预的发展趋势分析来看，我国的婚姻家庭自治由旧社会中，夫权自治到尊重夫妻双方的意思自治，男女的地位在家庭中趋于平等。在夫妻身份关系的立法上增加了宣示性规范或任意性规范，男女结婚离婚自由，男子不再享有专属的离婚结婚决定权。在夫妻财产关系上，普遍规定法定财产制的适用效力后于约定财产制，在夫妻财产制立法上更加强调夫妻平等。而且不少国家将"夫妻平等"明确规定于夫妻关系法中。史尚宽先生曾说，然为夫妻关系之协调，不仅仅于形式上之平等，于平等原则之外，并注意于共同体之保持，盖采用二元主义也①。《法国民法典》规定妻子未经其夫同意或法院许可，不能从事任何法律行为；妻子有从事一切法律行为的能力；夫妻各方均有完全的权利能力。英国和美国按照早期普通法规定，妻子的人格在婚后即被夫妻的人格所吸收，妻子没有独立的人格和财产权利。在具体立法中选择有利于实现夫妻平等的规定。在分别财产制出现以前，英国的法定财产制是财产并吞制，妻子不享有任何权利。经过多次修改，妻子所享有的特有财产的范围不断扩大，最终使分别财产制得以确立。在立法中加强了对夫妻中弱者一方的保护。承认家事劳动的价值，是现代夫妻财产关系的一个重要发展趋势；用强制手段将夫妻间的扶养义务向离婚后延伸。财产关系法兼顾保护夫妻的财产利益与第三人的利益；保障第三人的利益维护交易安全。第一，规定夫妻财产契约对第三人发生效力的要件，避免第三人因不知情而处于不利的境地。第二，夫妻在法定情形下须对债务承担连带责任，以保证第三人债权的实现。第三，赋予与夫妻为法律行为的第三人以撤销权，让第三人有自由选择的余地。重视国情和民族传统对立法的影响。民族性的存在使得各国的夫妻关系立法各不相同。

---

　　① 史尚宽. 亲属法论 [M]. 北京：中国政法大学出版社，2002：290.

第一节　夫妻人身关系

夫妻人身关系，是指夫妻双方在家庭中与其人身不可分离并且没有直接经济内容的有关人格、身份、地位等方面的权利义务关系。夫妻人身关系是夫妻关系中的最基本关系，是财产关系的前提与基础，是夫妻关系中的主导内容。

夫妻人身关系具有的特征：①发生在合法夫妻之间。夫妻人身关系以当事人之间婚姻关系有效成立为前提，婚姻不成立或无效的当事人均不享有夫妻人身关系。夫妻人身关系因婚姻关系消灭而消灭。②夫妻人身关系对夫妻双方而言既是权利，又是义务。一方的权利就是对方的义务，反之亦然。夫妻双方的权利义务是对等的。③夫妻人身关系由法律直接规定，当事人不能约定加以变更或消灭。

一、夫妻姓名权

我国《民法典》第一千零五十六条规定："夫妻双方都有各用自己姓名的权利"，以法律形式肯定了夫妻双方的姓名权。

中国封建社会以儒家思想为中轴，宗法思想极为严重。"三纲五常"是家庭伦理关系的基本准则，实行夫权统治，妇女毫无姓氏自主权可言，妻与夫要同姓才能共同祭祀夫之祖先，也才能在死后接受子孙之祭祀[①]。但中华人民共和国成立后，1950年和1980年两部《婚姻法》均规定："夫妻双方都有各自用自己姓名的权利。"我国《民法典》第一千零一十二条规定："自然人享有姓名权，有权依法决定、使用、变更或者许可他人使用自己的姓名，但是不得违背公序良俗。"上述表明，夫妻双方不再因婚姻关系而发生姓氏的变化，夫妻任何一方都不因配偶身份而享有改变他方姓氏的权利。当然，如果夫妻一方自愿改变姓氏，法律也不禁止。但是现实生活中，在我国大陆地区妻冠夫姓的习俗已经不再存在。

（一）姓名权的法律解析

姓名权属于人格权的一种，是自然人决定、使用、变更其姓名并排斥他人侵害的权利。其权利内容主要是姓名的设定、变更、专用权，姓名权往往是具有独立人格的一种标志。

（二）夫妻姓名权的内容

一般而言，姓名权的具体内容包括：①夫妻各自享有姓名权，不因婚姻成立或终止而发生变化。②无论双方的民族、性别、年龄、职业、收入、财产如何，夫妻都有各用自己

---

① 林秀雄. 婚姻家庭法之研究［M］. 北京：中国政法大学出版社，2001：267.

姓名的权利。③夫妻的姓名权不因夫妻相互扶养关系而发生变化，也不因居住方式的变化而变化。④夫妻有各自独立的姓名权，并不排斥夫妻双方在自愿基础上经过平等协商，对姓名问题作出约定。无论双方选择夫姓、妻姓或他姓均属合法。⑤夫妻双方均有决定、使用和依照规定改变自己姓名的权利，任何一方均不得强迫对方改变自己的姓名。

（三）法律规定夫妻姓名权的意义

法律规定夫妻姓名权体现了夫妻家庭地位平等与男女平等的原则，有利于消除落后的婚姻习俗对妇女的负面影响，有利于形成良好、和谐、文明的家庭关系。

（四）夫妻姓名权涉及的法律问题

夫妻姓名权涉及的法律问题主要是关于子女姓氏的问题。我国《民法典》第一千零一十二条规定："自然人享有姓名权，有权依法决定、使用、变更或者许可他人使用自己的姓名，但是不得违背公序良俗。"以及第一千零一十五条规定："自然人应当随父姓或者母姓，但是有下列情形之一的，可以在父姓和母姓之外选取姓氏：（一）选取其他直系长辈血亲的姓氏；（二）因由法定扶养人以外的人扶养而选取扶养人姓氏；（三）有不违背公序良俗的其他正当理由。少数民族自然人的姓氏可以遵从本民族的文化传统和风俗习惯。"这从侧面反映了夫妻享有平等的姓氏权，从立法上否定了子女只随父姓的传统。但须说明的是，在现实生活中，子女随父姓已成为一种约定俗成的习惯，因此，关于子女姓氏权主要涉及以下内容：①子女出生后，姓氏的确定应由父母协商；也可因协商而变更，若子女有相当的辨别能力，则应征得其同意。②父母双方离婚时，可以协商变更子女的姓名，经协商未达成协议的，任何一方不得擅自改变子女原用的姓名。离婚后，父母任何一方未经对方同意，单方面将子女的姓氏改变是不当的。如果生父或生母提出异议，另一方应恢复子女原来的姓名。③子女成年后，若具有完全民事行为能力，则有权决定保留或变更原有姓名，父母不得非法干涉。

二、夫妻人身自由权

在旧中国，妇女在家庭中处于从属的地位，在社会上更没有地位。而我国《民法典》第一千零五十七条规定："夫妻双方都有参加生产、工作、学习和社会活动的自由，一方不得对另一方加以限制或者干涉。"可见我国妇女社会地位的提高，而且法律关于夫妻人身自由权的规定内容广泛且具体。

（一）夫妻人身自由权的概念及内容

夫妻人身自由权是指已婚夫妻从事社会职业、参加社会活动、进行社会交往的权利，一方不得对他方加以干涉。夫妻人身自由权的具体内容包括：①夫妻双方均有自由从业的权利，即双方都有参加生产工作的权利。②夫妻双方都有参加学习的权利。③夫妻双方均有自由参加社会活动的权利。这是夫妻人格独立、享有人身自由的重要体现。④夫妻人身自由权的行使，只要符合法律、道德的要求，任何一方不得限制或干涉。

（二）法律规定夫妻人身自由权的意义

夫妻人身自由权的法律规定，有利于妇女自由参加社会生产，对于破除夫权思想残余的影响，保障已婚妇女的人身自由得到充分体现，激发妇女创造的积极性，有利于社会的和谐稳定。

三、夫妻计划生育权

我国《宪法》第二十五条规定："国家推行计划生育，使人口的增长同经济和社会发展计划相适应。"第四十九条规定："婚姻、家庭、母亲和儿童受国家的保护。夫妻双方都有实行计划生育的义务。"《妇女权益保障法》第三十二条规定："妇女依法享有生育子女的权利，也有不生育子女的自由。"《人口与计划生育法》第十七条规定："公民有生育的权利，也有依法实行计划生育的义务，夫妻双方在实行计划生育中负有共同的责任。"法律对夫妻计划生育权利义务的规定是对计划生育国策落实的体现。《最高人民法院关于适用〈中华人民共和国民法典〉婚姻家庭编的解释（一）》第二十三条规定："夫以妻擅自终止妊娠侵犯其生育权为由请求损害赔偿的，人民法院不予支持；夫妻双方因是否生育发生纠纷，致使感情确已破裂，一方请求离婚的，人民法院经调解无效，应依照民法典第一千零七十九条第三款第五项的规定处理。"

根据现行法律的规定，夫妻生育权的内容，主要包括：①计划生育作为夫妻的法定义务，具有强制性，必须严格履行。②生育是夫妻双方共同享有的权利，须相互配合，才能实现。③实行计划生育也是夫妻双方的权利。夫妻双方共同享有按照国家有关法律生育子女的权利，该项权利受国家法律保护，任何人不得侵犯。婚后是否生育、何时生育等问题，夫妻双方应当充分考虑到本人的意愿、配偶的态度，本着对家庭、对未来子女以及对社会负责的态度协商确定。④夫妻怀孕后生育的决定权还是由女方行使，男方可以作为离婚的理由予以救济。

以上几点是我国关于婚姻身份关系没有争议的权利义务。而比较有争议的点是以下几点：

四、夫妻住所决定权

我国《民法典》第一千零五十条规定："登记结婚后，按照男女双方约定，女方可以成为男方家庭的成员，男方可以成为女方家庭的成员。"可见，婚后夫妻共同生活的住所，由夫妻双方平等地协商，自愿约定。双方可以约定到男方家落户，也可以到女方家落户，也可以另择住所组成独立家庭。

（一）夫妻住所决定权的含义及内容

住所决定权是指选定夫妻婚后住所的权利。我国《民法典》第一千零五十条的规定严格来说，不是对婚姻住所的直接规定，但根据民法解释与法意解释，此法律条文无疑从客观上赋予了夫妻双方平等地享有婚姻住所决定权。夫妻住所决定权一般包括以下具体内容：①夫妻平等地享有住所决定权。婚后夫妻共同生活的住所，由夫妻双方平等地协商，自愿约定。对此约定，双方也可以协商变更。②夫妻双方不得强迫另一方，其他人也不得干涉。③夫妻双方可以约定到男方家落户，也可以到女方家落户，也可以另择住所组成独立家庭。④家庭住所的变更，一方成为另一方家庭成员，仅发生家庭生活单位和家庭成员结构关系的变化，不产生法律上新的权利义务关系，原有的权利义务关系不变。

（二）法律规定夫妻住所决定权的意义

夫妻住所决定权的法律规定有利于进一步破除以男性为本位的宗法观念；有利于改变"养儿防老"的传统观念，树立新的生育观；有利于妇女家庭地位与社会地位的提高。

五、夫妻日常家事代理权

夫妻日常家事代理权，是指夫妻因日常家庭事务与第三人为一定法律行为时互为代理的权利。被代理方须对代理方从事日常家事行为所产生的债务承担连带责任。日常家事代理权是基于配偶身份当然享有的权利，不以明示为必要，其范围仅限于日常家事。夫妻相互享有日常家事代理权，对男女双方是对等的。夫妻一方行使日常家事代理权所取得的权利与负担的义务，原则上应由夫妻双方共同负担。

《民法典》第一千零六十条规定："夫妻一方因家庭日常生活需要而实施的民事法律行为，对夫妻双方发生效力，但是夫妻一方与相对人另有约定的除外。夫妻之间对一方可以实施的民事法律行为范围的限制，不得对抗善意相对人。"《民法典》第一千零六十二条"夫妻对共同财产，有平等的处理权"的规定，应当理解为：夫或妻在处理夫妻共同财产上的权利是平等的。因日常生活需要而处理夫妻共同财产的，任何一方均有权决定。夫或妻非因日常生活需要对夫妻共同财产做重要处理决定，夫妻双方应当平等协商，取得一致意见。他人有理由相信其为夫妻双方共同意思表示的，另一方不得以不同意或不知道为由对抗善意第三人。

《最高人民法院关于适用〈中华人民共和国民法典〉婚姻家庭编的解释（一）》第二十八条规定："一方未经另一方同意出售夫妻共同所有的房屋，第三人善意购买、支付合理对价并已办理不动产登记，另一方主张追回该房屋的，人民法院不予支持。夫妻一方擅自处分共同所有的房屋造成另一方损失，离婚时另一方请求赔偿损失的，人民法院应予支持。"据此可以看出，不动产的处分不属于日常家事代理权的范畴。处理夫妻关系另一方与人身相关联的事务，如继承权的放弃、劳动报酬的领取等也不适用日常家事代理权。

我国的立法，对于夫妻间的家事代理范围、后果等都没有做出全面的规定。

六、夫妻忠实义务

关于夫妻忠实义务，主要是指贞操义务，即专一的夫妻性生活义务。当然广义的夫妻忠实义务还包括不得恶意遗弃配偶以及不得为第三人利益而牺牲、损害配偶的利益。这里对忠诚义务做狭义上的理解。我国《民法典》第一千零四十三条规定："家庭应当树立优良家风，弘扬家庭美德，重视家庭文明建设。夫妻应当互相忠实，互相尊重，互相关爱；家庭成员应当敬老爱幼，互相帮助，维护平等、和睦、文明的婚姻家庭关系。"有学者认为该条其实就是间接承认夫妻间的忠实义务。

（一）夫妻忠实义务的内容

所谓婚姻上的同居，并不是场所上的意义，就好像是在一个屋子里面设置屏障而分别生活，并不是同居。[①] 夫妻忠实义务具有法律与道德的双重意义，是婚姻关系的导向，但缺乏法律的可操作性。我们认为夫妻忠实义务至少应包含以下具体内容：①忠实义务是夫妻权利义务的基本内容之一，它要求配偶之间互负不为婚外性行为的不作为义务。②忠实义务一方面要求配偶之间相互保持性爱专一，感情忠诚，相互忠实于对方；另一方面要求他人负有不得破坏夫妻双方相互忠实的义务。③夫妻双方相互忠实义务不是夫对妻、妻对夫的依附关系。

（二）法律规定夫妻忠实义务的意义

法律规定夫妻忠实义务，有利于防止婚姻关系中出现的重婚、姘居、通奸等违反一夫一妻制的行为，有利于建立相互尊重、相互理解、相互信任的家庭关系。法律规定夫妻忠实义务反映了个体婚姻的本质要求，在道德上具有倡导性，在法律上具有宣言性。我国《民法典》对重婚、有配偶与他人同居等违背夫妻忠实义务导致离婚的，赋予无过错方损害赔偿请求权。

第二节　夫妻财产关系

夫妻财产关系，是指夫妻双方在财产、抚养和遗产继承等方面的权利义务关系。夫妻财产关系在夫妻关系中占有举足轻重的地位。

我国《民法典》规定的夫妻财产关系其主要内容包括：夫妻财产制度、夫妻间的扶养制度、夫妻间的继承制度三个方面。

一、夫妻财产制度

（一）夫妻财产制度概述[②]

夫妻财产制度又称婚姻财产制，是指关于夫妻婚前财产和婚后财产的归属、管理、使

---

① 史尚宽. 亲属法论［M］. 北京：中国政法大学出版社，2002：292.
② 曹诗权. 婚姻家庭继承法［M］. 北京：中国法制出版社，1999：160-167.

用、收益、处分以及债务的清偿，婚姻解除时财产的清算等方面的法律制度。我国夫妻财产制主要有法定财产制和约定财产制。法定财产制，是指夫妻婚前或婚后未以契约方式约定夫妻财产关系或约定无效的情况下，依法律规定当然适用的夫妻财产制。约定财产制，是指夫妻以契约形式决定婚姻财产关系的财产制度。

（二）夫妻财产制的立法原则

（1）约定优先于法定原则。夫妻双方有权依照约定适用夫妻财产制，无约定的适用法定财产制。

（2）夫妻财产权利与义务平等原则。夫妻双方对其共同所有的财产享有平等的所有权和平等的财产管理权，夫妻双方都负有维持家庭的责任和义务。

（3）保障弱者利益的原则。法律承认家务劳动的价值，无经济收入或经济收入较少的夫妻一方，有权请求有负担能力的他方给付扶养费。

（4）保障夫妻合法的财产权益与维护第三人利益相兼顾的原则。法律在具体规定夫妻双方的财产权利与义务的同时，对与夫妻交易的第三人利益给予了相应的保障。

（三）我国的夫妻财产制的种类及内容

1. 依发生根据，分为法定财产制与约定财产制

法定财产制是指在夫妻婚前或婚后均未就夫妻财产关系作出约定，或所作约定无效时，依法律规定而直接适用的夫妻财产制。主要有分别财产制、共同财产制、管理共同制、剩余共同财产制等形式。

我国现行夫妻财产制以法定财产制为主，以约定财产制为辅。夫妻双方对共同财产有平等的处理权。我国夫妻财产制度是夫妻婚后所得共同财产制、夫妻个人特有财产制和夫妻约定财产制相结合的财产制度。

2. 依适用情况，分为普通财产制与非常财产制①

普通财产制是指在通常情况下，依婚姻当事人双方的约定或依法律的直接规定而适用的财产制，包括约定财产制和法定财产制。

非常财产制指在特殊情况下，出现法定事由时，依据法律之规定或经夫妻一方（或夫妻之债权人）的申请由法院宣告，撤销原依法定或约定设立的共同财产制，改设为分别财产制。《民法典》第一千零六十六条就规定了："婚姻关系存续期间，有下列情形之一的，夫妻一方可以向人民法院请求分割共同财产：（一）一方有隐藏、转移、变卖、毁损、挥霍夫妻共同财产或者伪造夫妻共同债务等严重损害夫妻共同财产利益行为；（二）一方负有法定扶养义务的人患重大疾病需要医治，另一方不同意支付相关医疗费用。"

---

① 陈苇. 完善我国夫妻财产制的立法构想［J］. 中国法学，2000（1）：87.

3. 按内容，分为共同财产制、分别财产制、剩余共同财产制、统一财产制、联合财产制

共同财产制指除特有财产外，夫妻任何一方或双方的财产归双方共同所有，双方享有平等地占有、使用、收益和处分的权利。

分别财产制是指夫妻双方婚前和婚后所得财产归各自所有，对自己的财产享有独立地占有、使用、收益和处分的权利。

剩余共同财产制是指夫妻对于自己的婚前财产及婚后所得财产，各自保留其所有权、管理权、使用收益权及有限制的处分权，夫妻财产制终止时，以夫妻双方增值财产（夫妻各自最终财产多于原有财产的增值部分）的差额为剩余财产，归夫妻双方分享。

统一财产制指婚后妻子将其财产所有权转给丈夫，保留婚姻解除时的财产返还请求权。

联合财产制又称管理共同制，指婚后妻子的财产仍归妻子所有，但交由丈夫管理、使用和收益。

4. 依涉及范围，分为特有财产制（约定的和法定的）、共同财产制

特有财产制就是在夫妻婚后实行共同财产制时，基于法律规定或夫妻约定，由夫妻各自保留一定个人所有财产的范围，夫妻对该财产的管理、使用、收益和处分，以及相应的财产责任、特有财产的效力等内容组成的法律制度。

采用分别财产制与共同财产制的合理因素，将为多数国家所接受。

（四）我国夫妻财产关系法的主要内容

1. 我国夫妻财产制是法定财产制与约定财产制相结合的夫妻财产制

我国《民法典》第一千零六十五条规定："男女双方可以约定婚姻关系存续期间所得的财产以及婚前财产归各自所有、共同所有或者部分各自所有、部分共同所有。约定应当采用书面形式。没有约定或者约定不明确的，适用本法第一千零六十二条、第一千零六十三条的规定。夫妻对婚姻关系存续期间所得的财产以及婚前财产的约定，对双方具有法律约束力。夫妻对婚姻关系存续期间所得的财产约定归各自所有，夫或者妻一方对外所负的债务，相对人知道该约定的，以夫或者妻一方的个人财产清偿。"夫妻对婚姻关系存续期间所得的财产以及婚前财产的约定，对双方具有约束力。夫妻对婚姻关系存续期间所得的财产约定归各自所有的，夫或妻一方对外所负的债务，第三人知道该约定的，以夫或妻一方所有的财产清偿。

（1）法定共同财产制

共同共有，即夫妻在婚姻关系存续期间所得，除双方没有约定或没有法律特别规定的情况下，归夫妻共同所有，夫妻对共同所有的财产有平等的所有权的制度。

我国《民法典》第一千零六十二条规定："夫妻在婚姻关系存续期间所得的下列财产，为夫妻的共同财产，归夫妻共同所有：（一）工资、奖金、劳务报酬；（二）生产、

经营的收益；（三）知识产权的收益；（四）继承或者受赠的财产，但是本法第一千零六十三条第三项规定的除外；（五）其他应当归共同所有的财产。夫妻对共同财产，有平等的处理权。"

本条所称婚姻关系存续期间即合法婚姻关系成立之日起，到配偶一方死亡或离婚生效时止。夫妻分居或离婚判决未生效的期间，仍为夫妻关系存续期间。对于上述"其他应当归夫妻共同所有的财产"，《〈民法典〉婚姻家庭编司法解释（一）》规定，包括：一方以个人财产投资取得的收益；男女双方实际取得或者应当取得的住房补贴、住房公积金；男女双方实际取得或者应当取得的养老保险金、破产安置补偿费。夫妻共同财产的主体，是具有婚姻关系的夫妻，未形成婚姻关系的男女两性，如未婚同居、婚外同居等，以及无效或被撤销婚姻的男女双方，不能成为夫妻共同财产的主体。夫妻共同财产既包括夫妻通过劳动所得的财产，也包括其他非劳动所得的合法财产如继承、受赠所得财产以及其他特有财产等。

夫妻对共同财产双方有平等的处理权。根据十七条的相关规定，夫妻任何一方对夫妻共同共有的财产都有决定权，但是涉及重要的处理决定，夫妻双方应当协商一致，取得一致的意见。他人有理由相信为夫妻双方共同的意思表示的，另一方不得以不知道或不同意为由对抗善意第三人（他人有理由相信适用表见代理）。

关于夫妻共同共有财产的终止，基于三种情形改变，夫妻离婚，夫妻一方死亡，或者双方约定改变财产。

（2）夫妻个人特有财产制。夫妻在婚后实行共同财产制时，法律规定一定范围的财产属于夫妻个人所有。

《民法典》第一千零六十三条规定："下列财产为夫妻一方的个人财产：（一）一方的婚前财产；（二）一方因受到人身损害获得的赔偿或者补偿；（三）遗嘱或者赠与合同中确定只归一方的财产；（四）一方专用的生活用品；（五）其他应当归一方的财产。"而且《最高人民法院关于适用〈中华人民共和国民法典〉婚姻家庭编的解释（一）》第三十一条规定："民法典第一千零六十三条规定为夫妻一方的个人财产，不因婚姻关系的延续而转化为夫妻共同财产。但当事人另有约定的除外。"

（3）夫妻约定财产制。夫妻约定财产制是指法律允许夫妻以协议方式，对夫妻在婚前和婚姻关系存续期间所得财产的所有权的归属、管理、使用、收益、处分以及对第三人债务的清偿，婚姻解除时财产的分割等事项作出约定，从而排除或部分排除夫妻法定财产制适用的制度。

约定财产制是相对于法定财产制而言的，它是夫妻以契约的方式依法选择适用的财产制，而法定财产制是依照法律直接规定而适用的财产制，约定财产制具有优先于法定财产制适用的效力，只有在当事人未就夫妻财产作出约定，所作约定不明确，或所作约定无效时，才适用夫妻法定财产制。

《民法典》第一千零六十五条规定："男女双方可以约定婚姻关系存续期间所得的财产以及婚前财产归各自所有、共同所有或者部分各自所有、部分共同所有。约定应当采用书面形式。没有约定或者约定不明确的，适用本法第一千零六十二条、第一千零六十三条的规定。夫妻对婚姻关系存续期间所得的财产以及婚前财产的约定，对双方具有法律约束力。夫妻对婚姻关系存续期间所得的财产约定归各自所有，夫或者妻一方对外所负的债务，相对人知道该约定的，以夫或者妻一方财产清偿。《最高人民法院关于适用〈中华人民共和国民法典〉婚姻家庭编的解释（一）》第三十七条规定："民法典第一千零六十五条第三款所称'相对人知道该约定的'，夫妻一方对此负有举证责任。"夫妻财产约定对夫妻双方具有约束力，但该约定不可以对抗第三人，夫妻双方就相对人是否知道该约定负有举证责任。

《民法典》没有就夫妻财产约定的时间作出明确规定，实践中夫妻婚前婚后约定的情形都存在，但应注意无论婚前婚后关于夫妻财产的约定，只有到夫妻婚后才产生法律上的效力。

二、夫妻间的扶养制度

（一）扶养的概念

扶养是指一定亲属间相互供养和扶助的法定义务。夫妻之间的互相扶养既是权利又是义务，这种权利义务是平等的，与夫妻地位平等是相适应的。

《民法典》第一千零五十九条规定："夫妻有相互扶养的义务。需要扶养的一方，在另一方不履行扶养义务时，有要求其付给扶养费的权利。"由此可见，夫妻之间的扶养权利义务基于身份关系当然发生，无须告示，且具有强制性，无须对称，一方不履行其义务，即是对对方权利的侵犯，对方得在法律上寻求救济。

当夫妻关系解除后，原夫妻双方就不再负担互相扶养的义务。如果一方在离婚后，生活困难的，另一方可以给予其适当的经济帮助。

有扶养能力的一方，对于有残疾、患有重病、经济困难的配偶，必须主动承担扶助供养责任。如果夫或妻一方患病或者没有独立生活能力，有扶养义务的配偶拒绝扶养，情节恶劣，构成遗弃罪的，还要承担刑事责任。

（二）扶养的特征

（1）扶养是权利义务的统一体，即扶养既是权利又是义务。扶养权利义务的内容具有对应性，一方享有的扶养权即对方的扶养义务。

（2）扶养权利义务属私法范畴。扶养性质有别于社会保障制度、社会救济即国家扶助，也不同于社会救助。公法上的国家扶助与社会救助基于国家与社会政策和道义，而私法上的扶养基于特定亲属身份关系，具有双向性、对等性的特点。

（3）扶养以特定亲属关系为前提，具有专属性。扶养只能发生在法定亲属之间，非法律规定的亲属或不具有亲属关系的人之间产生的扶养不具有法定性。因此扶养的权利义务一般情况下不得继承、处分或抵消。

（4）扶养权利义务具有当然性、强制性。扶养权利义务基于身份关系当然发生，无须告示，且具有强制性，无须对称，一方不履行其义务，即是对对方权利的侵犯，对方得在法律上寻求救济。

（三）扶养的种类

我国依扶养权利义务关系的主体为标准可分为：夫妻间的扶养、父母子女间的扶养、兄弟姐妹间的扶养、祖孙间的扶养、直系姻亲间的扶养、四亲等以内的旁系血亲间的扶养。后两种非法定扶养，不具有强制性。依扶养义务的性质可分为法定扶养与非法定扶养；依扶养行为的内容可分为经济上的供养、生活上的扶助与精神上的安慰。

（四）我国《民法典》关于夫妻之间扶养义务的规定

《民法典》第一千零五十九条规定："夫妻有互相扶养的义务。需要扶养的一方，在另一方不履行扶养义务时，有要求其给付扶养费的权利。"夫妻之间的扶养义务，是指夫妻间相互扶助和供养的法定义务。其内容既包括经济上的供养，又包括精神上、体力上的扶助。夫妻间的扶养义务是基于夫妻婚姻效力而产生的，是夫妻间财产关系的重要内容，其目的在于加强夫妻双方物质生活上的互相帮助、互相供养以及精神上的相互慰藉，以保障夫妻间共同生活的维护，是婚姻关系的必然要求，也是夫妻人身关系的必然要求。夫妻间扶养义务的具体内容包括：

（1）夫妻间的互相扶养。这种扶养既是义务，也是权利。夫妻都负有扶养对方的义务，同时也都享有要求对方扶养的权利。

（2）夫妻间的相互扶养义务无对价条件，只要一方需要扶养另一方必须扶养，不能附加任何条件。

（3）夫妻间的相互扶养义务是法定义务，具有法律的强制性，即扶养义务必须履行，如不履行，则需要扶养的一方有权要求对方承担扶养责任。

（4）夫妻间的扶养基于婚姻关系而产生，若婚姻关系不复存在，则此种关系也不存在。

三、夫妻间的继承制度

继承是指财产所有人死亡或者被宣告死亡之时起，按照法律规定将死者遗留下来的财产或财产权利转移给他人所有的一种法律制度。死者遗留下来的财产和财产权利，称为遗产。《民法典》第一千零六十一条规定，夫妻有相互继承遗产的权利。具备合法的婚姻关系的夫妻双方，能以配偶身份继承对方的遗产。只要生存配偶没有依法丧失继承权，即使当配偶一方死亡时，双方正处于长期分居状态或者处于离婚诉讼过程中，生存配偶方仍对死者遗产享有继承权。如果夫妻实行共同财产制，夫妻一方死亡后，首先应对夫妻共同财产一分为二，其中一半是生存配偶一方应得的份额，另一半才是死者的遗产。被继承人的遗产一般包括：夫妻共同财产中属于死者的份额，个人财产、家庭共同财产中属于死者的份额。为了防止将夫妻共同财产作为遗产继承，侵犯生存一方的合法权益，继承开始确定遗产时，要注意区分夫妻共同财产与夫妻个人财产。

有关夫妻之间继承权中涉及的几个问题：

（1）夫妻间相互继承的权利是婚姻的当然法律效力，它是以夫妻的人身关系为前提的。也就是说，只有具备合法的婚姻关系的夫妻双方，才能以配偶身份继承对方的遗产。若双方属于同居关系，则男女双方没有继承遗产的权利。在实践中需要注意的几种情况为：

①男女双方依法办理了结婚登记手续，但由于种种原因未同居生活的，或共同生活时间很短的，在这种情况下，因为双方具有合法的婚姻关系，一方死亡时，生存的另一方可以以配偶的身份继承对方的遗产。

②男女双方依法办理结婚登记手续，但尚未依我国传统习俗举办婚礼的，其法律上的婚姻关系已经成立，双方互相享有继承权。

③双方的婚姻如果属于无效婚姻，相互之间不享有继承权。

④双方的婚姻为可撤销的婚姻，如果婚姻未被撤销之前，一方死亡的，生存的另一方可以继承对方的遗产。

⑤对未进行结婚登记即以夫妻名义同居生活的男女双方当事人，在同居期间一方死亡，另一方要求继承死者遗产的，如认定为事实婚姻关系的可以继承，否则无继承权。

（2）继承开始确定遗产时，要注意区分夫妻共同财产与夫妻个人财产。被继承人的遗产一般包括：夫妻共同财产中属于死者的份额、个人财产、家庭共同财产中属于死者的份额。

（3）夫妻双方互为对方第一顺序的法定继承人。夫妻一方死亡，遗有合法财产，生存另一方依法继承死者遗产后，就取得了该财产的所有权。如果再婚，其有权带走或处分其继承的财产。

思考题

1. 试述界定夫妻共有财产范围的依据。
2. 我国《民法典》关于夫妻之间人身和财产方面的权利义务是怎样规定的？
3. 什么是夫妻共同财产制、夫妻个人特有财产制、夫妻约定财产制？
4. 我国《民法典》规定的夫妻共同财产、夫妻个人特有财产的法定情形有哪些？
5. 试析夫妻间的忠诚协议的效力。

第五章　离婚制度概述

第一节　婚姻的终止

一、婚姻终止的概念和原因

（一）婚姻终止的概念

婚姻终止是指男女间合法有效的婚姻关系因发生一定的法律事由而归于消灭。其含义有三个方面：

（1）婚姻的终止具有严格的法律意义。婚姻终止只能是指有效的婚姻关系的消灭，只有有效的婚姻关系存在，才会有婚姻终止的后果发生。

（2）婚姻的终止须基于一定的法律事实。引起婚姻终止的法律事实有两个：一是婚姻当事人一方死亡（包括宣告死亡），二是离婚。引起婚姻终止的法律事实不同，其法律后果也不相同。

（3）婚姻的终止必然产生一系列的法律后果，如夫妻身份关系消灭、夫妻共同财产终止、子女的抚养教育和监护的变化等。

（二）婚姻终止的原因

引起婚姻终止的原因有两个，即配偶死亡和离婚。

1. 婚姻因配偶一方的死亡而终止

配偶的死亡分为两种：一是配偶一方自然死亡，二是配偶一方被宣告死亡。配偶一方自然死亡，婚姻关系的主体之一消灭，引起夫妻关系的消灭，并且发生遗产继承等法律后果。在立法例上，一些国家的婚姻法明文规定，婚姻因配偶一方死亡而终止，如《法国民法典》《比利时民法典》。另一些国家在法律上未作出明文规定，认为婚姻主体一方死亡必然引起婚姻终止的结果，如中国、德国、日本、英国等。配偶一方死亡，只终止婚姻关系，姻亲关系并不绝对消灭。在实际生活中，配偶一方死亡后，他方一般仍保持着与死亡一方亲属的关系，对死亡一方的近亲属尽着赡养、抚养的义务。对此，我国《民法典》规定，丧偶儿媳对公婆、丧偶女婿对岳父母尽了主要赡养义务的，可以作为公婆、岳父母的第一顺序的法定继承人，继承被继承人的遗产。

配偶一方被宣告死亡，与自然死亡产生同等的法律后果。对于宣告死亡之后，婚姻关系何时终止，各国立法上有两种不同的形式：一种主张是从宣告死亡之日起婚姻关系即行终止。另一种主张是配偶一方被宣告死亡后，直至他方再婚之时，才视为婚姻关系终止。世界上多数国家包括我国采用前一种形式，只有个别国家采用自生存一方再婚之日起其婚姻关系始告消灭的形式。《民法典》第四十八条规定："被宣告死亡的人，人民法院宣告死亡的判决作出之日视为其死亡的日期；因意外事件下落不明宣告死亡的，意外事件发生之日视为其死亡的日期。"第五十一条规定："被宣告死亡的人的婚姻关系，自死亡宣告之日起消除。死亡宣告被撤销的，婚姻关系自撤销死亡宣告之日起自行恢复。但是，其配偶再婚或者向婚姻登记机关书面声明不愿意恢复的除外。"

死亡宣告是一种法律推定，被宣告死亡的人重新出现，或者确知失踪人并未死亡时，须经本人或利害关系人申请，由法院撤销原宣告死亡的判决。关于被宣告死亡者生还后的婚姻问题，有的国家规定，如果被宣告死亡人的配偶尚未再婚的，夫妻关系从撤销死亡宣告之日起自行恢复，如中国、俄罗斯等国作此规定；但有的国家如古巴家庭法则规定，在此情况下，须经双方同意并须重新登记结婚，其婚姻关系才能恢复。如果其配偶已经再婚，则后一婚姻关系具有法律效力，其原来的婚姻关系不再恢复。如果其配偶再婚后又离婚或再婚后配偶又死亡的，则不得认定婚姻关系自行恢复。根据我国 2020 年新颁布的《民法典》第五十一条的规定，被宣告死亡的人的婚姻关系，自死亡宣告之日起消除。死亡宣告被撤销的，婚姻关系自撤销死亡宣告之日起自行恢复。但是其配偶再婚或者向婚姻登记机关书面声明不愿意恢复的除外。

配偶一方被宣告失踪只能经判决离婚而终止婚姻关系。被宣告失踪人与其配偶并不因失踪宣告而终止其婚姻关系，宣告失踪期间双方均不得再婚。《民法典》第一千零七十九条规定："一方被宣告失踪，另一方提出离婚诉讼的，应准予离婚。"因此，失踪人的配偶要求解除与失踪人的婚姻，可向人民法院提出离婚诉讼。人民法院受理后，进行公告，限失踪人 3 个月内应诉，公告 3 个月不应诉，人民法院可作缺席判决离婚。判决书以公告方式送达，公告送达期限届满后经过 15 日的上诉期，失踪人未提出上诉的，离婚判决生效，婚姻关系终止，起诉方自离婚判决生效之日起获得再婚的权利。

2. 婚姻因离婚而终止

离婚是指夫妻双方生存期间，依照法定的条件和程序解除婚姻关系的民事法律行为。离婚是婚姻关系终止的一种形式，离婚的法律效力不仅直接涉及夫妻双方的人身关系和财产关系，而且涉及子女的抚养和教育等一系列问题，同时对家庭及亲属乃至社会生活的其他方面都会产生一定的影响。因此，离婚问题在婚姻法中占有重要的位置，是婚姻家庭制度中不可缺少的组成部分。

（1）离婚的法律特征。离婚作为婚姻终止的事由，具有以下几个方面的特征：

第一，离婚的主体只能是具有合法夫妻身份关系的男女。离婚必须体现婚姻主体的意愿。因此，离婚双方当事人必须亲自到婚姻登记机关作出申请离婚的意思表示；人民法院审理离婚案件，当事人即使有诉讼代理人，本人仍应当出庭，但本人不能表达意志的除外。当事人确因特殊情况无法出庭的，必须向人民法院提交书面意见，以表达本人的意愿。

第二，离婚是当事人生存期间以解除婚姻关系为目的而实施的行为，离婚是合法婚姻的解除。

第三，离婚必须遵守法定的条件和程序。当事人私下达成离婚协议的行为，如果未遵守婚姻法规定的离婚条件和程序，是没有法律效力的。

（2）离婚的种类。从不同角度可对离婚作如下分类：第一，从当事人对离婚的态度来分，可分为双方自愿离婚和一方要求离婚。第二，从处理离婚问题的法定程序来分，可分为行政程序的离婚和诉讼程序的离婚。第三，从解除婚姻关系的方式来分，可分为协议离婚和判决离婚。

（3）离婚与无效婚姻、可撤销婚姻的区别。离婚与婚姻的无效及撤销，从形式上看都是婚姻关系的解除，解除的程序相同，既可依诉讼程序进行，也可依行政程序进行。但实质上它们是两种不同的民事法律制度。离婚是解除有效婚姻关系的法律手段，而婚姻被确认无效与撤销是违法婚姻的法律后果。它们之间有严格的区别：

一是性质和原因不同。无效婚姻与被撤销婚姻是对违法婚姻关系的处理和制裁，其婚姻无效或撤销的原因在结婚以前或结婚的时候就已经存在，重婚、有禁止结婚的亲属关系、未到达法定婚龄等；而离婚是对有效婚姻关系的解除，其离婚原因一般发生在结婚以后。

二是行使请求权的主体不同。无效婚姻的请求权除由当事人双方行使外，还可以由利害关系人申请；可撤销婚姻的请求权只能由当事人中受胁迫结婚的一方行使；离婚的请求权只能由夫或妻本人行使，其他人无权主张。

三是时效期间不同。婚姻无效的请求权既可在当事人双方生存期间行使，也可在双方或一方死亡之后一年内行使；受胁迫的一方撤销婚姻的请求，应当自结婚登记之日起 1 年内提出；离婚请求权只能在夫妻双方生存期间行使。

四是法律后果不同。婚姻被确认无效或撤销后，一般不产生离婚的法律后果；而离婚在财产分割上不仅适用夫妻共同财产制度，而且还适用经济补偿制度和精神损害赔偿制度。

五是实现方式不同。婚姻因离婚而终止时，可以通过行政登记离婚程序也可以通过诉讼离婚程序。而婚姻无效或撤销只能向人民法院申请，由法院判决宣告婚姻无效或撤销。

（4）离婚与别居的区别。别居是指在不解除婚姻关系的情况下终止夫妻同居义务的法律制度。该法律制度是在中世纪欧洲基督教实行禁止离婚背景下产生的，当时夫妻之间即使关系恶化到不能共同生活的地步也不能离异，只能在有正当理由时，通过分居来免除同居义务。别居制度是不准离婚的补救手段，是禁止离婚的一种缓解方式。如果夫妻感情不和，先不判决离婚，而是令其别居，使紧张的夫妻关系得以缓和，如果别居一定时间仍不能和好，然后再判决离婚；别居是离婚的必经阶段。离婚与别居既有相似之处，也有根本的不同，其区别具体体现在：

第一，别居者双方均不得再婚。离婚解除婚姻关系，离婚之后双方都可以再婚；而别居只是解除夫妻之间的同居义务，并不解除婚姻关系，夫妻身份依然存在，所以别居期间双方都不得再婚。

第二，别居期间夫妻之间的权利义务并不完全消灭。离婚后夫妻的人身和财产方面的权利义务均已终止，而别居后夫妻之间互相扶养、互相继承遗产方面的权利义务仍然存在。

此外，别居与分居也有严格的区别。实行别居制的国家，其别居必须经司法机关的裁决宣布，不通过裁决的别居是得不到法律承认的，别居是离婚的必经程序。我国婚姻法没有规定别居制度，但现实生活中也存在夫妻关系不和各自独立生活的分居现象。《民法典》规定，夫妻因感情不和分居满二年的，可视为夫妻感情确已破裂，经调解无效，可依法判决准予离婚。

二、离婚制度的沿革

（一）国外离婚制度的历史发展

1. 古代社会的离婚制度

奴隶社会和封建社会，总体上实行的是专权离婚制度。其特点是丈夫享有离婚的特权，对妻子来说，婚姻是不可离异的。在我国封建社会，"七出"的规定也是典型的专权离婚制度。

2. 中世纪欧洲的离婚制度

中世纪欧洲离婚制度的特征是实行禁止离婚主义。基督教产生后，公元4世纪，罗马帝国宣布基督教为国教，基督教迅速发展，教会拥有至高无上的地位和权力。关于婚姻问题，基督教教会坚持一夫一妻制和婚姻不解除主义两大原则。然而在现实生活中，难以确保一切婚姻均幸福美满，部分婚姻的自然崩溃是不可避免的现象，于是，教会法不得不创设出婚姻无效宣告、未完成婚、别居制度等，以救济不幸的夫妻。

3. 近现代社会的离婚制度

近现代社会的离婚制度具有限制离婚主义的特征，其间出现了由"有责主义"向"无责（目的）主义"和"破裂主义"发展的趋势。

（1）有责主义离婚。有责主义离婚也被称为过错离婚制度，是指夫妻一方得以对方有违背夫妻义务的特定过错或罪责行为，作为提出离婚的法律依据。有责主义离婚具有对有责一方配偶制裁的目的性。资产阶级在反封建的斗争过程中提出婚姻自由的口号，宣布这是"天赋人权"。法国大革命时期将婚姻视为民事契约，实行离婚自由，同时认为应当对离婚加以严格的限制，不能任意解除神圣的婚姻契约。只有符合法定离婚理由，才可诉请离婚。例如，只有当夫妻一方有通奸、被判重刑、虐待、遗弃、重婚、谋害配偶、吸毒、嗜赌等情形时，对方才可以此为由提出离婚。《法国民法典》《南斯拉夫婚姻法》《阿尔巴尼亚家庭法》等均有此规定。

（2）无责（目的）主义离婚。这是指虽非夫妻一方的主观过错或有责行为，但因一定的客观原因致使婚姻的目的无法达到，出现了对维持夫妻关系有直接影响的事实、不堪同居生活的，法律规定可作为离婚理由诉请离婚。如一方有生理缺陷、患严重精神病或恶性疾病、生死不明、夫妻一定期限的分居等。自实行有责主义离婚制度以来，人们逐渐认识到离婚并非单纯对于有责配偶的制裁，而是为了使其和无责配偶双方能够从痛苦的婚姻中得以解脱。此外，有时婚姻的崩溃未必仅因有责行为引起，于是出现了"无责（目的）主义"离婚制度。如《法国民法典》《比利时民法典》《加拿大离婚法》《墨西哥民法典》等均有类似规定。

（3）破裂主义离婚。这是指以夫妻双方婚姻关系破裂、无法维持共同生活为理由，夫妻一方或双方均可要求离婚的离婚制度。20世纪60年代末至70年代，世界上一些主要资本主义国家都进行了离婚法的变革，如英国、法国、德国、瑞典等。各国离婚立法都不同程度地认为，离婚是对事实上已经破裂的婚姻的确认，是当事人摆脱陷于困境的婚姻的一种手段。对于那些已经无可挽回的破裂的婚姻，即使双方都没有过错，也可以获准离婚。离婚日益失去其制裁、惩罚的作用。一些国家在法律上不再列举有责主义的离婚理由，代之以婚姻破裂即可离婚的规定。

（二）我国离婚制度的历史发展

1. 我国古代的离婚制度

我国古代的离婚制度是与宗法家族制度相适应的。封建礼教提倡女子"从一而终"，封建法律实行专权离婚制度。具体说，离婚主要有以下四种方式：

（1）七出。七出是允许男子休妻的七种理由，是中国古代最主要的离婚方式。《大戴礼记·本命篇》云，"妇有七出：不顺父母去，无子去，淫去，妒去，有恶疾去，多言去，盗窃去。"妻子违反了上述"七出"中的一条，丈夫就可以休弃她。但在法定的"三不去"情况下，丈夫就不能以"七出"来休妻。关于"三不去"，《大戴礼记·本命篇》记载，妇有三不去：有所取无所归，不去；与更三年丧，不去；娶时贱后贵，不去。这一专权离婚制度赋予了丈夫单方提出离婚的特权，是中国古代礼法的共同要求。而妻子只能"从一而终"，在丈夫生前，不能提出离异，丈夫死后，也要守节，不得再嫁。

（2）和离。和离即通过协议方式离异。《唐律·户婚律》规定：若夫妻不相安谐而和离者不坐，即夫妻感情不和，可以自愿协议离婚，并且不受处罚。自唐律之后，各朝代律例皆沿此制。但在男尊女卑的宗法社会，和离只能是一种虚设，难以实现。

（3）义绝。这是我国封建社会的一种强制离婚制度。《唐律·户婚律》规定："诸犯义绝者离之。违者徒一年。"《明律》规定："若犯义绝应离而不离者，亦杖八十。"犯义绝的事情有五项：第一，丈夫殴打妻子的祖父母、父母或杀害妻子的外祖父母、伯叔父母、兄弟、姑、姐妹的。第二，夫妻双方的祖父母、父母、外祖父母、伯叔父母、兄弟、姑、姐妹自相杀害的。第三，妻子殴打辱骂丈夫的祖父母、父母或杀伤丈夫的外祖父母、伯叔父母、兄弟、姑、姐妹的。第四，妻子与丈夫的缌麻以上亲属相奸或丈夫与妻子的母亲相奸的。第五，欲杀害丈夫的。发生了上述五项事由之一，经官府处断，夫妻的婚姻关系必须强行离异，否则就会被处刑。

（4）呈诉离婚。呈诉离婚即夫妻双方中的一方向官府提出离婚诉讼，由官府依法判决。呈诉离婚的法定理由属于男方提出的有：妻背夫在逃、男妇虚执翁奸、妻杀妾子等。女方据以呈诉的理由为：纵容其妻妾与人通奸、夫典雇妻妾、翁欺奸男妇等。

2. 民国时期的离婚制度

根据 1930 年 12 月 26 日颁布的民法亲属编的规定，离婚制度分为两愿离婚和判决离婚两种。

（1）两愿离婚。婚姻可因双方当事人的合意而解除，但未成年人须得法定代理人同意。两愿离婚为要式契约，应以书面形式订立，并有两个以上证人的签名。

（2）判决离婚。法院根据当事人的起诉，依法判决解除其婚姻关系，又称裁判离婚。其法定理由为：重婚、通奸、虐待、恶意遗弃、杀害他方、不治之恶疾、重大不治之精神病、生死不明逾 3 年、被判处徒刑等。

3. 中华人民共和国成立前革命根据地的离婚立法

中国共产党从成立开始，就非常重视被封建礼法控制几千年的婚姻家庭问题，将解放妇女、实现婚姻自由、男女平等、改革婚姻家庭制度作为自己的一大任务。中国共产党领导的苏区、抗日根据地、解放区先后进行了大量的婚姻立法，对离婚问题作了明确系统的规定，反映了革命政权下的新型夫妻关系，创立了中国历史上全新的离婚模式，为中华人民共和国成立后的离婚制度的立法奠定了基础。这一时期的离婚立法具体体现在：将离婚自由作为婚姻自由的一项重要内容，打破了"从一而终"不准离婚的封建禁例；赋予夫妻平等的离婚权，破除了男子专权离婚的数千年传统；确立了离婚登记制，将离婚问题纳入行政或司法管理之内，从而在程序上开始区分两愿离婚的登记制和一方要求离婚的诉讼制；对离婚原因进行或概括、或列举、或例示的规定；在离婚问题上，对革命军人给予特殊保护；离婚时，对妇女权益给予特殊照顾；严格保护未成年子女的合法权益，对离婚后子女的抚养归属和抚育费的负担作了详细的规定。

4. 中华人民共和国成立后的离婚制度

中华人民共和国成立后的离婚制度始创于 1950 年婚姻法，它源于中华人民共和国成立前革命根据地的离婚立法，对双方自愿离婚和一方要求离婚均作了明确的规定，设立了行政程序和诉讼程序。1950年颁布的《婚姻法》第十七条规定：男女双方自愿离婚的，准予离婚。男女一方坚决要求离婚的，经区人民政府和司法机关调解无效时，也准予离婚。1980年颁布的《婚姻法》在此基础上进一步规定了准予离婚的法定条件并完善了离婚的程序。该法第二十四条规定：男女双方自愿离婚的，准予离婚。双方须到婚姻登记机关申请离婚。婚姻登记机关查明双方确实是自愿并对子女和财产问题已有适当处理时，应即发给离婚证。第二十五条规定：男女一方要求离婚的，可由有关部门进行调解或直接向人民法院提起离婚诉讼。人民法院审理离婚案件，应当进行调解，如感情确已破裂，调解无效，应准予离婚。2001年修改后的《婚姻法》基本上保留了1980年婚姻法的这两条规定，但对"夫妻感情确已破裂"作了列举性的规定，便于操作。《民法典》婚姻家庭编坚持沿用了准予离婚的法律准则。

三、我国处理离婚问题的指导思想

保障离婚自由，反对轻率离婚，是中华人民共和国的婚姻立法一直贯穿的中心思想，它是我国离婚立法的基本原则，也是婚姻登记和司法审判实践中处理离婚问题的总的指导思想。

保障离婚自由，主要是指保障婚姻当事人的离婚合法权益。婚姻自由是受国家法律保护的公民的权利，离婚自由是婚姻自由的一个重要方面。所谓保障离婚自由，就是要保障婚姻当事人协议离婚的自由权和诉讼离婚的权利。但无论是结婚自由还是离婚自由都不是绝对意义上的自由，这种自由在一定条件下是要受到限制的。离婚自由不是想离就离，要考虑双方是否感情确已破裂。保障离婚自由权，是建立民主和睦家庭的需要，是反对封建婚姻的有力武器，也是为了保护我国公民的合法权利。

反对轻率离婚，就是要反对对离婚的不严肃态度，即违背法律规定的精神和社会主义道德规范而任意离弃对方的行为①。轻率离婚是滥用离婚自由的行为。离婚是补救已经死亡的婚姻的一种迫不得已的特殊手段，并不是社会的普遍行为。离婚关系到家庭、子女和社会的利益，只有在夫妻感情确已破裂、无法共同生活时，方能使用这一手段。保障离婚自由绝不允许人们在离婚问题上为所欲为，离婚必须符合法定条件，履行法定手续。法律上有关离婚的规定既是对离婚自由的保障，又是对轻率离婚的限制和约束②。人们在行使离婚自由的权利时，必须受到社会主义道德的约束，要自觉承受应尽的社会责任和法律义务，保证家庭的社会功能充分实现。

---

① 刘素萍. 婚姻法学参考资料［M］. 北京：中国人民大学出版社，1989：68.
② 中央贯彻婚姻法运动委员会. 贯彻婚姻法宣传提纲［N］. 人民日报，1953-2-19（1）.

第二节　准予或不准予离婚的法定条件

一、修改离婚条件的必要性

我国 1980 年《婚姻法》规定："……人民法院审理离婚案件，应当进行调解；如感情确已破裂，调解无效，应准予离婚。"这一规定就其指导思想而言，是科学的、正确的，符合马克思主义关于离婚问题的基本观点，也是人民法院处理离婚案件长期实践经验的总结。但也有一些专家提出这一规定存在以下两方面的问题：一是对离婚标准的表述不够科学。首先，感情不属于法律调整的对象。夫妻感情属于人的心理、情感等精神活动的范畴，是多种因素交织在一起的多元复合结构，不属于法律能够直接规范和调整的领域。法律对其只能加以无形的诱导和激励，而不能给予强制性确认。其次，夫妻感情不是夫妻关系的全部，作为离婚理由不应以偏概全。在现实生活中，婚姻作为男女两性精神生活、性生活、物质生活及其他社会关系的共同体，夫妻之间的感情虽然能在一定层面和程度上反映夫妻关系的状况，但并不等于也不能完全代替构成婚姻实体的所有方面乃至夫妻关系整体。最后，给司法机关执法带来了困难。由于"感情"是人的一种精神活动，具有主观性和可变性，因此人们在认识上常常产生模糊性和不确定性。实践中经常遇到坚持离婚的一方极力主张感情确已破裂没有和好的可能，坚持不离婚的一方总是在说明感情没有破裂有和好的可能，这样"公说公有理，婆说婆有理"，使得法官难以判断。

二是离婚标准过于原则。只以感情破裂作为判定离婚的标准，过于笼统，缺乏可操作性。根据 1989 年的司法解释，有一个"四看"来判断夫妻感情是否破裂：看婚姻基础，看婚后感情，看发生矛盾的原因，看有无和好的可能。但是判断婚姻关系是否破裂的原则有其弊端，法律上的弹性规定给予审判人员极大的自由裁量权，具体案件的离婚界限只能由审判人员根据对法律和案件事实的理解去界定，这很容易由于个人素质、价值取向的不同而发生理解上的差异，不可避免地导致对同类案件不同法院、不同地区判决不一的结果，引起该离的没能离，不该离的却离了的不正常现象，损害了法律的尊严与权威，降低了人们对法律的信赖。

在近年来的司法实践中，个别法院开始实行不直接判决离婚，改发离婚冷静通知书。对于现在这个浮躁的社会，大多数人都很冲动，而冲动离婚的案例更是数不胜数，待冷静下来又觉得不应该离婚。然而，最吃亏的应该是子女。而离婚冷静通知书里法官运用了大量言辞恳切的文字劝导夫妻珍惜彼此的感情，并给予修复感情的建议。要冷静反思自己的过失和不足，多想对方的好处和优点，互相给一次重新认识、重新相处的机会。同时亦指出如果夫妻双方和好，不再要求离婚，可到法院制作和好笔录或者撤回诉讼；如果在冷静期内夫妻双方不能达成一致意见或原告坚持离婚，法院将会依法判决。离婚冷静期通知书的发出旨在通过设立冷静期，挽回濒临破裂的家庭，收到办案的社会效果和法律效果，努力构建和谐社会。就目前来看，离婚冷静通知书还是取得了一些良好的效果，是我国司法实践中的一大进步。

二、立法机关关于修改离婚条件的基本观点

（一）坚持"感情破裂"论

在听取各方面意见后，借鉴国外有益的立法经验，立法部门对于离婚条件进行了反复认真的研究后，对离婚条件仍然沿用了"感情破裂"论。其理由为：

（1）把感情确已破裂作为离与不离的原则界限已是我国长期立法、司法实践经验的总结。1950年《婚姻法》规定：男女一方坚持要求离婚的，经人民政府和司法机关调解无效时，准予离婚。人民法院对离婚案件，应首先进行调解，如调解无效时，即行判决。1963年最高人民法院《关于贯彻执行民事政策几个问题的意见》中指出，对那些夫妻感情确已完全破裂，确实不能和好的，法院应积极做好坚持不离一方的思想工作，判决离婚。1979年最高人民法院《关于贯彻执行民事政策几个问题的意见》中又指出，人民法院审理离婚案件，准离与不准离的基本界限，要以夫妻关系事实上是否确已破裂，能否恢复和好为原则。1980年《婚姻法》规定："男女一方要求离婚的，可由有关部门进行调解或直接向人民法院提出离婚诉讼。人民法院审理离婚案件，应当进行调解；如感情确已破裂，调解无效，应准予离婚。"从这些规定可以看出，离与不离的基本原则界限是看"感情是否完全破裂"，这一离婚的标准是我国在立法和司法实践中不断总结经验后所得出的结果。

（2）1980年修改婚姻法时，将"感情确已破裂"确定为离婚的条件是经过反复研究的。最高人民法院《关于人民法院审理离婚案件如何认定夫妻感情确已破裂的若干具体意见》规定的14种情形并不必然使婚姻关系破裂，主要还是因发生这些情形造成感情确已破裂而提出离婚。从多年的司法实践看，"感情说"符合我国国情，已为广大群众所接受，如果轻易作出修改，可能会被理解为放宽了离婚条件。

（3）夫妻感情破裂与夫妻关系破裂作为准予离婚的标准，在立法原则上没有实质区别，只是提法的不同。婚姻关系一方当事人劳教、有病、有生理缺陷等最终还是感情破裂才导致离婚的。婚姻法要保持稳定，没有充分理由，原则上对原有规定不作修改。

（二）采纳并吸收了概括规定与具体列举相结合的表述形式

采纳这种立法模式的理由是：一方面可以把某些离婚理由，作为通常情况下的认定和掌握的标准，使某些诉讼离婚对号入座，有据可行；另一方面，在具体列举的基础上，又用一个相对抽象的伸缩性规定加以概括，从而弥补具体列举不可能穷尽的不足。

三、关于离婚标准的具体规定

1989 年 11 月 21 日最高人民法院《关于人民法院审理离婚案件如何认定夫妻感情确已破裂的若干具体意见》对离婚的标准作了具体的规定，列举了视为夫妻感情确已破裂的 14 种情形。这一详细解释，弥补了概括离婚形式所带来的缺憾。但这一司法解释中所列举的有些情形应该是婚姻无效或可撤的问题，有些情形不属于感情的情况，不应作为认定感情确已破裂的标志。

2001 年修改后的《婚姻法》和 2021 年的《民法典》继续将"感情确已破裂"作为准予离婚的法定条件，在最高人民法院司法解释的基础上，列举了具有常见性、多发性的五项离婚理由，作为认定夫妻感情确已破裂，判决准予离婚的实例情形。这些规定既是长期以来我国审判实践的经验总结，也使离婚的标准更为完善，更具科学性，进一步完善了我国的离婚制度。《民法典》第一千零七十九条规定："夫妻一方要求离婚的，可由有关部门进行调解或直接向人民法院提出离婚诉讼。人民法院审理离婚案件，应当进行调解；如感情确已破裂，调解无效，应准予离婚。"有下列情形之一，调解无效的，应准予离婚：

（1）重婚或有配偶者与他人同居的。重婚或有配偶者与他人同居的，调解无效，可以认定为夫妻感情确已破裂，判决离婚。这通常是指无过错一方提起离婚的。对无过错方因配偶与他人通奸而提起离婚的，如果确实调解无效，可以按照该款第五项的"其他导致夫妻感情破裂的情形"处理。

由于《民法典》第一千零七十九条第三款的规定是置于"调解无效"的前提下，如果发生无过错方已经宽恕了过错方的行为，原则上不应再按该项规定处理，而应视为调解有效。因为在无过错方已经宽恕了过错方的行为的情况下，说明双方还是有一定的感情，其婚姻并未因对方的过错行为直接导致夫妻感情确已破裂而离婚。

（2）实施家庭暴力或虐待、遗弃家庭成员的。这条规定主要是指现在或过去发生但一直没有宽恕过的屡教不改的情况。对子女实施家庭暴力或虐待、遗弃家庭成员情节严重的，如已构成犯罪，对方确实不可能谅解的，这时应视为调解无效，依法应准予离婚。

（3）有赌博、吸毒等恶习屡教不改的。赌博、吸毒等恶习屡教不改，对家庭成员伤害极大，甚至导致社会的不安定，准许无过错方离婚是十分必要的。

（4）因感情不和分居满两年的。《民法典》本项规定只是对一种既成事实的确认标准，并非如一般所理解的一定要让感情破裂的夫妻再等两年，而是说如果夫妻已经分居两年了都没有和好，应认定为感情确已破裂了。

（5）其他导致夫妻感情破裂的情形。如实践中出现的一方被追究刑事责任、严重伤害夫妻感情的，或者一方婚后患有医学上认为不应当结婚的疾病的，另一方坚持不与其共同生活的等。人民法院可以根据个案的具体情况作出裁判。

在理解和使用《民法典》第一千零七十九条的规定时，需要说明的是：《民法典》虽然列举了诸多项离婚条件，但并不是说只要具备了其中的一项条件，就必然可以离婚。从立法精神上说，1980 年的《婚姻法》对法定离婚理由作了概括性的规定，即"感情确已破裂"，修改后的《婚姻法》只是在此基础上列举了几项具体的规定，虽然在形式上有所突破，但在内容上一点没有变。并不是说只要具备其中的一项，法院就当然地判决离婚，只能说所列举的事项只是离婚的一个条件，不能认为是法定理由，判决离婚的标准依然要看夫妻感情是否确已破裂。

第三节　离婚登记

离婚是在夫妻感情破裂、确实无法共同生活时，解除已经死亡婚姻的一种迫不得已的手段。按照法律规定，离婚程序可分为协议离婚和诉讼离婚两种。双方达成离婚协议的按照行政程序办理，即在婚姻登记机关办理离婚。双方达不成离婚协议的，按照诉讼程序，即向人民法院提起离婚诉讼。

一、协议离婚制度概述

协议离婚，是指男女双方自愿解除婚姻关系，并对离婚后子女抚养和夫妻财产的处理等问题达成协议的、经国家有关行政部门登记从而解除婚姻关系的法律制度。《民法典》第一千零七十六条规定："夫妻双方自愿离婚的，应当签订书面离婚协议，并亲自到婚姻登记机关申请离婚登记。"第一千零七十八条规定："婚姻登记机关查明双方确实是自愿离婚，并已经对子女抚养、财产以及债务处理等事项协商一致的，予以登记，发给离婚证。"离婚登记是夫妻双方自愿离婚的法定程序，未经登记程序，男女双方自愿达成的离婚协议无效。

登记离婚在我国离婚制度中占有重要的地位，具有重要意义。以登记离婚的形式在法律上确认双方自愿的协议离婚，不仅手续简便，而且能缓解矛盾，避免当事人在法庭上因当众公布夫妻间纷争的详情、细节而相互攻击、指责，造成彼此的仇视和敌对，有利于使当事人在没有外来压力、不损害个人隐私和尊严的情况下，心平气和地达成比较合理且能自觉履行的解决争议的协议，友好地分手。这种做法不仅减少了诉讼纠纷，也有利于子女的健康成长和社会的安定团结。但是，在适用登记离婚程序中还存在一些问题，如有的当事人不考虑婚姻所应承担的责任和社会利益而草率离婚。同时，它也容易使当事人有机会为逃避共同债务或为达到共同的或各自的目的而虚假离婚。因此，将协议离婚纳入国家机关的监督之下，加强审查工作，才能既保障离婚自由、限制当事人权利的滥用，又能防止轻率离婚。

二、登记离婚的条件

根据《民法典》和《婚姻登记条例》的规定，婚姻登记机关准予离婚登记，当事人须同时具备以下条件：

（1）申请离婚登记的男女双方必须有合法的婚姻关系。根据《婚姻登记条例》之规定，未办理结婚登记的男女申请离婚登记的，婚姻登记机关不予受理。离婚登记的目的是对合法婚姻的解除，这一规定是为了维护法律的严肃性。

（2）申请离婚登记的男女双方必须具有完全民事行为能力①。离婚是重要的民事法律行为，只有双方当事人具有完全的民事行为能力时，才能进行登记离婚。因此，《婚姻登记条例》第十二条规定："一方或者双方当事人为限制民事行为能力人或者无民事行为能力人的，婚姻登记机关不予受理。"

（3）申请离婚登记的男女双方有离婚的合意。双方当事人对离婚的意愿必须是真实的、一致的，一方欺骗他方或胁迫他方达成协议的，不予办理离婚登记。

（4）申请离婚登记的男女双方必须对子女的抚养作出合理的安排，并达成一致的协议。所谓合理的安排，是指在离婚协议中，双方对子女随何方生活，不随子女共同生活的一方给付抚养费的数额、给付期限、给付方式，不随子女共同生活的一方对子女行使探望权的方式、时间等方面作出有利于子女的健康成长的安排。

（5）申请离婚登记的男女双方必须对财产问题已有适当处理并达成一致的意见。适当处理是指夫妻双方对夫妻共同财产的分割、共同债务的清偿、一方生活确有困难的，另一方给予适当经济帮助等问题的处理符合男女平等原则和有利于保护妇女、儿童和老人的合法权益的原则。

（6）申请离婚登记必须合法。双方当事人不得违反《民法典》和《婚姻登记条例》的规定；离婚登记的目的是解除婚姻关系，而不是将离婚登记作为手段，达到非法的目的；申请离婚登记时，要向婚姻登记机关提交离婚登记申请书。

（7）双方当事人的结婚登记必须是在中国内地（大陆）办理的。在中国内地（大陆）办理结婚登记的内地居民离婚、在中国内地（大陆）办理结婚登记的中国公民同外国人离婚、在中国内地（大陆）办理结婚登记的内地（大陆）居民同香港居民、澳门居民、台湾居民、华侨离婚，婚姻登记机关应当受理，若他们的结婚登记不是在中国内地（大陆）办理的，则不予受理。同时，香港居民、澳门居民、台湾居民、华侨、外国人之间在中国内地（大陆）申请解除婚姻关系，婚姻登记机关不予受理。此外，如果男女双方均为居住在国外的中国公民，他们的结婚登记是在中国内地（大陆）办理的，可以到驻在国的中华

---

① 《婚姻登记条例知识问答》编写组. 婚姻登记条例知识问答［M］. 北京：法律出版社，2003：71-72；李明舜. 婚姻家庭继承法学［M］. 武汉：武汉大学出版社，2011：210.

人民共和国驻外使（领）馆依照《婚姻登记条例》的有关规定，办理离婚登记，而不必回到国内的婚姻登记机关登记。

三、离婚登记的程序和效力

根据《民法典》第一千零七十六条至一千零七十八条规定，《婚姻登记条例》第十一、第十三条的规定，以及 2020 年 11 月 24 日发布的《民政部关于贯彻落实〈中华人民共和国民法典〉中有关婚姻登记规定的通知》办理离婚登记的程序分为申请、离婚冷静期、审查、登记四个步骤。

（一）申请

《婚姻登记条例》第十条规定：内地居民自愿离婚的，男女双方应当共同到一方当事人常住户口所在地的婚姻登记机关办理离婚登记。第十一条规定：办理离婚登记的内地居民应当出具下列证件和证明材料：（一）本人的户口簿、身份证；（二）本人的结婚证；（三）双方当事人共同签署的离婚协议书[①]。以上规定说明，要求离婚的男女双方必须亲自到婚姻登记机关办理离婚登记，不得委托他人代为办理。

（二）离婚冷静期

离婚冷静期是指夫妻在离婚时，政府强制要求双方暂时分开考虑清楚后再行决定是否继续离婚，仅在政府机关实施（不适用于法院直接判定离婚的法定事由）。2021 年 1 月 1 日起《中华人民共和国民法典》实施，为了贯彻民法典有关离婚冷静期制度的规定，民政部对婚姻登记程序进行调整，在离婚程序中增加冷静期。2003 年颁布的《婚姻登记条例》取消了审批期的规定，中国事实上变成了世界上离婚手续最简便、离婚最快捷的国家之一，离婚夫妇当场就可拿到离婚证。不少冲动的夫妇晚上吵架，第二天早上离婚，到下午就后悔了。为了稳定家庭关系，防止轻率离婚，《民法典》增设了冷静期。

《民法典》第一千零七十七条规定："自婚姻登记机关收到离婚登记申请之日起三十日内，任何一方不愿意离婚的，可以向婚姻登记机关撤回离婚登记申请。前款规定期限届满后三十日内，双方应当亲自到婚姻登记机关申请发给离婚证；未申请的，视为撤回离婚登记申请。"具体程序是自婚姻登记机关收到离婚登记申请并向当事人发放"离婚登记申请受理回执单"之日起三十日内，任何一方不愿意离婚的，可以持本人有效身份证件和"离婚登记申请受理回执单"（遗失的可不提供，但需书面说明情况），向受理离婚登记申请的婚姻登记机关撤回离婚登记申请，并亲自填写"撤回离婚登记申请书"。经婚姻登记机关核实无误后，发给"撤回离婚登记申请确认单"，并将"离婚登记申请书""撤回离婚登记申请书"与"撤回离婚登记申请确认单（存根联）"一并存档。自离婚冷静期届满后三十日内，双方未共同到婚姻登记机关申请发给离婚证的，视为撤回离婚登记申请。

[①] 《婚姻登记条例知识问答》编写组. 婚姻登记条例知识问答［M］. 北京：法律出版社，2003：78-79.

（三）审查

《民法典》第一千零七十八条规定："婚姻登记机关查明双方确实是自愿离婚，并已经对子女抚养、财产以及债务处理等事项协商一致的，予以登记，发给离婚证。"婚姻登记机关的审查包括形式审查和实质审查两个方面。对离婚双方当事人当场进行询问，然后形式审查主要是审查双方应该携带的证件和证明是否齐备，如果齐备，应该进行实质审查，如果不齐备，则应书面通知当事人补齐。实质审查主要是审查双方离婚是否自愿并对子女和财产等问题已有适当处理。审查的过程同时也是对当事人进行引导、调解和说服教育的过程。首先，要教育当事人双方慎重对待和考虑离婚问题。一般情况下男女双方自愿离婚的原因是夫妻感情确已破裂，在这种情况下，应尊重当事人离婚的选择。如果夫妻感情尚未完全破裂的，应尽可能地做挽救工作，促成双方和好。其次，要审查夫妻双方是否自愿离婚，有无欺诈、胁迫、弄虚作假等违法现象。如果查明双方有不自愿的情况，应该针对当事人的具体情况作出妥善处理。最后，查明双方对子女和财产问题是否作出适当处理。如果双方同意离婚但对子女和财产安排不够合理，应帮助他们作必要的调整。

（四）登记

婚姻登记机关经过审查后，对符合《民法典》和《婚姻登记条例》的离婚申请，双方当场在"离婚登记审查表"上的签字领证；如认为不符合条件，不予办理，要书面说明理由予以登记，发给离婚证。《婚姻登记条例》第十三条规定：对当事人确属自愿离婚，并已对子女抚养、财产、债务等问题达成一致处理意见的，应当当场予以登记，发给离婚证。当事人从取得离婚证起，解除夫妻关系。离婚证是离婚协议生效和婚姻关系合法解除的依据，离婚证与人民法院生效的离婚判决书、离婚调解书具有同等的法律效力。对不符合《民法典》和《婚姻登记条例》规定的离婚申请，婚姻登记机关不予登记。

对于离婚证遗失或者损毁的，当事人可以持户口簿、身份证向原办理婚姻登记的机关或者一方当事人常住户口所在地的婚姻登记机关申请补领。婚姻登记机关对当事人的婚姻登记档案进行查证，确认属实的，应当为当事人补发离婚证。

婚姻登记机关及其婚姻登记员有下列行为之一的，对直接负责的主管人员和其他直接责任人员应当依法给予行政处分：（一）为不符合婚姻登记条件的当事人办理婚姻登记的；（二）玩忽职守造成婚姻登记档案丢失的；（三）办理婚姻登记或者补发离婚证超过收费标准收取费用的。超过收费标准收取的费用，应当退还当事人。

四、有关离婚登记的几个问题

（一）关于登记离婚后，一方反悔的问题

离婚证是证明婚姻关系解除的具有法律效力的证明文件，取得离婚证，婚姻关系即告终止，一般不允许当事人反悔。如果当事人确因某种原因领了离婚证后又反悔的，应申请原办理离婚登记的婚姻登记机关解决。《〈民法典〉婚姻家庭编司法解释（一）》第七十条规定夫妻双方协议离婚后就财产分割问题反悔，请求变更或者撤销财产分割协议的，人民法院应当受理。人民法院审理后，未发现订立财产分割协议时存在欺诈、胁迫等情形的，应当依法驳回当事人的诉讼请求。

（1）对离婚登记反悔的处理。由于婚姻法及婚姻登记条例没有涉及，加之解除婚姻关系是对身份行为的解除，必须由当事人自己承担离婚的后果。婚姻不是儿戏，更不是婚姻登记机关专门为个人服务，不能浪费司法资源，为个人的任性买单。

（2）对财产分割问题的争议处理。对财产分割的争议处理，看分割财产的协议签订时，是否存在胁迫、欺诈等情况，应该包括乘人之危的情形。如果存在，法院应当依法作出分割的裁决；如果不存在，依法驳回其请求

离婚协议中关于财产分割的条款或者当事人因离婚就财产分割达成的协议，对男女双方具有法律约束力。对于登记离婚后，因为当事人不履行离婚协议中的财产给付、子女抚养等有关义务发生纠纷，根据现行法律的精神，属于民事诉讼的范畴，不能由婚姻登记机关处理，也不能要求人民法院强制执行。需要解决的，只能依法向人民法院提起民事诉讼。对于当事人的诉讼，只要是在离婚后一年内提出的，人民法院都应依法予以受理。但当事人是否有实体上的胜诉权，要看当事人是否能够证明订立协议时有欺诈、胁迫等情形存在。否则，人民法院应当驳回其诉讼请求。此外，如果当事人在履行此类协议过程中因对方违反约定而提起诉讼的，人民法院也应依法受理。

（3）对子女抚养反悔。原协议中有另外一方不承担抚养费的协议。离婚后抚养孩子的一方要求对方承担的，而另外一方以当初有协议而拒绝承担，人民法院要受理，并且根据双方的经济状况和子女的需要进行。

（二）托人代办或冒名顶替领取的离婚证无效

《民法典》和《婚姻登记条例》均明确规定，自愿离婚的，双方当事人必须亲自到婚姻登记机关提出申请，接受婚姻登记机关的审查。婚姻登记机关在审查离婚申请过程中，如发现有托人代办或冒名顶替的情形，应给予严肃的批评教育，指出其行为的错误和违法性，驳回离婚请求，不予登记。至于托人代办或冒名顶替而蒙混过关、取得离婚证的，婚姻登记机关一旦发现，应宣布其离婚登记无效，收回离婚证。

（三）关于假离婚的问题

所谓假离婚，是指当事人为了达到某种共同的目的，相互约定暂离异，待预定目的实现后再复婚的违法离婚行为。对于假离婚，原则上不能否认其发生的离婚效力。因为假离婚一般通过婚姻登记机关办理，而登记离婚最显著的特征和要求是双方自愿，并在自愿的基础上对子女和财产等问题作出适当处理。而假离婚当事人的登记正是以双方自愿为前提条件，相互之间没有欺骗行为，据此形成的离婚协议符合双方的意愿，应该具有法律效力。如果一方反悔并要求复婚，另一方不愿意复婚或已与他人再婚，应请求婚姻登记机关处理。婚姻登记机关处理这一问题，首先要对当事人这种合谋串通、弄虚作假、共同欺骗

婚姻登记的行为给予严肃的批评，指出其行为的违法性，在虚假离婚当事人均未与第三人结婚的情况下，进行促成和好的调解，在双方自愿恢复夫妻关系的情况下，办理恢复登记；如果调解和好不成，应作出确认原离婚登记有效的决定，以维护法律和婚姻登记的严肃性。由离婚导致的一切不良后果，由当事人自己承担。假离婚后，一方已与他人再婚的，应承认再婚的法律效力。

第四节　诉讼离婚

诉讼离婚，是指夫妻双方对离婚或离婚后子女的抚养或财产分割等问题不能协商一致时，夫妻一方向人民法院提起离婚诉讼，由人民法院依法审理，以调解或判决方式解除婚姻关系的离婚方式。《民法典》第一千零七十九条规定："夫妻一方要求离婚的，可以由有关组织进行调解或者直接向人民法院提起离婚诉讼。人民法院审理离婚案件，应当进行调解；如果感情确已破裂，调解无效的，应当准予离婚。"据此，离婚的诉讼程序应包括两个步骤：一是诉讼外有关部门的调解，二是离婚诉讼的具体程序。

一、诉讼外的调解程序

有关部门予以调解被称为诉讼外的调解，又称诉讼前的调解，是指在当事人所在单位、群众团体、基层人民调解组织、居民委员会或村民委员会、司法调解中心、婚姻登记机关等部门的主持下，依据法律、法规和社会公德，对当事人进行说服教育，帮助当事人在自主自愿的基础上，就维持或解除婚姻关系及其子女和财产问题达成协议的一种解决纠纷的方式。诉讼外调解的好处有：一是有关部门对纠纷情况比较了解，容易抓住纠纷的焦点进行说服教育和疏导工作，使纠纷得到妥善解决。二是处理及时，能把纠纷消灭在萌芽状态，解决在基层，可以防止矛盾激化，引导夫妻和好，增进团结和稳定。三是就地解决，不耽误当事人的生产、工作和生活。四是大量的纠纷在基层解决，不经过诉讼程序就可以得到合理解决，减少了法院的诉讼案件，减轻了人民法院的工作负担。

诉讼外调解应坚持自愿、合法的原则，不得强迫调解。诉讼外调解有三个结果：双方调解和好，保持婚姻关系；调解达成离婚协议，办理登记离婚；调解无效，一方向法院提起诉讼，由法院审理。诉讼外调解不是当事人诉讼离婚的必经程序，不具有法律的强制性。调解无法律约束力，当事人在达成调解后可以反悔，重新达成离婚协议或起诉。是否采用诉讼外调解方式，由双方当事人自己决定，即当事人可以经过诉讼外的调解程序，也可以不经过诉讼外的调解程序，直接向人民法院提起离婚诉讼。人民法院不得以未经有关部门调解而拒绝受理。

二、人民法院审理离婚案件的程序

诉讼离婚的程序包括人民法院的调解和判决两个阶段。

（一）诉讼中的调解

无论是经有关部门调解无效而提起的离婚诉讼，还是男女一方直接向人民法院提起的离婚诉讼，均由人民法院依法审理。人民法院审理离婚案件应当首先进行调解，调解是人民法院审理离婚案件的必经程序。除了特殊情况人民法院无法调解的以外，人民法院不得未经调解而直接作出判决。在诉讼活动中使用调解，有利于对当事人进行法制宣传教育和思想指导工作，妥善地处理离婚案件。调解所达成的离婚协议，当事人一般能够自觉执行。

诉讼中的调解是在审判人员的主持下，由双方当事人自愿协商，达成协议，从而解决纠纷的一种具有法律效力的程序。与诉讼外调解不同，离婚诉讼调解既是法定的必经程序，又是人民法院行使国家审判权的一种方式。在调解过程中，人民法院要发挥主导作用，应该以法律法规和社会公德为依据，对有过错的当事人进行严肃的批评，对当事人双方加以说服教育，帮助当事人互相沟通，互谅互让，必要时可以要求有关部门共同做好当事人双方的思想工作。在坚持自愿、合法的前提下，尽量帮助当事人达成离婚协议，但不应久调不决。

离婚诉讼调解有三种结果：一是双方当事人达成同意和好的协议，由原告撤诉或人民法院将调解笔录存卷，按撤诉处理。二是双方当事人达成同意离婚的协议，人民法院应按协议内容制作调解书，发给当事人双方。离婚调解书和离婚生效的判决书具有同等的法律效力，是解除婚姻关系的正式的法律文件，调解书送达当事人即生效。三是协议不成的，即告调解无效，由人民法院以案件的事实为依据，以夫妻双方感情是否确已破裂为标准，依法作出判决，准予离婚或不准予离婚。

（二）判决

判决是指人民法院在调解无效的情况下，对有争议的离婚案件所作的强制性决定。人民法院应当以事实为根据，以法定离婚理由为依据予以判决。如果夫妻感情确已破裂，应判决准予离婚；如果夫妻感情尚未完全破裂，应判决不准离婚。但应注意的是，对于有条件地承认有婚姻效力的事实婚姻，如果调解和好无效，应判决准予离婚，而不能判决不准予离婚。在处理感情确已破裂与调解无效的关系上，应注意的是，感情确已破裂是客观存在的事实，是准予或不准予离婚的法定条件，是判决离婚的实质要件，调解无效是程序性的规定。通常情况下，感情确已破裂，必然调解无效，但在有些离婚案件中，调解无效的并不一定说明夫妻感情确已破裂，这已为多年的审判实践所证明。因此，不能简单地把调解无效作为夫妻感情确已破裂的依据。如果夫妻感情确已破裂，调解无效的应当准予离婚；如果夫妻感情没有破裂或者尚未破裂，虽然调解无效，也应判决不准予离婚。

　　夫妻感情破裂有个程度的问题，衡量的标准要看夫妻感情是否已到了确实无可挽回的程度，夫妻双方有无和好的可能，能否继续共同生活。"确已破裂"包含三层意思：第一，在程度上，应该是夫妻感情已经彻底破裂、全面破裂，而不是某些方面有了裂痕；第二，在表现形式上，夫妻感情是真正破裂并不是虚假现象；第三，在时间上，夫妻感情已破裂而非刚刚产生裂痕。

第五节　诉讼离婚的两项特别规定

一、对现役军人离婚的特别规定

　　对于现役军人的婚姻予以特别保护，是由军人的特殊地位决定的。军队是执行国家政治任务的武装力量，担负着保卫祖国，保卫社会主义建设的神圣职责。对于现役军人的权益，应当予以特别保护，这种特别保护是符合国家和人民利益的，是巩固国防、提高部队战斗力的重要手段，是拥军优属的重要内容。因此，我国的婚姻法对现役军人的婚姻作了"现役军人的配偶要求离婚，须得军人同意"的特别规定，体现了军人婚姻历来受到党和国家的高度重视和特别保护。

　　是否对军人的婚姻进行特别的保护，在婚姻法修改过程中有不同的看法：一种意见认为，应当取消该条款；一种意见认为，在保留该条基本原则的基础上，增加"除外"条款；还有一种意见认为，该条款应予以保留。立法部门在婚姻法的修改过程中，考虑到对军人婚姻实行特别保护是党和国家的一贯政策，1998年兵役制度改革后，基层军官结婚后与配偶分居两地的情况仍很普遍，对军人婚姻依法实行特别保护，对于消除军人的后顾之忧，维护军队稳定，增强部队战斗力起到了积极的作用。但是，对于军人一方有过错的，也应作相应的规定，以保护其配偶的合法权益。为此，《民法典》第一千零八十一条规定："现役军人的配偶要求离婚，须得军人同意，但军人一方有重大过错的除外。"

　　（1）现役军人的范围。现役军人，是指有军籍的人，包括在中国人民解放军服役的干部、战士和在中国人民武装警察部队服役的干部、战士以及文职人员。现役军人不包括复员军人、转业军人、民兵和军事单位中未取得军籍的职工以及其他不属于军队编制的武装人员。

　　（2）现役军人的配偶。现役军人的配偶是指自己的配偶为军人而自己为非军人的一方，现役军人的配偶一方不一定是女方。凡双方均为现役军人或现役军人与其非军人的配偶一方离婚，应适用离婚的一般法律规定，不适用本条规定。

　　（3）离婚应征得军人同意。离婚应征得军人同意，是指非军人一方与军人一方诉讼离婚时，人民法院在对离婚纠纷予以调解但调解不成的情况下，未经过军人一方同意，人民法院不得判决离婚。通常情况下，军人配偶提出离婚后，现役军人不同意时，人民法院应与有关部门配合，对军人配偶进行一定的说服教育，促其积极改善夫妻关系，调解或判决不准离婚。但是在保护军人婚姻的同时，我们也要注意保护军人配偶的合法权益。当夫妻感情确已破裂的情况下，经调解无效，人民法院也应通过军人所在部队团级以上的政治机关，在做好军人思想工作的前提下，准予离婚。处理这类案件时应在贯彻对现役军人特别保护原则的同时，根据案件的具体情况，也要注意保护非军人一方的合法权益。只有这样才能做到既对军人婚姻实行特别保护，又不违背婚姻自由的原则。

（4）军人一方有重大过错的除外。法律在保护现役军人的婚姻权利的同时，也注重对非军人配偶一方的婚姻权利的保护。当现役军人一方有重大过错且导致夫妻感情破裂的，其配偶要求离婚的，可以不必征得军人的同意。如果现役军人只是一般过错，而现役军人又不同意离婚的，法院仍不得强行判离。所谓重大过错，一般是指军人一方的重大违法犯罪行为或其他严重破坏夫妻感情的行为，导致夫妻感情破裂。《最高人民法院关于适用〈中华人民共和国民法典〉婚姻家庭编的解释（一）》第六十四条规定："民法典第一千零八十一条所称的'军人一方有重大过错'，可以依据民法典第一千零七十九条第三款前三项规定及军人有其他重大过错导致夫妻感情破裂的情形予以判断。"

二、对妇女的特殊保护

1980年《婚姻法》规定，女方在怀孕期间和分娩后一年内，男方不得提出离婚。女方提出离婚的，或人民法院认为确有必要受理男方离婚请求的，不在此限。2001年修改后的《婚姻法》第三十四条在原条文的基础上，增加了"女方在终止妊娠后六个月内，男方不得提出离婚"的内容。本条的修改使该条规定更为完善与充实，也便于与其他法律规定的统一。这一条文的增加，有利于保护母亲与胎儿、幼儿的身心健康，这不但是保护妇女、儿童合法权益原则在离婚制度中的具体体现，也体现了我国婚姻法的人道主义精神。《民法典》第一千零八十二条继续沿用了这个规定。

妇女在怀孕期间或分娩后1年内或终止妊娠后6个月内，身体上、精神上消耗很大，需要特别照顾。母亲的精神状态与身体状况，直接影响胎儿、婴儿的身心健康与发育质量。因此，为了减少离婚给妇女造成的伤害与痛苦，保障妇女、胎儿、婴儿的身心健康，法律在一定时期限制男方的离婚请求权是很有必要的。在使用这一规定时，应注意下列几个问题：

（1）这一规定限制的主体只能是男方。这一规定只是限制了男方在一定期限内的起诉权，而不是否定和剥夺男方的起诉权；只是推迟了男方提出离婚的时间，并不涉及准予离婚与不准予离婚的实体性问题。也就是说，只是对男方离婚请求权暂时性的限制，超过法律规定的期限，不再适用此规定。

（2）女方在此期间提出离婚的，不受本条的限制。这是因为本条规定的宗旨，是为了保护妇女、儿童的权益。如果女方在此期间提出离婚，一般是出于某些特别紧迫的原因，如果法院不及时受理女方的离婚请求，可能更不利于妇女、胎儿、婴儿的身心健康。

（3）人民法院认为确有必要受理男方离婚请求的，也不受此条的限制。根据审判实践经验和司法解释，确有必要是指两种情况：一是在此期间，双方确实存在不能继续共同生活的重大而急迫的事由，如一方对他方或婴儿有危及生命的可能等；二是女方怀孕被确证是与他人通奸所致，为防止矛盾激化，人民法院应予受理。

思考题

1. 婚姻终止的原因有哪些？
2. 登记离婚的法定条件和程序是什么？
3. 如何理解判决离婚的法定条件？
4. 离婚和别居制度的区别？
5. 婚姻终止的程序是什么？
6. 我国《民法典》婚姻家庭编关于诉讼离婚的特殊规定是什么？
7. 《民法典》婚姻家庭编中的调解制度是什么？它是离婚的必经程序吗？
8. 离婚与婚姻的无效、可撤销有何区别？

第六章　离婚的效力

　　离婚作为引起婚姻关系终止的重要法律事实，必然会产生一系列的法律后果，导致当事人内部和外部多重法律关系的消灭或变更。离婚的效力，只能产生于离婚法定手续完成之后，它只对将来发生效力。离婚效力的发生时间，在协议离婚中，以登记离婚之日为准；在判决离婚中，则以离婚判决书生效之日为准。离婚在当事人的人身关系、财产关系以及子女抚养等方面引起一系列的法律后果。

第一节　离婚在当事人身份上的效力

　　离婚解除了夫妻身份关系，基于夫妻身份关系产生的一切权利义务关系也随之消灭。

　　（1）再婚自由恢复。婚姻关系解除后，男女双方均成为无配偶者，各方均有再行结婚的权利，任何人不得加以干涉，这是世界各国的共同规定。但是，个别国家作出关于女子待婚期的限制性规定。

　　（2）扶养义务终止。随着夫妻身份关系的解除，夫妻之间互相扶养的义务同时解除，任何一方不再享有要求对方扶养的权利，任何一方也不再承担扶养对方的义务。

　　（3）法定继承人资格丧失。在婚姻关系存续期间，一方死亡，另一方依法继承其遗产。如果婚姻关系已因离婚而解除，不论夫妻关系存续多久，彼此之间的法定继承人资格均告丧失，一方死亡，另一方无权按法定继承方式继承死亡一方的遗产。

　　（4）共同生活的权利义务解除。夫妻有同居的权利和义务，有以共同生活为条件的代理权。一旦解除婚姻关系，这些权利义务即告结束。

　　（5）姻亲关系消灭。基于婚姻所产生的姻亲关系，因离婚而归于消灭。这与因夫妻一方死亡而终止其婚姻关系时，姻亲关系并不当然消灭不同①。

---

　　① 《民法典》第一千一百二十九条规定："丧偶儿媳对公婆，丧偶女婿对岳父母，尽了主要赡养义务的，作为第一顺序继承人。"

第二节　离婚在当事人财产上的效力

《民法典》第一千零八十七条规定："离婚时，夫妻的共同财产由双方协议处理；协议不成时，由人民法院根据财产的具体情况，照顾子女和女方权益的原则判决。夫或妻在家庭土地承包经营中享有的权益等，应当依法予以保护。"根据本条规定及《最高人民法院关于适用〈中华人民共和国民法典〉婚姻家庭编的解释（一）》的规定，《最高人民法院关于人民法院审理离婚案件处理财产分割问题的若干具体意见》指出，离婚时，认定和分割夫妻共同财产，应把握以下几个方面的原则：

一、应分清财产的性质

分割夫妻共同财产时，应严格区分夫妻共同财产与个人财产、家庭财产，注意保护未成年人的财产权利。离婚时，可供分割的财产仅限于夫妻共同财产①。

夫妻共同财产是指实行法定财产制的夫妻在婚姻关系存续期间所得的财产，或实行约定财产制的夫妻书面约定的共同财产和约定不明确的财产。夫妻共同财产不完全等同于家庭共同财产。如果家庭成员只有夫妻和无个人财产的子女，那么，夫妻共同财产就是家庭共同财产。然而，如果家庭成员除了夫妻之外，还有父母、子女等人且他们都有自己的个人财产，或共同共有财产的，离婚时应先把夫妻的共同财产从家庭共同财产中分离出来。夫妻共同财产不包括夫妻的个人财产。夫妻的个人财产是指依据婚姻法的有关规定属于夫妻个人的财产，或者由夫妻将婚后所得财产全部或部分约定为个人财产，或由夫妻将婚前财产部分约定为共同财产后所剩余的财产。

离婚时，对夫妻共同财产，原则上应平均分割，根据结婚时间的长短、财产来源等具体情况处理。但在处理夫妻共同财产时要注意不能降低和损害财产的使用价值。离婚时，个人财产原则上归个人所有。

二、夫妻共同财产分割时应遵循的原则

离婚时夫妻的共同财产首先由双方协议处理。之所以允许由夫妻双方协议处理，是因为夫妻双方对财产的用途、性质、功能有更加深刻的了解，使达成的协议不至于脱离实际情况，同时也有助于双方的自觉履行。只要分割夫妻共同财产的协议合法有效，人民法院一般不得主动干预。只有在对夫妻财产分割达不成协议时，才由人民法院根据财产的具体

---

① 参见《最高人民法院关于人民法院审理离婚案件处理财产分割问题的若干具体意见》《〈婚姻法〉解释（二）》等相关条文的规定。

情况，照顾子女和女方权益的原则判决。不管是协议程序的离婚，还是诉讼程序的离婚，在分割夫妻共同财产时应遵循以下原则：

1. 体现男女平等的原则

离婚时分割的财产是夫妻共同财产，双方享有平等的财产分割权，对共同债务也享有平等的清偿义务。法律不允许谁抢占的财产就归谁所有，也不允许以多占有财产作为离婚的交换条件。

2. 照顾子女和女方合法权益的原则

这一原则是《民法典》保护妇女、儿童合法权益原则的具体体现。离婚分割夫妻共同财产时，一方面不得侵害子女和女方的合法权益；另一方面，应视女方的经济状况以及子女的实际需要给予必要的照顾。在司法实践中，照顾子女和女方的权益主要是优先考虑他们的实际需要，当男女双方的经济能力相当的情况下，对房屋及其他财产的处理可以适当多分或判决给予女方所有。如果发生男方离婚后生活困难，甚至需要女方帮助的，离婚时适当多分给男方财产，并不违背该原则。

3. 照顾无过错一方的原则

在现代社会，人们已经抛弃了离婚是对有过错方的惩罚和对无过错方的补偿的观念，在婚姻关系是否能够解除的问题上，不看婚姻破裂的原因，即不追究过错行为，只看婚姻本身是否已经"死亡"。而在离婚的法律后果方面，即在财产分割等问题上则要体现出对过错行为的惩罚。因此，法律规定了离婚分割共同财产对无过错一方的照顾原则与离婚损害赔偿制度。照顾无过错方原则的适用和离婚损害赔偿责任的承担，都产生于一方的过错，其结果都直接关系到财产问题，但二者有着明显的区别。具体表现在以下几个方面：

第一，适用的法律根据不同。照顾无过错一方是离婚时分割夫妻共同财产的基本原则之一，涉及的是夫妻法定共有财产关系的解除。而离婚损害赔偿责任产生于一方对另一方的侵权行为，承担的是侵权责任。

第二，适用的情形不完全相同。《民法典》第一千零九十一条已将离婚损害赔偿责任严格地限定在重婚或姘居、家庭暴力、虐待、遗弃这四种严重违反婚姻家庭义务的重大过错范围内。而夫妻财产分割时所说的过错，除了上述这四种重大过错行为外，还包括违法犯罪严重伤害夫妻感情、通奸、卖淫嫖娼、赌博、故意隐匿夫妻财产、因女方生女孩而故意制造矛盾导致夫妻感情破裂等其他过错行为。

第三，适用的结果不同。适用照顾无过错一方的原则，应根据有过错一方过错的程度大小和共同财产的实际状况由法官酌情判定，但只应向无过错一方作适当的倾斜，不能显失公平，更不能因此而影响有过错一方的基本生活。而离婚损害赔偿适用实际赔偿的原则，既要赔偿直接损失，又要赔偿间接损失，即使有过错一方有经济困难，也应该判决其在一定时间内给付。

第四，适用的时间不完全相同。离婚案件中，应先分割夫妻共同财产，厘清双方的法定财产关系。夫妻共同财产分割完毕后，再用分割后的财产或有过错一方的个人财产，向无过错一方赔偿因有过错一方的侵权行为而造成的损失。在司法实践中，二者可以同时适用，作为互补。具体说，在分割夫妻共同共有的财产过程中，如果过错方的某种行为属于承担离婚损害赔偿责任的四种法定情形之一，就应当既要在分割夫妻财产时照顾无过错一方，还应该在财产分割后，确定过错方承担离婚损害赔偿责任。不能因为在分割夫妻共同财产时照顾了无过错一方，进而否认有过错一方的损害赔偿责任；也不能因为有过错一方承担了损害赔偿责任，在分割夫妻共同财产时，对无过错一方就不再予以照顾。

4. 有利于生产和生活的原则

分割夫妻共同财产时，不应损害财产的效用和经济价值，并应尽可能地发挥财产的效用。一方面，对夫妻共同财产中的生产资料，应尽可能地分给需要的一方或具有使用某种生产资料特别技能、能够充分发挥该项物品效用的一方，以有利于发展生产，保证生产活动和财产流通的正常进行。不能分割的，应根据财产的来源和实际需要，予以合理的调整或作价处理。另一方面，对夫妻共同财产中的生活资料，分割时要考虑双方和子女的实际生活需要，以方便生活，物尽其用。

5. 同等条件下的平均分割原则

平均分割是分割夫妻共同财产的一般方法，即在确定夫妻共同财产的范围之后，一分为二，平均分成两份，夫妻各一份。但应当注意的是，平均分割原则的适用是有条件的，即夫妻双方须处于同等条件。所谓"同等条件"是指夫妻双方均无过错或均有过错，不需要对其中一方加以照顾的情况。而且同等条件下的平均分割并不是绝对的，还应该兼顾生产、生活的实际需要和财产来源等情况。

6. 不得损害国家、集体和他人利益的原则

不损害国家、集体和他人的利益，是民事活动的一般准则。它要求对离婚时的财产处理，不得将夫妻双方实际占有、使用的并无处分权的国家、集体和他人的财产及其他来源不明的财产非法分割。不能借分割夫妻共同财产而损害他人的利益。

三、夫妻共同财产的具体分割办法

《民法典》第一千零八十七条第一款规定："离婚时，夫妻的共同财产由双方协议处理；协议不成时，由人民法院根据财产的具体情况，照顾子女和女方权益的原则判决。"对此，最高人民法院根据多年来司法审判实践经验，于1993年11月3日发布《关于人民法院审理离婚案件处理财产分割问题的若干具体意见》，对离婚时处理夫妻财产问题作了具体、详尽的操作性解释。依照该意见中与《民法典》不相抵触的内容，人民法院在处理财产分割问题时应遵循以下具体规则：

（1）夫妻共同财产，一般应均等分割。但根据前述原则和财产的来源等情况，具体处理时也可以有所差别。

（2）夫妻分居两地分别管理、使用的共同财产，分割时各归管理、使用方所有；相差悬殊的差额部分，由多得财产的一方以与差额相当的财产抵偿另一方。

（3）已登记结婚，尚未共同生活，一方或双方受赠的礼金、礼物，应考虑财产的来源、数量以及遗嘱或赠与合同中有无特别指定夫妻一方为受赠人等情况合理分割。

（4）一方以夫妻共同财产与他人合伙经营的，入伙的财产可分给一方所有，分得入伙财产的一方对另一方应给予相当于入伙财产一半价值的补偿。

（5）属于夫妻共同财产的生产资料，可分给有经营条件和能力的一方。分得该生产资料的一方对另一方应给予相当于该财产一半价值的补偿。

（6）对夫妻共同经营的当年无收益的养殖、种植业等，离婚时应从有利于发展生产、有利于经营管理考虑，予以合理分割或折价处理。

（7）婚后双方对婚前一方所有的房屋进行过修缮、装修、原拆原建，离婚时未变更产权的，增值部分中属于另一方应得的份额，由房屋所有人折价补偿另一方。

（8）对不宜分割使用的夫妻共有的房屋，应根据双方住房情况和照顾抚养子女或无过错方等原则分给一方所有。分得房屋的一方对另一方应给予相当于该房屋一半价值的补偿。在双方条件相同的情况下照顾女方。

（9）离婚时一方所有的知识产权尚未取得经济利益的，在分割夫妻共同财产时可根据具体情况对另一方予以适当的照顾。

（10）婚前个人财产在婚后共同生活中自然毁损、消耗、灭失，离婚时一方要求以夫妻共同财产抵偿的，不予支持。

（11）离婚时夫妻共同财产未从家庭共同财产中析出，一方要求析产的，可先就离婚和已查清的财产问题进行处理，对一时难以查清的财产的分割可告知当事人另案处理；或者中止离婚诉讼，待析产案件审结后再恢复离婚诉讼。

（12）分割一方继承的遗产。婚姻关系存续期间，夫妻一方继承的遗产，除了被继承人在遗嘱中明确指定只归夫妻一方所有的以外，原则上都属于夫妻共同财产。但在双方离婚时，若一方依法可以继承的遗产在继承人之间尚未实际分割，另一方请求分割这部分夫妻共同财产的话，人民法院应当告知当事人在继承人之间实际分割遗产后另行起诉。

《民法典》第一千零八十七条第二款规定："夫或妻在家庭土地承包经营中享有的权益等，应当依法予以保护。"这一规定突出了在新的历史时代土地承包经营权在家庭财产分割中所占的重要位置。在分割财产时，一方面要注意有利于生产发展，同时要注意采取各种措施保护离婚当事人特别是离婚妇女在土地、林木、鱼塘、副业等方面依法应享有的承包经营中的权益。

夫妻因离婚而分割财产时，共同财产中往往会有在有限责任公司、合伙企业组织等经济组织中的出资，除了正确适用《民法典》外，还必须与公司法、合伙企业法、独资企业法等法律法规的原则和精神保持一致。按照这一指导思想，2003 年 12 月 24 日最高人民法院《关于适用〈中华人民共和国民法典〉婚姻家庭编的解释（一）》，在规定如何分配股份有限公司、有限责任公司、合伙企业和独资企业的财产时，坚持了四项原则：一是坚持婚姻法规定的男女平等、保护子女和妇女权益等原则；二是自愿原则；三是维护其他股东、合伙人合法权益的原则；四是有利于生产和生活原则。

最高人民法院《关于适用〈中华人民共和国民法典〉婚姻家庭编的解释（一）》对上述财产的分割作了非常具体的规定：

（1）人民法院审理离婚案件，涉及分割发放到军人名下的复员费、自主择业费等一次性费用的，以夫妻婚姻关系存续年限乘以年平均值，所得数额为夫妻共同财产。所谓年平均值，是指将发放到军人名下的上述费用总额按具体年限均分得出的数额。其具体年限为人均寿命 70 岁与军人入伍时实际年龄的差额。

（2）夫妻双方分割共同财产中的股票、债券、投资基金份额等有价证券以及未上市股份有限公司股份时，协商不成或者按市价分配有困难的，人民法院可以根据数量按比例分配。

（3）人民法院审理离婚案件，涉及分割夫妻共同财产中以一方名义在有限责任公司的出资额，另一方不是该公司股东的，按以下情形分别处理：

第一，夫妻双方协商一致将出资额部分或者全部转让给该股东的配偶，过半数股东同意、其他股东明确表示放弃优先购买权的，该股东的配偶可以成为该公司股东；

第二，夫妻双方就出资额转让份额和转让价格等事项协商一致后，过半数股东不同意转让，但愿意以同等价格购买该出资额的，人民法院可以对转让出资所得财产进行分割。过半数股东不同意转让，也不愿意以同等价格购买该出资额的，视为其同意转让，该股东的配偶可以成为该公司股东。用于证明上述规定的过半数股东同意的证据，可以是股东会决议，也可以是当事人通过其他合法途径取得的股东的书面声明材料。

（4）人民法院审理离婚案件，涉及分割夫妻共同财产中以一方名义在合伙企业中的出资，另一方不是该企业合伙人的，当夫妻双方协商一致，将其合伙企业中的财产份额全部或者部分转让给对方时，按以下情形分别处理：

第一，其他合伙人一致同意的，该配偶依法取得合伙人地位；

第二，其他合伙人不同意转让，在同等条件下行使优先受让权的，可以对转让所得的财产进行分割；

第三，其他合伙人不同意转让，也不行使优先受让权，但同意该合伙人退伙或者退还部分财产份额的，可以对退还的财产进行分割；

第四，其他合伙人既不同意转让，也不行使优先受让权，又不同意该合伙人退伙或者退还部分财产份额的，视为全体合伙人同意转让，该配偶依法取得合伙人地位。

（5）夫妻以一方名义投资设立独资企业的，人民法院分割夫妻在该独资企业中的共同财产时，应当按照以下情形分别处理：

第一，一方主张经营该企业的，对企业资产进行评估后，由取得企业一方给予另一方相应的补偿；

第二，双方均主张经营该企业的，在双方竞价基础上，由取得企业的一方给予另一方相应的补偿；

第三，双方均不愿意经营该企业的，按照《中华人民共和国个人独资企业法》等有关规定办理。

（6）双方对夫妻共同财产中的房屋价值及归属无法达成协议时，人民法院按以下情形分别处理：

第一，双方均主张房屋所有权并且同意竞价取得的，应当准许；

第二，一方主张房屋所有权的，由评估机构按市场价格对房屋作出评估，取得房屋所有权的一方应当给予另一方相应的补偿；

第三，双方均不主张房屋所有权的，根据当事人的申请拍卖房屋，就所得价款进行分割。

（7）离婚时双方对尚未取得所有权或者尚未取得完全所有权的房屋有争议且协商不成的，人民法院不宜判决房屋所有权的归属，应当根据实际情况判决由当事人使用。当事人就上述规定的房屋取得完全所有权后，有争议的，可以另行向人民法院提起诉讼。

四、离婚时住房问题的解决和合理分割

离婚时的住房问题是人民法院审理离婚案件的难点之一。根据最高人民法院的司法解释，离婚时处理住房问题应把握几个方面的问题[①]：

（1）对不宜分割使用的双方共有的房屋，应根据双方住房情况和照顾抚养子女或无过错方等原则分给一方所有。分得住房的一方对另一方应给予相当于该房屋一半价值的补偿。在双方条件相当的情况下，应照顾女方。

（2）属于一方所有的住房，离婚时归房屋所有人所有。另一方以离婚后无房居住为由，要求暂住的，经查实可根据情况予以支持，但一般不超过两年；无房一方租房居住，经济上确有困难的，享有房屋所有权的一方给予一次性的经济帮助。

（3）离婚时对公房使用、承租问题的处理。根据最高人民法院1996年2月5日发布的《关于审理离婚案件中公房使用、承租若干问题的解答》，人民法院审理离婚案件，对公房使用、承租问题应综合其他法律的规定，坚持男女平等和保护妇女、儿童合法权益的原则，考虑双方的经济收入予以解决。

①夫妻共同居住的公房，有下列情形之一的，离婚双方均可承租：婚前由一方承租的公房，婚姻关系存续5年以上的；婚前一方承租的本单位的房屋，离婚时双方均为本单位

---

① 参见最高人民法院《关于审理离婚案件中公房使用、承租若干问题的解答》相关条文的规定。

职工的；一方婚前借款投资建房取得的公房承租权，婚后夫妻共同偿还借款的；婚后一方或双方申请取得公房承租权的；婚前一方承租的公房，婚后因该承租房屋拆迁而取得房屋承租权的；夫妻双方单位投资联建或联合购置的共有房屋的；其他应认定夫妻双方均可承租的情形。离婚诉讼中对夫妻双方均享有承租公房的承租权的，应依照下列原则处理：照顾抚养子女的一方；男女双方条件相同的情况下照顾女方；照顾残疾或生活困难一方；照顾无过错一方。

②只有婚姻当事人一方对公房享有承租权，而一方无权承租公房且解决住房确有困难的，人民法院可调解或判决无权承租方暂时居住。暂住期限一般不超过两年。如无权承租方租房确有困难的，承租公房一方有负担能力的，应给予一次性的经济帮助。

第三节　离婚时所欠债务的清偿

一、离婚时债务清偿的原则性规定及清偿办法

《民法典》第一千零六十四条规定："夫妻双方共同签名或者夫妻一方事后追认等共同意思表示所负的债务，以及夫妻一方在婚姻关系存续期间以个人名义为家庭日常生活需要所负的债务，属于夫妻共同债务。夫妻一方在婚姻关系存续期间以个人名义超出家庭日常生活需要所负的债务，不属于夫妻共同债务；但是，债权人能够证明该债务用于夫妻共同生活、共同生产经营或者基于夫妻双方共同意思表示的除外。"

由此规定不难看出，夫妻共同债务由双方共同偿还。《民法典》第一千零八十九条规定："离婚时，夫妻共同债务应当共同偿还。共同财产不足清偿或者财产归各自所有的，由双方协议清偿；协议不成的，由人民法院判决。"但是，在审判实践中，一些当事人为了减轻自己偿还个人债务的责任，往往将共同债务和个人债务混为一谈。因此，离婚案件中的债务清偿问题是比较复杂的。离婚时对所欠债务的清偿，首先要搞清楚共同债务和个人债务的范围以及共同债务的清偿办法。

1. 夫妻共同债务的范围

关于夫妻共同债务，《民法典》仅作了原则性的规定，即"离婚时，原为夫妻共同生活所负的债务，应当共同偿还"。最高人民法院在1993年11月3日发布的《关于人民法院审理离婚案件处理财产分割问题的若干具体意见》第十七条规定："夫妻为共同生活或为履行抚养、赡养义务等所负债务，应认定为夫妻共同债务。"该司法解释将"为履行抚养、赡养义务等所负的债务"作为夫妻共同债务，是符合婚姻法的立法原意的。最高人民法院在2018年1月17日发布的《关于涉及夫妻债务纠纷案件适用法律有关问题的解释》第一条规定："夫妻双方共同签字或者夫妻一方事后追认等共同意思表示所负的债务，应

当认定为夫妻共同债务。"

具体说来，为夫妻共同生活所负的债务，是指夫妻为维持家庭的共同生活和进行共同生产、经营活动所负的债务。为夫妻共同生活所负的债务，包括因购置生活用品、修建或购置住房所负的债务；履行抚养教育和赡养义务、治疗疾病所负的债务；从事双方同意的文化教育、文娱体育活动所负的债务，以及其他在日常生活中发生的应当由夫妻双方负担的债务。为夫妻共同生产、经营所负的债务，包括双方共同从事工商业或在农村承包经营中所负的债务，购买生产资料所负的债务，在以上的经营活动中所应交纳的税款，经双方同意由一方经营且其收入用于共同生活所负的债务等。

2. 夫妻共同债务的清偿办法

夫妻共同债务清偿的顺序为：首先用夫妻共同财产清偿夫妻共同债务，然后对剩余的夫妻共同财产进行分割。当夫妻共同财产不足清偿时，以各自法定个人所有或约定个人所有的财产予以清偿，以保护债权人的利益。其次，如果没有夫妻共同财产、个人财产或个人财产不足时，可以承诺日后清偿。清偿的办法由夫妻双方协商解决，协商不成时，由人民法院判决。

3. 夫妻个人债务的范围及清偿

夫妻个人债务，是指夫妻一方在婚前所负的债务，以及婚后（与共同生活无关）夫妻一方为了满足个人需要或为资助个人的亲友所负的债务，或双方约定应由个人清偿的债务。一方单独所负债务依法应由该方个人偿还。夫妻个人债务一般有[①]：

（1）夫妻双方约定由个人负担的债务，但以逃避债务为目的的除外。约定债务可以对抗第三人，但以逃避债务为目的进行的约定，不产生法律上的效力，仍为夫妻共同债务。

（2）一方未经对方同意，擅自资助与其没有扶养义务的亲友所负的债务。没有扶养义务，是指没有法定的扶养、赡养、抚养义务。没有此种义务，未经对方同意，包括未征得对方同意和对方反对，擅自对亲友进行资助，所负债务为个人债务。

（3）一方未经对方同意独自筹资从事经营活动，其收入确未用于共同生活所负的债务。这种经营活动属于个人一方的经营活动，所负的债务应为个人债务，由个人负责清偿。构成此种个人债务，须具备三个条件：一是未经对方同意；二是独自筹资，或者用属于一方所有的婚前个人财产投资，未以夫妻共同财产投资；三是其收入确未用于共同生活。

（4）其他应由个人承担的债务。具体包括因个人实施违法行为所欠的债务；婚前一方所欠的债务；婚后一方为满足私欲挥霍所欠的债务；婚姻关系存续期间，双方关系恶化分居生活，一方从事经营活动所欠的债务，其经营收入又未用于家庭共同生活的，等等。

《关于适用〈中华人民共和国民法典〉婚姻家庭编的解释（一）》从保护债权人的利

① 最高人民法院法发〔1993〕第 32 号司法解释。

益出发，对夫妻的债务问题作出了明确的规定，具体有：

债权人就一方婚前所负个人债务向债务人的配偶主张权利的，人民法院不予支持，但债权人能够证明所负债务用于婚后家庭共同生活的除外。

债权人就婚姻关系存续期间夫妻一方以个人名义所负债务主张权利的，应当按夫妻共同债务处理。但夫妻一方能够证明债权人与债务人明确约定为个人债务，或者能够证明债权人明知夫妻双方就婚后财产采取了分别所有约定的，应当按个人债务清偿。

当事人的离婚协议或者人民法院的判决书、裁定书、调解书已经对夫妻财产分割问题作出处理的，债权人仍有权就夫妻共同债务向男女双方主张权利。一方就共同债务承担连带清偿责任后，基于离婚协议或者人民法院的法律文书向另一方主张追偿的，人民法院应当支持。夫或妻一方死亡的，生存一方应当对婚姻关系存续期间的共同债务承担连带清偿责任。

4. 离婚时处理夫妻所欠债务时应当注意的问题

（1）要注意分清债务是属于夫妻共同债务还是个人债务。

（2）清偿共同债务的财产，首先是共同财产，当共同财产不足以清偿时，其次是双方的个人财产，最后是将来取得的财产。

（3）保护妇女、儿童的合法权益，并给予适当照顾。法律规定男女双方对于夫妻共同债务均有清偿责任，具体执行中应根据双方的年龄状况、工资水平、健康状况等情况妥善地保护女方的权益。

二、夫妻一方为经营自己婚前财产所欠债务的清偿

夫妻一方为经营自己婚前财产所欠债务的偿还，分为两种情况：

（1）一般情况下个人债务由个人偿还。依照《民法典》第一千零六十三条的规定，一方的婚前财产为夫妻一方的个人财产，那么，夫妻一方为经营自己婚前财产所欠的债务，为个人债务，依法应由其个人偿还。

（2）依约定改变婚前个人财产性质的为共同债务，由夫妻双方共同偿还。《民法典》不仅对夫妻共同财产的范围作了原则性和列举性的规定，而且还专条规定了夫妻个人财产的范围。如前所述，一方的婚前财产为法定夫妻个人财产，因此夫妻一方为经营自己婚前财产所欠的债务，为个人债务。但是，依照《民法典》第一千零六十五条的规定，夫妻可以书面约定婚前财产归夫妻双方共同所有或部分共同所有，即夫妻可以以约定的方式改变婚前财产的性质。财产本身的性质决定其债务的性质。因此，如果夫妻书面约定婚前财产归夫妻双方共同所有或部分共同所有，那么，该婚前财产为夫妻共同财产，夫妻一方为经营此婚前财产所欠的债务，为共同债务，应当由双方共同偿还。

总而言之，夫妻一方为经营自己婚前财产所欠的债务，是否应用共同财产偿还，其关键是看该项婚前财产是否已经夫妻双方的约定而成为共同财产。如果该项财产仍为婚前财

产，即仍然属于个人财产，则该项债务属于个人债务，由其本人偿还。如果该项财产已经依约定成为共同财产，则其债务属于共同债务，用共同财产偿还。但该项财产依约定成为共同财产，须以书面的方式约定。

三、夫妻为购买房屋所欠债务的清偿

夫妻为购买房屋所欠的债务是共同债务，应该由双方共同偿还。一般情况下，共同财产显然不足以偿还这笔数额颇大的债务，需要夫妻双方协商处理，协商不成时，由人民法院判决。如果结婚时间较短，购房时间不长，所欠购房款数额仍然很大，由享有房屋所有权的一方承担购房所欠的债务，并以共同财产补足另一方对购买房屋已支出款项所享有的权利；如果结婚时间较长，购房较久，所欠债务不多，由享有房屋所有权的一方承担购房所欠的债务，并补足另一方对所购房屋已享有的财产权利；房屋能够隔开使用，男女双方都愿意分割居住权的，购房所欠债务由男女双方按照各自实际居住的面积分摊。

四、夫妻智力投资之债的清偿

夫妻智力投资之债，是指在婚姻关系存续期间，夫妻一方借款为另一方进修、上大学、读研究生、出国留学或学习某项专业技术、技艺等所产生的债务。对夫妻因进行智力投资所产生的债务，为夫妻共同债务还是一方个人债务，值得探讨。有关学者认为，对此问题不能一概而论，应根据进行智力投资后一方或双方的受益情况等作出不同的处理。

（1）应认定为受益一方的个人债务，由其个人偿还。具体包括两种情形：一是夫妻一方为另一方学习某项专业技术、技艺，攻读研究生或者出国留学等筹款而产生的债务，如果离婚时一方并未受益，应视为另一方的个人债务，由其个人偿还。二是夫妻一方为另一方攻读研究生或者出国留学等筹款而产生的债务。由于这种学习所产生的人力资本的含金量颇高，即使离婚时另一方已经将所学之长产生的收益用于共同生活，但离婚时收益时间不长，仍应认定为受益一方的个人债务，由其个人偿还。

（2）应认定为夫妻共同债务，由双方共同偿还。夫妻一方借款对另一方进行智力投资，另一方可得的仅是某项普通的技术或者技艺，人力资本的含金量不高，所借债务不多，且另一方获得某项普通的技术、技艺后，将利用所学之长挣的钱用于家庭共同生活，其债务应属于夫妻共同债务，由双方共同偿还。共同财产不足偿还的部分，由双方分摊。

五、为逃债而离婚的债务的清偿

夫妻财产不仅关系到婚姻当事人双方，还涉及财产交换关系，影响到财产交易秩序和交易安全。夫妻约定财产制与债权人的利益有着密切的关系，如果婚姻当事人享有的约定财产的权利与自由过大，将会为当事人钻法律的空子、逃避债务提供一些机会，会危及交易安全，损害债权人的合法权益。从审判实践来看，有人为了逃避债务，难免会滥用法律

赋予其享有的随时可以约定其夫妻财产的权利，损害债权人的利益。对于这一问题，《民法典》第一千零六十五条第三款规定："夫妻对婚姻关系存续期间所得的财产约定归各自所有的，夫或妻一方对外所负的债务，第三人知道该约定的，以夫或妻一方所有的财产清偿。"也就是说，夫妻对婚姻关系存续期间所得的财产约定分别所有的，对债权人有告知的义务，如果债权人不知道其约定的，则视为没有约定，该财产仍为夫妻共同财产，该债务因而仍为夫妻共同债务。这条规定是有助于保护债权人的合法权益的，人民法院处理离婚案件中的所欠债务时，应注意从以下几个方面保护债权人的利益：

（1）离婚时，为逃避债务将全部或大部分共同财产协议归一方所有，致使债务无法清偿的，应认定该协议无效。

（2）离婚时，为逃避债务夫妻一方将其婚前财产约定归另一方所有的，该约定无效。依照《民法典》的规定，婚前财产为夫妻一方的个人财产，双方另有约定的除外。离婚时，如果债务人为了逃避债务，夫妻双方约定将一方婚前财产归对方所有，那么，该约定无效。

（3）人民法院在判决分担夫妻共同债务时，应注意考虑当事人的经济能力。能力强的，应适当多承担一些；能力弱的，少承担一些；没有劳动能力的残疾人，一般不分担债务。这样既有利于保护妇女、儿童和残疾人的权益，也有利于保护债权人的利益。

（4）分担夫妻共同债务，原则上应考虑谁经手的借款分给谁偿还，谁与债权人有较密切的关系分给谁偿还，双方分担数额的差额部分以共同财产补足。这样处理能更好地保护债权人的利益，避免日后的纠纷。

（5）夫妻一方为躲避债务离家外出长期无音讯，另一方坚决要求离婚，而夫妻共同财产又不足以清偿债务的，离婚时可将夫妻共同债务不作分割，判决由双方共同偿还。

第四节　离婚救济制度

一、离婚时的经济帮助制度

《民法典》第一千零九十条规定："离婚时，如果一方生活困难，有负担能力的另一方应当给予适当帮助。具体办法由双方协议；协议不成的，由人民法院判决。"一方离婚后没有住处的，属于生活困难。离婚时，一方以个人财产中的住房对生活困难者进行帮助的形式，可以是房屋的居住权或者房屋的所有权，以体现法律的公正、补偿与保护功能[1]。

---

① 夏吟兰. 离婚自由与限制［M］. 北京：中国政法大学出版社，2007：216-223.

（一）设立离婚时经济帮助制度的必要性

1. 设立该制度有助于真正实现离婚自由，体现我国法律的人道主义精神

实际生活中，不乏当事人对离婚后的经济状况和生活来源存有疑虑，对离婚后经济生活的考虑甚至制约了当事人对离婚的态度，担心一旦离婚后由于缺乏生活来源，使自己的生活水平降低或生活难以维持。因此，在离婚的问题上持十分强硬的态度，而并非发自内心，硬去维持早已"死亡"的婚姻。婚姻法规定离婚后的经济帮助制度，无疑会打消婚姻当事人离婚的顾虑，从而有利于婚姻自由原则的实现和贯彻[①]。

2. 设立该制度也是保护妇女合法权益的原则在离婚问题上的具体体现

对在离婚时处于弱势一方予以一定经济上帮助的规定适用于男女双方，但我国婚姻立法的宗旨是为了更好地保障妇女的合法权益。由于男女生理差异及夫妻在家庭和社会分工中角色的差别，婚姻关系中的女性经济地位普遍弱于男性，离婚后的妇女因各种原因生活明显呈贫困化的趋势。因此，设立离婚时的经济帮助制度，也是婚姻立法中保护妇女合法权益原则的重要内容。

（二）适用经济帮助的条件

根据我国《民法典》及最高人民法院的司法解释，离婚时一方对另一方的经济帮助是有条件的。具体而言有以下四个条件：

（1）接受经济帮助的一方必须是生活确有困难并且自己无力解决。如丧失劳动能力，无其他生活来源，生活难以维持。

（2）提供经济帮助的一方必须有负担能力。有负担能力是对他方予以经济帮助的前提条件。

（3）经济帮助具有时限性。经济帮助仅限于离婚之时。如果离婚时一方生活不困难，而离婚后发生困难，则不予以帮助。这种帮助不是夫妻扶养义务的延伸。

（4）经济帮助不以给付方有过错，被给付方无过错为必要条件。离婚时的经济帮助与损害赔偿在性质和适用范围上是截然不同的。经济帮助是为了保护弱者，损害赔偿是为了惩罚过错方。

（三）经济帮助的具体办法

根据《民法典》和最高人民法院的司法解释，经济帮助的数额、期限、给付的方式等，首先由双方协商解决，如双方达不成协议的，可由人民法院根据下列情况处理：

（1）双方结婚时间较短，一方年轻有劳动能力，生活上出现暂时的困难，另一方可给予短期的或一次性的经济帮助。

（2）双方结婚时间较长，一方年老体弱多病，无劳动能力又无生活来源的，另一方应从住房和生活方面给予适当安排。必要时可给予长期的经济帮助。

---

① 冉启玉. 离婚扶养制度研究［M］. 北京：群众出版社，2013：130-166.

（3）在执行经济帮助期间，受帮助的一方再行结婚的，提供帮助的一方可终止给付。

（4）原定的经济帮助执行完毕后，一方仍然要求对方继续给予经济帮助的，人民法院一般不予支持①。

（5）提供经济帮助的一方所提供的住房及其他财物，应从提供经济帮助一方个人所有的财产中支付。包括法定个人财产、约定个人财产、从共同财产中分得的财产等。帮助不限于金钱，还可以是生活用品。

（6）离婚时，一方以个人财产中的住房对生活困难者进行帮助的形式，可以是房屋的居住权或者房屋的所有权。

（四）适用经济帮助时应注意的问题

1. 应正确认识经济帮助的性质

经济帮助与夫妻之间相互扶养义务的性质是完全不同的。夫妻之间的相互扶养义务是基于夫妻的身份关系而确定的，是无条件的。夫妻之间的扶养义务因婚姻关系的终止而终止，离婚发生终止夫妻之间扶养义务的效力。离婚时，对生活困难的一方，有条件的一方给予经济扶助和照顾，并不是夫妻法定扶养义务的继续和延伸，而是从原有的婚姻关系中所派生的一种道义上的责任。

2. 离婚时的经济帮助与离婚时的夫妻共同财产的分割、经济补偿不同

经济帮助是另一方对该方的有条件的帮助；夫妻共同财产的分割是对共同财产所享有的合法权益；离婚时尽义务较多的一方请求另一方给予经济补偿是权利义务相一致的体现，是当事人的合法权利。

二、离婚时的经济补偿制度

（一）规定离婚时经济补偿制度的必要性

1980年的《婚姻法》仅规定夫妻可以采用约定财产制，但是如果夫妻约定婚后个人所得的财产归各自所有的，夫妻之间是否存在补偿请求权，未作出规定。2001年修正后的《婚姻法》对此情况作出了相应的规定，在一定程度上弥补了法律的漏洞。《民法典》扩大了补偿的范围，其第一千零八十八条规定："夫妻一方因抚育子女、照料老年人、协助另一方工作等负担较多义务的，离婚时有权向另一方请求补偿，另一方应当给予补偿。具体办法由双方协议；协议不成的，由人民法院判决。"

1. 规定离婚时的经济补偿制度，是对夫妻所从事的家务劳动应该给予正确评价的必然要求

家务劳动是不能直接产生经济效益的，如为满足家庭成员的生活需要所从事的劳动，包括抚养子女、照料老人、洗衣做饭等。家务劳动虽然不能直接创造经济价值，但可以节

---

① 陈苇，石雷. 离婚救济法律制度的创新思路［J］. 社会科学辑刊，2013（1）：52-56.

约家庭的支出，从而间接地增加家庭的财富。因此有必要规定离婚时从事较多家务劳动的一方对于另一方有经济补偿请求权。

2. 规定经济补偿制度，是解决夫妻一方离婚后实际生活困难的需要

人的精力是有限的，如果夫妻一方抚养子女、照料老人、协助对方工作，必然会使自己的生产、工作、学习、晋升等受到影响，甚至在激烈的市场竞争中被淘汰。在夫妻关系存续期间，该方的生活可以通过夫妻之间的扶养义务而得到保障。然而如果离婚，夫妻之间的扶养义务不复存在，其生活可能受到相当大的影响。因此规定一方对另一方的经济补偿，可以解决实际遇到的生活困难。

（二）离婚时经济补偿制度的适用条件和范围

《民法典》第一千零八十八条规定："夫妻一方因抚育子女、照料老年人、协助另一方工作等负担较多义务的，离婚时有权向另一方请求补偿，另一方应当给予补偿。具体办法由双方协议；协议不成的，由人民法院判决。"该制度的适用必须同时具备两个条件：

（1）请求补偿的时间限于离婚的时候。因抚育子女、照料老年人、协助另一方工作等负担较多义务的，在婚姻存续期间或者离婚之后，均不能向对方提出补偿请求。经济补偿请求权应该在离婚诉讼时一并提出。在婚姻关系存续期间不得提出该请求；离婚后再起诉予以补偿的人民法院不予受理。

（2）夫妻一方因抚育子女、照料老人、协助另一方工作等付出了较多义务。一方付出较多的义务包含两层含义：一是一方从事的抚养子女、照料老人等家务劳动无论是数量上还是在所花费的时间上都比对方多。二是一方协助另一方工作比自己在工作方面从对方得到的协助多。

（三）离婚时经济补偿请求权的行使

（1）行使的时间。依照《民法典》的规定，请求权的行使时间是"离婚时"。离婚时是指夫妻一方提起离婚诉讼时或者协议离婚之时。婚姻关系解除后，不宜再就此问题提起诉讼，否则人民法院不予受理[①]。

（2）该请求只能向婚姻当事人中的对方提出，不得向他人提出。

（四）确定经济补偿的给付数额和方式

（1）双方协议。补偿的数额和给付的方式应该首先由双方协商，协商不成时由人民法院作出判决。

（2）人民法院作出判决。人民法院判决给付的数额和方式时，应当考虑以下因素：①配偶双方婚姻关系存续期间的长短；②配偶双方对家庭的贡献大小；③配偶双方离异时的年龄以及身体状况、婚姻双方的谋生手段；④离婚后双方生活水平的差异等实际情况。

---

① 参见《〈婚姻法〉解释（一）》第三十条。

（五）适用经济补偿制度时应注意的几个问题

1. 离婚时的经济补偿与离婚时的夫妻财产分割的性质不同

离婚时的经济补偿属于离婚的附带事项，而不是离婚的直接法律后果。对于从婚姻中大大受益的一方当事人来说，要求其承担一定程度的经济责任，作为婚姻关系的既得利益者，是理所应当的，而对于另一方当事人来说，则是对他（她）们对家庭所尽义务的一种财产上的回报。离婚时夫妻财产的分割是离婚直接导致的法律后果，是夫妻共同财产关系的消灭，从而使共同享有所有权的财产进行分割，转化为个人享有所有权。

有关经济补偿的给付请求，应当在离婚诉讼时一并提出，或者协议离婚之时一并解决。婚姻关系解除后，不宜再就此提起诉讼，否则人民法院不予受理。而夫妻财产的分割一般在离婚时一并解决，但符合《民法典》第一千零九十二条规定："夫妻一方隐藏、转移、变卖、毁损、挥霍夫妻共同财产，或者伪造夫妻共同债务企图侵占另一方财产的，在离婚分割夫妻共同财产时，对该方可以少分或者不分。离婚后，另一方发现有上述行为的，可以向人民法院提起诉讼，请求再次分割夫妻共同财产。"《最高人民法院关于适用中华人民共和国〈民法典〉婚姻家庭编的解释（一）》第八十四条规定："当事人依据民法典第一千零九十二条的规定向人民法院提起诉讼，请求再次分割夫妻共同财产的诉讼时效期间为三年，从当事人发现之日起计算。"

2. 离婚时的经济补偿与离婚损害赔偿的区别

离婚时的经济补偿，取决于当事人婚姻的具体情况和受补偿方对家庭贡献的有无和大小，与当事人主观上是否有过错无关。换句话说，一方当事人获得经济补偿，不应作为对有过错方过错的惩罚手段而设立。当事人能否在离婚时得到经济补偿，与离婚的理由无关，它只是客观评价当事人对婚姻家庭的贡献，体现的是法律的公平理念。而离婚时的损害赔偿是对导致离婚有过错一方的过错行为的惩罚，是离婚时有过错的一方应该承担的法律责任。

3. 离婚时的经济补偿与离婚后的经济帮助的性质不同

前者基于原夫妻扶养义务而来，体现了婚姻家庭中权利义务相一致的原则。离婚导致配偶身份的丧失，离婚时对符合条件的一方给予经济补偿，是另一方的法定义务，是受补偿一方的法定权利。而离婚后的经济帮助，不是夫妻权利义务的延伸，它只是离婚时有给付能力的一方暂时给予对方的经济上的帮助。

三、离婚损害赔偿制度

（一）设立离婚损害赔偿制度的意义

1. 设立这一制度，为追究侵害配偶权的过错方的违法行为提供了法律依据

结婚自由是公民的一项民事权利，公民在法律规定的范围内，享有是否缔结婚姻，与何人、何时缔结婚姻的权利，但这项权利一旦行使，婚姻一旦缔结，当事人则不可避免地

要承担道德和法律上的义务和责任。这些义务和责任是道德和法律在婚姻共同体中的预先设置。当事人按照自己的意愿选择了婚姻，就意味着既选择了婚姻中所享有的权利和自由，也选择了婚姻所负载的义务和责任。这些义务既有积极的作为，也有消极的不作为。当夫妻一方违背法定义务，逃避其婚姻责任时，如果当事人自觉地调适、改过，使其婚姻状态得以继续维持和发展，法律便无须干涉。如果当事人的行为动摇了婚姻的根基，破坏了婚姻的稳定，使婚姻走向无可挽回的破裂，法律在确认当事人解除婚姻关系的同时，附设相应的违背婚姻义务的法律后果，由过错行为人承担，这既是一项道德责任，也是一项法律责任，是婚姻义务的内在要求。

2. 设立这一制度，有利于在新形势下保护当事人特别是妇女的合法权益

近年来，从我国婚姻家庭关系的现状来看，婚内侵权行为屡屡发生，家庭暴力呈上升趋势。据有关部门的统计，我国每年约有 40 万个婚姻解体，其中有 25%起因于家庭暴力，有 80%的家庭暴力是丈夫对妻子实施暴力。通奸、有配偶者与他人同居、重婚等违法行为导致婚姻破裂的趋势有增无减，在某些地区已成为离婚的主要原因，占离婚总数的 60%以上。确立离婚损害赔偿制度，使无过错方在离婚时得到物质上的补偿，利于使无过错方心理上得到平衡，减轻或抚平其心理上的痛苦，从而切实保护其合法权益。同时，对于侵害配偶权的过错方也具有警示和威慑作用①。

（二）离婚损害赔偿的构成要件

1. 一般要件

离婚损害赔偿是一种民事侵权责任，因此须具备一般民事侵权责任的构成要件，应当坚持过错责任原则。

（1）行为具有违法性

《民法典》将导致离婚损害赔偿的违法行为严格限定在严重违反婚姻义务，严重伤害对方人身权益的四种违法行为之内，即必须是配偶一方重婚、与他人同居或实施家庭暴力及虐待、遗弃家庭成员中的任何一种。如果配偶一方实施的是这四种违法行为之外的其他违法行为，如犯罪、吸毒等，则在离婚时不承担损害赔偿责任。

（2）有损害事实

损害事实是指过错方的违法行为导致婚姻关系破裂，从而使无过错方人身、财产和精神利益遭受损害。这种损害包括物质损害，更主要的是精神损害。

由于一方的重婚、婚外同居、虐待、遗弃行为，使受害方在精神上遭受极大的痛苦，而且，由于在一方有上述违法行为的情况下，所遭受的物质损害一般不多，如果不允许请求精神损害赔偿，则受害人所得到的补偿极少，损害赔偿将无实益。

---

① 杨遂全，等. 婚姻家庭法典型判例研究［M］. 北京：人民法院出版社，2003：308.

（3）违法行为与损害事实之间有因果关系

因果关系是指过错配偶违反婚姻义务的行为，导致婚姻关系破裂、夫妻离婚，从而给无过错方造成物质损害和精神损害之间有因果关系。在判断物质利益的损失上，必须有充分的证据证明，才能认定有因果关系。在确定精神利益的损害时，只须确认配偶一方有婚外性关系或有虐待、遗弃等违法行为，就可以认定此种违法行为与无过错方配偶利益的损害事实之间有因果关系。

（4）行为人主观上有过错

行为人主观上故意违反婚姻家庭法律的规定，明知合法婚姻关系受法律保护，合法的配偶身份利益不受侵犯，却实施该行为。实际上，配偶一方只要实施重婚、有配偶者与他人同居等婚外性行为，或实施家庭暴力、虐待、遗弃配偶一方本身，就具有违法的故意。

2. 特殊要件

构成离婚损害赔偿责任，除了应符合上述一般侵权民事责任的构成要件外，还有其特殊的"两要件"。

（1）必须是违法行为和感情破裂之间有因果关系，即违法行为是导致婚姻关系破裂的原因。即使过错配偶实施了上述法定的违法行为，但感情尚未破裂，就不存在承担损害赔偿责任的问题。

（2）请求权人必须无过错。夫妻双方均无《民法典》第一千零九十一条规定的过错的，如一方婚后患医学上认为不应当结婚的疾病，一方长期下落不明或因性格不合等原因导致离婚的，不发生离婚损害赔偿问题。夫妻双方都有《民法典》第一千零九十一条规定的过错导致离婚的，对于财产损害，适用过错相抵原则，仍可请求财产上的损害赔偿，对于精神损害，均不得向对方要求精神损害赔偿。

（三）离婚损害赔偿的范围

离婚损害赔偿的范围，主要是指其适用范围、违法行为的范围和主体范围。

1. 适用范围

《民法典》在第一千零九十一条中规定了离婚损害赔偿问题，但对其适用范围，即适用于诉讼离婚，还是协议离婚，或二者均可以适用，未予以说明。有人认为离婚损害赔偿仅适用于诉讼离婚，多数人认为其既可适用于诉讼离婚，也可适用于协议离婚。我们认为，既然法律明确规定离婚损害赔偿是因法定过错行为导致离婚而应该承担的法律责任，那么，这种法律责任的承担不受婚姻关系解除方式的影响。也就是说，离婚损害赔偿既可适用于诉讼离婚，又可适用于协议离婚。

《民法典》增设离婚损害赔偿制度后，如果协议离婚时涉及离婚损害赔偿问题，无过错方不愿意放弃离婚损害赔偿请求权的，夫妻双方应该就离婚损害赔偿问题达成协议；否则，视为放弃离婚损害赔偿请求权。有人认为，协议离婚时，双方可就损害赔偿问题进行约定，无约定的，也并不表示无过错方放弃损害赔偿请求权。协议离婚生效后，无过错方仍可提起损害赔偿之诉。对此，《最高人民法院关于适用〈中华人民共和国民法典〉婚姻家庭编的解释（一）》第八十九条规定："当事人在婚姻登记机关办理离婚登记手续后，以民法典第一千零九十一条规定为由向人民法院提出损害赔偿请求的，人民法院应当受理。但当事人在协议离婚时已经明确表示放弃该项请求的，人民法院不予支持。"离婚损害赔偿问题应该与离婚问题同时解决，原则上不能单独提起离婚损害赔偿之诉。这是因为：

第一，离婚损害赔偿问题是与离婚问题密切相关的一个问题。离婚损害赔偿责任是以身份关系为基础的，在当事人承担离婚损害赔偿责任的离婚纠纷中，实际上是一个违法行为，它既导致婚姻关系破裂，又依法应承担离婚损害赔偿责任。

第二，在司法实践中，夫妻感情确已破裂，离婚已成为必然的时候，当事人往往能在是否解除婚姻关系的问题上达成一致，却难以在财产分割的问题上达成协议。在离婚损害赔偿问题上也同样如此。如果允许当事人身份关系解除后再单独提起离婚损害赔偿之诉，将会因时过境迁而带来搜集证据的麻烦，甚至会更多地出现伪证，也会给法官办案带来一定的困难。因此，我们认为，原则上不应允许当事人单独提起离婚损害赔偿之诉。但是，由于提起离婚之诉的当事人，既可以是有过错的一方，也可以是无过错的一方，因此对此问题不能一概而论。根据《关于适用〈中华人民共和国民法典〉婚姻家庭编的解释（一）》第八十八条的规定，人民法院受理离婚案件时，应当将《民法典》第一千零九十一条等规定中当事人的有关权利义务，书面告知当事人。在适用民法典第一千零九十一条时，应当区分以下不同情况：

（1）符合《民法典》第一千零九十一条规定的无过错方作为原告，基于该条规定向人民法院提起损害赔偿请求的，必须在离婚诉讼的同时提出。

（2）符合《民法典》第一千零九十一条规定的无过错方作为原告基于该条规定向人民法院提起损害赔偿请求的，必须在离婚诉讼的同时提出。

（3）无过错方作为被告的离婚诉讼案件，一审时被告未基于《民法典》第一千零九十一条规定提出损害赔偿请求，在二审期间提出的，人民法院应当进行调解；调解不成的，告知当事人另行起诉。双方当事人同意由第二审人民法院一并审理的，第二审人民法院可以一并裁判。

2. 违法行为的范围

关于违法行为的范围，学者间争议较大。《民法典》第一千零九十一条规定："有下列情形之一，导致离婚的，无过错方有权请求损害赔偿：（一）重婚；（二）与他人同居；（三）实施家庭暴力；（四）虐待、遗弃家庭成员；（五）有其他重大过错。"《民法典》扩大了重大过错的范围，增加了兜底条款其他重大过错。

3. 主体范围

主体范围包括离婚损害赔偿的权利主体和义务主体。权利主体是指因配偶一方的过错而遭受损害的另一方配偶，即受害的配偶一方。离婚损害赔偿请求权是法律赋予无过错方的一项权利。既然是权利，可以依法行使，也可以放弃。如果当事人放弃该权利的行使，法官不应主动干预，但法官有告知无过错方享有这一权利的义务。义务主体，是仅限于离婚的过错配偶，还是包括插足的第三者，学者间争议较大。有人认为，因第三者插足导致离婚而使受害人造成精神损害的，第三者应承担赔偿责任。有人认为，由于第三者插足而导致离婚的，在损害赔偿时，第三者应作为共同侵权人而负连带责任。还有人认为，离婚及离婚损害赔偿是配偶双方之间的纠纷，解决的是配偶之间的身份及民事责任问题，不宜直接将第三者的责任规定写进婚姻法。对于第三者的行为，更适宜以道德规范来调整，在第三者插足情节严重、损害重大时，可按民法规定的侵权行为，受害人对第三者可另行提起侵权损害赔偿之诉。我们赞同最后一种观点。对此，《关于适用〈中华人民共和国民法典〉婚姻家庭编的解释（一）》第八十七条规定：承担《民法典》第一千零九十一条规定的损害赔偿责任的主体，为离婚诉讼当事人中无过错方的配偶。

（四）离婚损害赔偿的具体方式

离婚损害赔偿，包括物质损害赔偿和精神损害赔偿。《关于适用〈中华人民共和国民法典〉婚姻家庭编的解释（一）》第八十六条及《民法典》第一千零九十一条规定的"损害赔偿"，包括物质损害赔偿和精神损害赔偿。涉及精神损害赔偿的，适用《最高人民法院关于确定民事侵权精神损害赔偿责任若干问题的解释》的有关规定。

1. 物质损害赔偿

物质损害可分为实际损失和可得利益的损失两种。实际损失是指现存财产和利益的减少。可得利益的损失是指无过错方应得到或能够得到却没有得到的利益。物质损害赔偿，按一般财产侵权理论，实行全部赔偿原则。因过错方的违法行为给受害方造成多少财产损失，就应赔偿多少。

2. 精神损害赔偿

精神损害是指由侵权行为作用于自然人的人身权所导致的受害人的反常的精神状况。精神损害赔偿不同于物质损害赔偿，其目的不是填补受害人的财产损失，而是为了补偿、抚慰受害人受到伤害的心灵，同时在一定程度上对加害人予以惩戒。金钱买不到感情，但金钱能在一定程度上弥补婚姻中无过错方的损失，能够抚慰他们受到伤害的心灵。由于精神损害的无形性及其不可估价性的特征，对精神损害赔偿金额的确定，可以参照最高人民法院《关于确定民事侵权精神损害赔偿责任若干问题的解释》的确定赔偿数额的规定，即人民法院应考虑以下因素：侵权人的过错程度；侵权行为的具体情节；给受害人造成精神损害的后果；精神损害持续的时间长短等。这种赔偿额的确定，要有一定的惩罚性和制裁性。否则，受害人得不到相应的赔偿和慰藉，也很难达到使加害人收敛的效果，不能实现法律责任规范的最终目的。另外，立法上还应根据我国的具体情况，确立相对明确和具体的标准，如规定精神损害赔偿的最高限额和最低限额，可以有效地对法官的自由裁量权加以限制，从而达到相对的合理与公平。

第五节　离婚在亲子关系上的效力

一、离婚后的父母子女关系

《民法典》第一千零八十四条规定："父母与子女间的关系，不因父母离婚而消除。离婚后，子女无论由父或母直接抚养，仍是父母双方的子女。离婚后，父母对于子女仍有抚养和教育的权利和义务。"父母与子女之间的关系是指父母子女之间的权利义务关系。不因父母离婚而消除，是指父母子女之间的具体生活情况可能发生变化，但他们之间的权利义务关系与父母未离婚一样，并不能终止。这一规定主要取决于婚姻关系与父母子女关系的性质不同。婚姻关系是基于男女双方自愿成立的，可依法成立，也可依法解除。父母子女关系，则主要是基于子女出生的自然血亲关系而形成的，一旦形成则不能通过人为的手段解除。那种认为子女归谁抚养，就是谁的子女，与对方无关甚至拒绝对方探望子女的观点是错误的；同时认为既然子女由对方抚养，就与自己无关，推卸对子女抚养教育的责任，甚至拒绝承担抚育费的观点也是错误的。

离婚后父母对子女的抚养教育既是双方的权利，又是双方的义务。从权利的角度讲，父母双方无论是否与子女共同生活，都有权抚养教育自己的子女，不受任何人的限制或干涉。从义务的角度讲，父母双方无论是否与子女共同生活，都必须抚养教育子女，不得以任何理由推卸或懈怠。此义务的规定，主要是强调不随子女共同生活的一方必须抚养教育子女，否则应该承担相应的法律责任。

二、离婚后子女的抚养归属

《民法典》第一千零八十四条第三款规定："离婚后，不满两周岁的子女，以由母亲直接抚养为原则。已满两周岁的子女，父母双方对抚养问题协议不成的，由人民法院根据双方的具体情况，按照最有利于未成年子女的原则判决。子女已满八周岁的，应当尊重其真实意愿。"

1. 不满两周岁的子女，以由母亲直接抚养为原则

哺乳期的时间，一般为两年。以随哺乳的母亲抚养为原则是指如果母方没有危害子女健康成长的特殊情况，必须随母亲生活。除了特殊情况外，对于哺乳期的子女，法院不宜判决由父亲抚养。法律之所以作出这样的强制性规定，是因为医学表明，这一阶段母亲对婴儿良好的身心发育具有不可替代的重要作用。这是保护儿童合法权益原则在离婚后子女抚养问题上的具体要求。

子女虽在哺乳期，但在特殊情况下，子女也可由父方抚养，主要有以下几种情况：

（1）母方患有久治不愈的传染性疾病或其他严重疾病，子女不宜与其共同生活的。久治不愈的传染性疾病主要是指肺结核、慢性肝炎等；其他严重疾病，主要是指癌症、瘫痪、精神病等。

（2）母方有抚养条件不尽抚养义务，而父方要求子女随其生活的。在将子女判归父方抚养后，对母方的行为应当予以批评教育，必要时予以民事制裁和追究其法律责任，不能让其逃避应履行的法定义务和应承担的法律责任。

（3）因其他原因子女确实无法随母方生活的。如母方的经济能力、生活环境明显对抚养子女不利，母方品德有缺陷不利于抚养子女，或子女从出生后一直由父方喂养等。

（4）父母双方协议，两周岁以下子女随父方生活，并对子女健康成长无不利影响的。

2. 已满两周岁的子女，父母双方对抚养问题协议不成的，由人民法院根据双方的具体情况，按照最有利于未成年子女的原则判决

两周岁后的子女随何方生活，首先由父母双方协商解决。因为父母最了解子女随谁生活对子女更有利；父母心平气和地协商决定，可以减轻子女的精神负担和其他消极影响。所以，人民法院在处理离婚后的子女抚养问题时，首先应进行调解，尽可能争取双方协商解决。如夫妻双方因子女抚养问题发生争执不能达成协议的，依照婚姻法和有关司法解释的规定，由人民法院根据子女的权益、有利于子女的身心健康成长和父母双方的具体情况判决。对于父母双方均要求子女随其共同生活的，一方具有下列情况之一的，可予以优先考虑：

（1）已做绝育手术或因其他原因丧失生育能力的。

（2）子女随其生活时间较长，改变生活环境对子女健康成长明显不利的。

（3）一方无其他子女，而另一方有其他子女的。

（4）子女随其生活，对子女成长有利；另一方患有久治不愈的传染性疾病或其他严重疾病，或者有其他不利于子女身心健康的情形，如赌博、酗酒或有第三者介入等不宜与子女共同生活的。

（5）父母双方抚养子女的条件基本相同，但子女单独随祖父母或外祖父母共同生活多年，且祖父母或外祖父母要求并有能力帮助子女照顾孙子女或外孙子女的。

3. 关于八周岁以上未成年子女的抚养

对于八周岁以上未成年子女由何方抚养的问题，对于已经具有一定识别能力的未成年子女由谁抚养有利，他们已经能作出判断，自己可以作出选择。父母协议时或人民法院作出判决时应尊重他们的意见，这样有利于子女身心健康发育，有利于最大限度地减少离婚对子女的伤害。

4. 协议轮流抚养

协议轮流抚养方式是1993年司法解释的一个新的规定，是近年来新出现的一种子女抚养方式。

《最高人民法院关于适用〈中华人民共和国民法典〉婚姻家庭编的解释（一）》第四十八条规定："在有利于保护子女利益的前提下，父母双方协议轮流直接抚养子女的，人民法院应予支持。"协议轮流抚养方式，使父母双方均等地分享抚养独生子女的机会，平等地享受抚养子女的权利，履行抚养子女的义务。但协议轮流抚养如果处理不好，对子女的成长不利，尤其是双方距离较远的，涉及子女的上学、入托、户口等实际问题较难处理。因此采用这一抚养方式应慎重。在有利于保护子女权益的前提下，父母双方协议轮流抚养子女的，可予以准许。这不仅有利于子女的成长，而且还照顾了父母双方抚养子女的愿望。

三、离婚后子女抚养费的负担和变更

（一）离婚后子女抚养费的负担

父母离婚后，合理解决子女生活费和教育费及其他费用的负担、给付数额、给付期限和给付方式等问题，关系到子女和父母的切身利益，必须在离婚时作出妥善处理，以免日后发生争执，影响子女的健康成长。《民法典》对离婚后子女生活费和教育费的负担、变更问题作了原则性的规定，即"离婚后，一方抚养的子女，另一方应负担必要的生活费和教育费的一部分或全部，负担费用的多少和期限的长短，由双方协议；协议不成时，由人民法院判决。关于子女生活费和教育费的协议或判决，不妨碍子女在必要时向父母任何一方提出超过协议或判决原定数额的合理要求"。但是对离婚后子女生活费和教育费的数额、给付方式和给付期限没有作出明确的规定。最高人民法院的有关司法解释对这一问题作了较为详细的解释。

1. 子女抚养费数额的确定

《最高人民法院关于适用〈中华人民共和国民法典〉婚姻家庭编的解释（一）》第四十九条规定："抚养费的数额，可以根据子女的实际需要、父母双方的负担能力和当地的实际生活水平确定。有固定收入的，抚养费一般可以按其月总收入的百分之二十至三十的比例给付。负担两个以上子女抚养费的，比例可以适当提高，但一般不得超过月总收入的百分之五十。无固定收入的，抚养费的数额可以依据当年总收入或者同行业平均收入，参照上述比例确定。有特殊情况的，可以适当提高或者降低上述比例。"最高人民法院对子女抚养费数额的确定方法进行了较为具体的解释，使《民法典》规定的基本精神便于在司法实践中执行适用。根据上述规定，确定子女抚养费的负担数额，基本根据就是子女的实际需要、父母双方的负担能力和当地的实际生活水平。实践中，在确定子女抚养费的具体数额的时候，应当根据上述三要素，综合考虑、综合分析。具体的计算办法如下：

（1）有固定收入的，抚养费一般可按月总收入的20%～30%的比例给付；负担两个以上子女抚养费的，比例可以适当提高，但一般不得超过月总收入的50%。这种办法，原则上适用于有固定收入的国家机关的工作人员、企事业单位的职工及其他有固定收入的工薪

阶层。关于工资总数的计算，应当包括工资、较固定的奖金、岗位津贴等。由于我国物价呈上升趋势，为了保障子女必要的生活条件和教育条件，在确定抚养费数额时，一般可采取就高不就低的原则。

（2）无固定收入的，抚养费数额可依据当年总收入或同行业的年均收入，参照上述比例确定。无固定收入的，包括农民、个体工商户、农村承包经营户、个体摊贩等。对于农民可按年收入的比例确定。对于个体工商户、个体摊贩可参照年收入确定，也可按同行业的平均收入确定给付的数额。

（3）有特殊情况的，可以适当提高或降低上述比例。如对私营企业主，年收入达数十万、数百万元，如果也按上述比例给付抚养费，显然超出了子女的实际需要，就可以降低上述比例。对于子女伤残的，如果按上述比例给付抚养费，难以适应子女的生活需要的，也可以适当提高上述比例。

2. 子女抚养费的给付方式

《最高人民法院关于适用〈中华人民共和国民法典〉婚姻家庭编的解释（一）》第五十条规定："抚养费应当定期给付，有条件的可以一次性给付。"第五十一条规定："父母一方无经济收入或者下落不明的，可以用其财物折抵抚养费。"

（1）定期给付。这是子女抚养费的一般给付方式。有固定收入和无固定收入但每月都有相当收入的，应按月定期给付。对无固定收入的农民、农村承包经营户等，可按年给付；收入较高的私营企业主、个体工商户，也可以按年给付抚养费。

（2）一次性给付。这是按月或年应付的抚养费数额，乘以将子女抚养到适当年龄的期限，计算总额，一次性给付完毕。根据司法审判工作的经验，具备下列情形的可以一次性给付：出国出境人员；下落不明的一方以财产折抵的；双方自愿协商一致的。

（3）以物折抵。以财产折抵子女抚养费，适用于没有经济收入的一方和下落不明的一方。在这种情况下，按照确定子女抚养费所要给付的数额，用归属无经济收入一方或下落不明一方的财物，以相当的数额折抵子女抚养费，交付抚养子女的一方。

3. 子女抚养费的给付期限

《最高人民法院关于适用〈中华人民共和国民法典〉婚姻家庭编的解释（一）》第五十三条规定："抚养费的给付期限，一般至子女十八周岁为止。十六周岁以上不满十八周岁，以其劳动收入为主要生活来源，并能维持当地一般生活水平的，父母可以停止给付抚养费。"

（1）原则期限。按照《民法典》关于自然人具有完全民事行为能力的年龄要求和劳动法关于劳动行为能力的年龄要求，确定子女抚养费的给付期限，一般至子女18周岁为止。

（2）特殊规定。在很多情况下，子女已满18周岁，但因特殊原因不能独立生活，仍需父母给付抚养费的，虽然其已为完全民事行为能力人，仍应按父母的经济负担能力，负担必要的生活费。《最高人民法院关于适用〈中华人民共和国民法典〉婚姻家庭编的解释（一）》第四十一条规定，不能独立生活的成年子女，包括两种情况：一是丧失或未完全丧失劳动能力的子女。成年子女虽未完全丧失劳动能力，但其非因主观原因而无法维持正常生活的，父母也应当继续负担必要的抚养费，给付的数额可与子女的实际需要相适应。二是尚在校接受高中及其以下学历教育的子女，父母应当继续负担必要的抚养费。如果有独立生活能力和条件，就是不参加劳动赚取生活费用，完全依赖父母生活，对于这种子女，法律不支持其无理的请求，父母不必支付必要的抚养费。

（二）离婚后子女抚养关系和抚养费的变更

父母离婚后，子女抚养关系与抚养费不是一成不变的，在一定条件下，子女抚养关系和抚养费的给付可以变更。

1. 离婚后子女抚养关系的变更

抚养关系的变更主要有两种形式：一是双方协议变更，二是一方要求变更。凡一方要求变更子女抚养关系向人民法院另行起诉的，《最高人民法院关于适用〈中华人民共和国民法典〉婚姻家庭编的解释（一）》第五十六条规定："具有下列情形之一，父母一方要求变更子女抚养关系的，人民法院应予支持：（一）与子女共同生活的一方因患严重疾病或者因伤残无力继续抚养子女；（二）与子女共同生活的一方不尽抚养义务或有虐待子女行为，或者其与子女共同生活对子女身心健康确有不利影响；（三）已满八周岁的子女，愿随另一方生活，该方又有抚养能力；（四）有其他正当理由需要变更。"

2. 离婚后子女抚养费数额的变更

《民法典》明确规定，关于子女生活费和教育费的协议和判决，不妨碍子女在必要时向父母任何一方提出超过协议或判决原定数额的合理要求。对于子女抚养费的变更，《最高人民法院关于适用〈中华人民共和国民法典〉婚姻家庭编的解释（一）》第五十八条规定："具有下列情形之一，子女要求有负担能力的父或者母增加抚养费的，人民法院应予支持：（一）原定抚养费数额不足以维持当地实际生活水平；（二）因子女患病、上学，实际需要已超过原定数额；（三）有其他正当理由应当增加。"

（1）子女抚养费的增加。子女要求增加抚养费的法定事由包括：第一，原定抚养费数额不足以维持当地实际生活水平的；第二，因子女患病、上学、实际需要已超过原定数额的；第三，其他应当增加抚养费的正当理由。在子女具有上述法定理由之一时，并不一定增加抚养费的数额，还须"父或母有给付能力"。供养人经济条件的改善，经济收入的增加，应当增加子女的抚养费。如果仍然按照原协议或判决确定的抚养费数额给付，子女与其生活水平相差悬殊，显然是不公平的。因而父母经济条件的改善应该是增加子女抚养费的法定事由。

（2）子女抚养费的减少。《民法典》和最高人民法院的司法解释对子女抚养费的减少未作出明确规定。一般情况下，子女抚养费可以经双方当事人协商减少，也可以由人民法院在特定的条件下，经供养人的请求判决适当减少。子女抚养费减少的条件，一是供养人的给付能力下降和经济收入减少。如供养人因故丧失了劳动能力或无生活来源，负担加重，生活陷入了困境。在这种情况下，如果还按照原定的数额给付子女的抚养费，供养人的给付能力与给付数额差距较大，必将给供养人的生活带来极大困难，同时也使得确定的抚养费数额无法执行。因此，供养人经济条件的变化可以成为抚养费减少的法定事由。二是被抚养人需要的减少。如原来因特殊情况抚养费数额确定得较高，现特殊情况已经消失，或者被抚养人有了其他生活来源，如监护子女的一方再行结婚，继父或继母愿意负担继子女抚养费的一部分或全部。在这种情况下，供养人的负担数额也可酌情减少。

（3）子女抚养费的免除。免除抚养费的条件，一是被抚养人需要抚养的前提条件已经不复存在，如被抚养人已有劳动收入，能以自己的劳动收入维持自己的生活所需。二是供养人丧失了负担能力，如丧失了劳动能力，无经济收入，就连自己的生活保障都难以满足。给付能力的变化，导致抚养费的变化，给付能力的丧失同样也可以导致抚养费的免除。

关于抚养费的协议免除，《最高人民法院关于适用〈中华人民共和国民法典〉婚姻家庭编的解释（一）》第五十二条规定："父母双方可以协议由一方直接抚养子女并由直接抚养方负担子女全部抚养费。但是，直接抚养方的抚养能力明显不能保障子女所需费用，影响子女健康成长的，人民法院不予支持。"实践中，有的离婚当事人为达到离婚的目的，或为了达到抚养子女的目的，不惜以牺牲子女的利益为代价，以对方不支付抚养费，或不履行抚养义务为条件，让对方当事人放弃子女的监护权。这种做法是极其有害的，其行为极大地损害了子女的合法权益。凡是具有这些非法动机，一方取得监护权以另一方不履行抚养义务为前提的协议，人民法院一律不予以支持。

值得注意的是，子女抚养费的减少或免除，直接关系到子女的切身利益，人民法院在决定是否减免时必须慎重考虑，严格掌握。同样，减少或免除子女的抚养费，并不意味着可以减轻或终止父母对子女的抚养义务和责任。当减少或免除子女抚养费的条件消失时，负有抚养费给付义务的一方经济条件有了明显改善时，其给付义务当自行恢复，以确保子女的合法权益。

四、父母对子女的探望权

（一）《民法典》规定探望权的必要性

据国家统计局的统计，近 10 年来，我国每年的结婚人数慢慢下降，从 1990 年的 1 897 万人下降到 1998 年的 1 773 万人；而离婚率则呈缓慢上升趋势，由 1990 年占总人口的 1.4‰提高到 1998 年的 1.9‰。现在的离婚人数比 10 年前增加了 60 万人。随着离婚率的逐年上升，离异双方在子女探望问题上的纠纷大量增加。由于法律过于简化，加之一些当事人的法治观念淡漠，离婚后直接抚养子女的一方常把子女当作自己的私有财产，认为子女随谁生活就归谁所有，拒绝对方探望子女；还有的人因对方在支付抚养费、教育费上的"不到位"而剥夺对方的探望权。离异夫妻间为探望子女造成的对峙，对子女的学习和健康人格的形成造成极为恶劣的影响。拒绝对方探望子女的行为不仅给子女造成严重的伤害，还构成了对另一方的侵权。《婚姻法》第三十八条明确规定："离婚后，不直接抚养子女的父或母，有探望子女的权利，另一方有协助的义务。行使探望权的方式、时间由当事人协议；协议不成时，由人民法院判决。父或母探望子女，不利于子女身心健康的，由人民法院依法中止探望的权利；中止的事由消失后，应当恢复探望的权利。"从而使离婚后父母子女关系的法律规定更为完善，也更具有操作性。增加这一法律规定具有十分重要的现实意义。《民法典》第一千零八十六条继续沿用了这个规定。

规定探望权，不仅可以满足不与子女共同生活的当事人的感情需要，满足另一方对子女实质意义的抚养教育的权利，也有利于子女的健康成长，有效地保障子女所期望的得到相对完整的父爱与母爱的权利，最大限度地减少因离婚给子女带来的伤害，从而将子女培养成德、智、体、美等全面发展的人才。如果当事人依照法律规定充分实现了自己的探望权，可以预防和减少因此而发生的自杀、他杀等恶性事件，从而保障子女、父母双方的合法权益，有利于子女和父母安心工作、学习，也有利于家庭秩序、社会秩序的稳定。

（二）探望子女是父母双方之间相对应的权利和义务

不与子女共同生活的一方有探望权，而另一方有协助对方实现探望权的义务。所谓有探望子女的权利，是指探望权人可以探望子女也可以不探望子女，任何人不得限制或干涉，但探望权人不得滥用自己的权利。有协助的义务，是指随子女共同生活的一方必须提供帮助使对方的探望权得以实现。凡设置障碍或教唆子女拒绝探望都是违法的，应承担相应的法律责任。

应注意的问题是，探望子女不以负担子女抚养费为前提，即使因某种原因而未支付抚养费，仍有探望子女的权利；不以随子女共同生活的父母一方未再婚为前提，即使该方已经再婚，对方仍有探望子女的权利；也不以非轮流抚养方式为限，在父母轮流抚养子女的情况下，未与子女共同生活的一方仍有探望权。

（三）探望权的内容

探望权的内容包括行使探望权的方式和时间。《民法典》第一千零八十六条规定，行使探望权的方式和时间由当事人协议；协议不成时，由人民法院判决。法律之所以规定由夫妻双方协议，是因为夫妻双方对自己和子女生活实际状况有更加深刻的了解，使达成的协议不致脱离实际情况，同时也有助于双方的自觉履行。人民法院主要是在双方无法达成协议的情况下，在查明案件事实的基础上，对于行使探望权的方式、时间作出结论性的判决。

（四）行使探望权的主体不得滥用探望权

根据《民法典》和《最高人民法院关于适用〈中华人民共和国民法典〉婚姻家庭编的解释（一）》第六十六条的规定，父或母探望子女，不利于子女身心健康的，未成年子女、直接抚养子女的父或母及其他对未成年子女负担抚养、教育义务的法定监护人，有权向人民法院提出中止探望权的请求，由人民法院依法中止探望权；中止探望的事由消失后，应当恢复探望的权利。父或母探望子女，有不利于子女身心健康情况的探望行为，会给子女的身心健康带来损害。其情形主要有：

（1）不直接抚养子女的一方是无民事行为能力人或者是限制民事行为能力人。无民事行为能力人或限制民事行为能力人，对事物缺乏判断能力或者缺乏足够的判断能力，如果允许无民事行为能力人或者限制民事行为能力人探望其子女，极易损害子女的身心健康。因此，如果不直接抚养子女的一方具有该情形，应当中止其行使探望权。

（2）不直接抚养子女的一方患有重病，不适合行使探望权的。如不直接抚养子女的一方患有严重的传染性疾病，如果允许其探望子女，可能危及子女健康的，可以中止其行使探望权。

（3）行使探望权的一方当事人对子女有侵权行为或者犯罪行为，严重损害未成年子女利益的。

应当注意的是，中止探望权必须经过人民法院作出裁定，除此之外，任何单位或个人都无权中止权利人行使探望权。

（五）探望权中止后的恢复请求权

探望权的中止是由人民法院以裁定形式确认的。那么，探望权的恢复应当由人民法院根据当事人的申请以通知的形式确认。人民法院接到当事人的申请后，应当认真审查当事人目前的情况，在确定不利于子女身心健康的情形已经消失后，可依法恢复当事人的探望权。

（六）探望权的终止

《民法典》对探望权的终止没有作出规定。实践中可以因下列情形而终止：

（1）未成年子女死亡。子女的死亡，导致父母子女关系消灭，探望权无所依存，当然也应当消灭。

（2）子女成年。探望权的对象为未成年子女，子女年满18周岁已成为完全民事行为能力人，亲权存续的法定理由消灭，探望权也当然消灭。

（3）行使探望权的权利人死亡。不直接抚养子女的一方当事人死亡，导致父母子女关系消灭，探望权当然应该消灭。

思考题

1. 离婚对夫妻身份方面的效力如何？

2. 离婚时如何分割夫妻共同财产？

3. 离婚时分割夫妻共同财产的原则有哪些？

4. 试述离婚时经济帮助的性质和条件。

5. 试述离婚时的精神损害赔偿制度和经济补偿制度。

第七章 亲子制度

第一节 亲子关系概述

一、父母子女关系的概念、种类及法律地位

父母子女关系，又称亲子关系。婚姻家庭法中所称的父母子女关系主要是指父母与子女之间的权利义务关系。

根据我国《民法典》的规定，父母子女关系大致可分为两类：一是自然血亲的父母子女关系，即基于子女出生的法律事实而发生的，其中又包括生父母与婚生子女的关系，生父母与非婚生子女的关系。其基本特征是，一般情况下非依法不得解除，只能因送养子女或父母子女一方死亡而终止。二是拟制血亲的父母子女关系，即基于收养或父母再婚的法律行为以及事实上的抚养关系的形成而产生的法律上的父母子女关系。包括养父母和养子女的关系，继父母和受其抚养教育的继子女的关系。其基本特征是法律认可而人为设定的拟制血亲的父母子女关系，因此可因收养关系的解除或继父（母）与生父（母）离婚及相互抚养关系的消灭而终止①。

亲子关系作为婚姻家庭关系的核心内容，有其发展和演变的过程。古代社会以家族为本位，亲子关系受家族制度的支配，父亲对子女有种种特权，子女是他权人而非自权人，完全受家父支配。随着资本主义社会的发展，家族制度解体，以父权为本位的立法让位于父母同时享有亲权，以父权优先的亲子法，逐渐演进到强调双亲对子女的义务。社会主义社会的亲子法强调社会利益与个人利益的协调和统一，从而使亲子法有了全新的内容。

二、父母子女之间的权利与义务

（一）父母对子女的权利义务

1. 父母对子女的抚养教育义务

父母对子女的抚养教育义务是指父母从物质上供养子女、日常生活中照料子女、保障

---

① 王丽萍. 亲子法的变迁与展望［M］//梁慧星. 民商法论丛. 第36卷. 北京：法律出版社，2006：196-239.

子女的生存，使子女得以健康成长。我国《未成年人保护法》第八条规定："父母或者其他监护人应当依法履行对未成年人的监护职责和抚养义务，不得虐待、遗弃未成年人。"我国《民法典》第一千零六十八条规定："父母有教育、保护未成年子女的权利和义务。"未成年人是我国的未来的栋梁，其健康快乐的成长，关乎我国的稳定，关乎我国的长治久安，关乎我国的繁荣昌盛。因此，国家高度重视未成年人的成长教育问题，并且认为父母对未成年子女的抚养是父母应尽的法定义务，也是子女应享有的权利。父母对未成年子女的抚养义务是无条件的、绝对的，在任何条件下均不能免除，即使父母离婚也不能免除。父母对未成年子女的抚养义务原则上至其能独立生活为止。但是，若成年子女丧失劳动能力，或虽然未丧失劳动能力，但因客观原因其收入不足以维持其生活或在接受高中以下教育的，父母在力所能及的范围内仍负有抚养的义务。若子女能独立生活，父母原则上不再负法定抚养义务，但父母自愿给予子女一定帮助的，法律则不干涉。我国法律规定，父母对未成年子女的抚养内容不仅包括提供金钱和物质帮助，而且还有日常生活中的照料。一般来说父母要抚养子女到 18 周岁成年。

教育子女也是家庭的重要职能。其中家庭教育是子女接受教育的一个重要环节，因此，教育子女是父母应尽的法定义务，也是社会主义道德的必然要求。另外父母对子女的教育不仅直接体现为父母对子女的直接教育，还体现为父母有义务保障适龄儿童、少年接受国家规定的九年制义务教育。有些贫困地区因为经济的原因，还无法上学。在中国的部分地区还存在着"女子不能上学"或者"女子无才便是德"的传统思想，这无疑是剥夺了女子受教育的权利。造成贫者越贫，富者越富，两极分化太严重，这种落后的思想很不利于我国的发展。父母对子女的教育是无期限的，即使子女成年并独立生活，父母对子女的教育也不应停止。为了发扬中华民族重视家庭教育的优良传统，引导全社会注重家庭、家教和家风，增进家庭幸福与社会和谐，培养德智体美劳全面发展的社会主义建设者和接班人，2021 年 10 月 23 日，中华人民共和国主席习近平签署中华人民共和国主席令第九十八号，公布《中华人民共和国家庭教育促进法》，并于 2022 年 1 月 1 日起正式实施。该法指出家庭教育以立德树人为根本任务，培育和践行社会主义核心价值观，弘扬中华优秀传统文化、革命文化、社会主义先进文化，促进未成年人健康成长。

父母不履行抚养义务的应承担法律责任。《民法典》第一千零六十七条规定："父母不履行抚养义务的，未成年子女或者不能独立生活的成年子女，有要求父母给付抚养费的权利。"根据权利义务之原理，父母不履行抚养义务，则意味着侵犯子女受抚养的权利，子女可以向父母请求给付。其解决途径可以是通过父母所在单位调解，也可以通过诉讼予以解决。人民法院在受理案件后应根据实际情况，考虑子女的需要与父母的给付能力，通过调解或裁判的方式确定给付抚养费的数额、期限及方式。对拒不抚养未成年子女、恶意遗弃情节严重构成犯罪的，应依法追究其刑事责任。

禁止溺婴、弃婴和其他残害婴儿的行为。自然人之权利能力始于出生、终止于死亡。

溺婴、弃婴意味着对自然人生命的剥夺和健康的残害。父母抚养子女的义务始于子女之出生，无论男婴、女婴，还是患有先天性疾病、残疾的婴儿，均应有生存权，父母均有义务抚养。我国《未成年人保护法》第八条也有相关规定，《刑法》第二百三十二条、第二百六十条、第二百六十一条规定，溺婴为杀人罪，弃婴构成遗弃罪，其他残害婴儿的行为构成虐待罪，或致婴儿重伤、死亡的，均应承担相应的法律责任。

2. 父母对未成年子女的保护和教育的权利义务

父母应当防范排除来自自然界或者他人对未成年子女的人身和财产权益的侵害，保护未成年子女的人身和财产安全。根据《民法典》第一千零六十八条的规定："父母有教育、保护未成年子女的权利和义务。未成年子女造成他人损害的，父母应当依法承担民事责任。"此条实质上是对亲权与监护权的规定，其具体内容包括：一是父母本身不得损害子女的人身和财产权益，二是父母要防止和排除来自外界对子女的侵害。根据《未成年人保护法》第二条的规定："未成年人是指未满十八周岁的子女。"未成年人在法律上为无民事行为能力人或限制民事行为能力人，他们缺乏对事物的正确理解和判断能力，法律为其设立监护制度以弥补行为能力的欠缺。根据《民法总则》的规定，父母作为未成年子女的法定监护人和法定代理人，既有对未成年子女保护的义务，也承担由此而产生的责任。教育包括对子女的引导与培养，当然也包括对子女错误思想及行为的批评教育。

保护是指父母为了未成年人的安全和利益，防止和排除各种侵害。也就是说，父母作为未成年人的法定监护人，当未成年人的合法权益受到非法侵害时，父母有权以法定代理人的身份实施自力救济，有权请求排除妨碍和要求赔偿经济损失。父母对非法侵犯未成年子女人身权利的行为有权采取必要的措施予以制止，并依法追究侵权行为人的法律责任。

父母不履行法定义务，对未成年人不加管束，不履行其监护职责的，由公安机关对未成年人的父母予以训诫，责令严加管教，并应当依法承担责任。经教育不改的，人民法院可根据有关人员或有关单位的申请，撤销其监护人的资格，并依据民法总则的有关规定另行确定监护人。

父母对未成年子女有承担民事责任的义务。《民法典》第一千一百八十八条规定："无民事行为能力人、限制民事行为能力人造成他人损害的，由监护人承担侵权责任。监护人尽到监护职责的，可以减轻其侵权责任。"父母是未成年子女的法定监护人，对未成年子女有保护和教育的义务。但是，如果父母对未成年子女未尽到监护责任，一旦未成年子女给国家、集体、他人造成损害的，父母就应当承担相应的民事责任。未成年人本身属于无民事行为能力人或限制民事行为能力人，自己并没有承担民事责任的能力，必须由其父母承担民事责任。但是须指出的是，最高人民法院司法解释规定：①有财产的无民事行为能力人、限制民事行为能力人造成他人损害的，从本人的财产中支付赔偿费用。不足部分，由监护人适当赔偿，但单位担任监护人的除外。②没有经济收入的年满18周岁的行为人致人损害时，可由扶养人垫付，扶养人不予垫付的，应判决或调解由行为人延期给付。

（二）子女对父母的义务

子女对父母有赡养、扶助的义务。根据我国《民法典》第一千零六十七条第二款的规定："成年子女不履行赡养义务的，缺乏劳动能力或者生活困难的父母，有要求成年子女给付赡养费的权利。"这一规定既是权利义务相一致原则的体现，也是弘扬社会主义尊老爱幼道德原则的体现。

赡养与扶助义务的内容。赡养是指子女在生活上对父母提供必要的帮助，即子女为父母提供必要的经济来源。扶助是指子女对父母精神上的慰藉、生活上给予照顾。子女赡养扶助父母是法定的义务，因而凡是有赡养扶助能力的成年子女，不分男女、不论已婚或未婚，都必须履行这一义务。同时，父母享有请求子女对他进行赡养和扶助的权利，任何人都不得予以剥夺。子女对父母的赡养扶助义务包括：①精神上的安慰。精神上的安慰是指子女要体贴关心父母，使他们在愉快的氛围中生活。②经济上的供养。对于丧失劳动能力又无经济来源的父母，子女要定期向父母支付赡养费或给付一定的实物，保证他们基本的生活需要。③生活上的照料。父母在丧失或基本丧失生活自理能力时，作为子女应当安排好父母的衣食住行。对于患病的父母，有义务协助他们治病就医。履行的方式包括，共同居住的就直接赡养父母，照顾生活起居，这是在中国比较常见的赡养方式。但是随着社会的发展，越来越多的年轻人和父母分开住，这种分开居住的方式就要求子女提供生活费和经常探望父母。

子女不履行赡养义务的，应承担法律责任①。只要老人需要，子女就应当履行该义务，不得以放弃继承权等为由，拒绝赡养。当发生赡养纠纷时，父母可以直接向子女索要赡养费，也可以请求有关组织说服子女给付，还可以通过诉讼程序提出追索赡养费的请求。人民法院可以根据父母的实际需要和子女的经济负担能力，通过调解或裁判的方式确定给付赡养费的金额、期限以及办法。义务人有能力赡养父母而拒绝赡养的，人民法院可以采取强制措施，情节恶劣的依法应追究其相应的刑事责任。

实践中与赡养有关的几个问题：

（1）由于客观原因父母未尽抚养义务的子女独立生活后，只要父母在主观上无恶意遗弃子女的故意，则对生活困难或无生活来源的父母具有不可推卸的赡养义务，子女不能以此为由拒绝赡养父母。

（2）子女对父母的赡养义务不因性别不同而有所差异，出嫁女儿同样有赡养父母的义务。

（3）子女对父母的赡养是法定义务，子女不能以没有参与分家产为理由拒绝赡养父母。

（4）在多子女家庭中，子女应共同承担赡养扶助父母的义务。实践中应根据每个子女

---

① 王歌雅. 抚养与监护纠纷的法律救济［M］. 北京：法律出版社，2011：64-92.

的生活、经济状况进行协商，赡养父母的方式可视具体情况确定。

（5）子女对父母的赡养义务不因父母曾有过错，甚至犯了罪（犯故意杀害子女、虐待、遗弃子女、强奸女儿的除外）而免除，子女不得单方面宣称"断绝与父母关系"而不尽法律规定的义务。

（三）父母子女之间的权利义务

1. 父母子女间的继承权

父母子女系直系血亲，存在着极其密切的身份关系和财产关系，故基于双方特定的身份关系，我国《民法典》规定父母和子女有相互继承遗产的权利，继承法规定子女、父母互为第一顺序的继承人。

（1）父母的继承权。依照继承法原理和婚姻法原理，享有继承权的父母包括生父母和有抚养关系的继父母以及养父母，父母在继承其死亡子女的遗产时权利是平等的。生父母与子女间属自然血亲关系，享有对子女的继承权，且不因父母之间离婚而丧失。养父母与养子女虽属拟制血亲，但已因收养关系的确定在二者之间形成抚养关系，故与养父母享有平等的继承权，除非收养关系解除。继父母子女间形成事实上的抚养关系，故法律明确确认继父母对继子女的继承权。但须注意的是：若继父（母）与生母（父）离婚，则此时继承权产生的基础消失，继父母不再享有继子女的财产继承权。

在实践中，处理父母继承子女遗产时应注意：①子女死亡时，父母均健在，且婚姻关系存续的，父母继承子女的遗产为夫妻共同财产；但子女在遗嘱中指明只能由父或母一方继承时，为父或母一方的个人财产。②子女死亡时，父母一方已经死亡，则健在的父或母一方依法继承子女遗产的份额。③子女死亡，对子女照顾较多的父母一方应多分，有能力抚养子女，不尽抚养义务的父或母应当少分或不分。④父母可以放弃继承子女遗产的权利。

（2）子女的继承权。根据《民法典》以及最高人民法院关于继承的司法解释，享有继承权的子女，应当包括亲生子女、养子女、有抚养关系的继子女。亲生子女，包括婚生子女、非婚生子女，按照《民法典》的规定，二者均享有继承权，但若有赡养能力和赡养条件，却不尽赡养义务的，在分配遗产时应当少分或不分。养子女的身份基于收养关系确立，与生子女享有平等的继承权，但在收养关系存续时，不得享有对生父母的继承权。继子女若与继父母形成了事实上的抚养关系或赡养关系，则享有对继父母的遗产继承权。

在实践中，对子女继承权的保护须注意：①男女平等，不能剥夺女儿特别是出嫁女儿的继承权。②公平合理地分配遗产。③在遗产继承时，依据继承法的规定，须保留胎儿的份额。④丧偶儿媳对公婆、丧偶女婿对岳父母尽了主要赡养义务的作为第一顺序的法定继承人，子女有放弃继承父母遗产的权利。

2. 子女的姓名权

姓名权虽系自然人的自身权利，但一般而言，由于自然人出生时无民事行为能力，故一般由父母决定。我国《民法典》第一千零一十五条规定："自然人应当随父姓或者母姓。"确定了子女在有相应行为能力时决定自己姓名的自由权。子女既可以选择随父姓，也可以随母姓，甚至可以既不随父姓也不随母姓，其他任何人均不得干涉。同时也意味着父母在决定子女姓氏时，父方不得强迫子女必须随父姓。《民法典》第一千零一十五条规定："自然人应当随父姓或者母姓，但是有下列情形之一的，可以在父姓和母姓之外选取姓氏：（一）选取其他直系长辈血亲的姓氏；（二）因由法定抚养人以外的人抚养而选取抚养人姓氏；（三）有不违背公序良俗的其他正当理由。少数民族自然人的姓氏可以遵从本民族的文化传统和风俗习惯。"

3. 父母再婚的权利

随着我国步入老龄化社会，关注老年人的生活健康是社会之所需，也成为婚姻立法的一个价值取向。在现实生活中，由于种种原因，如世俗偏见的禁锢、老年人自身观念的束缚、子女的干涉等，老年人再婚困难重重，不能安享晚年。因此，我国《民法典》第一千零六十九条规定："子女应当尊重父母的婚姻权利，不得干涉父母离婚、再婚以及婚后的生活。子女对父母的赡养义务，不因父母的婚姻关系变化而终止。"依此规定，老年人的婚姻自由应包含两层含义：一是老年人的婚姻自由受法律保护，子女应当尊重父母的婚姻权利，包括离婚、再婚的自主权利，不得阻挠、干涉。二是子女对父母的赡养义务不因父母婚姻关系的变化而终止。根据我国《老年人权益保障法》的规定，暴力干涉老年人婚姻自由，构成犯罪的，应当依法追究其刑事责任。

第二节　亲权

一、亲权的概念、特征及沿革

亲权是指父母基于身份，依照法律对未成年子女在人身和财产方面的管理以及保护的权利和义务。亲权具有以下特征：

（1）亲权本质上属于民事权利，是一种身份权。亲权的发生是基于父母的特殊身份关系。

（2）亲权是父母对未成年子女的权利义务。亲权的对象是未成年子女，亲权的内容是保护教养未成年子女。

（3）亲权权利义务的双重性。亲权既是父母享有的民事权利，又是父母的法定义务。亲权作为权利，由亲权人依法自主地行使。亲权作为法定义务，亲权人必须履行，非因法定原因不得抛弃和转让。

（4）亲权是绝对权、支配权和专属权。作为绝对权，其义务人为权利人以外的一切人。作为支配权是依照法律对未成年子女的财产进行支配。作为专属权，亲权专属于父母，不得转让、继承或抛弃，没有法律特殊规定也不得由他人代为行使。

亲权始于罗马法与日耳曼法。现代各国虽大多设有亲权制度，但立法体例不尽一致。法国、瑞士、日本及大陆法系国家称为亲权，英美法系国家则称为监护，我国婚姻法没有规定亲权。

二、亲权与监护的区别

依大陆法系通行的观点，监护是对于不能得到亲权保护的未成年人和精神病人，设有专人保护其利益的法律制度。依照这一观点，显然具有亲权与监护权既分工又合作的立法价值趋向，监护权成为亲权的延伸和救济。尽管二者存在一定的联系，但有重大区别。

第一，亲权作为一种法定的义务，是不允许随便抛弃的；而监护可以是法律的强制规定，也可以基于其他的民事法律行为产生。

第二，亲权人对其子女的财产享有无条件的用益权，其处分权相对宽松；而监护人非为被监护人的利益不得处分其财产，且为自己利益用益被监护人的财产受到制约。

第三，亲权的成立以亲子关系为基础，亲权人对子女负有抚养义务，而监护人就其监护可以要求报酬。

第四，亲权因亲权人与其子女的血亲关系自然取得，无须经过特别批准，只在某些法定条件下受到限制，而监护权则必须依法定程序才能取得。

第五，监护人行使监护权须受家庭、法院、监护当局或其他监护监督人的监督，而对亲权的行使一般不设专门的监督机构。

第六，监护开始时，应开具被监护人的财产清册，监护人对该项财产的情况负有报告义务，而亲权的行使则无此限制。

三、亲权的主体及亲权的行使

亲权的主体是指享有亲权的人。古代法皆以父为亲权人，亲权不及其母。现代社会，民法以男女平等为原则，因此，在婚姻关系存续期间，亲权为父母共同行使。

（1）婚生子女，父母均为亲权人。父母一方死亡或被宣告死亡，或被剥夺亲权时，由另一方行使亲权。父母离婚或婚姻无效时，由抚养子女的一方主要行使亲权。

（2）非婚生子女以其母亲为亲权人。准正子女的父母为亲权人；认领子女，经父母一方认领时，认领方行使亲权；双方认领时，母亲行使亲权，但法院也可决定由父方行使或双方共同行使①。

（3）养子女的生父母对养子女无亲权，在收养关系存续期间，养父母对养子女行使亲

---

① 王丽萍. 婚姻家庭法律制度研究 ［M］. 济南：山东人民出版社，2004：192.

权。生父母只有在收养关系终止或撤销之后，始恢复为亲权人的资格。至于养父母死亡，由于收养关系效力仍然存续，未成年养子女尚生存，也不应由生父母行使亲权而应开始监护。

（4）由抚养继子女的生父或生母一方对其行使亲权，若继子女与继父或继母形成事实上的收养关系，则由生父或生母与继母或继父共同行使亲权。

亲权的行使是指由谁来具体实施亲权。通常有两种情况：

（1）父母双方共同行使亲权。在一般家庭中，父母与未成年子女共同生活，父母都是亲权的主体，双方共同行使亲权。在亲权行使方面，应当本着维护子女的利益，双方共同代理子女的宗旨，如果双方意见不一，应相互协商，合理解决。

（2）父母一方单独行使亲权。如果父母一方由于各种原因不能行使亲权，如下落不明等，另一方可单独行使亲权。

四、亲权的内容

亲权的内容包含对未成年子女人身上和财产上的权利义务。各国立法均对其作了规定。考察各国立法例，亲权的内容主要有：

（一）人身方面的特权

1. 教育权

父母应当依照法律和社会公共道德的要求，对未成年子女进行家庭教育。父母应当按照《义务教育法》的规定，送适龄的未成年子女入学，切实保障未成年子女受教育的权利。

2. 居所指定权

父母对未成年子女有居所指定权。未成年子女应与其父母在同一居所居住，非经父母允许不得在他处居住。居所指定权的规定主要考虑到保障未成年子女的安全需要。

3. 命名权

父母对未成年子女使用何种姓氏和名字有决定权，父母可以根据法律规定或双方协商，选择未成年子女的姓氏和姓名。

4. 管束保护权

父母对欠缺行为能力的未成年子女有管束权，未成年子女有不符合法律规定和社会公共生活准则的行为时，父母应当加以必要的管束。但是管束的方法应当正确、适当，禁止使用对未成年子女身心健康有害的惩罚手段。同时，亲权也应采取有效的措施对未成年子女的身心健康和生命安全行使保护权，以排除外界对未成年子女的伤害。

5. 子女返还请求权

当未成年子女被非法拘留、隐匿、诱骗或拐卖时，亲权人有权要求司法机关追究不法行为人的责任，并请求归还未成年子女。

6. 职业许可权

父母为子女的亲权人，理所当然应有对未成年子女能否从事职业的许可权，但此种许可权须在法律规定的范围内行使。如我国《劳动法》第十五条规定："禁止用人单位招用未满十六周岁的未成年人。文艺、体育和特种工艺单位招用未满十六周岁的未成年人，必须依照国家有关规定，履行审批手续，并保障其接受义务教育的权利。"因此在我国，父母对十六周岁以下未成年子女有职业许可权，十六周岁以下的未成年子女就业和选择职业应征得其父母同意。

7. 人身方面的法定代理权和同意权

人身方面的法定代理权和同意权主要包括：第一，身份行为的同意权，即限制民事行为能力的未成年人可以实施有关亲属身份变更方面的行为，但须征得亲权人的同意，如认领宣告申请。第二，身份行为代理权，即亲权人有权代子女为身份方面的意思表示。由于身份行为不仅关系到当事人身份的得丧变更，而且会涉及相应的财产权益变更。因此，身份行为代理只有在法律明文规定时才发生。如子女被伤害，父母得以诉讼代理人身份，要求加害人或通过诉讼要求加害人给予治疗和进行损害赔偿。第三，人身事项决定的同意权，如子女因病需要手术治疗时，须经父母同意。

（二）财产方面的亲权

1. 财产管理权

财产管理权是指亲权人对未成年子女的财产所享有的管理保护，并在不毁损变更物或权利的性质的前提下，有支配利用财产获取孳息的权利。可见财产管理权既包括对财产管理的权利，也包括基于管理而形成的使用收益的权利。

亲权人在行使财产管理权时须尽善良注意的义务。由于未尽适当注意的义务而给子女的财产造成损害的，负有赔偿责任。但依各国立法例规定，亲权人对子女的某些财产不得为财产管理人时，则亲权人不享有财产管理权。主要情况有：第一，遗赠、赠与或遗嘱继承指定亲权人不得为财产管理人时，亲权人对此财产无管理权。若指定亲权人一方不得为财产管理人时，则由他方管理。第二，子女经允许独立经营的财产和因劳务所得的收入，由子女自己管理。亲权人既然不能行使管理权，则对于以上所述子女的个人劳动收入，经营所得的收益，遗赠或赠与中指定父母不得管理的财产理应不得使用收益。传统立法中关于管理使用所得收益，一般首先作为财产管理费用，其次作为子女教育费用，最后供家庭使用，如有剩余，应作为父母共有财产。德国、瑞士民法例则认为未成年子女特有财产收益剩余应归子女，其立法旨在维护未成年子女独立的人格，保护未成年子女的利益。

2. 财产处分权

亲权人对未成年子女的财产不享有处分权，因此，原则上不得处分未成年子女的财产。法律上的处分既有让渡所有权其他权能的处分，也有转移所有权的处分。亲权人的处分权则侧重于转移所有权之处分。但是为了未成年子女的利益和需要，父母也可以处分未成年子女的财产。

3. 法定代理权和同意权

亲权人对未成年子女的法定代理权和同意权，是亲权人保护未成年子女人身和财产权益的一项重要权能。各国立法对此均有规定。一般而言，亲权人是未成年子女的法定代理人，其对未成年子女的法定代理权和同意权表现在人身和财产两个方面。

4. 财产方面的同意权和代理权

财产方面的同意权和代理权主要包括：第一，财产行为同意权，是指子女为限制民事行为能力人时可以独立为意思表示，除定型化行为以及与其智力、年龄相适应的民事活动，须征得亲权人同意，否则亲权人有权撤销。第二，财产行为代理权，是指亲权人对未成年子女的财产行为有权代为意思表示。但为防止亲权人损害未成年子女的利益，法律一般对亲权人的财产行为代理权设有严格限制。

三、亲权的丧失、恢复与消灭

（一）亲权的丧失

亲权的丧失，即因可归责于亲权人的原因导致其不宜继续行使亲权，而被依法宣告暂停其亲权的行使，待相关事由消失后，仍恢复其亲权的制度。参照各国立法例，我们认为，亲权丧失的原因主要有：一是亲权人滥用对未成年子女的人身照护权，如教唆子女犯罪、虐待或过重惩戒子女等。二是亲权人严重滥用对未成年子女的财产照护，严重损害未成年子女的财产利益。三是亲权人无正当理由拒不行使亲权或懈怠行使亲权，致使未成年人得不到应有的照护。四是亲权人有不良习气、品行不端，对未成年子女产生严重不利的影响。

尽管亲权丧失的原因各异，但其均能产生一定的效力：①亲权人丧失对子女的保护、教育或财产管理权。②父母一方丧失亲权，以另一方为亲权人。双方均丧失亲权的，依法为未成年子女另行设置监护人。丧失亲权不免除亲权人对子女的抚养义务。③亲权人仍享有对子女的探视权。

（二）亲权的恢复

亲权的恢复是指丧失亲权的人在法定条件下重新取得亲权。一般而言，基于下列原因可以恢复亲权：无民事行为能力人或限制民事行为能力人的宣告被撤销，即阻止行使亲权的缘由已消除；确有悔改表现、履行亲权人职责的；刑满释放，恢复亲权对未成年子女并无不利影响的；出于其他情形，经法定机关宣告恢复亲权的。但须注意的是，如未成年子女已被他人收养的，父母不得恢复亲权。

（三）亲权的消灭

亲权的消灭是指因一定事由的发生，亲权因没有必要行使或不可能行使而消灭。亲权的消灭分为绝对消灭和相对消灭。亲权的绝对消灭是指因未成年子女的原因而使亲权没有必要存在，即子女死亡或因子女成年或因亲权成立的法定要件消灭而消灭。亲权的相对消灭是指因亲权人的原因而使亲权不可能行使，须更换亲权人或监护人继续行使。亲权的主体父母一方死亡，死亡一方的亲权消灭，但他方的亲权仍然存在。父母双方死亡或双方均不能行使亲权，另选任监护人照料未成年子女，或者收养关系终了时子女未成年的，养父母亲权消灭，而生父母的亲权恢复。以上均为亲权的相对消灭。

第三节 父母子女

一、婚生子女概述

婚生子女是指在婚姻关系存续期间受胎所生的子女。关于婚生子女的概念，各国法律规定有所不同。特殊情况下，在婚姻关系成立前受孕而在婚后出生的，或在婚姻关系存续期间受孕而在婚姻关系消灭后出生的子女也应视为婚生子女。关于子女婚生性问题的标准是：①凡合法婚姻关系中受胎的子女，不问是否在婚姻关系存续期间出生，均为婚生子女。②凡在合法婚姻关系中出生的子女均为婚生子女，依婚生否认规定，可证明为非婚生子女者除外。③子女是生父之妻分娩，且为夫的血统，为婚生子女。④子女为生母之夫的血统，为婚生子女。

其中由于③、④很难认定，为了维护子女的利益、保护丈夫的权益、维护家庭的稳定，因而采用推定符合说。

二、婚生子女的推定与否认

（一）婚生子女的推定

1. 婚生子女推定的概念及设立

婚生子女的推定，是指妻子在婚姻关系存续期间受胎所生子女推定为夫的婚生子女的制度。婚生子女推定作为一项重要的法律制度，其设立基于前述提到的关于婚生子女的婚生性标准：受胎者是生母，且在婚姻关系存续期间受胎。但由于现实情况的复杂性，难以依子女出生的事实加以确定，因此各国设立了婚生子女推定的制度。

2. 婚生子女推定的方法

各国法律关于婚生子女的推定方法规定各不相同。通过对各国立法的考察，婚生子女推定的方法不外乎有三种类型：第一种以子女在婚姻关系存续期间受孕的，推定为婚生子女。其受胎期间以医学界的一般经验，至少得满 6 个月，最多不超过 10 个月。第二种以子女是否在婚姻关系存续期间所生为标准。第三种以子女是否在婚姻关系存续期间或婚姻关系解除后 300 天以内出生为依据①。前两种推定类型均有其片面性。第三种则相对较为科学，目前为各国立法所采纳。

（二）婚生子女的否认

1. 婚生子女否认的意义

婚生子女的否认，是指当事人有依法否认婚生子女为自己子女的诉讼请求权的制度，简称否认权，是对婚生子女推定的一种限制。各国法律为保护当事人的合法权益和子女利益，在规定婚生子女的推定制度的同时，又规定了婚生子女的否认制度。

2. 婚生子女否认的内容

考察各国法律关于婚生子女否认的规定，主要涉及以下几个方面的内容：

（1）婚生子女否认的原因。一般立法均采用概括主义，并未限定其原因。如果真正的事实与法律上推定的相反，便可提起否认之诉。从各国情况来看，大体有以下几种原因：①夫在妻受孕期间未与之同居。这种原因又被分为物理之不能（例如远离、在监或在医院）和精神之不能（例如生理缺陷等）。②血型检验。通过血液检验来证明与其是否有亲子关系。③亲子鉴定。须注意的是，若只有通奸的事实，尚不能以此作为婚生子女的否认，必须辅助其他手段，不能强迫儿童进行亲子鉴定②。

（2）婚生子女的否认权人，即法律规定可以提起否认子女为婚生的诉讼请求的人。在我国，主要是指夫、妻、子女本人或者利害关系人。

（3）否认请求的时效、限制及效力。各国法律为督促当事人及时行使权利以保护子女应有的法律地位，对否认之诉均有时效限制。但具体规定不一，有 1 个月、3 个月、6 个月，最长者可达 5 年，而且计算方法也不一样，大多数国家从知道需要行使权利开始。主要是指在子女出生后 6 个月到 7 岁不等的期限。否认之诉，在法院判决之前，任何人不得主张子女是非婚生。相反，经法院判决否认的子女，即丧失婚生资格，引起相应的权利义务关系的变化，最主要的是不承担抚养责任。《民法典》第一千零七十三条规定："对亲子关系有异议且有正当理由的，父或者母可以向人民法院提起诉讼，请求确认或者否认亲子关系。对亲子关系有异议且有正当理由的，成年子女可以向人民法院提起诉讼，请求确认亲子关系。"第一次在法律当中对亲子关系异议进行规定。

三、婚生子女与人工授精

人工授精是采用人工方法取出精子和卵子，然后用人工方法将精子或受精卵注入妇女子宫内，使其受孕的一种新的生殖技术。它突破了男女两性自然结合而产生后代的传统生育方式，切断了生育与性行为的纽带。

---

① 陈苇. 婚姻家庭继承法学 ［M］. 2 版. 北京：群众出版社，2012：169.
② 李明舜. 婚姻家庭继承法学 ［M］. 武汉：武汉大学出版社，2011：143.

　　人工体内受精可以分为同质人工体内受精子女和异质人工体内受精子女。同质人工体内受精子女是指使用丈夫的精液对妻子进行人工授精所生的子女。采用同质人工体内受精方式出生的子女，与父母有血统关系，属于直系血亲并为婚生子女。一般情况下，夫妻双方不得向法院提出否认亲子之诉。在有充分的证据能够证明精液非丈夫所有或因医师的过失致使误用第三人的精液，丈夫能否提起否认之诉除外。异质人工体内受精子女即用第三人的精子注入妻子的体内，妻子分娩所生的子女。此种人工授精方式比较复杂，所以夫妻双方的意向是很重要的。《最高人民法院关于适用〈中华人民共和国民法典〉婚姻家庭编的解释（一）》第四十条规定："婚姻关系存续期间，夫妻双方一致同意进行人工授精，所生子女应视为婚生子女，父母子女间的权利义务关系适用民法典的有关规定。"依民法解释的法理，在实践中处理人工生育子女的法律地位，应从保障人工生育子女和实施人工生育当事人合法权益的立场和角度出发。

　　人工授精问题涉及伦理、道德、婚姻、血统、法律、技术风险等诸多领域，虽然为不孕夫妇解决了生育困难，但也引发了不少问题。我国法律明确禁止代理母亲。但是有人认为该规定不够人性化，但是就目前来说关于人工授精引发的问题多于其带来的好处。随着科技的进步，人工生育给我们的亲子关系带来了越来越大的挑战。

第四节　非婚生子女

一、非婚生子女的概念及法律地位

　　非婚生子女是指没有婚姻关系的男女所生的子女。非婚生子女产生的情况较为复杂，有未婚男女所生的子女，有配偶者与第三人发生性行为所生的子女，无效婚姻当事人所生的子女，妇女被强奸后所生的子女，均属于非婚生子女。

　　非婚生子女自一夫一妻制以来即遭鄙视，探其原因，一方面是基于传统，尊重婚姻，轻视非婚男女关系，斥为不道德；另一方面，在私有制社会，财产制度发达，必然涉及子女继承的利益冲突，势必排斥非婚生子女。伴随人类文明之进步，近代以来，各国对非婚生子女的态度已大有改观。事实上非婚生子女的出现乃是父母的过错，非婚生子女本身是无辜的，其应当得到保护与尊重。因此，各国都在立法上设置"准正"和"认领"制度，从而使非婚生子女婚生化。我国《民法典》第一千零七十一条规定："非婚生子女享有与婚生子女同等的权利，任何组织或者个人不得加以危害和歧视。不直接抚养非婚生子女的生父或生母，应当负担子女的生活费和教育费，直至子女能独立生活为止。"从法律上确认了非婚生子女与婚生子女的同等法律地位。依此规定，非婚生子女法律地位的具体内容包括：

（1）无论是家庭成员间，还是社会各方面，均不得歧视与危害非婚生子女。

（2）无论其是否直接抚养，非婚生子女的生母与生父都必须承担子女的生活费和教育费；否则非婚生子女有对生父或生母给付有关费用的请求权。

（3）非婚生子女与生父母之间有相互继承遗产的权利。

（4）非婚生子女可以随父姓，也可以随母姓。

概言之，非婚生子女与生父母之间的权利义务关系与婚生子女与父母之间的权利义务关系等同。

二、非婚生子女的准正

非婚生子女的准正是指已出生的非婚生子女因生父母结婚或司法宣告而取得婚生子女的地位。非婚生子女的准正始于罗马法，现在大陆法系与英美法系国家，均设有准正制度。准正包括以下几个方面的内容：

1. 准正的形式

非婚生子女的准正有两种形式，一是因生父母结婚而准正，二是因法官宣告而准正。

（1）因生父母结婚而准正。由于各国情况不同，因此存在着两种立法例：一是以结婚为准正的唯一要件，不考虑其他要件。二是以结婚和认领为准正的要件，缺一不可。只结婚不办认领手续者，不发生准正的效力。

（2）因法官宣告而准正。因法官宣告而准正是指男女订立婚约后，因一方死亡或有婚姻障碍存在，使婚姻准正不能实现时，可依婚约一方当事人或子女的请求，由法官宣告子女为婚生子女。

2. 准正的构成

考察各国的立法例，关于准正的构成，虽然在具体细节上要求不同，但无外乎有以下几个要件：①须是事实上的非婚生父子关系，即有血统关系。②须有生父母的婚姻或法院宣告。③准正在法律性质上属于法律事实中的事件，不是法律行为，是结婚的附随效力。故没有对生父母需具备某种行为能力的需要、真意表示和任何批准等特殊要求。

3. 准正的效力

通常说是从父母结婚或被宣告为婚生子女之日起。我国法律未规定非婚生子女的准正问题，但依实践及一般法理，若生父母事后有履行法定要件的行为，理应视非婚生子女为婚生子女。

三、非婚生子女的认领

非婚生子女的认领，是指通过法定程序使非婚生子女婚生化的法律行为。依各国立法例，认领一般分为自愿认领和强制认领。

（一）自愿认领

一是自愿认领，是指非婚生子女的生父自愿承认为该子女之父并领为自己的子女的行为。自愿认领又分为两种：第一，单独行为的自愿认领，认为生父的认领系生父单独的法律行为，生父享有决定权，不依赖于其他人的同意，也不论母亲或子女是否反对；第二，以同意为条件的自愿认领。目前大陆法系国家普遍实行的认领模式是取决于一定条件的认领，其条件之一就是母亲或子女的同意。

非婚生子女的认领，以生父的意思表示，经过要式行为即产生效力。但为了防止冒认他人子女发生欺诈和诓骗行为，损害非婚生子女及母亲的名誉，以及造成子女真正生父认领上的困难与障碍，各国法律均规定生父认领的同时，还规定了认领的否认与撤销制度。即在认领发生后，如果发现认领人不是被认领人之父，法律赋予有关当事人以否认权，向法院提出申请撤销认领。

各国及有些地区出于保护未成年人利益，维护社会稳定等考虑，在自愿认领法律制度中，均规定了认领无效的情况：①无意思能力人的认领。②与事实不符违反真实原则的认领。③对婚生子女或受婚生推定的子女的认领。④认领依遗嘱发生，而遗嘱无效的认领。

（二）强制认领

强制认领是指非婚生子女的生父不为自愿认领，经非婚生子女或其生母或其法定代理人向法院请求强制生父认领。强制认领是请求法院以判决代替生父的自愿认领，以确认父母子女关系存在。认领的后果是相互间产生父母子女之间的法定权利与义务。《最高人民法院关于适用〈中华人民共和国民法典〉婚姻家庭编的解释（一）》第三十九条第二款规定："父或者母以及成年子女起诉请求确认亲子关系，并提供必要证据予以证明，另一方没有相反证据又拒绝做亲子鉴定的，人民法院可以认定确认亲子关系一方的主张成立。"

强制认领的诉讼时效，各国规定不一致。一般从子女出生起计算，有的规定为一年，如《瑞士民法典》第二百六十一条，而《法国民法典》则规定从出生之日起为两年。但也有个别特殊情况，美国多数州法规定，生母在怀胎或分娩后的任何时期，皆可随时起诉。

（三）认领的效力

无论自愿认领还是强制认领，所产生的法律效力基本相同。主要是：①非婚生子女取得婚生子女的身份与资格，享有婚生子女的权利和义务。②产生生父对生母的妊娠、生育等费用的补偿责任。③关于认领后子女的姓氏，各国法规定的一般原则是父母单方认领的随认领方的姓，父母共同认领的，随父姓。

第五节　继子女

一、继父母与继子女的概念及种类

（一）继父母与继子女的概念

继子女是指夫对其妻与前夫所生的子女，或妻对其夫与前妻所生的子女的称谓。子女对母或父的后婚配偶称为继父或继母，继父母子女的关系是因子女的生父或生母再婚而形成的。一般而言，继父母与继子女之间的关系属于直系姻亲关系，如果继父母与继子女形成了抚养关系，或继父母将继子女收养为养子女，他们之间则形成了法律拟制的直系血亲关系。

（二）继父母与继子女关系的种类

继父母与继子女是由婚姻关系而派生的一种直系姻亲关系，他们之间是否形成父母子女关系，应根据不同情形而确定。在现实生活中，继父母与继子女的关系主要有三种类型：

（1）未形成有抚养关系的名义型。此类型只是纯粹的直系姻亲关系，指生父或生母与继母或继父再婚时，继子女已成年独立生活，或者继子女虽未成年但由其生父或生母抚养，继母或继父没有尽抚养义务，继子女也没有对继父母尽赡养的义务，即未形成法律上的抚养关系，二者仅是名义上的父母子女关系，彼此之间不产生法律上的权利义务关系。

（2）形成收养关系的共同生活型。继父或继母经继子女的生父母同意，正式办理了收养登记，将继子女收养为养子女。随着收养关系的成立，该子女与不在一起共同生活的生父或生母之间的权利义务关系消灭①。

（3）双重法律关系型。生父或生母与继母或继父再婚后，继子女既受到了生父母的抚养教育，如生父母承担了子女的生活费和教育费，与继父母长期共同生活，又受到了继父母生活上的照料和教育。这时继子女既与生父母产生法律上的权利义务关系，也与继父母产生法律上的权利义务关系，形成双重法律关系的父母子女关系。

二、继父母子女的法律地位

由于受传统礼教与习惯势力的影响，在旧中国，继子女往往遭到社会的歧视与继父母的虐待和遗弃。继父母在年老丧失劳动能力或缺乏生活来源时，也有遭继子女的虐待和遗弃的情形，继父母子女权利义务关系并未得到切实保障。依我国《民法典》的规定，继父

---

① 陈苇. 婚姻家庭继承法学［M］. 2版. 北京：群众出版社，2012：177-178.

母子女法律地位的具体内容包括：

（1）继父母与继子女之间不能相互虐待或歧视。

（2）继父或继母与受其抚养教育的继子女之间的权利义务，适用《民法典》婚姻家庭编关于父母子女关系的规定。主要包括：继父母对继子女有抚养和教育的义务；继子女对继父母有赡养和扶助的义务；继子女与继父母有相互继承财产的权利；继父母有保护教育未成年继子女的权利和义务。

三、形成抚养关系的继父母与继子女关系的解除

关于已形成抚养关系的继父母与继子女之间的关系能否解除，《最高人民法院关于适用〈中华人民共和国民法典〉婚姻家庭编的解释（一）》第五十四条规定："生父与继母离婚或者生母与继父离婚时，对曾受其抚养教育的继子女，继父或者继母不同意继续抚养的，仍应由生父或者生母抚养。"一般遵循以下规则：

（1）父母一方死亡，另一方再婚而产生的继父母继子女关系，在生父与继母或生母与继父婚姻关系存续期间，如果继子女尚未成年，为了子女的利益，已形成抚养教育关系的继父母子女关系一般不予解除。

（2）生父母离婚，带子女再婚而形成的继父母子女关系如果另一方生父或生母因其他原因要将子女领回抚养，经双方协商同意，子女被领回后，继父母子女关系可以解除。

（3）生父与继母或生母与继父的婚姻关系因生父或生母死亡而终止，另一方生父或生母要求将子女领回抚养，或生父、生母与继父母离婚后，未成年子女由生父母带走的，该继父母与继子女关系自然解除。

（4）生父与继母或生母与继父的婚姻关系存续期间，受继父母抚养、教育的继子女长大成人后，应负担赡养继父或继母的法定义务，原则上不能解除。但如果继父母子女关系恶化，再维持下去可能危及生父母与继父母之间的婚姻关系，继父母要求解除与继子女关系的，为保障老年人的合法权益，可以解除。

（5）生父与继母或生母与继父的婚姻关系因生父母的死亡而终止或生父与继母、生母与继父离婚后，受继父母抚养教育的继子女在成年的情况下，继父母与形成抚养教育关系的继子女的权利义务关系不能任意解除。受继父母抚养长大成人有负担能力的继子女，对年老体弱、生活困难的继父母应尽赡养扶助的义务。

形成抚养关系的继父母子女关系解除后，双方之间的权利义务关系终止。但应注意的是，由继父母抚养教育成人并能独立生活的继子女即使解除了与继父母之间的关系，仍应承担生活困难、无劳动能力的继父母的生活费。

思考题

1. 试述亲子关系的概念和种类。
2. 父母子女之间有哪些法定权利与义务？
3. 什么叫非婚生子女？其法律地位如何？
4. 继父母子女的种类有哪些？其法律地位如何？
5. 什么叫亲权？它与监护有何区别？

第八章　收养制度

第一节　收养制度概述

一、收养的概念、特征和意义

（一）收养的概念

收养又称抱养、领养，系指将他人子女收为自己子女，从而在收养人和被收养人之间产生拟制亲子关系的民事法律行为。在收养法律关系中，领养他人子女的人为收养人，即养父母；被他人收养的人为被收养人，即养子女；将未成年子女或孤儿送给他人收养的生父母、其他监护人和社会福利机构为送养人。

（二）收养的法律特征

1. 收养的条件和程序由法律加以规定

收养在性质上属于民事法律行为，创设父母子女关系。收养不仅关系到收养人、被收养人和送养人的切身利益，而且还涉及社会的整体利益。因此，关乎收养的问题必须由法律明确规定，并且收养的程序属于要式法律行为，必须要登记。

2. 收养是一种民事法律行为

收养是自然人依照民事法律规范，在收养人和被收养人之间确立与父母子女关系等同的民事权利义务关系的民事法律行为。当事人即收养人、送养人和被收养人之间的法律地位平等，收养行为的作出是出于当事人自愿真实的意思表示①。三方当事人必须符合法律规定的资格和条件才能收养。

3. 收养是变更亲属身份和权利义务关系的行为

收养关系一经成立，在本无父母子女关系的收养人和被收养人之间产生法律拟制的亲子关系，养父母与养子女之间的权利义务关系等同于生父母和生子女之间的权利义务关系。而且，养子女与养父母的近亲属之间也随之产生相应的亲属关系和法律上的权利义务关系。与此同时，养子女与生父母及其近亲属之间的亲属关系和法律上的权利义务关系因

---

① 李开国. 民法总则研究 [M]. 北京：法律出版社，2003：222.

收养关系的成立而消除。

4. 收养只能发生在没有直系血亲的自然人之间

收养的目的是使原无父母子女关系的收养人和被收养人之间产生法律拟制的父母子女关系。有直系血亲关系的亲属如成立收养，就毫无法律上的意义，而且还会产生亲属关系上的重叠。因此，收养只能发生在非直系血亲的自然人之间。

能够产生父母子女关系的收养，必须是发生在自然人之间的收养，所以收养与社会福利院对孤儿和弃儿的供养是有本质区别的。社会福利院对孤儿和弃儿的供养属于社会福利措施，社会福利机构与被供养的孤儿和弃儿之间只产生监护关系，不产生父母子女之间的权利义务关系。

（三）收养和其他类似行为的区别

1. 与寄养的区别

（1）目的不同。生父母将其子女寄养的目的在于委托他人代为抚养照顾子女，而非解除生父母与子女之间的父母子女关系；而作为生父母的送养人之所以将子女送养，其目的就在于解除生父母与子女之间的父母子女关系。

（2）成立、生效要件不同。寄养并不需要特别的成立、生效要件，一般而言，只需子女的父母与负责寄养的亲友协商一致即可；而法律对收养的成立和生效有严格的条件限制，不符合实质性条件或者没有依法办理收养登记手续的，不能产生收养的法律效果。

（3）两者的后果不同。寄养只发生抚养形式的变化，不产生父母子女间的权利义务关系的转移或者变更，因而也不会产生拟制的血亲关系；而抚养则使得抚养人与被抚养人之间产生拟制的血亲关系，使得子女的生父母与子女的父母子女关系解除，抚养人与被抚养人之间形成父母子女关系。

2. 与事实抚养的关系

事实抚养通常是自然人出于自愿，对于无法定抚养义务的人给予物质上、经济上的供养或生活上的照顾扶助的行为。事实抚养不是法律行为，仅仅是一种事实行为。主观上，抚养人通常并无追求拟制父母子女关系的目的。客观上，这种事实抚养行为一般也不产生拟制的父母子女关系的法律后果。我国现行法律仅赋予继父母对继子女的事实抚养行为以拟制父母子女关系的法律后果，但它与收养形成的拟制父母子女关系，在形成原因、法律效力上都不相同。

3. 与国家对孤儿、弃儿的收容教育的区别

国家通过社会福利构对孤儿、弃儿的收容教育是一种行政法上的行为，也是一项社会福利措施，而不是身份法上的行为；虽然说它不是当事人之间的协议，而是根据社会福利机构的单方面决定的；它对孤儿、弃儿虽然也行使抚养教育和监护职能，但不产生拟制血亲的法律后果。

（四）收养的意义

收养制度是家庭制度的重要组成部分，收养的意义主要有：

第一，对于丧失父母的孤儿、查找不到生父母的弃婴和儿童，以及生父母有特殊困难无力抚养的儿童来说，收养可以使他们重新获得家庭的温暖，得到较好的抚养和教育，从而在身心两个方面健康成长。

第二，对于无子女的家庭而言，收养子女可以使他们得到精神上的慰藉，在他们年老体衰时，得到养子女的赡养与扶助。

第三，收养可以减轻社会的负担，同时又可以稳定公民的家庭关系，有利于促进社会的安定团结。

二、收养制度的历史沿革

收养制度作为亲属制度的组成部分，其发展经历了四个历史阶段，是逐渐从"为族""为家""为亲"的收养转向偏重于"为儿童利益"的收养。

（一）"为族"的收养

在原始社会父系氏族时期，就有了人类历史上最早的收养，当时的收养是将战争中的外族俘虏收养为自己氏族的成员。其目的是弥补本氏族战死成员的损失，壮大本氏族成员的队伍，以繁荣兴旺本氏族。可见，原始社会的收养，完全是为了氏族的利益，与现代收养是有很大区别的。这时的收养是收养制度最初的萌芽。

（二）"为家"的收养

奴隶社会和封建社会，收养是为了家族的延续和私有财产的继承，使没有子女的家族后继有人。如中国历史上延续了数千年的立嗣、过继等就是为了延续祖宗的香火。

（三）"为亲"的收养

进入资本主义社会，养儿防老成为收养的主要目的。无子女的夫妻为了晚年有所依靠，以免除精神上的孤独而收养子女。早期资本主义国家的收养立法是以维护养父母的利益为宗旨的。

（四）为子女的收养

进入近现代社会，各国受连绵战争的影响，家庭破碎、父母流离失所、孤儿人数骤然增多，加之工商业的发展，社会观念急速变革，非婚生子女人数也不断增多，这些儿童的教育问题成为一个比较严重的社会问题并受到各国政府的关注，各国收养立法开始转向对儿童利益的保护。收养的目的主要是保护养子女的权益。

三、我国收养法的渊源

我国的收养法是以《宪法》为立法根据的。我国收养法的主要法律渊源是 1991 年 12 月 29 日颁布的《中华人民共和国收养法》（以下简称《收养法》），该法自 1992 年 4 月 1

日起施行。我国收养法的任务是：保护合法的收养关系，维护收养关系当事人的权益。该法分别规定了总则、收养关系的成立、收养的效力、收养关系的解除、法律责任和附则六章内容，共计 34 条。《民法典》出台后，收养关系被纳入婚姻家庭编进行调整。《民法典》第一千零四十四条规定："收养应当遵循最有利于被收养人的原则，保障被收养人和收养人的合法权益。禁止借收养名义买卖未成年人。"

我国的收养法作为调整收养关系的准则，在规范收养关系和保护收养关系当事人的合法权益方面起到了积极的作用。但是，经过几年的实践，也反映出其存在的问题：一是对收养条件规定得过严，致使一些具有抚养能力又愿意收养儿童的人难以收养，同时又使一些孤儿和查找不到生父母的弃婴难以被收养，只能由社会福利机构抚养。二是收养程序不统一，收养登记和当事人协议成立收养关系双轨并存，不利于收养关系和收养家庭的稳定。为了更合理地确定收养条件，科学地规范收养程序，保护合法的收养关系，1998 年 11 月 4 日第九届全国人民代表大会常务委员会第五次会议通过了关于修改《收养法》的决定，此决定自 1999 年 4 月 1 日起施行。此次修改的条文共九条，增加了一条。修改的主要内容体现在两个方面：一是适当放宽了收养条件；二是统一了收养程序。此外，增加和补充了有关保护收养当事人特别是被收养的未成年人的合法权益的内容，加大了对遗弃婴儿、出卖亲生子女的处罚力度。

现在《民法典》中有关调整自然人之间的人身关系的法律规定，也是我国收养法的重要法律渊源。按照规定，被打拐解救寄养在福利院中的孩子与孤儿弃婴不同，因为前者不是被"遗弃的"，政策规定他们不能被人收养，要在福利院中等候亲生父母前来认领。由于种种原因，这些父母往往是很难出现的。孩子们只好长久被庇护在福利体系中。他们不是孤儿，但却经历着比遗弃更加揪心的命运。在人生路起步时，他们就被当作"商品"进行买卖。当他们被公安部门从拐卖家庭中"成功解救"后，却可能再也没有家。

第二节　收养法的基本原则

我国《民法典》第一千零四十四条明确规定："收养应当遵循最有利于被收养人的原则，保障被收养人和收养人的合法权益，禁止借收养名义买卖未成年人。"这个原则性规定是我国收养法的立法指导思想和执法的基本准则。根据这条规定，收养必须遵循以下原则：

（1）有利于被收养的未成年人的抚养和成长的原则。这是我国收养制度的一项重要原则。对于丧失父母的孤儿、查找不到生父母的弃婴和儿童，以及因某种原因不能找到父母抚养的子女，通过收养使他们获得家庭的温暖，得到养父母的抚养教育，从而健康成长，这是我国规定收养制度的根本目的。如收养法对收养人抚养教育被收养人的能力和有关条件的规定非常严格，就体现了这一原则。

（2）保障当事人的合法权益的原则。被收养人和收养人是收养法律关系的主体，双方的合法权益应得到保护，尤其是被收养的未成年人的合法权益。所以我国收养法规定收养人须年满30周岁，无子女且具备抚养教育被收养人的能力；收养人、送养人要求保守收养秘密的，其他人不得泄露等，就是出于对双方合法权益保护的目的。

（3）平等自愿的原则。《民法典》第一千一百零四条规定："收养人收养与送养人送养，应当双方自愿。收养八周岁以上未成年人的，应当征得被收养人的同意。"平等自愿是民事法律的基本原则，收养是变更身份关系的民事法律行为，自然也应遵循平等自愿的原则。在收养法律关系中，各方当事人的法律地位平等，有权自由表达其真实意思，并自愿设立收养关系，如果被收养人年满8周岁以上的，还应征得其本人同意。这些规定都体现了平等自愿的原则。

（4）不违背社会公德的原则。收养行为不仅关系到各方当事人的切身利益，而且还关系到社会公共利益。因此，收养不但要符合法律的规定，同时还要符合社会公共道德的要求。收养法规定，收养成立必须有正当的目的，无配偶的人收养异性必须有法定年龄差等，正是这一原则的体现。

（5）不违背计划生育法律、法规的原则。《民法典》第一千一百条规定："无子女的收养人可以收养两名子女；有子女的收养人只能收养一名子女。"计划生育是我国依据国情而制定的一项基本国策，也是婚姻法的一项基本原则。收养直接影响到家庭人口的增加或减少，因此，收养行为也须受计划生育原则的约束。

第三节　收养关系的成立

收养行为必须符合法律规定的实质要件和形式要件才能有效成立，达到当事人预期的法律上的收养效果。

一、收养关系成立的实质要件

收养成立的实质要件，是指法律规定的收养各方当事人必须具备的条件。由于收养涉及多方主体即收养人、送养人与被收养人，他们的情况不同，有关收养成立的实质要件也就不完全相同。通常可将其条件分为两大类：一是一般收养的条件，二是特殊收养的条件。

（一）一般收养的条件

一般收养成立的实质要件，是指在一般情况下成立收养关系应具备的条件。主要包括以下几个方面：

1. 被收养人应具备的条件

我国《民法典》第一千零九十三条规定："下列未成年人，可以被收养：（一）丧失父母的孤儿；（二）查找不到生父母的未成年人；（三）生父母有特殊困难无力抚养的子女。"该条规定了被收养人应符合的实质要件：①被收养人须是未满十八周岁的未成年人。收养不满十八周岁的未成年人，有利于在养父母子女之间建立起父母子女关系的感情，使收养关系比较稳定。②被收养人在事实上是得不到生父母抚养的。丧失父母的孤儿，是指其父母死亡和人民法院宣告其父母死亡的不满十八周岁的未成年人；查找不到生父母的弃婴和儿童，是指被其生父母或其他监护人遗弃的婴儿和未满十八周岁的其他未成年人；生父母有特殊困难无力抚养的子女，是指生父母双方因各种原因无力抚养或不能抚养的子女。这些未成年人在事实上是得不到生父母抚养的。

2. 送养人应具备的条件

根据我国《民法典》第一千零九十四条的规定，未成年人的生父母、孤儿的监护人、社会福利机构可以作为送养人。

（1）未成年人的生父母作为送养人。《民法典》第一千零九十四条规定："有特殊困难无力抚养子女的生父母"可以作为送养人，即生父母送养子女必须是因为有特殊困难无力亲自抚养子女，如由于患病、重残、丧失劳动能力等情况导致经济困难，在事实上无法对子女进行抚养。一般情况下，父母不得将子女送养。《民法典》第一千零九十七条规定："生父母送养子女，应当双方共同送养。生父母一方不明或者查找不到的，可以单方送养。"生父母送养子女，须双方协商一致，共同送养。如果生父母离婚，抚养子女的一方送子女的，也必须经过另一方同意。只有在生父母一方不明或查找不到的情况下，另一方可单方送养。《民法典》第一千一百零八条规定："配偶一方死亡，另一方送养未成年子女的，死亡一方的父母有优先抚养的权利。"依此规定，父母一方死亡的，生存一方送养未成年子女时，应告知死亡一方的父母，征求其意见，如死亡一方的父母愿意并有能力抚养孙子女或外孙子女的，生存一方不得将该未成年子女送养。

（2）孤儿的监护人作为送养人。根据《民法典》的规定，孤儿的监护人为：祖父母、外祖父母；兄、姐；其他愿意担任监护人的个人或者组织，须经被监护人住所地的居民委员会村民委员会或者民政部门同意。在没有上述规定的人担任监护人时，由未成年人的父母所在的单位或未成年人住所地的居民委员会、村民委员会或民政部门担任监护人。上述监护人可作为送养人，但收养法对这些监护人送养孤儿作了必要的限制性规定。《民法典》第一千零九十五条规定："未成年人的父母均不具备完全民事行为能力且可能严重危害该未成年人的，该未成年人的监护人可以将其送养。"《民法典》第一千零九十六条规定："监护人送养孤儿的，应当征得有抚养义务的人同意。有抚养义务的人不同意送养、监护人不愿意继续履行监护职责的，应当依照本法第一编的规定另行确定监护人。"

（3）社会福利机构作为送养人。社会福利机构是指各级人民政府的民政部门设立的收容、养育孤儿和查找不到生父母的弃婴、儿童的慈善机构。这些机构承担着对孤儿、弃婴和儿童的养育和监护职责。在收养人符合收养条件时，社会福利机构可将监护的孤儿送给收养人收养。

3. 收养人应具备的条件

我国《民法典》第一千零九十八条规定"收养人应当同时具备下列条件：（一）无子女或者只有一名子女；（二）有抚养、教育和保护被收养人的能力；（三）未患有在医学上认为不应当收养子女的疾病；（四）无不利于被收养人健康成长的违法犯罪记录；（五）年满三十周岁。"

（1）无子女或者只有一名子女。收养人无论有无配偶，均须无子女或者只有一名子女，包括作为收养人的夫妻一方或双方因无生育能力而无子女，或不愿亲自生育而无子女，或所生子女已死亡，或无配偶者没有子女。这一规定源于我国的计划生育政策，即要求一对夫妇只生两个孩子。因此，收养法规定无子女或者只有一名子女才能收养子女，且一般可以收养两名子女。

（2）有抚养教育被收养人的能力。首先，收养人必须是具有完全民事行为能力的人；其次，收养人必须具有教育子女的智力能力和良好的道德品质；最后，收养人须具有保证被收养人成长的经济条件。收养人具备这些基本条件，才能保证被收养人受到抚养和教育，使被收养人健康成长。

（3）未患有医学上认为不应当收养子女的疾病。收养人应身心健康，没有影响被收养人身心健康的精神病或其他严重疾病。

（4）无不利于被收养人健康成长的违法犯罪记录。这是《民法典》一千零九十八条在以前《收养法》规定的收养人条件的基础上新增的规定。这也是为了更好地保障被收养人的健康成长，避免被收养人遭受收养人的不法侵害，是"最有利于被收养人原则"的体现。

（5）年满30周岁。收养关系成立后在收养人与被收养人之间产生拟制的父母子女关系，由于收养产生父母子女关系，因此，收养法对收养人的年龄条件作了最低年龄限制，即不得低于30周岁。

另外，我国《民法典》第一千一百零二条还规定："无配偶者收养异性子女的，收养人与被收养人的年龄应当相差四十周岁以上。"这一规定是基于伦理道德的考虑，其目的在于维护收养关系的伦理性，保护被收养人的合法权益。有些国家基于这一考虑，完全不承认异性收养。我国《民法典》第一千一百零一条还规定："有配偶者收养子女，应当夫妻共同收养。"夫妻共同收养子女，不仅有利于夫妻关系的和睦，也有利于收养关系的稳定。

4. 应有成立收养关系的合意

我国《民法典》规定，收养关系的成立，必须有当事人的一致合意。首先，收养关系的各方当事人在设立收养关系时，必须是出于自愿的真实一致的意思表示。收养是一种民事法律行为，收养人收养和送养人送养必须出于双方自愿，而且收养年满八周岁以上未成年人的，还应当征得被收养人本人的同意。其次，成立收养的合意应以书面形式确认。我国《民法典》规定，收养应当向县级以上人民政府的民政部门登记。愿意订立收养协议的，收养人与送养人可以订立收养协议；如果收养人或送养人一方或双方要求办理收养公证的，应当办理收养公证。这些规定是为了有效地保护收养关系各方当事人的合法权益，实现国家对收养的法律监督。

（二）特殊收养的条件

在现实生活中，除了一般情况下的收养外，还存在一些特殊情况下的收养，如果统一适用一般收养成立的实质要件，显有不当。为此，我国收养法对于特殊收养的收养条件作了变通的规定。具体而言，特殊收养主要有以下几种情况：

（1）收养三代以内同辈旁系血亲的子女，即伯、叔、姑收养侄子女，舅、姨收养外甥、外甥女的情况。由于收养人和被收养人之间有着一定的血缘关系和亲属身份，这种亲属之间的收养关系相对稳定。对此《收养法》作了以下的变通规定：

第一，生父母作为送养人时，不受"有特殊困难无力抚养子女"的限制，即被收养人的生父母即使有抚养子女的能力，也可以将子女送养。第二，无配偶的收养三代以内同辈旁系血亲的异性时，不受年龄相差40周岁以上的限制。第三，华侨收养三代以内同辈旁系血亲的子女，还可以不受收养人无子女的限制。

（2）收养孤儿和残疾儿童。我国《民法典》第一千一百零一条规定："收养孤儿、残疾未成年人或者儿童福利机构抚养的查找不到生父母的未成年人，可以不受前款和本法第一千零九十八条第一项规定的限制。"收养孤儿和残疾儿童，体现了其关心这些儿童的爱心，同时也为国家减轻负担，所以国家对此类收养放宽了条件，鼓励公民收养孤儿和残疾儿童。

（3）收养继子女。为了稳定家庭关系，我国收养法规定继父母可以收养继子女，通过收养，使继父母子女关系变为养父母子女关系。我国《民法典》第一千一百零三条规定："继父或者继母经继子女的生父母同意，可以收养继子女，并可以不受本法第一千零九十三条第三项、第一千零九十四条第三项、第一千零九十八条和第一千一百条第一款规定的限制。"此类收养的放宽条件有：

第一，生父母无抚养子女的困难，也可以送养子女。第二，收养人不受"无子女""有抚养教育被收养人的能力""未患有医学上认为不应当收养子女的疾病""年满三十周岁"和"只能收养一名"的限制。

二、收养关系成立的形式要件

收养关系成立除必须具备法定的实质要件外，还应具备法定的形式要件，即收养必须履行法定程序才能产生收养的法律效力。我国收养法对国内收养和涉外收养在程序上分别作了两种不同的规定。

（一）国内收养程序

国内收养程序，又称收养的一般程序，是指我国公民在我国境内收养子女所应履行的法定程序。我国《民法典》第一千一百零五条规定："收养应当向县级以上人民政府的民政部门登记。收养关系自登记之日起成立。收养查找不到生父母的弃婴和儿童的，办理登记的民政部门应当在登记前予以公告。收养关系当事人愿意订立收养协议的，可以订立收养协议。收养关系当事人各方或者一方要求办理收养公证的，应当办理收养公证。"由此可见，我国的收养实行法定登记程序。

1. 收养登记机关

办理收养登记的机关是县级以上人民政府的民政部门。收养查找不到生父母的弃婴和儿童的，在弃婴和儿童发现地的收养登记机关办理收养登记。收养社会福利机构抚养的孤儿的，在社会福利机构所在地的收养登记机关办理收养登记。公民之间的收养登记应在收养人的户口所在地的收养登记机关办理。

2. 收养登记的具体程序

收养登记的具体程序为：申请、审查和登记。

（1）申请。为保证收养当事人意思表示的真实性，收养关系各方当事人必须亲自到民政部门的登记机关申请办理收养登记。夫妻共同收养子女，一方不能亲自到收养登记机关的，须出具经公证的委托收养书。如果被收养人年满八周岁，也必须亲自到场。送养人即公民或社会福利机构的负责人也应到场办理收养登记。申请收养登记时，收养人应当向收养登记机关提交收养申请书及相关的证明材料。申请书的内容包括：收养人的情况，送养人的情况，被收养人的情况，收养的目的，收养人作出的不虐待、不遗弃被收养人和抚养被收养人健康成长的保证。须提供的证明材料为：

①居民身份证和户籍证明。②关于收养人年龄、婚姻、家庭成员、有无抚养教育被收养人的能力等情况的有效证明。③申请收养社会福利机构抚养的孤儿，须提交该社会福利机构出具的同意送养的证明。④申请收养弃婴，须提供主管部门出具的查找不到生父母的证明。⑤申请收养有残疾的儿童，须提供由县级医疗单位或该儿童所在的社会福利机构出具的残疾状况的证明。

（2）审查。民政部门接受当事人的申请后，应对申请进行审查。审查的内容主要包括：收养人、送养人和被收养人是否符合法定的实质要件，收养人的收养目的是否正当，证明材料是否齐全有效等。

（3）登记。经审查后，对证件齐全有效，符合法定收养条件的，收养登记机关在受理登记申请次日起30日内，为申请人办理收养登记，发给收养证。收养关系自登记之日起正式成立。

（二）涉外收养程序

涉外收养是指中国公民在外国收养子女和外国人在中国收养子女。我国《民法典》仅对外国人在中国收养子女作了规定，而对中国公民在外国收养子女的问题未作任何规定。

就外国人在中国收养子女所应履行的法定程序，我国《民法典》第一千一百零九条规定："外国人依法可以在中华人民共和国收养子女。外国人在中华人民共和国收养子女，应当经其所在国主管机关依照该国法律审查同意。收养人应当提供由其所在国有权机构出具的有关其年龄、婚姻、职业、财产、健康、有无受过刑事处罚等状况的证明材料，并与送养人签订书面协议，亲自向省、自治区、直辖市人民政府民政部门登记。前款规定的证明材料应当经收养人所在国外交机关或者外交机关授权的机构认证，但是国家另有规定的除外。"为准确执行《收养法》关于涉外收养的规定，我国民政部于1992年4月正式发布了《关于外国人在中华人民共和国办理收养登记若干问题的通知》。依上述法律规定，我国涉外收养登记应遵循如下法律要求：

1. 涉外收养登记机关

涉外收养的登记机关是被收养人户籍所在地的省级人民政府的民政部门。外国人在中华人民共和国收养社会福利机构抚养的孤儿的，应当先行亲自到该孤儿所在的社会福利机构说明收养的有关情况，社会福利机构在了解了收养人的有关情况后，对具备收养条件的，与收养人本人订立书面的收养协议。

2. 涉外收养登记的具体程序

（1）申请。外国人申请办理收养登记，必须提供以下材料：①收养申请书。申请书的内容主要包括：收养人、送养人和被收养人的基本情况；收养的目的；收养人关于不虐待、不遗弃被收养人和抚养被收养人健康成长的保证，其他需要说明的事项。②该外国人本人的护照或其他身份、国籍证件。③由中华人民共和国公安机关签发的《外国人居留证》或由我国外事部门颁发的身份证件，临时来华的入境和居留证件。④该外国人所在国有权机构出具的有关其本人的年龄、婚姻、家庭成员、职业、财产、健康、有无受过刑事处罚等状况的证明，该证明须经中国驻该国使领馆认证。⑤该外国人所在国主管机关依照该国法律审查同意在中国收养子女的证明。⑥收养人与送养人订立的书面收养协议。⑦如外国夫妻共同收养子女，其中一方不能亲自来华办理收养登记的，应当出具委托收养书，该委托收养书须经中国驻该国使领馆认证。以上证明材料必须附有其所在国的官方中译文。

涉外收养的送养人应提供以下材料：①公民作为送养人的，必须出具送养人本人的身份证、户籍证明和与被收养人的身份关系证明。生父母作为送养人的，还必须出具有特殊困难无力抚养子女的证明。②社会福利机构作为送养人的，必须出具该社会福利机构是被送养人监护人的证明。

（2）审查。涉外收养登记机关应对外国人提供的收养申请书及各项证明材料的合法性和真实性进行严格审查与调查，同时对送养人的送养条件进行审查。

（3）登记和备案。涉外收养登记机关对证件齐全有效、符合收养法和有关法律规定的涉外收养申请，应给予登记发给收养证书，并将涉外收养登记文件报中华人民共和国民政部备案。

第四节　收养关系成立的法律效力

收养关系成立的效力是指收养关系成立所引起的法律后果。我国《民法典》第一千一百一十一条规定："自收养关系成立之日起，养父母与养子女间的权利义务关系，适用本法关于父母子女关系的规定；养子女与养父母的近亲属间的权利义务关系，适用本法关于子女与父母的近亲属关系的规定。养子女与生父母以及其他近亲属间的权利义务关系，因收养关系的成立而消除。"依此规定，收养关系成立的效力包括收养关系成立的拟制效力和收养关系成立的解消效力两个方面。

一、收养关系成立的拟制效力和解消效力

（一）收养关系成立的拟制效力

收养关系成立的拟制效力，是指收养关系成立引起收养人与被收养人之间产生法律拟制的父母子女关系，以及被收养人与收养人的近亲属之间产生相应的拟制血亲关系的法律后果。

1. 收养人与被收养人之间产生法律拟制的父母子女关系

收养关系成立后，收养人与被收养人的关系适用法律关于父母子女之间权利义务关系的规定。例如养父母对养子女负有抚养教育的义务；养父母是养子女当然的法定监护人；养子女负有对养父母赡养扶助的义务；养父母与养子女互为第一顺序的法定继承人等。

2. 被收养人与收养人的近亲属之间产生相应的拟制血亲关系

收养关系成立后，养子女与养父母的近亲属之间相应地产生亲属关系，如养子女与养父母的父母、亲生子女等相应地产生养祖孙关系、养兄弟姐妹关系，彼此产生法律上的权利义务关系。

（二）收养关系成立的解消效力

收养关系成立的解消效力，是指收养关系成立引起被收养人与其生父母之间的父母子女关系解除，以及被收养人与其生父母的其他近亲属之间的权利义务关系也解除的法律后果。

1. 被收养人与其生父母之间的父母子女关系解除

收养关系成立后，被收养人与生父母之间法律意义上的权利与义务全部终止。如他们

之间不再相互享有继承权；生父母也不再对已送养的子女享有监护权，不承担抚养教育的义务；该子女也不再负有对生父母的赡养扶助义务等。但是被收养人与生父母之间的自然血缘关系并未发生改变，婚姻法中有关禁止直系血亲结婚的规定，对被收养人与其生父母仍然适用。

2. 被收养人与其生父母的其他近亲属之间的权利义务关系也解除

收养关系成立后，被收养人与生父母的父母，与生父母的其他子女之间法律意义上的祖孙关系、兄弟姐妹关系解除，他们之间的权利义务关系全部终止。但是他们之间的自然血缘关系并未改变，婚姻法中有关禁止直亲血亲和三代以内旁系血亲结婚的规定，对被收养人与其生父母以外的其他近亲属仍然适用。

二、无效收养及其法律后果

（一）无效收养的概念及确认无效收养的条件

无效收养是指因不具备法律规定的收养关系成立的实质要件和形式要件，从而不产生当事人期待的成立收养关系的法律效力的收养行为。

我国《民法典》第一千一百一十三条规定："有本法第一编关于民事法律行为无效规定情形或者违反本编规定的收养行为无效。无效的收养行为自始没有法律约束力。"根据该条规定，收养无效的原因主要有：

（1）收养行为不符合民事法律行为成立的有效要件。①收养人、送养人不具有相应的民事行为能力。②当事人的意思表示不真实。如当事人意思表示时受到胁迫、欺诈等而作出有违真实意愿的意思表示。③收养行为违反法律或社会公共利益。如收养人或送养人借收养之名买卖儿童。

（2）收养行为违反《民法典》规定的收养关系成立的实质要件或形式要件。如收养关系各方当事人不符合法律规定的条件，或未按法定程序履行登记。

（二）确认无效收养的程序

依我国现行法律、法规的规定，无效收养的确认可通过行政程序或者诉讼程序进行。

1. 行政程序

行政程序是指由收养登记机关通过行政程序确认某一收养行为无效。《中国公民办理收养登记的若干规定》第十二条规定：收养登记机关发现当事人登记时弄虚作假、骗取收养登记的，应宣布该收养登记无效，收回收养证，并追究当事人的责任。

2. 诉讼程序

诉讼程序是指由人民法院通过诉讼程序确认某一收养行为无效。这种程序主要适用于对收养协议中违法行为的确认以及以收养为名买卖儿童的犯罪行为的确认。

（三）无效收养的法律后果

收养行为被确认无效后，从该行为开始时起就没有法律效力。无效收养不产生收养关系成立的法律效力。无效收养的当事人违反法律、侵犯当事人合法权益的，应承担相应的法律责任。

第五节　收养关系的解除

一、收养关系解除的条件和程序

我国《民法典》第一千一百一十四条规定："收养人在被收养人成年以前，不得解除收养关系，但是收养人、送养人双方协议解除的除外。养子女八周岁以上的，应当征得本人同意。收养人不履行抚养义务，有虐待、遗弃等侵害未成年养子女合法权益行为的，送养人有权要求解除养父母与养子女间的收养关系。送养人、收养人不能达成解除收养关系协议的，可以向人民法院提起诉讼。"依据该条规定，收养关系可以通过相应的法律行为依法予以解除。解除收养关系的方式有协议解除和诉讼解除两种。

（一）协议解除收养关系

1. 协议解除收养关系的条件

协议解除收养关系应当具备以下条件：

（1）作出解除收养关系协议的当事人须有完全民事行为能力。解除收养关系的协议是变更身份关系的重要民事法律行为，当事人必须具有完全的民事行为能力，能够正确认知自己行为的后果，并能作出真实的意思表示。

（2）收养关系各方当事人须就解除收养关系达成合意。我国《民法典》规定：被收养人已经成年的，收养关系的解除应经收养人与被收养人协商一致，均作出同意解除的意思表示，无须征得送养人的同意；被收养人未成年的，收养关系的解除应经收养人与送养人协商一致，均作出同意解除的意思表示，被收养人年满八周岁以上的，还应征得被收养人本人同意。

（3）收养关系当事人对收养关系存续期间所形成的家庭共有财产已作出合法分割。

（4）收养关系当事人对缺乏劳动能力又缺乏生活来源的养父母或养子女的生活安置，以及养父母要求养子女补偿收养期间支出的生活费和教育费等问题已作出合理解决。

2. 协议解除收养关系的程序

我国《民法典》第一千一百一十六条规定："当事人协议解除收养关系的，应当到民政部门办理解除收养关系的登记。"收养关系自取得"解除收养证"之日起解除。

（二）诉讼解除收养关系

我国《民法典》第五十二条规定了，被宣告死亡的人在被宣告死亡期间，其子女被他人依法收养的，在死亡宣告被撤销后，不得以未经本人同意为由主张收养关系无效。因此，收养关系的解除必须以符合法定的条件和法定的程序来进行。

1. 诉讼解除收养关系的条件

根据我国《民法典》的有关规定，诉讼解除收养关系的条件有以下两个方面：

（1）收养人不履行抚养义务，有虐待、遗弃等侵害未成年养子女合法权益的行为，送养人要求解除收养关系，但送养人、收养人不能达成解除收养关系协议的，可以向人民法院起诉。

（2）养父母与成年养子女关系恶化，无法共同生活，而又不能达成解除收养关系协议的，双方均可向人民法院起诉。

2. 诉讼解除收养关系的程序

收养关系当事人应依照民事诉讼法的有关规定，向有管辖权的人民法院提起解除收养关系的诉讼，人民法院审理解除收养关系的案件，应查明当事人请求解除收养关系的事实和理由，保护合法的收养关系与各方当事人的合法权益。在养子女未成年以前，应注重保护未成年养子女的权益。在养子女成年以后应注重对养父母权益的保护。法院审理时可对当事人进行调解，促成双方当事人达成保持或解除收养关系的协议。调解无效时，可作出判决，依法准予解除或不准予解除收养关系。

二、收养关系解除的法律后果

（一）人身方面

1. 养子女与养父母身份关系的解除

收养关系解除后，养子女与养父母之间拟制的直系血亲关系终止，养子女与养父母不再有父母子女之间的权利义务关系。与此同时，养子女与养父母的其他近亲属之间的权利义务关系也随之消除。

2. 养子女与生父母身份关系的恢复

收养关系解除后，未成年的养子女与生父母及生父母的近亲属之间的权利义务关系自行恢复。但成年养子女与生父母及其他近亲属之间的权利义务关系是否恢复，可由成年养子女与生父母协商确定。

（二）财产方面

1. 养父母的补偿请求权

因养子女成年后虐待、遗弃养父母而解除收养关系的，养父母有权要求养子女补偿收养期间支出的生活费和教育费；生父母要求解除收养关系的，养父母可以要求生父母适当补偿收养期间支出的生活费和教育费，但因养父母虐待、遗弃养子女而解除收养关系的除外。

2. 成年养子女给付养父母生活费的义务

收养关系解除后，经养父母抚养长大的成年养子女，对缺乏劳动能力又缺乏生活来源的养父母，应当给付生活费。生活费的给付数额可由双方协商。协商不成时，由人民法院根据养父母的生活需要和养子女的负担能力作出判决，一般应不低于当地居民普通的生活费用标准。

思考题

1. 什么是收养？其法律特征有哪些？
2. 我国《收养法》的基本原则有哪些？
3. 收养关系成立时，当事人应具备哪些条件？
4. 收养关系成立后产生的法律效力有哪些？
5. 解除收养关系后产生的法律后果有哪些？

第二编　继承法

第一章　继承法概述

第一节　继承概说

一、"继承"的含义

（一）继承的词源

使自己拥有的身份、财产，在自己死后，归属于与自己具有一定亲属关系（主要为血缘关系）的人，这是私有制产生后人们的普遍愿望，也是人类社会所共有的现象，各国法律对此都有相关规定。古代中国和古代罗马概莫能外。在古代中国，这种归属主要表现为由上而下的男系纵向传递，是后辈对前辈的身份、财产的承受。汉语中"自下受上称'承'"，"承"者，"下载上也"。这种社会现象称为"承""承继""继承"。近代民法中的"继承（succession）"一词，源于拉丁文"successio"，原文的意思是指生者在法律上取得死者的地位，即罗马法上的人格继承，继承死者的人格，使之得以延续。古代中国和古代罗马都是以家长制为基础的宗法社会，继承主要表现为身份继承，即祭祀资格的继承，家产只是祭祀资格的附属物。这种继承是对父祖辈身份、财产及其他权利义务的概括继承。近代民法中的继承，仅指财产继承，不包括身份继承。而且财产继承既包括自下而上，又包括非自下而上，如同辈之间的相互继承，以及上辈对下一辈财产的继承，与古代中国的"承""承继""继承"，以及拉丁文的"successio"，已非同一内涵。

（二）继承的概念

继承，是指民事主体（自然人）的财产及财产权利在其死后依法移转给其继承人的法律制度。其中，自然人死亡时遗留下来的财产及财产权利统称为遗产，其财产及财产权利因其死亡而移转给他人的自然人为被继承人，依法承受被继承人遗产的人为继承人。从这一定义，我们可以看出，继承包含以下几个方面的内容：

1. 继承是因自然人死亡的事实产生的财产流转机制

继承制度，使得与被继承人生前有特殊身份关系的人，能够通过这一机制获取被继承人生前所有的财产和享有的其他财产权利。这种机制，其目的在于保证财产的归属秩序得到法律的良性调整，维护一定社会的财产关系的有序和稳定。

2. 继承所涉及的只是被继承人生前所有的财产及其他财产权利

也就是说，现代法中的继承仅限于财产继承范围。这里的其他财产权利，主要是指除了有形财产以外的财产性权利，如债权、股权中的财产权、知识产权中的财产权等。

3. 继承必须依法进行

这是继承的法律要件，即有关继承人的范围、遗产的范围等，均由法律予以规范。但这不等于排斥被继承人的遗嘱自由，法律不干涉被继承人以自己的意思处分其财产的自由空间，充分尊重其意愿。

（三）继承的特征

从民法的基本原理出发，继承的特征可以概括为以下几个方面：

（1）继承法律关系的主体，通常认为继承关系的主体是与被继承人生前有特定身份关系（如婚姻关系、血缘关系）的自然人。与被继承人是否存在合法有效的身份关系，是确定继承法律关系主体身份和资格的唯一依据。但也有个别学者认为，继承法律关系是因遗产的归属而发生的物权关系，其主体是遗产归属人与除遗产归属人以外的不特定人。根据自然人民事权利始于出生、终于死亡的原理，被继承人不是继承法律关系的主体。继承关系的主体是否仅限于与死者有亲属关系的自然人，与死者有亲属关系的自然人以外的其他自然人能否成为继承的主体，以及自然人以外的其他主体（如法人、国家）是否亦得成为继承关系的主体，各国的立法并不一致，这是一个值得探讨的问题。比如，奥地利民法就将继承权定性为物权[①]。在大陆法系国家的继承法中将国家直接规定为最后顺序的法定继承人，如德国[②]。

（2）继承法律关系的客体，是被继承人生前拥有的个人合法财产，包括死者生前的财产、尚未了结的债权债务以及法律规定可以继承的其他财产权利，如知识产权中的财产权、农村土地承包权等。死者生前与他人共有的财产中属于他人应有的份额部分；死者生前占有但并不享有所有权的财产；其他具有特定人身属性、在法律上不能转让的权利，均不能作为继承的客体。

（3）继承法律关系的内容，是继承人有权取得被继承人的遗产及其他合法的财产权利，承担被继承人生前尚未清偿的税款和其他债务的义务。继承是财产所有权转移的一个重要原因。根据我国《民法典》第十三条，自然人从出生时起到死亡时止，具有民事权利能力，依法享有民事权利，承担民事义务。《民法典》第一千一百二十一条规定："继承从被继承人死亡时开始。"因此，自被继承人死亡时起，权利能力终止，继承开始，死者的遗产及其他财产权利通过继承转归继承人所有，死者生前尚未清偿的各种债务由继承人在其所继承的遗产的实际价值内清偿。

---

① 参见《奥地利民法典》第五百三十二条。

② 参见法律出版社 2006 年版由陈卫佐译注的《德国民法典》第一千九百三十六条"国库的法定继承权"。

（4）继承法律关系的发生原因，是被继承人的死亡。继承关系是一种法律关系，因一定的法律事实而产生。引起继承关系发生的法律事实是被继承人的死亡，包括自然死亡和宣告死亡。此外，在适用遗嘱继承时，还须有被继承人生前立有有效遗嘱的法律事实。在被继承人生前，与被继承人存在婚姻关系、血缘关系以及因共同生活而形成扶养关系的亲属，虽在法律上享有继承资格，但并不产生实际的继承关系。只有在被继承人死亡或被宣告死亡后，才产生实际的继承关系。

二、继承的种类

继承从不同的角度可划分为以下不同的种类：

（一）财产继承和身份继承

这是根据继承的内容对继承进行的划分。

身份继承是指继承死者生前的身份，如家长身份、户主身份、世袭爵位的身份等。身份继承是最古老的继承。不论是古代中国还是古代罗马，最早的继承都表现为对死者身份的继承，继承的结果不是为了取得死者的财产，而是为了取得死者的特殊身份，如家长身份，伴随着家长身份的取得，对家庭财产或者家族财产的支配和控制成为必然。在当今社会，除个别国家（如韩国的户主继承仍具有身份继承的色彩）外，身份继承已被废除，现代法律上的继承仅指财产继承。

财产继承是指继承人继承死者生前的财产及其他财产性质的权利（义务）。当今世界绝大多数国家的继承都仅指财产继承，人们通常所说的继承也是指财产继承。

（二）法定继承和遗嘱继承

这是根据继承的方式对继承进行的划分，也是目前为止世界各国继承法对继承的最基本、最主要的划分。

法定继承是指在不能适用遗嘱继承的情况下，按照法律规定的继承人范围、继承顺序、遗产的分割方法进行的继承，也称无遗嘱继承。

遗嘱继承是指死者生前立有遗嘱，如果遗嘱合法有效，按照死者生前所立遗嘱的内容对其遗产进行继承。

两者相比，遗嘱继承效力优先于法定继承，法定继承是对无遗嘱继承的法律补充。

（三）概括继承和限定继承

这是根据继承人对被继承人生前债务所承担的清偿责任的不同对继承进行的划分。

概括继承是指继承人完整地、总括地继承被继承人生前的一切，包括生前的全部财产和债务。

限定继承是指继承人对被继承人生前的债务，以其所继承的遗产的实际价值为限承担清偿责任，遗产债务超过其所继承的遗产价值的，就超出部分继承人并不负有清偿义务，但继承人自愿清偿的除外。

（四）本位继承、代位继承、转继承

这是根据继承人在继承关系中的角色不同对继承进行的分类。

本位继承是指，继承人基于其自身具有的继承人地位、继承资格、继承顺序和应得的遗产份额所进行的继承。如子女对父母遗产的继承、生存配偶对死亡配偶遗产的继承，都是基于他们自身的身份享有的继承权。本位继承是一种直接继承。

代位继承是指，在被继承人的子女先于被继承人死亡或者宣告死亡时，该子女的直系晚辈血亲可以代替其已故的父亲或者母亲继承其祖父母或者外祖父母的遗产。代位继承人的继承地位和继承份额基于其被代位人的继承地位和继承份额。如几个孙子女代位其已故的父亲继承他们的祖父母的遗产。代位继承是一种间接继承。

转继承是指，继承人在被继承人死亡后、遗产分割前死亡的，本该由该继承人继承的遗产，转由该继承人的继承人取得。例如，张某的父亲去世，张某作为第一顺序的法定继承人，可以继承父亲的遗产，但在遗产分割前张某去世。张某有妻子儿女，张某去世后，本该由张某继承的遗产，转由张某的继承人（妻子、儿女）继承。转继承实质上是第二次继承。

（五）有限继承和无限继承

这是根据法定继承人的范围是否有所限制而对继承进行的划分。有限继承是指，将法定继承人限制在一定的亲属范围内，在此范围内的亲属是法定继承人，该范围以外的亲属则不属于法定继承人，没有法定继承权。当今大多数国家的继承法都将法定继承人的范围限定在一定的亲属之内，各国立法上的差异只是亲属范围的大小。

无限继承是指，在法定继承人的范围上法律不作任何的限制性规定，按照亲属关系的亲疏远近，确定继承人的继承顺序，直至一切可能穷尽的亲属。《德国民法典》是这一立法模式的代表。根据《德国民法典》的规定，法定继承人的范围是：配偶、被继承人的直系血亲卑亲属、父母及其直系血亲卑亲属、祖父母外祖父母及其直系血亲卑亲属、曾祖父母及其直系血亲卑亲属、高祖父母及其直系血亲卑亲属，如此规定几乎穷尽了所有的亲属关系。《美国统一继承法》对法定继承人范围的规定，也是宽泛得近乎穷尽所有的亲属关系。

（六）涉外继承

涉外继承是指含有涉外因素的继承。所谓涉外因素，主要是指继承法律关系的要素或与遗产继承有关的法律事实中有涉及外国的情况。如被继承人、继承人、遗产、死亡的发生等在外国的，均牵涉到外国法律的规制问题，因此关系比较复杂，在发生此类问题时要适用特殊的规则来解决。

涉外继承在实践中主要通过国际私法的冲突规范进行间接调整，发生诉讼时往往会受各国法院的专属管辖。

第二节　继承法

一、继承法的概念

继承法是调整因自然人的死亡而引起的继承法律关系的法律规范的总称。继承法有广义、狭义之分。广义的继承法是泛指一切有关继承法律关系的法律、法规等规范性文件，不限于继承法本身。而狭义的继承法则专指一国立法机关制定的以继承法冠名的法律，在我国就是《中华人民共和国民法典》继承编。继承法学所研究的是广义的继承法。

二、继承法的性质

继承法的性质，是指继承法的法律特性。对继承法的性质，一般应从以下几个方面来理解。

（一）继承法是私法

公、私法划分是法律最基本的分类。自罗马法以来，法律在法学传统上分为两类，一为公法，一为私法。凡规范国家或公共团体为其双方或一方主体的法律关系，而以权力服从关系为基础的为公法。如宪法、刑法、税法等。仅规范私人间或私人团体之间以平等关系为其基础的是私法。如民法规范的就是平等民事主体之间的财产关系和人身关系。继承法是规范因自然人死亡而发生的遗产继承法律关系，其所涉法律关系的主体，为民法中的平等主体，相互间没有隶属或权力服从关系，因而属于私法范畴。

（二）继承法为普通法

根据法律的地位、效力、内容和制定主体、程序的不同为标准对法进行分类，可分为根本法和普通法。根本法如宪法，它在一个国家中享有最高的法律地位和最高的法律效力。普通法是指宪法以外的法律，其法律地位和法律效力低于宪法，其内容一般涉及调整某一类社会关系。我国《民法典》第一千一百二十条规定，国家保护自然人的继承权。

（三）继承法为一般法

按照法的适用范围不同对法进行分类，可分为一般法和特别法。一般法是指针对一般人、一般事、在全国普遍适用的法。特别法是指针对特定人、特定事或特定地点、特定时间内适用的法。继承法是适用于一切自然人的，而不是仅适用于某一部分人。凡我国自然人，不论其性别、年龄、职业、文化程度、社会地位如何，均平等地适用继承法，依继承法享有继承权，受法律的平等保护，因而继承法是一般法。

（四）继承法为民事实体法

实体法是指以规定和确认权利义务或职权和职责为主的法律，如民法、刑法、行政法等，它是与程序法相对应的概念。继承法规定的是平等民事主体之间的财产继承法律关系，涉及继承关系的主体、继承人的权利义务、继承权的客体等有关主体事实上权利义务的实质性问题，因而属于民事实体法。

（五）继承法为财产法

对于继承法是身份法还是财产法，存在着争论。主张其为财产法者，认为继承法是规定财产移转方式、效力及条件，在本质上为财产法。主张其为身份法者，认为继承法虽然规定财产移转的方式及条件，但不过只是地位继承所伴随而来的效力，继承法的本质，在于规定有一定身份关系者继承被继承人地位的条件，即以规定身份为基础而产生的权利，实为亲属法的补充，所以应属于身份法的范围。也有人认为，继承法既是身份法又是财产法。在当代，身份继承已被各国立法所摈弃，继承法规定的是财产继承，虽说财产继承是以继承人与被继承人有某种特定的身份关系为前提条件，但继承法并不调整继承人与被继承人之间身份上的权利义务关系，而只是以这种身份为前提，确定被继承人的遗产如何由继承人承受的问题，其核心仍然解决的是财产关系问题而非身份关系问题，因此，继承法当属财产法。

第三节　继承权

一、继承权的概念、性质和法律特征

继承权是指自然人根据法律的规定或者被继承人生前有效遗嘱的指定，取得被继承人遗产的权利。

继承权有两种意义，其一是指继承开始前继承人之地位，其二是指继承开始后继承人之地位。前者为继承期待权，后者为继承既得权。

继承权作为一项重要的民事权利，其性质究竟是财产权还是人身权，法学界有不同的认识。有学者认为继承权是人身权，属身份权，其理由是继承权的发生依据是继承人与被继承人之间存在特定的人身关系；通说认为，继承权属财产权，理由是继承的法律后果是财产权利的转移和发生（就继承人而言）。笔者认为，虽然继承的发生依据是继承人与被继承人之间的人身关系，但就其权利性质而言是财产权，属具有严格人身属性的财产权。权利的发生依据与权利的性质是两个问题。在财产权中不乏人身属性的财产权，如亲属之间的抚养费请求权，虽权利的发生依据为亲属身份，但权利之性质仍是财产权。继承权属财产权其理由在于：人身权不能转让、不能放弃、不能剥夺，而继承权虽然不能转让但可以放弃也可以被剥夺。

继承权具有以下法律特征：

（1）继承权是财产权。当今世界绝大多数国家已经废除了身份继承的内容，因此，现代民法所称的继承仅指财产继承。继承权为财产权的一种。现代继承制度要解决的是死者遗产的归属问题。因此，继承权与财产所有权关系密切。被继承人的遗产是其生前依法享有所有权的财产，继承的法律后果是遗产的所有权转归继承人所有。

（2）继承权的确定以与被继承人生前存在特定身份关系为前提。继承权虽为财产权，却因一定的身份关系而发生。继承人与被继承人之间是否存在特定的身份关系（如婚姻关系或者一定范围的血缘关系），是认定继承权是否存在的主要依据，甚至是唯一依据。

（3）由于继承权因一定的身份关系而发生，因此具有专属性，继承权不能转让。继承人可以放弃继承，但不能将继承权转让他人。

（4）继承权的标的具有总括性，既包括被继承人的财产和财产权利，也包括被继承人生前所欠的税款和所负债务。继承人行使继承权，不能只继承权利而不继承义务，而是将被继承人生前的财产权利和义务一起概括继承。

（5）继承权的实现以一定的法律事实的出现为前提。法律规定或遗嘱指定的继承权只是一种期待权，只有在具备了一定条件后，才可现实地转化为既得权。这种条件，就是被继承人死亡的发生、留有遗产且继承人有继承资格。

二、继承权的取得、丧失和放弃

（一）继承权的取得

继承权的发生根据是生者对死者遗产的继承权的存在理由。古今中外的继承制度，都将与被继承人之间存在一定范围的亲属关系，作为认定继承权是否存在的理由。我国《民法典》将与死者生前存在婚姻关系、一定范围的血缘关系以及因共同生活而形成的扶养关系作为继承权的发生依据。婚姻关系是确定配偶之间继承权的法律依据。我国《民法典》第一千零六十一条规定："夫妻有相互继承遗产的权利。"《民法典》第一千一百二十七条将配偶规定为第一顺序的法定继承人。各国继承法几乎都将配偶列为最重要的法定继承人之一。配偶与被继承人之间有着最密切的共同生活关系和相互扶养关系。

父母与子女之间，兄弟姐妹之间，祖父母、外祖父母与孙子女、外孙子女之间基于血缘关系而存在继承权。他们之间往往因血缘上的联系而共同生活在一起，关系密切。《民法典》所称的血缘关系，含自然血亲和拟制血亲。

继子女与继父母之间，继兄弟姐妹之间，儿媳与公婆、女婿与岳父母之间属姻亲关系，相互之间本没有继承权。但是，考虑到我国的传统习惯以及贯彻《民法典》养老育幼的原则，我国《民法典》第一千一百二十七条规定，有扶养关系的继父母与继子女之间，视为父母子女关系，可作为第一顺序的法定继承人。《民法典》第一千一百二十九条规定，丧偶儿媳或女婿对公婆或岳父母尽了主要赡养义务的，作为第一顺序的法定继承人。

（二）继承权的丧失

继承权的丧失又称继承权的剥夺，是指继承人对被继承人或者其他继承人犯有某种罪行或者其他违法行为，被依法取消原有的继承权。继承人放弃继承，是对继承权的抛弃，属权利的处分行为，根据本人的意愿作出，因此，不属于继承权丧失的原因。

根据我国《民法典》第一千一百二十五条的规定，继承人有下列行为之一的，丧失继承权：

1. 故意杀害被继承人

继承人主观上有杀害被继承人的故意。故意内容为剥夺被继承人的生命，至于是直接故意抑或是间接故意，在所不问。引起故意杀害被继承人的动机或目的如何，也在所不论。当然继承人如是出于过失、正当防卫等原因而杀害被继承人的，则不属于本项规定的内容，不会导致继承人丧失继承权。

继承人有杀害被继承人的行为。继承人实施的行为是以剥夺被继承人的生命为目的，既遂或未遂不影响行为的构成。我国法律历来坚持主客观相一致原则，行为人除有杀害被继承人的故意之外，还需有实施此故意的具体行为，二者的互相结合，才能确定地判断其构成了继承法规定的丧失继承权的行为。

2. 为争夺遗产而杀害其他继承人

有杀害其他继承人的行为，即继承人实施了杀害其他有合法继承权的继承人的行为，行为的对象非常明确，是其他继承人，而不是继承人以外的其他人。杀害继承人以外的人，虽构成杀人罪，但不由《民法典》进行评价。

这里所说的继承人，既包括法定继承人，也包括遗嘱指定的继承人；既可能是第一顺序的继承人，也可能是第二顺序的继承人。即只要是属于我国《民法典》第一千一百二十七条、第一千一百二十八条、第一千一百二十九条确定的继承人的，都属于这种情形。

杀害其他继承人的目的是争夺遗产。如果杀害行为是基于其他目的，则不构成本项规定的丧失继承权的行为。在实践中，常发生各个继承人为争夺遗产而发生争议或矛盾的情形，这就要求继承人在互谅互让、和睦团结的基础上协商解决纠纷，协商不成的应通过司法途径寻求最终救济，而不应为争夺遗产而杀害其他继承人。这样，一来违背法律要求，二来违背继承立法的根本宗旨和立法精神，理应剥夺其继承权。

当然，这类行为是既遂还是未遂，是直接故意还是间接故意，追究刑事责任与否，也在所不问。

3. 遗弃被继承人，或者虐待被继承人情节严重的

遗弃被继承人，是指有扶养、赡养能力的继承人，对丧失劳动能力或没有独立生活能力的被继承人（尤指老、弱、病、残、幼）拒绝承担抚养或赡养义务的行为。继承人有遗弃被继承人行为，情节严重的，丧失继承权。

虐待被继承人，是指在被继承人生前经常对其进行精神或肉体上的折磨。如经常以打

骂、冻饿、强迫从事过度劳动、有病不给治疗等手段，折磨、摧残被继承人。虐待被继承人必须是情节严重的才丧失继承权。情节是否严重，可以从实施虐待行为的持续时间、手段、后果及社会影响等诸多方面综合考虑，并不以是否构成刑事犯罪、是否应承担刑事责任为依据。

此外需要说明的是，继承人遗弃被继承人或者虐待被继承人情节严重的，如果以后有悔改表现并得到被继承人生前宽恕的，可不剥夺其继承权。

4. 伪造、篡改、隐匿或者销毁遗嘱，情节严重的

伪造遗嘱，是指继承人为了争夺遗产，假冒被继承人的名义制造假遗嘱的行为。篡改遗嘱，是指被继承人生前立有遗嘱，继承人为了争夺遗产而将遗嘱的内容作有利于自己的篡改行为。隐匿遗嘱是指继承人故意将被继承人的遗嘱进行隐瞒或者藏匿，不拿出来让其他继承人知道。销毁遗嘱，是指被继承人生前立有遗嘱，继承人因担心遗嘱的内容对其不利，为争夺遗产而销毁该遗嘱的行为。

伪造、篡改、隐匿或者销毁遗嘱必须情节严重，才剥夺继承权。如何认定情节严重，应视行为后果而定。如因伪造、篡改或者销毁遗嘱致使无劳动能力又缺乏生活来源的继承人的继承权受到侵害，并使其生活陷入困难的，可认定为情节严重，应剥夺其继承权。

5. 以欺诈、胁迫手段迫使或者妨碍被继承人设立、变更或者撤回遗嘱，情节严重的

基于遗嘱人的意思自治，对使用欺诈、胁迫手段迫使、妨碍被继承人立遗嘱的真实意思表示的继承人以警示和惩戒，《民法典》继承编明确规定，继承人为了自己的利益以欺诈、胁迫手段迫使或者妨碍被继承人设立、变更或者撤回遗嘱，情节严重，丧失继承权。

（三）继承权的放弃

1. 继承权的放弃

继承权的放弃，是指继承人在继承开始后遗产分割前，以明示的方式作出的不接受被继承人遗产的意思表示。遗产继承权是一项民事权利，权利人有权根据自己的意愿作出接受或者放弃的表示。放弃继承属单方的法律行为，只要有弃权人一方的意思表示即可。但是，放弃继承的意思表示要产生法律上的效力，必须符合下列条件：

放弃继承的意思表示必须由本人作出。继承权是一项基于身份关系而发生的财产权利，具有严格的人身属性，应由本人亲自作出放弃的意思表示。当继承人为无行为能力人或者限制行为能力人时，他们的法定监护人（或法定代理人）不能代替他们作出放弃继承的意思表示。

放弃继承的意思表示必须是真实的。放弃继承的意思表示首先应由本人作出；其次，本人作出放弃的意思表示必须是其真实的意愿。因受欺诈、胁迫等原因致使继承人被迫作出放弃继承的意思表示的，该意思表示因其不真实而无效。

放弃继承必须是无条件的。继承人不得以不履行其法定义务为条件而放弃继承。继承人因放弃继承权，致其不能履行法定义务的，放弃继承权的行为无效。放弃继承权和丧失

继承权虽都导致继承权的消灭，但却是两种完全不同的法律事实。

放弃继承权是继承人处分其权利的行为，体现的是其个人的意志；继承权的丧失是对继承人违法、犯罪行为的法律上的处罚，体现的是国家的意志。

2. 放弃继承的意思表示作出的时间及表示的方式

大陆法系许多国家都有继承权承认与放弃的意思表示的时间与方式的法律规定，如《日本民法典》第九百一十五、九百三十八条。《德国民法典》第一千九百四十四、一千九百四十五条①。在我国，继承人放弃继承的意思表示，应该在继承开始后遗产分割前以明示的方式作出。继承开始前，自然人的继承权仅仅是一种继承资格，属权利能力范畴，不存在接受和放弃的问题。遗产分割后，继承人取得遗产的所有权，再表示放弃继承，已不能产生放弃继承的效力。因此，继承人于遗产分割后表示放弃继承的，只能认为是对其所继承遗产的所有权的放弃，而不是继承权的放弃。《民法典》第一千一百二十四条规定："继承开始后，继承人放弃继承的，应当在遗产处理前，以书面形式作出放弃继承的表示；没有表示的，视为接受继承。"

3. 继承权放弃的法律后果

放弃继承权的意思表示，产生以下法律后果：

表意人对该被继承人的继承权消灭。放弃继承的意思表示一旦作出，表意人不再享有继承被继承人遗产的权利，也无须承担被继承人生前所欠税款和其他债务的清偿义务。

法定继承人之一放弃继承的，同一顺序的其他法定继承人分割弃权人应得继承的遗产份额。同一顺序的法定继承人全部放弃继承的，遗产由顺序在后的法定继承人继承。全体法定继承人都放弃继承的，遗产归国家所有或者集体组织所有。

遗嘱继承人放弃遗嘱继承的，遗嘱所指定的该继承人可得的遗产份额，由法定继承人继承。放弃遗嘱继承的继承人仍可依其法定继承人的身份，参与法定继承。继承人放弃继承的意思表示具有溯及力，其效力溯及至继承开始。在遗产分割前或诉讼进行中，继承人对放弃继承反悔的，由人民法院根据其提出的具体理由，决定是否承认。遗产处理后，继承人对放弃继承反悔的，人民法院不予承认。

四、继承权的恢复

（一）继承权恢复的含义

继承权恢复，是指当继承人的继承权受到不法侵害时，有权请求恢复其继承权，又称继承权恢复请求权。继承权恢复请求权包括对人的请求权和对继承标的的请求权。对人的

---

① 《日本民法典》第九百一十五条规定：继承人承认或者放弃继承的意思表示自知道自己有继承之事开始时三个月内做出。第九百三十八条规定：放弃继承权须向家庭法院提出。《德国民法典》第一千九百四十四条规定：遗产拒绝自继承开始时六周内为止。第一千九百四十五条规定：遗产拒绝向遗产法院提出，并须记录或公证。

请求权，是指继承人对侵权人所提出的确认其继承人资格和地位的主张；对继承标的的请求权，是指继承人有权请求侵权人恢复继承标的原状的权利。

（二）继承权遭遇侵害的主要情形

（1）非继承人在没有任何法律根据的情况下，侵占被继承人的遗产而拒不返还；

（2）同一顺序的数个法定继承人，在无人丧失继承权又无人放弃继承时，部分继承人取得了全部的遗产而排除另一部分继承人应得的遗产份额；

（3）法定继承中，在没有法定情节的情况下，第二顺序的法定继承人先于第一顺序的法定继承人取得遗产；

（4）已经取得遗产的继承人，后被确认丧失继承权但拒绝返还遗产的；

（5）继承开始后，在依法需要对某项遗产进行新的产权登记时，遗漏或者排斥应予登记的继承人。

继承人遭遇上述情形之一的，可行使继承权恢复请求权。

（三）继承权恢复请求权的行使方法及行使期限

提出继承权恢复请求权的人，只能是继承权受到侵害的继承人本人，他人不能代位行使。当继承权受到侵害的当事人是无行为能力人或者限制行为能力人时，其继承权恢复请求权应由其法定代理人提出。

继承人行使继承权恢复请求权的，可以直接向侵权人提出，要求承认其合法继承人的地位，并返还其应得的遗产份额；也可以直接向被继承人生前的户籍所在地人民法院或者主要遗产所在地人民法院提出，由人民法院依诉讼程序解决。

继承权受到侵害后，继承人应在法定期限内及时提出保护请求。我国《民法典》第一百八十八条规定，继承权纠纷提起诉讼的期限为 3 年，诉讼时效期间自权利人知道或者应当知道权利受到损害之日起计算。但是，自权利受到损害之日起超过二十年的，人民法院不予保护，有特殊情况的，人民法院可以根据权利人的申请决定延长。

第四节　我国《民法典》 继承编的基本原则

一、基本原则的含义

继承编的基本原则是指处理继承法律关系所必须遵循的根本法律准则，它集中反映了继承法的基本指导思想和灵魂。我国继承法的基本原则，是我国继承法的本质体现，是我国继承制度同以往存在的私有制社会继承制度根本区别的具体标志。继承法的基本原则，既是继承法立法的指导思想，也是贯彻执行继承法具体规则和制度的指南和出发点。在法律实践中，继承法的基本原则具有非常重要的和不可替代的功能，它们被贯彻在继承法立法和司法的各个方面。

二、我国《民法典》继承编的基本原则

关于继承法的基本原则，我国《民法典》继承编中并没有一一列举，而是贯穿于《民法典》继承编的各项制度当中，它体现着我国《民法典》继承编的立法指导思想①。一般说来，其基本原则主要有以下几项：

（一）保护自然人私有财产所有权

我国《民法典》第一千一百二十条规定："国家保护自然人的继承权。"《宪法》第十三条规定："公民的合法的私有财产不受侵犯。""国家依照法律规定保护公民的私有财产权和继承权。""国家为了公共利益的需要，可以依照法律规定对公民的私有财产实行征收或者征用并给予补偿。"保护公民的私有财产权和继承权是保护公民合法财产所有权的具体表现，它是我国继承法的立法依据，也是我国继承法的宗旨和首要任务。这一原则在继承法上主要表现在以下方面：

（1）我国《民法典》明确规定，公民生前拥有的个人合法财产，包括生产资料、生活资料、知识产权中可以继承的财产权利以及其他合法的财产权，在其死后可以作为遗产由其继承人继承。

（2）我国《民法典》确认遗嘱继承，并且承认遗嘱继承具有优先于法定继承的效力。这是法律赋予公民以遗嘱的方式自由处分其身后财产及其他事务的权利。在没有遗嘱的情况下，法律推定死者希望将其财产遗留给与其关系最密切的亲属所有，并根据这一推定，确定法定继承人的范围和继承顺序。

（3）我国《民法典》还设计了继承权受到侵害时的各种司法救济手段。

（二）继承权男女平等的原则

我国《宪法》第四十八条规定："中华人民共和国妇女在政治的、经济的、文化的、社会的和家庭的生活等各方面享有同男子平等的权利。"《民法典》第一千一百二十六条规定："继承权男女平等。"继承权男女平等是对我国宪法所确立的男女平等原则的充分体现。

继承权男女平等原则，主要包括以下含义：

（1）获得继承权时，男女平等。凡是被继承人的近亲属，不分男女，一律平等地享有继承权。丧偶儿媳对公婆、丧偶女婿对岳父母尽了主要赡养义务的，也依法享有继承权。

（2）在继承顺序上，男女平等。在同一继承顺序中，不论是男是女，都有平等的继承权，如儿子和女儿都是父母的第一顺序的法定继承人，父或母也为子女的第一顺序的法定

---

① 关于改革开放30年中国继承法研究的情况，参见陈苇. 改革开放30年（1978—2008）中国婚姻家庭继承法研究之回顾与展望［M］. 北京：中国政法大学出版社，2010：349-535.

继承人。

（3）同一顺序的继承人继承遗产的份额应当平等。

《民法典》第一千一百三十条中"同一顺序继承人继承遗产的份额，一般应当均等"的规定对男女平等地适用。对被继承人尽了主要赡养义务或者与被继承人共同生活的继承人，按照权利义务相一致的原则，在分配遗产时，可以多分。

（三）养老育幼、互助互济原则

赡养老人、抚育子女是家庭的社会职能，也是中华民族长期以来的传统美德和建设社会主义精神文明的要求。为了保护老人和未成年子女的权益，我国《宪法》第四十九条第三款规定："父母有抚养教育未成年子女的义务，成年子女有赡养扶助父母的义务。"我国继承法中也以基本原则的形式贯彻落实了上述宪法原则。这一原则具体体现在：

（1）在法定继承中规定，对生活有特殊困难的缺乏劳动能力的继承人，分配遗产时，应当予以照顾[①]。

（2）在遗嘱继承中规定，遗嘱应当对缺乏劳动能力又没有生活来源的继承人保留必要的遗产份额。

（3）在遗产的处理中，规定遗产分割时，应当保留胎儿的继承份额。

（4）规定当继承人有违反此原则的行为时，丧失继承权。如故意杀害被继承人的，遗弃被继承人的，或者虐待被继承人情节严重的。

（5）为了解决有特殊困难的公民生养死葬的问题，《民法典》还规定公民可以与扶养人或集体所有制组织签订遗赠扶养协议，由扶养人或集体所有制组织承担该公民生养死葬的义务，享有受遗赠的权利[②]。

（6）为了鼓励赡养老人，继承法把对公婆或岳父母尽了主要赡养义务的丧偶儿媳、丧偶女婿列入第一顺序的继承人，以贯彻这一原则。

（四）权利义务一致

权利义务一致原则是民法的一项基本原则。《民法典》继承编的许多规定也体现了这一原则。继承中的权利义务一致，是指继承人资格的是否享有，除考虑继承人与被继承人之间是否存在一定范围的亲属关系外，在特殊情况下，对被继承人生前是否承担了较多的扶养义务也会成为是否享有继承权的依据。此外，继承人对被继承人生前债务的清偿，也是其继承内容的一部分。

（1）《民法典》第一千一百二十九条规定，丧偶的儿媳或女婿对公婆或岳父母尽了主要赡养义务的，作为第一顺序的法定继承人。儿媳与公婆之间、女婿与岳父母之间属姻亲关系，相互之间本没有扶养关系，亦没有继承权。但如果儿媳或女婿在丧偶后仍能继续对

---

① 参见我国《民法典》第一千一百三十条。
② 参见我国《民法典》第一千一百二十九条。

公婆或者岳父母关心、帮助、照顾或者在经济上持续提供资助的，根据权利义务一致原则，《民法典》赋予丧偶儿媳或女婿以第一顺序的法定继承人资格，使其能以独立的身份取得对公婆或岳父母遗产的继承权。

（2）我国《民法典》继承编除以婚姻关系、血缘关系为依据确定法定继承人的范围外，对继父母与继子女之间、继兄弟姐妹之间原属姻亲关系的当事人，根据他们之间是否有共同生活、相互之间是否存在扶养关系来确定彼此之间是否有继承权。

（3）在遗产分配时，对于有扶养能力和扶养条件的继承人，不尽扶养义务的，可不分或少分遗产；与被继承人共同生活并尽义务较多的，可多分遗产；法定继承人以外的其他人，对死者生前扶养较多的，可以适当分得遗产。

（4）我国《民法典》继承编适用概括继承的原则，接受遗产的继承人负有清偿被继承人生前所欠税款和其他债务的义务；放弃继承的，可以不负清偿义务。

思考题

1. 继承权的法律特征有哪些？
2. 根据不同的角度，可将继承作哪些划分？
3. 我国继承法规定的继承权丧失的法定事由有哪些？
4. 如何区别继承权的丧失和继承权的放弃？
5. 我国继承制度的基本原则表现在哪些方面？

第二章　法定继承

第一节　法定继承概述

一、法定继承的概念

法定继承是指被继承人生前未立遗嘱处分其遗产或遗嘱无效时，由其继承人按照法律规定的继承顺序、遗产分配原则等继承遗产的方式。由于法定继承是在被继承人未立遗嘱或遗嘱无效时所采用的继承方式，理论上又把法定继承称为"无遗嘱继承"。

法定继承的主要内容是由法律规定哪些人可以成为法定继承人、各法定继承人处于哪一继承顺序、同一顺序的法定继承人如何分割被继承人的遗产等。法定继承有两个特点：第一，法定继承以与被继承人之间存在特定的人身关系为前提，确定继承人的范围、继承的顺序以及遗产的份额以继承人与被继承人之间亲属关系的亲疏远近为依据。我国《民法典》第一千一百二十七条规定的法定继承人的范围是：配偶、子女、父母、兄弟姐妹、祖父母、外祖父母。其中，配偶、子女、父母属第一顺序的法定继承人，兄弟姐妹、祖父母、外祖父母属第二顺序的法定继承人。第二，法定继承中继承人的继承顺序及遗产的分配由《民法典》继承编直接规定，属强制性规范。

二、法定继承的适用范围

法定继承为无遗嘱继承，适用于被继承人生前未立遗嘱或者遗嘱无效或部分无效或者遗嘱指定的继承人放弃遗嘱继承等各种情况：

（1）被继承人生前未订立遗嘱，或者虽然立有遗嘱，但遗嘱只处分了部分遗产，被继承人尚未处分的遗产，适用法定继承。

（2）被继承人生前虽同他人订有遗赠扶养协议，但协议已失去法律效力，协议中所处分的遗产，适用法定继承。

（3）被继承人生前所立遗嘱无效或者部分无效的，遗嘱无效部分所处分的遗产，适用法定继承。

（4）被继承人在遗嘱中指定了遗嘱继承人或者受遗赠人，遗嘱继承人或者遗赠受领人放弃遗嘱继承或者受领遗赠的，放弃的遗产部分，适用法定继承。

（5）被继承人在遗嘱中指定的继承人或者遗赠受领人先于被继承人死亡或者宣告死亡的，遗嘱中指定给予他们的遗产，适用法定继承。

（6）遗嘱继承人或者遗赠受领人依法丧失继承权或者遗赠受领权的，遗嘱中指定给予他们的遗产，适用法定继承。

第二节　法定继承人的范围和继承顺序

一、法定继承人范围

我国《民法典》第一千一百二十七条规定的法定继承人的范围是：配偶、父母、子女、兄弟姐妹、祖父母和外祖父母。《民法典》第一千一百二十九条规定，丧偶的儿媳或者女婿对公婆或者岳父母尽了主要赡养义务的，可以作为第一顺序的法定继承人[①]。

（一）配偶

配偶专指婚姻关系存续期间的夫妻双方。男女双方因婚姻而结为夫妻，夫妻双方互为配偶。夫妻是组成家庭的最基本的成员，相互之间具有人身关系和财产关系。我国《民法典》第一千零五十九条、第一千零六十一条分别规定："夫妻有相互扶养的义务""夫妻有相互继承遗产的权利"。

配偶作为法定继承人，以其与被继承人之间的婚姻关系的合法有效为前提，在被继承人死亡前这种婚姻关系始终存在，如此，才能以配偶的身份继承被继承人的遗产。

在确定配偶身份时，应注意下列特殊情况：

（1）男女双方长期同居、姘居的，不论是否生儿育女，一方死亡，他方不得以配偶身份主张继承死者的遗产。同居期间的财产，可按共有财产对待，生存方可以要求分割共有财产中应该属于自己的部分；同居期间生儿育女的，其子女基于血亲关系，可以继承死者的遗产。

（2）在1994年2月1日民政部颁布的《婚姻登记管理条例》前，男女双方符合结婚的实质要件，但是没有办理婚姻登记而以夫妻名义共同生活，周围群众也认为双方是夫妻的，可以认定为事实婚。一方死亡的，另一方可以以配偶身份要求继承死者的遗产。

（3）已经办理婚姻登记的男女双方，尚未共同生活或者共同生活时间很短的，其中一方死亡，另一方可以以配偶身份要求继承死者的遗产，死者的其他法定继承人不得无理阻拦，但在具体分配遗产时，应与有长期共同生活的夫妻关系有所区别。

---

① 陈苇，杜江涌. 我国法定继承制度的立法构想［J］. 现代法学，2002（3）：96-103.

（4）在 1950 年《婚姻法》实施以前已经形成的纳妾、一夫多妻（一妻多夫）属历史遗留问题，本人如不提出解除这一关系，应认定各自的配偶身份有效，妻、妾之间对其丈夫具有同等的配偶身份，对丈夫的遗产享有同等的继承权。

（5）在离婚诉讼进行中一方死亡，或者法院判决离婚，在离婚判决生效前一方死亡的，因婚姻关系尚未终止，对方仍得以配偶身份主张继承死者的遗产。

（二）子女

子女包括婚生子女、非婚生子女、养子女和有抚养关系的继子女。

1. 婚生子女

婚生子女是指具有合法婚姻关系的男女双方所生育的子女。婚生子女作为法定继承人，不因其性别、年龄以及婚姻状况而受影响，对父母的遗产享有平等的继承权。因父母离异而由一方抚养的子女，对没有抚养他的父亲或者母亲的遗产仍享有继承权。子女对父母遗产的继承权，不因父母之间婚姻关系的变化而受影响①。

胎儿因不具有主体资格而不能享有继承权。但是根据罗马法的"关于胎儿的利益视为已经出生"的原则，各国立法普遍规定应保留胎儿的"应继份"。我国《民法典》第一千一百五十五条规定："遗产分割时，应当保留胎儿的继承份额。胎儿出生时是死体的，保留的份额按法定继承办理。"

2. 非婚生子女

非婚生子女是指没有婚姻关系的男女所生育的子女。子女对父母的继承权，基于与父母之间的血缘关系，而不问父母相互之间是否有婚姻关系。因此，非婚生子女对父母遗产的继承权应与婚生子女一样。我国《民法典》第一千一百一十一条规定："非婚生子女享有与婚生子女同等的权利，任何组织或者个人不得加以危害和歧视。"

3. 养子女

我国《民法典》第一千一百一十一条规定："自收养关系成立之日起，养父母与养子女间的权利义务关系，适用本法关于父母子女关系的规定；养子女与养父母的近亲属间的权利义务关系，适用本法关于子女与父母的近亲属关系的规定。"因此根据我国《民法典》第一千零七十条的相关规定："父母和子女有相互继承遗产的权利"和《民法典》第一千一百二十七条的规定，养子女是养父母的法定继承人，居于第一继承顺序中。养父母与养子女关系是法律拟制的一种血亲关系，因收养关系的解除而消除。我国《民法典》规定，收养关系解除后，养子女与养父母及其他近亲属之间的权利义务关系即行消除，与生父母及其他近亲属之间的权利义务关系自行恢复，但成年养子女与生父母及其他近亲属之间的权利义务关系是否恢复，可以协商确定。因此，收养关系解除以后，养子女不再享有

---

① 对于我国《继承法》规定的父母与子女同为第一顺序继承人，有学者早在 20 世纪 90 年代就提出了不同意见。参见张玉敏. 继承法律制度研究［M］. 北京：法律出版社，1999：207-208.

对原养父母的遗产继承权。

4. 继子女

由于继子女与继父母之间是一种姻亲关系，原则上互相不享有继承权。但是，如果继父母与继子女之间形成了抚养关系，则继子女和继父母之间相互享有对方遗产的继承权。我国《民法典》第一千零七十二条第二款规定："继父或继母和受其抚养教育的继子女间的权利义务，适用本法关于父母子女关系的有关规定。"因此，与继父、继母形成抚养关系的继子女，属于法定继承人①。并且继子女继承了继父母遗产的，不影响其继承生父母的遗产。

（三）父母

父母包括生父母、养父母和有抚养关系的继父母。生父母与子女之间的关系是自然血亲关系，他们之间互相有继承对方遗产的权利。养父母是因收养关系而与被收养人成立的一种拟制血亲关系，适用父母子女关系的法律规定，属法定继承人的范围。实践中需注意的是，养祖父母与养孙子女的关系，视为养父母子女关系的，可互为第一顺序的继承人。有抚养关系的继父母和继子女互相享有对方遗产的继承权，当然，继父母继承了继子女遗产的，不影响其继承生子女的遗产。

（四）兄弟姐妹

兄弟姐妹是血缘关系最近的旁系血亲。我国《民法典》第一千零七十五条规定："有负担能力的兄、姐，对于父母已经死亡或父母无力抚养的未成年的弟、妹，有扶养的义务。由兄、姐扶养长大的弟、妹，对于缺乏劳动能力又缺乏生活来源的兄、姐，有扶养的义务。"我国《民法典》所说的兄弟姐妹，包括同父同母的兄弟姐妹；同父异母、异父同母的兄弟姐妹；养兄弟姐妹；有扶养关系的继兄弟姐妹。养兄弟姐妹包括养子女与生子女、养子女与养子女的兄弟姐妹关系。继兄弟姐妹多为异父异母的兄弟姐妹，属姻亲关系。继兄弟姐妹共同生活，相互之间有扶养照顾的，相互之间有继承权。继兄弟姐妹相互继承遗产的，不影响其继承亲兄弟姐妹遗产的权利。

（五）祖父母、外祖父母

祖父母、外祖父母是隔代的直系血亲尊亲属，是除父母之外最亲的直系血亲尊亲属。有负担能力的祖父母、外祖父母，对于父母已经死亡或者父母无力抚养的未成年的孙子女、外孙子女，有抚养的义务。有负担能力的孙子女、外孙子女，对于子女已经死亡或子女无力赡养的祖父母、外祖父母有赡养的义务。因此，我国法律对祖父母、外祖父母平等对待，都把其纳入法定继承人的范围。当然，《民法典》继承编上的祖父母，也包括亲祖父母和亲外祖父母、养祖父母和养外祖父母、继祖父母和继外祖父母。

---

① 陈苇. 外国继承法比较与中国民法典继承编制定研究 [M]. 北京：北京大学出版社，2011：417，422.

（六）对公婆、岳父母尽了主要赡养义务的丧偶儿媳、丧偶女婿

我国法律为了鼓励赡养老人的客观需要，在《民法典》继承编中对尽了主要赡养义务的丧偶儿媳和丧偶女婿作了特别规定，承认其为第一顺序的法定继承人。这样有利于鼓励丧偶儿媳、丧偶女婿对公婆、岳父母积极赡养，也有利于维护家庭的和睦团结，更体现了权利义务相一致原则的精神。

对被继承人生活提供了主要经济来源，或在劳务等方面给予了主要扶助的，应当认定其尽了主要赡养义务。至于尽了主要赡养义务的丧偶儿媳、丧偶女婿，无论是否再婚，其第一顺序法定继承人的地位和其子女的代位继承权均不受影响①。

二、法定继承人的继承顺序

法定继承人的继承顺序是指法律规定的法定继承人对被继承人遗产继承的先后顺序。各国继承法都有法定继承人范围和继承顺序的规定。被继承人死亡后并不是所有的法定继承人都同时参加遗产的继承。根据继承人与被继承人之间亲属关系的亲疏远近，各国继承法将继承人划分出若干顺序，由顺序在先的法定继承人首先继承。当没有顺序在先的继承人或者顺序在先的继承人全部放弃继承或全部丧失继承权时，则由顺序在后的继承人继承。法定继承人的继承顺序具有排他性。

各国立法对法定继承人顺序的划分有所不同，但所依据的原理基本是相同的，即以婚姻关系和血缘关系的亲疏远近为依据。我国《民法典》第一千一百二十七条规定："遗产按照下列顺序继承：第一顺序，配偶、子女、父母。第二顺序，兄弟姐妹、祖父母、外祖父母。继承开始后，由第一顺序继承人继承。没有第一顺序继承人或者第一顺序的继承人都放弃继承或者都被剥夺继承权的，由第二顺序继承人继承。"第一千一百二十九条规定："丧偶儿媳对公、婆，丧偶女婿对岳父、岳母，尽了主要赡养义务的，作为第一顺序的继承人。"

法定继承人的顺序具有排他性。存在先后顺序的法定继承人时，顺序在后的法定继承人不得参加继承，法律另有规定的除外。

---

① 我国有学者认为，丧偶儿媳或者丧偶女婿继承权的现有规定存在不足，参见杨立新，朱呈义. 继承法专论 [M]. 北京：高等教育出版社，2006：162. 有些学者建议删除此规定，并增设尽了主要赡养义务的丧偶儿媳或丧偶女婿享有遗产酌分请求权。参见陈苇. 外国继承法比较与中国民法典继承编制定研究 [M]. 北京：北京大学出版社，2011：417，422.

第三节 代位继承与转继承

一、代位继承

(一) 代位继承的概念

代位继承是法定继承制度中的一种特殊情况，依照我国继承编对代位继承的规定，代位继承是指在法定继承中，被继承人的子女或者兄弟姐妹先于被继承人死亡时，由被继承人子女的晚辈直系血亲或者被继承人兄弟姐妹的子女代替先死亡的长辈直系血亲或者被继承人的兄弟姐妹，继承被继承人遗产的法律制度。这一概念，有以下几层含义：

第一，只有在法定继承中被继承人的子女先于被继承人死亡的，才会由该子女的晚辈直系血亲代位继承；或者被继承人的兄弟姐妹先于其死亡，由被继承人的兄弟姐妹的子女代位继承。在遗嘱继承中不适用代位继承的规定。

第二，代位继承发生的前提是被继承人的子女先于被继承人死亡，或者被继承人的兄弟姐妹先于其死亡。如果被继承人的子女在继承开始以后死亡的，则适用转继承的规定。

第三，我国代位继承的适用较为严格，仅限于被继承人的子女的晚辈直系血亲或者被继承人兄弟姐妹的子女。

(二) 我国代位继承制度的法律特征

(1) 代位继承必须是被继承人的子女（直系晚辈血亲）或者被继承人的兄弟姐妹先于被继承人死亡或者宣告死亡。如果被继承人的子女（直系晚辈血亲）或者兄弟姐妹没有死亡或者后于被继承人死亡，不发生代位继承。

(2) 被代位继承人必须是被继承人的子女（直系晚辈血亲）或者兄弟姐妹的子女，在我国还应包括被继承人的非婚生子女、养子女和有扶养关系的继子女。被继承人的配偶、父母都不能成为被代位人。即使上述这些人先于被继承人死亡的，也不适用代位继承。

(3) 代位继承人必须是被继承人子女的直系晚辈血亲或者兄弟姐妹的子女，并且晚辈直系血亲辈数不受限制。既可以是被继承人的孙子女代位其父亲继承其祖父母的遗产，也可以是曾孙子女代位其祖父母继承其曾祖父母的遗产。被代位继承人的直系尊血亲、配偶、旁系血亲都不能成为代位继承人。

(4) 代位继承人只能继承被代位人应得的遗产份额。由于代位继承是代位已经死去的父亲或母亲继承祖父母或外祖父母的遗产，因此，代位继承人无论是一人还是数人，都只能继承他们的父亲或者母亲应得的遗产份额。

(5) 被代位人必须享有继承权。在我国，代位继承权取"代表权说"，即以被代位人享有继承权为前提，被代位人丧失继承权的，其直系晚辈血亲因没有可替代行使的继承权，不享有代位继承权。法律另有规定的除外。

（6）代位继承只适用于法定继承，是法定继承的一种特殊情况。遗嘱继承不适用代位继承。遗嘱所指定的继承人先于立遗嘱人死亡的，遗嘱所指定的由该继承人继承的遗产，按法定继承办理。如果在适用法定继承时，有法定继承人先于被继承人死亡的，其直系晚辈血亲或者兄弟姐妹的子女可以代位继承。

二、转继承的概念和适用条件

转继承，也称第二次继承，是指继承人在被继承人死亡后遗产分割前死亡，本该由该继承人继承的遗产份额，转由他的法定继承人继承的法律制度。转继承的适用应符合下列条件：①继承人后于被继承人死亡或者宣告死亡。继承人的死亡在被继承人死亡以后、遗产分割以前。继承人先于被继承人死亡的，则适用代位继承。②继承人对被继承人的遗产必须享有继承权。继承人放弃继承或者被剥夺继承权的，不发生转继承问题。

三、代位继承与转继承的区别

代位继承与转继承的区别主要有以下几个方面：

（1）发生的事实根据不同。代位继承是基于继承人先于被继承人死亡的事实而发生的。而转继承发生的根据则是继承人在继承开始后，遗产分割前死亡的事实。

（2）对死亡的继承人的要求不同。代位继承中，先于被继承人死亡的法定继承人仅限于被继承人的子女或者兄弟姐妹，其他法定继承人如配偶、父母，即使先于被继承人死亡，也不会发生代位继承的问题。而在转继承中，只要是被继承人的继承人，不管是法定继承人，还是遗嘱指定的继承人，只要在遗产分割前死亡，都会发生转继承的问题。

（3）代位继承人和转继承人的范围不同。代位继承人，仅限于被继承人子女的晚辈直系血亲和兄弟姐妹的子女。而转继承人则范围要广得多，只要是继承人的继承人，都可成为转继承人。

（4）二者适用的范围不同。转继承既可发生在法定继承中，也可发生在遗嘱继承中。代位继承只适用于法定继承，而不适用于遗嘱继承。

思考题

1. 什么叫法定继承？

2. 我国《继承法》关于法定继承人的范围和继承顺序是如何规定的？

3. 什么叫代位继承？什么叫转继承？

4. 试述代位继承与转继承的区别。

5. 法定继承方式中遗产的分配原则有哪些？

第三章　遗嘱继承与遗赠

第一节　遗嘱继承概述

一、遗嘱继承的历史发展

遗嘱继承起源于罗马法。公元前 5 世纪的《十二表法》已有关于遗嘱的规定："凡以遗嘱处分自己的财产，或对其家属指定监护人的，具有法律上的效力。"到公元 6 世纪，罗马法关于遗嘱继承制度的规定已相当完备，其特点是注重形式，只有具备一整套严格的程序和形式，所立的遗嘱才具有法律效力。由于古代罗马法继承首先是人格的延续，是家长身份的继承。古代罗马人非常关心自己死后谁将是其人格的延续者，因此，古代罗马人有生前立遗嘱以确定其死后继承人的习惯，并配以一套严格的程序以确保遗嘱内容的公正、准确。罗马法确立了以遗嘱继承为主，遗嘱继承优先，法定继承作为补充的一整套继承制度。罗马法关于遗嘱、遗嘱继承的原理，一直被沿用至今，为后世各国继承法律制度所接受。我国古代虽然亦有遗嘱，但遗嘱的含义较现代民法上的遗嘱，其意义要宽泛得多。凡对身后事务处理的意思表示，包括对财产处分以外的其他事务的安排，均为遗嘱。如国王有"遗诏"，大臣有"遗表"，一般百姓有"临终遗言"等。但由于我国历史上宗祧继承始终占统治地位，个人意志过多地受到宗法思想的制约，个人的身后事务，尤其作为封建制下的家长的身后事务，须依祖宗的规矩办理。因此，长期以来法定继承一直是我国继承的主要形式，在农村尤其如此。遗嘱继承在我国相当不发达。遗嘱继承制度盛行于资本主义社会，尤为欧美国家所普遍适用。除历史的、文化的传统因素外，遗嘱继承制度，由于在一定程度上可以不受血缘、婚姻等亲属关系的因素影响，因而更能体现财产所有人对其身后财产及其他事务的安排的真实意思，更符合资本主义社会对私有财产的充分保护和对个人意思自由意志的充分肯定，因此，也更能适合资本主义社会生产方式的需要。遗嘱自由的理念在此基础上产生。

二、遗嘱继承的概念和特征

遗嘱继承，是指按照遗嘱人生前所立遗嘱来确定继承人及其所继承遗产的种类、份额的遗产处理方式。继承人按照被继承人生前所立的合法有效的遗嘱，继承被继承人遗产的继承方式，其中设立遗嘱的被继承人称为遗嘱人，接受遗嘱指定、继承遗产的人，称为遗嘱继承人。在遗嘱继承中，由于继承人是由被继承人生前在遗嘱中指定的，因此，遗嘱继承又称为指定继承，遗嘱继承人又被称为指定继承人。

遗嘱继承与法定继承是不同的。法定继承中，继承人的范围、顺序、应继份额和遗产的处理都由法律直接规定。而在遗嘱继承中，继承人和遗产的分配，都是按照遗嘱人在遗嘱中的指定来确定的。遗嘱继承制度的目的和意义在于：赋予自然人对其死后遗产的处理能充分表达自己意愿的权利，从而使自己的财产让其最信赖、最亲近的继承人继承。与法定继承相比，遗嘱继承具有以下主要法律特征：

（1）在遗嘱继承中，继承人和遗产的分配是按被继承人生前的意愿确定的。法定继承中，有关继承人的范围、顺序、应继份额及遗产的处理皆依法定。而遗嘱继承则全依合法有效的遗嘱而定，直接体现着被继承人的意愿。不仅继承人，甚至继承人的顺序、继承遗产的份额或具体的遗产，都是由被继承人在遗嘱中指定。

（2）按遗嘱继承遗产需要同时具备两个法律事实：一是有合法有效的遗嘱存在，二是遗嘱人死亡并留有遗产。而法定继承只基于一个法律事实，即被继承人死亡并留有遗产。

（3）遗嘱继承人的法律地位不能被代替。在法定继承中，当被继承人的子女先于被继承人死亡时，该继承人的晚辈直系血亲可代位继承。而在遗嘱继承中不会发生代位继承。其一是遗嘱继承中体现了遗嘱人指定特定继承人的意愿，这种指定的地位专属于被指定者，不允许代替。其二是当指定的继承人先于被继承人死亡的，遗嘱对其指定不具有法律效力，更无位可代。

（4）遗嘱继承优先于法定继承，具有排斥法定继承的特征。遗嘱继承是法律尊重和保护被继承人生前依法处分其财产的自由而设定的一种继承方式，因此，当合法有效的遗嘱存在时，法律首先承认遗嘱继承的优先地位。法定继承是法律对被继承人生前处分其财产或财产权利意思的一种推定，是在自然人未立遗嘱或者所立遗嘱不具有法律效力的情况下的一种补充和辅助。因此，在有合法有效遗嘱的情况下，应按遗嘱内容确定继承人及遗产的分配，只有在没有遗嘱或遗嘱无效的情况下才适用法定继承的规定。

三、遗嘱继承的适用条件

在被继承人死亡时，具备下列条件，适用遗嘱继承办理继承事宜。

（一）没有遗赠扶养协议

根据我国《民法典》第一千一百二十三条的规定："继承开始后，按照法定继承办理；有遗嘱的，按照遗嘱继承或者遗赠办理；有遗赠扶养协议的，按照协议办理。"可见，遗嘱继承虽优先于法定继承，但却不能对抗遗赠扶养协议中约定的条件。因此，在被继承人生前与他人订有遗赠扶养协议，又立遗嘱处分遗产的，则执行遗赠扶养协议的内容。只有对遗赠扶养协议中未作处理的遗产，对该未作处理部分，才可按遗嘱进行继承。

（二）被继承人立有遗嘱，且遗嘱合法有效

这是遗嘱继承的前提条件，如未立遗嘱或遗嘱因违法而无效，则只能按法定继承办理。遗嘱的合法有效，是指所立遗嘱符合法律规定的条件，如被继承人有遗嘱能力，意思表示真实，没有违背社会公序良俗，并且对有关受法律特殊保护的人（如胎儿）保留了必要的份额等。《民法典》第十六条规定："涉及遗产继承、接受赠与等胎儿利益保护的，胎儿视为具有民事权利能力。但是胎儿娩出时为死体的，其民事权利能力自始不存在。"

（三）指定继承人有继承权

这里是指遗嘱中指定的继承人没有丧失继承权。另外，在继承开始后，遗产分割前该指定继承人未明确表示放弃继承权的。如果遗嘱指定的继承人丧失继承权或放弃继承权时，则也只能就该继承人应继承的部分按法定继承办理。

三、有关遗嘱继承的其他问题

（一）共同遗嘱

共同遗嘱，又称合立遗嘱，是由两个或者两个以上的遗嘱人共同订立的一份遗嘱。通常是夫妻双方生前将其共同财产以遗嘱的方式做出安排。

共同遗嘱一般有三种情况：

（1）相互指定对方作为自己遗产的继承人。如果丈夫先于妻子死亡，则丈夫的全部遗产由妻子继承；同样，如果妻子先于丈夫死亡，则妻子的全部遗产由丈夫继承。

（2）共同指定第三人为遗产继承人或受遗赠人。如夫妻立共同遗嘱，指定子女为遗产继承人。如果丈夫先于妻子死亡，丈夫的遗产由子女继承，生存的妻子并不继承丈夫的遗产；妻子先于丈夫死亡亦同。

（3）相互指定对方为自己遗产的继承人，并且规定在双方死后遗产由指定的第三人继承。如夫妻立共同遗嘱，相互指定对方为其遗产的继承人，并于双方死后全部遗产由子女继承。妻子先于丈夫死亡的，妻子的遗产由丈夫继承，待丈夫死亡后，全部遗产由其子女继承。

共同遗嘱的形式主要有两种：一种是相互遗嘱，即两个遗嘱人在同一份遗嘱上相互写明对方是自己遗产的继承人或者受遗赠人；另一种是相关遗嘱，即相互以对方的遗嘱内容为条件的遗嘱。

共同遗嘱与一般遗嘱相比有以下特点：

（1）共同遗嘱是两个以上的遗嘱人的共同行为，需要有行为人共同的意思表示，并且全体遗嘱人必须都具有遗嘱能力，遗嘱人的意思表示必须都是真实的。

（2）共同遗嘱生效的时间和一般遗嘱生效的时间不同。一般遗嘱中，遗嘱人一方死亡，遗嘱即可发生执行的效力；而共同遗嘱须全体遗嘱人都死亡后才能全部执行，部分遗嘱人死亡只发生部分遗嘱的执行效力。

（3）在相互关联的共同遗嘱中，由于遗嘱内容的相互制约，任何一方变更或者撤销遗嘱都将导致另一方遗嘱的失效；当一方的遗嘱已经执行时，另一方不得变更或者撤销遗嘱。由于共同遗嘱具有上述特点，共同遗嘱效力的确定性远不如一般遗嘱，给遗嘱的执行可能带来麻烦，也使共同遗嘱中遗嘱人变更或者撤销遗嘱的自由受到了极大的限制。由于共同遗嘱的上述缺陷，各国立法对之态度各异，有明确否定共同遗嘱效力的，如《日本民法典》第九百七十五条规定："两人以上者，不得以同一证书立遗嘱。"《法国民法典》第九百六十八条规定："遗嘱，不得由两人或数人以同一文书，为第三人利益或者相互处分遗产而订立。"亦有承认共同遗嘱效力的，如德国、奥地利等。《德国民法典》第二千二百六十五条至二千二百七十三条就是关于共同遗嘱的具体规定。也有在法律上不作明文规定的，如我国的继承法。即使我国在司法实务上承认共同遗嘱的效力，但法律并不主张、鼓励采用共同遗嘱。

（二）附负担的遗嘱

附负担的遗嘱，是指遗嘱人在遗嘱中规定，遗嘱继承人或者遗赠受领人在接受指定的遗产时，必须完成遗嘱指定的特定的义务。例如，遗嘱人在遗嘱中指定其妻子为其全部遗产的继承人，但她必须抚养他和他的前妻所生育的未成年子女或者为他的老迈的父母养老送终。又比如，遗嘱人指定其朋友甲作为其收藏的字画、书籍的受遗赠人，但甲必须将其未成年子女抚养成人。这就是附负担的遗嘱。

附负担的遗嘱中所规定的义务，并不是遗嘱继承人或者遗赠受领人的法定义务，但却是继承人或者受遗赠人取得遗产的前提条件。遗嘱继承人或者受遗赠人表示接受遗产的，应该履行遗嘱中规定的义务。但遗嘱人所提出的条件或负担，不得有违法律和社会公德。

附负担的遗嘱应注意可能出现的问题：

（1）遗嘱所设定的义务违反法律或社会公德的。例如，遗嘱人在遗嘱中指定其妻为其遗产的唯一继承人，但同时规定其妻在取得遗产后不得改嫁他人。又比如，遗嘱人在遗嘱中指定其学生或者助手取得其收藏的全部书籍和文物，但规定受遗赠人必须娶其女儿为妻。遗嘱中所规定的义务违法或者违反社会公德的，遗嘱无效或视所附负担不成立。《瑞士民法典》规定对无任何意义的条件或者义务，得视其不存在[①]。

（2）遗嘱中所设定的义务，必须是可以实现的。例如，遗嘱人可以指定接受遗产的人得承担对其未成年子女的抚养义务，但如果规定接受遗产的人必须将其子女培育成优秀的艺术家、科学家，该义务的规定就缺乏可实现性。

（3）遗嘱中规定的义务应具有实际意义。例如，遗嘱人指定其妻为其遗产的唯一继承人，但要求妻子终身供奉其牌位，对其遗像每日磕头作揖。对此，《瑞士民法典》第四百

---

① 瑞士民法典［M］. 殷根生，王燕，译. 北京：中国政法大学出版社，1999.

八十二条第三款明文规定：遗嘱中所规定的条件尤其令人讨厌或者无任何意义的，得视其为不存在。

（4）遗嘱人为遗嘱继承人或者受遗赠人所设立的负担，不得超过他们可得的遗产价值。如《日本民法典》第一千零二条规定："受附负担遗赠者，只于不超过遗赠标的价额的限度内，负履行义务的责任。"

第二节　遗嘱

一、遗嘱的概念和特征

遗嘱是立遗嘱人生前按照法律规定的方式处分自己的财产及其他事务，于死后发生法律效力的表意行为。遗嘱行为是民事法律行为，具有如下法律特征：

（1）遗嘱是单方的法律行为。遗嘱只需遗嘱人一方的意思表示，就能产生相应的法律后果。遗嘱人通过遗嘱处分自己的财产及其他事务，无须征得他人的同意，包括无须征得遗嘱继承人的同意。遗嘱所指定的继承人放弃遗嘱继承的，不影响遗嘱本身的效力。

（2）遗嘱是死后生效的法律行为。遗嘱人订立遗嘱的目的，在于对自己身后的财产及有关事务做事先安排，这种安排对遗嘱人不具有拘束力。遗嘱人可以在其生前的任何时候订立遗嘱、变更遗嘱，甚至撤销遗嘱。

（3）遗嘱是要式法律行为[①]。遗嘱从订立到执行往往会有一段时间。由于遗嘱是死后生效的法律行为，遗嘱执行时，遗嘱人已不在人世。为避免遗嘱在执行时发生问题，引发纠纷，我国《民法典》规定，遗嘱必须符合法律规定的形式要件才能发生执行的效力。

（4）遗嘱人立遗嘱时必须具有遗嘱能力。在我国，遗嘱能力适用行为能力的标准。

二、遗嘱的形式

（一）遗嘱的法定形式

遗嘱的形式是指遗嘱人处分自己死后财产及其他事务的意思表示的方式。遗嘱是要式法律行为，须符合法律规定的形式。我国《民法典》继承编规定了订立遗嘱的六种形式及生效的条件：

（1）自书遗嘱。自书遗嘱是遗嘱人亲笔书写的遗嘱。《民法典》第一千一百三十四条规定："自书遗嘱由遗嘱人亲笔书写，签名，注明年、月、日。"最高人民法院《关于适用〈中华人民共和国民法典〉继承编的解释（一）》第二十七条："自然人在遗书中涉及

---

① 魏小军. 遗嘱有效要件研究——以比较法学为主要视角［M］. 北京：中国法制出版社，2010：170-172.

死后个人财产处分的内容，确为死者的真实意思表示，有本人签名并注明了年、月、日，又无相反证据的，可以按自书遗嘱对待。"

（2）代书遗嘱。代书遗嘱是由遗嘱人口述，由别人代为书写、记录的遗嘱。为保证代书人所书写的内容与遗嘱人的真实意思一致，代书遗嘱必须有两个以上的见证人在场见证，由其中一人代书，并注明年、月、日，同时代书人、其他见证人和遗嘱人在遗嘱上分别签名。

（3）打印遗嘱。打印遗嘱是为了适应现代打印技术的广泛应用新增加的遗嘱形式，《民法典》第一千一百三十六条："打印遗嘱应当有两个以上见证人在场见证。遗嘱人和见证人应当在遗嘱每一页签名，注明年、月、日。"

（4）录音录像遗嘱。录音遗嘱是由遗嘱人口述、经录音录像设备录制下来的遗嘱形式。录音录像遗嘱比口头遗嘱可靠，但因录音录像容易被人剪辑伪造，因此，我国《民法典》第一千一百三十七条规定："以录音录像形式立的遗嘱，应当有两个以上见证人在场见证。遗嘱人和见证人应当在录音录像中记录其姓名或者肖像，以及年、月、日。"

（5）口头遗嘱。口头遗嘱是遗嘱人以口头表述的方式订立的遗嘱。口头遗嘱因缺乏有效的实物证据，容易引起纠纷，因此，法律对口头遗嘱的适用有着严格的限制。我国《民法典》第一千一百三十八条规定："遗嘱人在危急情况下，可以立口头遗嘱。口头遗嘱应当有两个以上的见证人在场见证[①]。危急情况解除后，遗嘱人能够用书面或者录音录像形式立遗嘱的，所立的口头遗嘱无效。"此处"危急情况"可理解为病危、突遇自然灾害、意外事故、战争等。

（6）公证遗嘱。公证遗嘱是遗嘱人将其所立的自书遗嘱、代书遗嘱送国家公证机关办理遗嘱公证[②]。公证是由国家的公证机关对法律行为的真实性、合法性予以认可。因此，公证遗嘱具有更可靠的证据效力。

（二）遗嘱的见证人

为保证代书遗嘱、打印遗嘱、录音录像遗嘱、口头遗嘱的真实性，我国《民法典》第一千一百四十条规定："下列人员不能作为遗嘱见证人：（一）无民事行为能力人、限制民事行为能力人以及其他不具有见证能力的人；（二）继承人、受遗赠人；（三）与继承人、受遗赠人有利害关系的人。"最高人民法院《关于适用〈中华人民共和国民法典〉继承编的解释（一）》第二十四条规定："继承人、受遗赠人的债权人、债务人，共同经营的合伙人，也应当视为与继承人、受遗赠人有利害关系，不能作为遗嘱的见证人。"

---

① 吴国平. 我国口头遗嘱要件规则重构探析［J］. 福建江夏学院学报，2012（2）.
② 《公证法》第二十五、二十六条，《公证程序规则》第十一、十四、十七至五十一、六十条，《遗嘱公证细则》。

三、遗嘱的效力

遗嘱的效力包括设立效力和执行效力。遗嘱的设立效力是指遗嘱的设立符合法律规定的实质要件和形式要件，一经设立即具有法律效力。因此，设立效力其目的在于解决遗嘱是否反映遗嘱人的真实意思表示问题。我们常说，遗嘱人所立某种形式的遗嘱有效，指的就是该种形式的遗嘱，为法律所承认并保护的反映遗嘱人处分其财产及死后事务的真实意思的遗嘱。而遗嘱的执行效力是指具有设立效力的遗嘱，由于遗嘱人的死亡，没有其他不生效的情形，从而得依据其执行的效力。执行效力的目的是发生被继承人死亡的事实后，继承开始，继承是否按遗嘱所确定的内容执行的问题。通常所说的遗嘱的生效，指可按遗嘱内容执行遗嘱的法律效力。因此，有效的遗嘱未必有执行效力，生效的遗嘱其设立肯定有效。

（一）遗嘱无效

遗嘱无效，是指遗嘱人所立遗嘱因违反法律、社会公共利益、公序良俗或者违背遗嘱人真实意愿而没有法律上的效力。这种无效，指的是遗嘱不具备设立效力，因其无效是基于遗嘱人、继承人或其他利害关系人的不当行为或违法行为所致，完全是出于主观上的原因，因此，又被称为因主观因素而导致的无效。导致这种无效的原因主要有以下几种：

（1）违反法律和社会公共利益、公序良俗。遗嘱继承，允许遗嘱人在法律规定的范围内处分自己的财产，但是超越法律所规定的界限，违反社会公共利益所进行的处分，是无效的。

（2）无遗嘱能力的人所立的遗嘱无效。我国《民法典》第一千一百四十条第一款规定："无行为能力人或者限制行为能力人所立的遗嘱无效。"无行为能力人和限制行为能力人不具有以遗嘱的形式处分自己财产的能力，因此他们立遗嘱的行为，不具备民事法律行为的有效要件，因而是无效的。

（3）违背遗嘱人真实意思的遗嘱无效。自然人以遗嘱形式处分自己的财产或死后事务，必须是其真实意思的正确表达；否则，是不会有效的。《民法典》第一千一百四十三条第二、三、四款规定："遗嘱必须表示遗嘱人的真实意思，受欺诈、胁迫所立的遗嘱无效。伪造的遗嘱无效。遗嘱被篡改的，篡改的内容无效。"

（4）遗嘱人以遗嘱处分了属于国家、集体或他人所有的财产，遗嘱的这部分，应认定为无效。

（5）形式要件违法的遗嘱无效。我国《民法典》明确规定了遗嘱的六种法定形式，也就是说，只有符合遗嘱的实质要件，具备了法定的形式，才会具有法律规定的效力。

（6）遗嘱的内容含糊不清或自相矛盾，或者遗嘱所附的条件根本不可能实现，则此种遗嘱没有法律效力内容含糊不清或自相矛盾，反映出遗嘱人在订立遗嘱时神志不清、思维逻辑混乱，不能准确地表达自己的意思，这种遗嘱当然无效。遗嘱所附的条件根本不可能实现，此类遗嘱也应当无效。

（7）遗嘱没有为缺乏劳动能力又没有生活来源的继承人保留必要份额的，对应当保留的必要份额的处分无效。

（二）遗嘱不生效

遗嘱于遗嘱人死亡时才发生法律效力，在此之前，遗嘱还尚未发生法律效力，即遗嘱不具有执行效力，遗嘱继承人或受遗赠人只享有期待权，因而遗嘱的受益人不得请求给付财产。不生效的遗嘱，除了遗嘱人未死亡的情形外，还有下述几种情况：

（1）附条件的遗嘱，以条件的成就或不成就为遗嘱发生效力的前提。因此，在附有解除条件的遗嘱中，如果在遗嘱人死亡以前条件已经成就，则遗嘱不发生法律效力。在附停止条件的遗嘱中，遗嘱继承人、受遗赠人在条件成就以前已经死亡的，则遗嘱不发生法律效力。

（2）遗嘱的继承人、受遗赠人在遗嘱继承开始前均已死亡的，则遗嘱不发生效力。因为，在继承开始之前，继承财产的主体已经部分不存在了，遗嘱的内容因无法执行而不发生法律效力。

（3）遗嘱指定的继承人丧失继承权的，则遗嘱不发生法律效力。遗嘱继承人、受遗赠人在遗嘱订立以后因犯有不法行为或不道德行为而被剥夺继承权，遗嘱继承人不具有继承资格，因而遗嘱也就不发生法律效力。

（4）在继承开始时，遗嘱的标的物已经不存在或者已经不属于遗产，则遗嘱不发生法律效力。由于遗嘱的标的物不存在或不属于遗产，遗嘱人对其也就丧失了处分权，因而也就使该遗嘱的有关内容确定不发生效力。《民法典》第一千一百四十二条第二款规定："立遗嘱后，遗嘱人实施与遗嘱内容相反的民事法律行为的，视为对遗嘱相关内容的撤回。"据此规定，发生遗嘱处分的标的物的灭失或所有权移转的，会导致遗嘱不生效或部分不生效。

上述遗嘱的无效和不生效，均包括两种情况：一是遗嘱的全部无效或全部不生效，二是遗嘱的部分无效或部分不生效。如属部分无效或不生效，则无效或不生效部分不影响其他部分有效或发生法律效力。

（三）数份遗嘱的法律效力

当遗嘱人立有数份遗嘱，并且其内容又不一致时，则哪份遗嘱具有相应的法律效力，当属应予明确的内容。我国《民法典》第一千一百四十二条第三款规定："立有数份遗嘱，内容相抵触的，以最后的遗嘱为准。"

四、遗嘱的变更、撤回和执行

（一）遗嘱的撤回和变更

1. 遗嘱的销回和变更的概念

遗嘱的撤回是指遗嘱的废除或取消，指遗嘱人对于自己原来所立的遗嘱加以废止，使还未发生法律效力的遗嘱在将来不因其死亡而发生法律效力。遗嘱的变更，是指遗嘱人对自己原来所立遗嘱内容的部分改变①。因此，遗嘱的变更与撤回并无实质性的差别，所不同的只是遗嘱的撤回是对原立遗嘱全部内容的废止，或以新遗嘱取代原立遗嘱的全部内容；而遗嘱的变更则是遗嘱人废止遗嘱的部分内容或以新的内容取代原立遗嘱的部分内容。根据遗嘱自由原则，自然人可依法处分自己的财产和死后事务，因此，变更或撤回遗嘱也属此范畴，法律也应予以尊重和保护。在实践中，订立的遗嘱并不是一成不变的，当客观的情况发生了变化或遗嘱人主观的意思发生了变化，遗嘱人即可对其原订立的遗嘱及其内容进行修正，或变更其中的部分内容，或废止其全部内容而订立新的遗嘱。

2. 遗嘱的撤回和变更的方式

变更或者撤回遗嘱的方式一般有两种：①遗嘱人另立新遗嘱，并在新遗嘱中明确声明变更或者撤回原来所立的遗嘱。需要注意的是，被变更或者被撤回的遗嘱如果是公证遗嘱，新遗嘱必须重新公证，否则不能发生变更或者撤回的效力，原公证遗嘱仍然有效。②遗嘱人先后订立数份遗嘱，并且数份遗嘱在内容上相互冲突，依法推定订立在后的遗嘱是对订立在先遗嘱的变更或者撤回，以最后所立遗嘱为准。需要注意的是，如果遗嘱人先后订立的数份遗嘱，内容互不冲突，则每份遗嘱都有效。此外，遗嘱人生前的行为与遗嘱的意思相反，而使遗嘱所指定的财产在遗嘱人生前已经灭失或者部分灭失，或者发生财产所有权转移或部分转移的，遗嘱视为被撤回或者部分撤回。

（二）遗嘱的执行

遗嘱的执行，是指在遗嘱生效后为实现遗嘱的内容所必要的行为及程序。遗嘱的执行是实现遗嘱人的意愿、实现遗嘱继承的重要步骤，对实现遗嘱人的意志具有重要意义，也关系到遗嘱继承人和利害关系人的利益。因为离开遗嘱的执行，遗产的分配、遗赠的实现等都无法进行，是实现遗嘱自由的最后环节②。

罗马法曾以遗嘱继承人为当然的遗嘱执行人，只有在特殊的情况下才委托继承人以外的其他人作遗嘱执行人。但罗马法时代并无现代法上的遗嘱执行人制度。遗嘱执行人制度源于日耳曼的"中介受托人"制度，即财产所有人指定中介受托人以自己的名义管理和处分遗产。此后该制度发展为德国、法国、瑞士、日本等国家的遗嘱执行人制度。在英美法国家有遗产管理机构，可作为遗嘱的执行人。我国《民法典》继承编增加了遗产管理人制度，第一千一百四十五条规定："继承开始后，遗嘱执行人为遗产管理人；没有遗嘱执行人的，继承人应当及时推选遗产管理人；继承人未推选的，由继承人共同担任遗产管理人；没有继承人或者继承人均放弃继承的，由被继承人生前住所地的民政部门或者村民委

---

① 参见《执行继承法意见》第三十九条。
② 吴国平. 遗嘱执行人制度的不足及其完善［M］//陈苇. 中国继承法修改热点难点问题研究. 北京：群众出版社，2013：281-295.

员会担任遗产管理人。"第一千一百四十六条规定:"对遗产管理人的确定有争议的,利害关系人可以向人民法院申请指定遗产管理人。"第一千一百四十七条规定:"遗产管理人应当履行下列职责:(一)清理遗产并制作遗产清单;(二)向继承人报告遗产情况;(三)采取必要措施防止遗产毁损、灭失;(四)处理被继承人的债权债务;(五)按照遗嘱或者依照法律规定分割遗产;(六)实施与管理遗产有关的其他必要行为。"第一千一百四十八条规定:"遗产管理人应当依法履行职责,因故意或者重大过失造成继承人、受遗赠人、债权人损害的,应当承担民事责任。"第一千一百四十九条规定:"遗产管理人可以依照法律规定或者按照约定获得报酬。"

思考题

1. 作为法律行为的遗嘱行为有哪些特征?
2. 遗嘱的有效要件有哪些?
3. 我国《民法典》继承编规定的遗嘱形式有哪些?
4. 简述遗嘱见证人的资格。
5. 简述遗产管理人的职责。

第四章 遗赠与遗赠扶养协议

第一节 遗赠

一、遗赠的概念和法律特征

遗赠是指自然人以遗嘱的方式将其遗产的一部分或者全部在其死后赠送给法定继承人以外的其他人，并于死后发生效力的法律行为。在遗赠中，立遗嘱人为遗赠人，遗嘱指定接受遗赠财产的人为遗赠受领人。遗赠就其性质和形式上说是一份遗嘱，因此，具备遗嘱所具有的法律特征，是单方的、要式的法律行为，是生前订立死后生效的法律行为。

二、遗赠与遗嘱继承、赠与的区别

（一）遗赠与遗嘱继承的区别

遗赠和遗嘱继承，都是被继承人以遗嘱处分个人财产的形式，各国立法大都规定了这两种制度。二者的主要区别是：

（1）受遗赠人和指定继承人的范围不同。遗嘱继承中的继承人只能是法定继承人范围中的人，而受遗赠人则不但包括法定继承人以外的自然人，还包括国家、集体组织等[①]。

（2）遗赠给予的财产和遗嘱继承的财产范围不同。受遗赠人所受遗赠为财产利益，不包括义务，即只承受遗产中的权利，而不承受遗产中的债务。但我国《民法典》第一千一百六十二条规定："执行遗赠不得妨碍清偿遗赠人依法应当缴纳的税款和债务。"遗嘱继承人所承受的是遗产，既包括财产权利，也包括被继承人生前的财产义务。

（3）权利的行使方式不同。遗嘱继承人在继承开始后，遗产处理前，没有做出放弃或接受继承的意思表示的，视为接受继承。而受遗赠人应当在知道受遗赠后六十日内作出接受或者放弃遗赠的意思表示。到期没有表示的，视为放弃受遗赠。

（二）遗赠与赠与的区别

遗赠和赠与都是主体将自己的财产无偿给予他人的行为，但二者性质不同。其主要区

---

① 朱凡. 我国《继承法》增设继承扶养合同研究［M］//陈苇. 中国继承法修改热点难点问题研究. 北京：群众出版社，2013：519-534.

别如下：

（1）行为的法律性质不同。遗赠是单方法律行为，遗赠人在立遗嘱时，不必征得受遗赠人的同意。而赠与是双方法律行为，赠与人与受赠与人是合同关系，赠与只有在受赠与人同意（承诺）的条件下才会发生法律效力。

（2）发生法律效力的时间不同。遗赠在遗嘱人死亡之后发生效力，在遗赠人生前则无法律效力可言。赠与则是在赠与人生前发生法律效力，受赠与人依赠与合同即可要求赠与人为现实的赠与。

（3）法律形式不同。遗赠只能以遗嘱的形式作出，法律对其规定有严格的形式。而赠与法律则没有强制性的要求，当事人既可选择书面形式，也可选择口头形式，只要双方意思表示一致，即可成立。

（4）处分财产的范围不同。遗赠是由被继承人通过遗嘱处分自己财产的一种方式，遗嘱的合法性同时也决定了遗赠的合法性。由于《民法典》规定在遗嘱中被继承人不能剥夺无独立生活能力又无生活来源的法定继承人的份额，同时也不得侵害其债权人的利益。因此，遗赠所处分的财产范围是受继承法严格限制的，遗赠人不得无视自己生前所欠的税款和债务，而将财产全部进行遗赠。赠与是赠与人生前处分自己财产的行为，在其进行赠与时，必然会考虑到其所欠税款或债务问题，除明显以诈害行为害及他人债权时，债权人得行使撤销权限制其处分外，赠与人处分财产权一般不受法律限制。

第二节 遗赠扶养协议

一、遗赠扶养协议的概念和特征

遗赠扶养协议是由遗赠人和扶养人签订的，由扶养人对遗赠人负生养死葬的义务，遗赠人将其财产按约定在其死后转移给扶养人所有的协议。我国《民法典》第一千一百五十八条规定："自然人可以与继承人以外的组织或者个人签订遗赠扶养协议。按照协议，该组织或者个人承担该自然人生养死葬的义务，享有受遗赠的权利。"遗赠扶养协议与遗嘱继承比较，具有以下法律特征：

（1）遗赠扶养协议是双务有偿的双方法律行为。遗嘱继承是单方的法律行为，只需遗嘱人一方的意思表示即能产生法律效力。遗赠扶养协议是双方的法律行为，以扶养人和被扶养人就扶养和遗赠意思表示一致为成立要件。协议成立后对双方都有约束力。扶养人没有正当的理由不承担扶养义务的，不得享有受遗赠的权利；被扶养人无正当理由不遵守协议内容，擅自处分协议中指定遗赠财产，致使协议无法继续履行的，应偿付扶养人已经支付的扶养费用和劳动报酬。遗赠扶养协议是对价有偿的法律行为。扶养人以将来可获得遗赠为对价承担扶养义务；被扶养人以承诺死后给付遗赠财产为对价而获得受扶养权利。

（2）遗赠扶养协议是生前生效和死后生效相结合的法律行为。扶养人的扶养义务，在协议成立后即发生法律效力，但赠与财产必须于被扶养人死后生效，在被扶养人生前不具有赠与效力。但被扶养人不得擅自处分协议中指定遗赠的财产，擅自处分的属对协议内容的违反。因此，遗赠扶养协议仅就死后赠与的内容属死后生效，其余内容在协议成立后即具有约束力。遗嘱继承和遗赠是单方的、死后生效的法律行为，在遗嘱人生前并不具有约束力，遗嘱人可以变更遗嘱的内容甚至撤回遗嘱。

（3）遗赠扶养协议具有优先于遗嘱和遗赠的执行效力。根据我国《民法典》的规定，被继承人生前与他人订有遗赠扶养协议，又立有遗嘱的，继承开始后，如果遗赠扶养协议与遗嘱没有抵触的，遗产分别按遗赠扶养协议和遗嘱处理；如果有抵触，首先执行遗赠扶养协议，与协议内容相抵触的遗嘱无效或者部分无效。遗赠扶养协议之所以有优先于遗嘱的效力，在于遗赠扶养协议是双务有偿的法律行为，并且其效力先于遗嘱发生，被继承人所享有的受扶养的权利，是以死后赠与指定的财产为对价的，扶养人的扶养义务是以可得死后赠与为对价，一旦被扶养人享受了扶养直至死亡，向扶养人给付协议指定的财产，是对协议规定的义务的履行。因此，扶养人的受遗赠权先于遗嘱继承人和遗赠受领人的权利而存在。

二、遗赠扶养协议的效力

（一）扶养人的权利和义务

扶养人的主要权利，是在被扶养人死后，有按协议取得遗产的权利。被扶养人无正当理由不履行协议，致协议解除的，扶养人有权请求被扶养人偿还已支付的供养费用。扶养人应当履行自己的扶养义务，使受扶养人生前得到生活上的照料和扶助；在受扶养人死亡后应当负责办理受扶养人的丧葬事宜。扶养人不认真履行扶养义务的，受扶养人得请求解除协议；致使受扶养人经常处于生活缺乏照料状况的扶养人，人民法院可酌情对其受遗赠财产的数额予以限制。

（二）被扶养人的权利和义务

被扶养人的权利主要包括：按遗赠扶养协议的约定，有受扶养的权利。有关扶养标准严格依约定，不得擅自变更。扶养人无正当理由不履行扶养义务，导致协议解除的，被扶养人有权不补偿扶养人已支付的供养费用，并拒绝扶养人受遗赠的请求。被扶养人应当履行将其财产遗赠给扶养人的义务，对协议中指定遗赠给扶养人的财产，在其生前有占有、使用和收益的权利，但不得擅自处分。也不得再订立与遗赠扶养协议相抵触的遗嘱，否则，该遗嘱无效。

三、遗赠扶养协议与遗赠的区别

（1）遗赠扶养协议是双方的法律行为，遗赠是单方的法律行为。遗赠扶养协议由扶养人和遗赠人双方意思表示一致成立，遗赠只需遗赠人一方意思表示即可成立。

（2）遗赠扶养协议是双务有偿的法律行为，遗赠是无偿的法律行为。遗赠扶养协议的扶养人以承担对被扶养人的生养死葬为代价，获得指定的财产；被扶养人以遗赠指定财产为代价，获得请求扶养和接受扶养的权利。而遗赠受领人是无偿取得遗赠财产。

（3）遗赠扶养协议是生前生效的法律行为，遗赠是死后生效的法律行为。遗赠扶养协议成立后，对双方当事人都有约束力，任何一方都得恪守协议的约定，不得擅自变更或者终止协议，不得进行与协议内容相抵触的行为；而遗赠人在其生前可随时变更遗赠的内容甚至撤销遗赠。

（4）遗赠扶养协议是合同行为，遗赠是遗嘱行为。遗赠扶养协议遵循合同法的一般规定，要求协议双方当事人具有完全的行为能力，并且意思表示一致；遗赠以遗嘱的方式订立，适用《民法典》继承编的一般规定，遗赠人应有遗嘱能力，但不要求必须具有完全的行为能力，遗赠受领人是否具有行为能力在所不问。

思考题

1. 简述遗嘱的法律特征。
2. 试述遗赠与遗嘱继承的区别。
3. 简述遗嘱的变更和撤回。
4. 简述遗赠抚养协议的法律特征。
5. 遗赠扶养协议与遗赠的区别有哪些？

第五章 遗产的处理

第一节 继承的开始

一、继承开始的原因

继承开始，继承人便可依法取得被继承人的遗产。继承开始的原因，是基于不可抗拒的客观的民事法律事实而发生，即被继承人的死亡这一法律事实。在现代各国的继承立法中，继承仅限于遗产继承，因此，继承开始的原因以人的死亡为限。我国《民法典》第一千一百二十一条规定："继承从被继承人死亡时开始。相互有继承关系的数人在同一事件中死亡，难以确定死亡时间的，推定没有其他继承人的人先死亡。都有其他继承人，辈份不同的，推定长辈先死亡；辈份相同的，推定同时死亡，相互不发生继承。"第十五条规定："自然人的出生时间和死亡时间，以出生证明、死亡证明记载的时间为准；没有出生证明、死亡证明的，以户籍登记或者其他有效身份登记记载的时间为准。有其他证据足以推翻以上记载时间的，以该证据证明的时间为准。"第五十三条规定："被撤销死亡宣告的人有权请求依照本法第六编取得其财产的民事主体返还财产；无法返还的，应当给予适当补偿。利害关系人隐瞒真实情况，致使他人被宣告死亡而取得其财产的，除应当返还财产外，还应当对由此造成的损失承担赔偿责任。"

二、继承开始的时间

继承开始的时间就是引起继承法律关系产生的法律事实——自然人死亡时间。我国《民法典》规定，继承从被继承人死亡时开始，因此，继承开始的时间即是自然人死亡的时间。在继承法中，确定继承开始的时间，具有重要的意义。

（1）继承开始的时间，是继承人实际取得继承权的时间，是继承权由原来的法律上的期待权转化为既得继承权的时间。

（2）继承开始的时间，是确定继承人范围的时间界限。在继承开始时生存的法定继承人，即使在遗产分割前死亡的，仍然享有继承权。

（3）继承开始的时间，是确定被继承人遗产内容的时间界限。根据遗产是被继承人生前个人的合法财产的定义，只有在被继承人死亡时起，其遗产的内容、实际价值、债权债务等才能得以确定。

（4）继承开始的时间，是遗嘱生效的时间以及确定遗嘱能否执行的时间界限。遗嘱人应为缺乏劳动能力又没有生活来源的继承人保留必要的遗产份额，而判断继承人是否为缺乏劳动能力又没有生活来源，以继承开始的时间为准。

（5）继承开始的时间，是继承人选择是否接受继承的时间界限。继承开始以前，继承权属权利能力范畴，不存在接受或者放弃的问题。因此，在继承开始以前，继承人即使曾表示放弃继承的，并不发生放弃继承权的后果。继承人放弃继承的意思表示应该在继承开始后、遗产分割前作出。

（6）继承开始的时间，是继承权 20 年诉讼时效的起算时间。因继承权发生纠纷，从继承开始之日起，超过 20 年的不得再提起诉讼。

三、继承开始的地点

继承开始的处所，在遗产继承中有着重要意义，尤其在因遗产继承而发生纠纷进行诉讼的情况下，它决定着审判管辖权的确定。在我国继承法中，并没有明确规定继承开始的处所，但从民事、继承立法的精神以及我国民事诉讼法关于案件的管辖的规定来看，继承开始的处所应为被继承人生前的住所地。《民事诉讼法》第三十四条第三项规定："因继承遗产纠纷提起的诉讼，由被继承人死亡时住所地或者主要遗产所在地人民法院管辖。"

以被继承人生前的住所为继承开始的处所，便于查明有关继承人资格、遗产总额、被继承人生前所欠债务、税款、所享有的债权等事项，也便于有关继承权的确认、继承回复请求权案件的管辖。当然，对于继承纠纷案件的管辖不单是被继承人生前住所地人民法院，还有主要遗产所在地人民法院。涉外继承案件中，对于不动产的继承纠纷，则由不动产所在地法院管辖。

第二节　遗产

一、遗产的概念和特征

我国《民法典》第一千一百二十二条对遗产的概念及范围作了明确的规定："遗产是自然人死亡时遗留的个人合法财产。依照法律规定或者根据其性质不得继承的遗产，不得继承。"

根据上述规定，遗产的法律特征如下：

（1）遗产是自然人死亡时遗留的财产。自然人生前已经处分的财产，不管是否为其继续占有，因丧失所有权而不得作为遗产。同样，对自然人生前享有所有权，但为他人占有的财产得列为遗产。

（2）遗产是死亡自然人的个人财产。与死者生前共同生活的其他人的财产，如夫妻共有财产中属于生存配偶的财产部分，以及家庭共有中属于其他家庭成员所有的财产，不得作为遗产。

（3）遗产是死亡自然人遗留的合法财产。死者生前的非法所得以及非法侵占的国家、集体以及其他人的财产，不得作为遗产。遗产必须具有合法性。

（4）除专属于被继承人不可转让的财产权利外，遗产应是死亡自然人遗留的一切性质的财产，包括财产权利和财产义务（也称财产负担）。财产权利包括所有权、债权、知识产权中的财产权利以及法律规定可以继承的其他合法财产利益。财产义务指被继承人生前已经发生的各种财产负担，如各种税收、费用和未清偿的债务，因其也是被继承人生前财产的组成部分，死后应一并列入遗产范围。

二、遗产的范围

根据《民法典》第一千一百二十二条规定："遗产是自然人死亡时遗留的个人合法财产。依照法律规定或者根据其性质不得继承的遗产，不得继承。"《最高人民法院关于适用〈中华人民共和国民法典〉继承编的解释（一）》第二条规定："承包人死亡时尚未取得承包收益的，可以将死者生前对承包所投入的资金和所付出的劳动及其增值和孳息，由发包单位或者接续承包合同的人合理折价、补偿。其价额作为遗产。"根据《民法典》第一千一百五十一条规定："存有遗产的人，应当妥善保管遗产，任何组织或者个人不得侵吞或者争抢。"人民法院对故意隐匿、侵吞或争抢遗产的继承人，可以酌情减少其应继承的遗产。

三、被继承人债务的清偿

（一）被继承人债务的概念和特征

被继承人的债务，是指被继承人生前个人依法应当缴纳的税款和完全用于个人生活需要所欠下的债务。它具有如下特征：一是被继承人生前所欠下的债务，具有明显的时间性。被继承人死亡后因进行殡葬事宜而支出的费用，不是被继承人的债务，理论上应属于其继承人的债务。当然也有立法认其为特殊债权，需从遗产中优先清偿的。二是以被继承人名义、因个人生活需要所欠下的债务。有的债务虽是以个人名义欠下的，但是为了家庭共同生活需要或偿还家庭债务等而产生的债务，不属此范畴，应属家庭债务，以家庭共有财产清偿。

（二）被继承人债务的清偿

我国《民法典》第一千一百六十一条规定："继承人以所得遗产实际价值为限清偿被

继承人依法应当缴纳的税款和债务。超过遗产实际价值部分，继承人自愿偿还的不在此限。继承人放弃继承的，对被继承人依法应当缴纳的税款和债务可以不负清偿责任。"因此，在被继承人债务的清偿中，应注意以下几点：

（1）被继承人债务清偿的限定继承原则。即继承人对被继承人的债务清偿仅以遗产的实际价值为限，超过遗产实际价值的债务，继承人不承担偿还责任。但对此超过遗产实际价值的债务，继承人自愿偿还的，不在此限。如果继承人放弃继承的，可以不负偿还义务。

（2）执行遗嘱不得妨碍遗嘱人依法应当缴纳的税款或债务。即只有在被继承人的债务清偿完毕、遗产尚有剩余时，才能执行遗嘱的内容。

（3）继承人中有缺乏劳动能力又没有生活来源的人，即使遗产不足清偿债务，也应为其保留适当遗产，然后再按《民法典》和民事诉讼法的有关规定清偿债务。

（4）遗产已被分割而未清偿债务时，如既有法定继承又有遗嘱继承和遗赠的情形，首先应由法定继承人用其所得遗产清偿债务；不足清偿时，剩余的债务由遗嘱继承人和受遗赠人按比例用所得遗产偿还；如果只有遗嘱继承和遗赠的，由遗嘱继承人和受遗赠人按比例用所得遗产偿还。

（一）概括继承和限定继承

概括继承是指，继承人整体地、总括地继承被继承人生前的一切权利和义务，专属于被继承人的权利义务除外。根据概括继承原理，继承人在继承被继承人的遗产时，对被继承人生前尚未清偿的债务包括各种税费负清偿责任。概括继承由罗马法创立，罗马法奉行继承是对被继承人人格的延续的理念，被继承人生前所发生的一切权利义务关系，除不得转让的专属的权利义务外，得由继承人概括承受。罗马法的概括继承原则为大陆法系国家普遍接受。

限定继承（又称有限清偿责任原则）是指，继承人在所继承的遗产的实际价值范围内，对被继承人生前的债务及各种税费负清偿责任，超出遗产实际价值部分的债务，继承人不负清偿责任，但继承人自愿清偿的不在此限。限定继承原则亦由罗马法所创，但其设立要晚于概括继承原则，事实上是对概括继承的修正。由于罗马法关于继承人的规定分当然继承人、必然继承人和任意继承人，而只有任意继承人有权选择对继承的接受或者放弃，当然继承人和必然继承人只能接受继承而不能放弃继承。当任意继承人预感继承的结果对其不利时，可以选择放弃继承。放弃的结果是既不能取得遗产，亦无须清偿被继承人生前的债务。由于当然继承人和必然继承人不得对继承表示放弃，一旦被继承人的债务超出遗产实际价值，继承的结果将对继承人非常不利，即继承人有可能面临要用自己的财产清偿被继承人的债务的不利结果。而这种不利还将危及继承人的债权人，使该债权人由于其债务人的继承原因，造成债务人责任财产的减少而影响其清偿能力。考虑到这一点，罗马法为保护继承人和继承人之债权人的利益，对概括继承原则进行了修正，允许继承人就遗产制作遗产清单，将遗产和继承人自己的财产区别对待，继承人仅就遗产部分对被继承人生前债务负清偿责任。遗产全部用于清偿仍不能满足债权的，其余部分继承人不再负清偿责任，因而又称有限清偿责任原则①。

概括继承原则保护了被继承人的债权人，使之不因债务人的死亡而使其债权无从实现；限定继承原则保护了继承人的利益，避免了概括继承可能对继承人的不利。由此，罗马法的限定继承原则亦为大陆法系国家普遍接受。继承人要求适用有限清偿时，应对被继承人的遗产制作遗产清单，或者将遗产提交给官方的"遗产管理机构"，由该"遗产管理机构"负责以遗产清偿死者生前债务，不足清偿时，可对遗产执行破产程序；清偿有余的，由继承人继承。我国《民法典》第一千一百六十一条规定："继承遗产应当清偿被继承人依法应当缴纳的税款和债务，缴纳税款和清偿债务以他的遗产实际价值为限，超过遗产实际价值部分，继承人自愿偿还的不在此限。继承人放弃继承的，对被继承人依法应当缴纳的税款和债务可以不负偿还责任。"从上述规定可以看出，我国继承法律同样适用概括继承原则和限定继承原则。但我国《民法典》继承编规定了遗产管理人，可以保证被继承人的遗产和继承人的原有财产不相互混淆，因此，也能保证继承人能就遗产的实际价值对被继承人债务负清偿责任。

思考题

1. 试述继承开始的意义。
2. 在我国确定遗产范围时应注意哪些问题？
3. 如何理解被继承人债务的清偿问题？
4. 何为概括继承？何为限定继承？
5. 在我国对被继承人债务的清偿应注意哪些问题？

---

① 陈苇，姜大伟. 我国遗产债务清偿顺序之立法探析［M］//陈苇. 中国继承法修改热点难点问题研究. 北京：群众出版社，2013：504-505.

第六章　民族、涉外继承法律问题

第一节　涉外继承法律问题

一、涉外继承的概念及特征

（一）概念

涉外继承，即具有涉外因素的继承法律制度。这里所谓的涉外因素，是指继承法律关系的因素中，至少有一个因素是与外国有联系的。

（二）涉外继承法律关系的特征

（1）涉外继承关系中至少有一个涉外因素，涉外继承所具有的涉外因素可以是：①主体涉外，即被继承人、继承人或受遗赠人中有外国人或无国籍人；②客体涉外，即遗产在外国；③继承关系中的法律事实（被继承人死亡或其生前立遗嘱的行为）发生在国外。也可能是几个因素同时涉外。

（2）涉外继承关系主要是通过国际私法的冲突规范间接调整，涉外继承往往涉及两个或两个以上不同国家的法律，在法律适用上必然发生冲突，这就需要能够调整法律冲突的规范，决定依据哪国法律继承遗产。现有的有关继承的国际公约，如 1961 年的《有关遗嘱处分方式法律冲突公约》、1973 年的《遗产国际管理公约》、1988 年的《死者遗产继承的准据法公约》等，都属于冲突规范或管辖权的公约，并不是统一实体法的公约。因此，各国都需要通过国际私法的冲突规范对涉外财产继承关系进行间接调整，通过冲突规范援引某个国家的国内法处理涉外继承问题。

（3）涉外继承关系一般实行专属管辖，在国际上，一般是以被继承人的国籍、被继承人的住所地或遗产所在地为依据，确定涉外继承案件的管辖。因此，被继承人本国法院、被继承人住所地法院、遗产所在地法院对涉外继承案件都拥有管辖权。在我国，涉外继承适用专属管辖。

二、涉外继承的法律适用

涉外继承的法律适用，就是涉外继承准据法的确定，对此，各国的规定差异很大。涉外继承关系包括涉外法定继承、涉外遗嘱继承和涉外无人继承遗产所形成的法律关系。各国及国际公约对于这三种涉外继承关系的准据法选择，都有不同要求。

（一）涉外法定继承的法律适用

目前世界上还没有统一适用的原则，也没有大多数国家都参与的国际条约可以作为依据，因此，只能根据各国有关涉外继承问题的国内立法和司法实践、双边的和地区性的国际条约的规定来处理。在司法实践中，涉外法定继承的法律适用，各国通常采用"同一制"与"区别制"两种原则。

1. 同一制

同一制，是指在涉外法定继承中，全部遗产不分为动产和不动产，适用一个统一的冲突规范，从而导致适用同一准据法。同一制适用的准据法有两种：一是被继承人的属人法；二是遗产所地法。涉外继承依据被继承人属人法原则，得到了一些国际公约和国际条约的支持和采用。1928 年召开的第六届海牙国际私法会议，原则上支持"继续依被继承人本国法"；1928 年第六届美洲国家会议通过的《布斯塔曼特法典》采用了"继续依被继承人本国法"原则。

2. 区别制

区别制，是指在涉外法定继承中，将遗产分为动产和不动产，分别适用不同的冲突规范，从而导致适用不同的准据法。即不动产适用物之所在地法，动产适用被继承人的属人法。我国和世界上不少国家，如法国、比利时、美国、英国及英联邦国家等都采用区别制。区别制的优点是，根据遗产的不同性质适用不同的法律，有利于遗产判决特别是不动产遗产判决的执行。但其不足之处在于，一个人的遗产继承可能同时受几个法律的支配，带来很多麻烦，乃至无助于切实保护当事人的正当利益。因此，越来越多的采纳区别制的国家对同一制作出一定让步。

3. 我国关于涉外法定继承的法律适用

我国《民法典》规定，我国涉外继承采用区别制，即遗产的法定继承，动产适用被继承人死亡时住所地法，不动产适用不动产所在地法。

（二）涉外遗嘱继承的法律适用

在涉外遗嘱继承的情况下，需要区分立遗嘱人能力、遗嘱方式、遗嘱的内容及其效力的准据法。

1. 立遗嘱人能力

立遗嘱人能力属于人的民事行为能力问题，通常受制于立遗嘱人的属人法和立遗嘱人的行为地法。

2. 遗嘱方式

关于遗嘱方式的准据法，基本上有两种主张：一种就是区别制即区分动产遗嘱与不动产遗嘱分别适用准据法，不动产遗嘱适用物之所在地法，动产遗嘱适用属人法或立遗嘱地法；另一种是不区分动产和不动产，统一规定适用属人法或行为地法。

3. 遗嘱的内容及其效力

世界各国对此规定不同，归纳起来，大概有下列几种：

（1）立遗嘱人的本国法。采用此原则的国家认为遗嘱内容、效力问题与遗嘱人本国法有密切关系，因此应适用遗嘱人本国法。但是如果遗嘱人国籍有变化，适用何时的本国法，各国法律又有不同规定，大致有几种做法：适用立遗嘱时的本国法；适用立遗嘱人死亡时的本国法；可以选择适用立遗嘱时的本国法或立遗嘱人死亡时的本国法，但以前者的适用优先。

（2）立遗嘱人住所地法。有些国家认为遗产与死者的住所地有密切联系，因此应适用遗嘱人住所地法。

（3）动产的遗嘱适用被继承人住所地法，不动产的遗嘱适用物之所在地法。

（4）适用遗产所在地法，认为继承属于物权范畴，遗嘱继承理应依据物之所在地法。

（5）适用被继承人自己选择的法律。对遗嘱继承，适用继承人自行选择的国家的法律，但这种选择只能在遗嘱人本国法和其经常居住地法之间进行选择。采用此原则，有利于使遗嘱人更好地、更充分地体现自身安排其财产和后事的意愿。

4. 我国关于涉外遗嘱继承的法律适用

关于涉外遗嘱继承的法律适用，自 2011 年 4 月 1 日起施行《中华人民共和国涉外民事关系法律适用法》第三十一条规定："法定继承，适用被继承人死亡时经常居所地法律，但不动产法定继承，适用不动产所在地法律。"第三十二条规定："遗嘱方式，符合遗嘱人立遗嘱时或者死亡时经常居所地法律、国籍国法律或者遗嘱行为地法律的，遗嘱均为成立。"第三十三条规定："遗嘱效力，适用遗嘱人立遗嘱时或者死亡时经常居所地法律或者国籍国法律。"第三十四条规定："遗产管理等事项，适用遗产所在地法律。"第三十五条规定："无人继承遗产的归属，适用被继承人死亡时遗产所在地法律。"

（三）涉外无人继承遗产的法律适用

从各国继承立法来看，无人继承遗产的归属一般都采用归国家或者其他公共团体所有的做法。由于它直接关系到国家对无人继承遗产的权利，所以各国都尽量做出有利于自己国家的处理规定，至今没有适用统一的冲突规范。

我国涉外无人继承遗产的处理，一般适用我国法律。《中华人民共和国涉外民事关系法律适用法》第三十五条规定："无人继承遗产的归属，适用被继承人死亡时遗产所在地法律。"《外人在华遗产继承问题处理原则》第六条："外人在华遗产，如所有合法继承人及受赠人均拒绝受领，或继承人之有无不明，而在公告继承期间（公告期限六个月）无人申请继承者，即视为绝产，应收归公有。上述遗产之处理，应报外交部批准。"第七条："外人在华遗产动产，在互惠原则上，可按被继承人国家的法律处理。"

第二节　区际婚姻家庭与继承

一、涉侨、港澳台继承法律问题

内地居民继承华侨、港澳台居民的财产，不是涉外继承，其法律适用属于区际法律冲突的法律适用。但是，对于区际法律冲突，我国还没有形成相应的制度加以解决。因此，此类继承法律关系，除了必须根据我国《民法典》办理以外，还可以比照我国的涉外继承关系来处理。

由于遗产不在内地，因此要通过一定的法律手续，办理必要的法律证明文件，完成一系列行政甚至诉讼手续，才能取得遗产。国家外事部门、侨办、港澳办以及司法部等单位颁布了相关的详细规定，并委托中国银行办理托收国外遗产业务。

在法律适用上，比照涉外继承，采取区别制，即动产继承适用被继承人死亡时的住所地法，不动产继承适用物之所在地法。

根据我国《民事诉讼法》的规定，因继承遗产纠纷提起的诉讼，由被继承人死亡时住所地或者主要遗产所在地人民法院专属管辖。

附录一　中华人民共和国民法典

（2020 年 5 月 28 日第十三届全国人民代表大会第三次会议通过）

目录

第一编　总则

第一章　基本规定

第二章　自然人

第一节　民事权利能力和民事行为能力

第二节　监护

第三节　宣告失踪和宣告死亡

第四节　个体工商户和农村承包经营户

第三章　法人

第一节　一般规定

第二节　营利法人

第三节　非营利法人

第四节　特别法人

第四章　非法人组织

第五章　民事权利

第六章　民事法律行为

第一节　一般规定

第二节　意思表示

第三节　民事法律行为的效力

第四节　民事法律行为的附条件和附期限

第七章　代理

第一节　一般规定

第二节　委托代理

第三节　代理终止

第八章　民事责任

第九章　诉讼时效

第十章　期间计算

第二编　物权

第一分编　通则

第一章　一般规定

第二章　物权的设立、变更、转让和消灭

第一节　不动产登记

第二节　动产交付

第三节　其他规定

第三章　物权的保护

第二分编　所有权

第四章　一般规定

第五章　国家所有权和集体所有权、私人所有权

第六章　业主的建筑物区分所有权

第七章　相邻关系

第八章　共有

第九章　所有权取得的特别规定

第三分编　用益物权

第十章　一般规定

第十一章　土地承包经营权

第十二章　建设用地使用权

第十三章　宅基地使用权

第十四章　居住权

第十五章　地役权

第四分编　担保物权

第十六章　一般规定

第十七章　抵押权

第一节　一般抵押权

第二节　最高额抵押权

第十八章　质权

第一节　动产质权

第二节　权利质权

第十九章　留置权

第五分编　占有

第二十章　占有

第三编 合同

第一分编 通则

第一章 一般规定

第二章 合同的订立

第三章 合同的效力

第四章 合同的履行

第五章 合同的保全

第六章 合同的变更和转让

第七章 合同的权利义务终止

第八章 违约责任

第二分编 典型合同

第九章 买卖合同

第十章 供用电、水、气、热力合同

第十一章 赠与合同

第十二章 借款合同

第十三章 保证合同

第一节 一般规定

第二节 保证责任

第十四章 租赁合同

第十五章 融资租赁合同

第十六章 保理合同

第十七章 承揽合同

第十八章 建设工程合同

第十九章 运输合同

第一节 一般规定

第二节 客运合同

第三节 货运合同

第四节 多式联运合同

第二十章 技术合同

第一节 一般规定

第二节 技术开发合同

第三节 技术转让合同和技术许可合同

第四节 技术咨询合同和技术服务合同

第二十一章 保管合同

第二十二章 仓储合同

第二十三章 委托合同

第二十四章 物业服务合同

第二十五章 行纪合同

第二十六章 中介合同

第二十七章 合伙合同

第三分编 准合同

第二十八章 无因管理

第二十九章 不当得利

第四编 人格权

第一章 一般规定

第二章 生命权、身体权和健康权

第三章 姓名权和名称权

第四章 肖像权

第五章 名誉权和荣誉权

第六章 隐私权和个人信息保护

第五编 婚姻家庭

第一章 一般规定

第二章 结婚

第三章 家庭关系

第一节 夫妻关系

第二节 父母子女关系和其他近亲属关系

第四章 离婚

第五章 收养

第一节 收养关系的成立

第二节 收养的效力

第三节 收养关系的解除

第六编 继承

第一章 一般规定

第二章 法定继承

第三章 遗嘱继承和遗赠

第四章 遗产的处理

第七编 侵权责任

第一章 一般规定

第二章 损害赔偿

第三章 责任主体的特殊规定

第四章 产品责任

第五章 机动车交通事故责任

第六章　医疗损害责任

第七章　环境污染和生态破坏责任

第八章　高度危险责任

第九章　饲养动物损害责任

第十章　建筑物和物件损害责任

附则

第一编　总则

第一章　基本规定

第一条　为了保护民事主体的合法权益，调整民事关系，维护社会和经济秩序，适应中国特色社会主义发展要求，弘扬社会主义核心价值观，根据宪法，制定本法。

第二条　民法调整平等主体的自然人、法人和非法人组织之间的人身关系和财产关系。

第三条　民事主体的人身权利、财产权利以及其他合法权益受法律保护，任何组织或者个人不得侵犯。

第四条　民事主体在民事活动中的法律地位一律平等。

第五条　民事主体从事民事活动，应当遵循自愿原则，按照自己的意思设立、变更、终止民事法律关系。

第六条　民事主体从事民事活动，应当遵循公平原则，合理确定各方的权利和义务。

第七条　民事主体从事民事活动，应当遵循诚信原则，秉持诚实，恪守承诺。

第八条　民事主体从事民事活动，不得违反法律，不得违背公序良俗。

第九条　民事主体从事民事活动，应当有利于节约资源、保护生态环境。

第十条　处理民事纠纷，应当依照法律；法律没有规定的，可以适用习惯，但是不得违背公序良俗。

第十一条　其他法律对民事关系有特别规定的，依照其规定。

第十二条　中华人民共和国领域内的民事活动，适用中华人民共和国法律。法律另有规定的，依照其规定。

第二章　自然人

第一节　民事权利能力和民事行为能力

第十三条　自然人从出生时起到死亡时止，具有民事权利能力，依法享有民事权利，承担民事义务。

第十四条　自然人的民事权利能力一律平等。

第十五条　自然人的出生时间和死亡时间，以出生证明、死亡证明记载的时间为准；没有出生证明、死亡证明的，以户籍登记或者其他有效身份登记记载的时间为准。有其他证据足以推翻以上记载时间的，以该证据证明的时间为准。

第十六条　涉及遗产继承、接受赠与等胎儿利益保护的，胎儿视为具有民事权利能力。但是，胎儿娩出时为死体的，其民事权利能力自始不存在。

第十七条　十八周岁以上的自然人为成年人。不满十八周岁的自然人为未成年人。

第十八条　成年人为完全民事行为能力人，可以独立实施民事法律行为。

十六周岁以上的未成年人，以自己的劳动收入为主要生活来源的，视为完全民事行为能力人。

第十九条　八周岁以上的未成年人为限制民事行为能力人，实施民事法律行为由其法定代理人代理或者经其法定代理人同意、追认；但是，可以独立实施纯获利益的民事法律行为或者与其年龄、智力相适应的民事法律行为。

第二十条　不满八周岁的未成年人为无民事行为能力人，由其法定代理人代理实施民事法律行为。

第二十一条　不能辨认自己行为的成年人为无民事行为能力人，由其法定代理人代理实施民事法律行为。

八周岁以上的未成年人不能辨认自己行为的，适用前款规定。

第二十二条　不能完全辨认自己行为的成年人为限制民事行为能力人，实施民事法律行为由其法定代理人代理或者经其法定代理人同意、追认；但是，可以独立实施纯获利益的民事法律行为或者与其智力、精神健康状况相适应的民事法律行为。

第二十三条　无民事行为能力人、限制民事行为能力人的监护人是其法定代理人。

第二十四条　不能辨认或者不能完全辨认自己行为的成年人，其利害关系人或者有关组织，可以向人民法院申请认定该成年人为无民事行为能力人或者限制民事行为能力人。

被人民法院认定为无民事行为能力人或者限制民事行为能力人的，经本人、利害关系人或者有关组织申请，人民法院可以根据其智力、精神健康恢复的状况，认定该成年人恢复为限制民事行为能力人或者完全民事行为能力人。

本条规定的有关组织包括：居民委员会、村民委员会、学校、医疗机构、妇女联合会、残疾人联合会、依法设立的老年人组织、民政部门等。

第二十五条　自然人以户籍登记或者其他有效身份登记记载的居所为住所；经常居所与住所不一致的，经常居所视为住所。

第二节　监护

第二十六条　父母对未成年子女负有抚养、教育和保护的义务。

成年子女对父母负有赡养、扶助和保护的义务。

第二十七条　父母是未成年子女的监护人。

未成年人的父母已经死亡或者没有监护能力的，由下列有监护能力的人按顺序担任监护人：

（一）祖父母、外祖父母；

（二）兄、姐；

（三）其他愿意担任监护人的个人或者组织，但是须经未成年人住所地的居民委员会、村民委员会或者民政部门同意。

第二十八条 无民事行为能力或者限制民事行为能力的成年人，由下列有监护能力的人按顺序担任监护人：

（一）配偶；

（二）父母、子女；

（三）其他近亲属；

（四）其他愿意担任监护人的个人或者组织，但是须经被监护人住所地的居民委员会、村民委员会或者民政部门同意。

第二十九条 被监护人的父母担任监护人的，可以通过遗嘱指定监护人。

第三十条 依法具有监护资格的人之间可以协议确定监护人。协议确定监护人应当尊重被监护人的真实意愿。

第三十一条 对监护人的确定有争议的，由被监护人住所地的居民委员会、村民委员会或者民政部门指定监护人，有关当事人对指定不服的，可以向人民法院申请指定监护人；有关当事人也可以直接向人民法院申请指定监护人。

居民委员会、村民委员会、民政部门或者人民法院应当尊重被监护人的真实意愿，按照最有利于被监护人的原则在依法具有监护资格的人中指定监护人。

依据本条第一款规定指定监护人前，被监护人的人身权利、财产权利以及其他合法权益处于无人保护状态的，由被监护人住所地的居民委员会、村民委员会、法律规定的有关组织或者民政部门担任临时监护人。

监护人被指定后，不得擅自变更；擅自变更的，不免除被指定的监护人的责任。

第三十二条 没有依法具有监护资格的人的，监护人由民政部门担任，也可以由具备履行监护职责条件的被监护人住所地的居民委员会、村民委员会担任。

第三十三条 具有完全民事行为能力的成年人，可以与其近亲属、其他愿意担任监护人的个人或者组织事先协商，以书面形式确定自己的监护人，在自己丧失或者部分丧失民事行为能力时，由该监护人履行监护职责。

第三十四条 监护人的职责是代理被监护人实施民事法律行为，保护被监护人的人身权利、财产权利以及其他合法权益等。

监护人依法履行监护职责产生的权利，受法律保护。

监护人不履行监护职责或者侵害被监护人合法权益的，应当承担法律责任。

因发生突发事件等紧急情况，监护人暂时无法履行监护职责，被监护人的生活处于无人照料状态的，被监护人住所地的居民委员会、村民委员会或者民政部门应当为被监护人安排必要的临时生活照料措施。

第三十五条 监护人应当按照最有利于被监护人的原则履行监护职责。监护人除为维护被监护人利益外，不得处分被监护人的财产。

未成年人的监护人履行监护职责，在作出与被监护人利益有关的决定时，应当根据被监护人的年龄和智力状况，尊重被监护人的真实意愿。

成年人的监护人履行监护职责，应当最大程度地尊重被监护人的真实意愿，保障并协助被监护人实施与其智力、精神健康状况相适应的民事法律行为。对被监护人有能力独立处理的事务，监护人不得干涉。

第三十六条　监护人有下列情形之一的，人民法院根据有关个人或者组织的申请，撤销其监护人资格，安排必要的临时监护措施，并按照最有利于被监护人的原则依法指定监护人：

（一）实施严重损害被监护人身心健康的行为；

（二）怠于履行监护职责，或者无法履行监护职责且拒绝将监护职责部分或者全部委托给他人，导致被监护人处于危困状态；

（三）实施严重侵害被监护人合法权益的其他行为。

本条规定的有关个人、组织包括：其他依法具有监护资格的人，居民委员会、村民委员会、学校、医疗机构、妇女联合会、残疾人联合会、未成年人保护组织、依法设立的老年人组织、民政部门等。

前款规定的个人和民政部门以外的组织未及时向人民法院申请撤销监护人资格的，民政部门应当向人民法院申请。

第三十七条　依法负担被监护人抚养费、赡养费、扶养费的父母、子女、配偶等，被人民法院撤销监护人资格后，应当继续履行负担的义务。

第三十八条　被监护人的父母或者子女被人民法院撤销监护人资格后，除对被监护人实施故意犯罪的外，确有悔改表现的，经其申请，人民法院可以在尊重被监护人真实意愿的前提下，视情况恢复其监护人资格，人民法院指定的监护人与被监护人的监护关系同时终止。

第三十九条　有下列情形之一的，监护关系终止：

（一）被监护人取得或者恢复完全民事行为能力；

（二）监护人丧失监护能力；

（三）被监护人或者监护人死亡；

（四）人民法院认定监护关系终止的其他情形。

监护关系终止后，被监护人仍然需要监护的，应当依法另行确定监护人。

第三节　宣告失踪和宣告死亡

第四十条　自然人下落不明满二年的，利害关系人可以向人民法院申请宣告该自然人为失踪人。

第四十一条　自然人下落不明的时间自其失去音讯之日起计算。战争期间下落不明的，下落不明的时间自战争结束之日或者有关机关确定的下落不明之日起计算。

第四十二条　失踪人的财产由其配偶、成年子女、父母或者其他愿意担任财产代管人的人代管。

代管有争议，没有前款规定的人，或者前款规定的人无代管能力的，由人民法院指定的人代管。

第四十三条　财产代管人应当妥善管理失踪人的财产，维护其财产权益。

失踪人所欠税款、债务和应付的其他费用，由财产代管人从失踪人的财产中支付。

财产代管人因故意或者重大过失造成失踪人财产损失的，应当承担赔偿责任。

第四十四条　财产代管人不履行代管职责、侵害失踪人财产权益或者丧失代管能力的，失踪人的利害关系人可以向人民法院申请变更财产代管人。

财产代管人有正当理由的，可以向人民法院申请变更财产代管人。

人民法院变更财产代管人的，变更后的财产代管人有权请求原财产代管人及时移交有关财产并报告财产代管情况。

第四十五条　失踪人重新出现，经本人或者利害关系人申请，人民法院应当撤销失踪宣告。

失踪人重新出现，有权请求财产代管人及时移交有关财产并报告财产代管情况。

第四十六条　自然人有下列情形之一的，利害关系人可以向人民法院申请宣告该自然人死亡：

（一）下落不明满四年；

（二）因意外事件，下落不明满二年。

因意外事件下落不明，经有关机关证明该自然人不可能生存的，申请宣告死亡不受二年时间的限制。

第四十七条　对同一自然人，有的利害关系人申请宣告死亡，有的利害关系人申请宣告失踪，符合本法规定的宣告死亡条件的，人民法院应当宣告死亡。

第四十八条　被宣告死亡的人，人民法院宣告死亡的判决作出之日视为其死亡的日期；因意外事件下落不明宣告死亡的，意外事件发生之日视为其死亡的日期。

第四十九条　自然人被宣告死亡但是并未死亡的，不影响该自然人在被宣告死亡期间实施的民事法律行为的效力。

第五十条　被宣告死亡的人重新出现，经本人或者利害关系人申请，人民法院应当撤销死亡宣告。

第五十一条　被宣告死亡的人的婚姻关系，自死亡宣告之日起消除。死亡宣告被撤销的，婚姻关系自撤销死亡宣告之日起自行恢复。但是，其配偶再婚或者向婚姻登记机关书面声明不愿意恢复的除外。

第五十二条　被宣告死亡的人在被宣告死亡期间，其子女被他人依法收养的，在死亡宣告被撤销后，不得以未经本人同意为由主张收养行为无效。

第五十三条　被撤销死亡宣告的人有权请求依照本法第六编取得其财产的民事主体返还财产；无法返还的，应当给予适当补偿。

利害关系人隐瞒真实情况，致使他人被宣告死亡而取得其财产的，除应当返还财产外，还应当对由此造成的损失承担赔偿责任。

第四节　个体工商户和农村承包经营户

第五十四条　自然人从事工商业经营，经依法登记，为个体工商户。个体工商户可以起字号。

第五十五条　农村集体经济组织的成员，依法取得农村土地承包经营权，从事家庭承包经营的，为农村承包经营户。

第五十六条　个体工商户的债务，个人经营的，以个人财产承担；家庭经营的，以家庭财产承担；无法区分的，以家庭财产承担。

农村承包经营户的债务，以从事农村土地承包经营的农户财产承担；事实上由农户部分成员经营的，以该部分成员的财产承担。

第三章　法人

第一节　一般规定

第五十七条　法人是具有民事权利能力和民事行为能力，依法独立享有民事权利和承担民事义务的组织。

第五十八条　法人应当依法成立。

法人应当有自己的名称、组织机构、住所、财产或者经费。法人成立的具体条件和程序，依照法律、行政法规的规定。

设立法人，法律、行政法规规定须经有关机关批准的，依照其规定。

第五十九条　法人的民事权利能力和民事行为能力，从法人成立时产生，到法人终止时消灭。

第六十条　法人以其全部财产独立承担民事责任。

第六十一条　依照法律或者法人章程的规定，代表法人从事民事活动的负责人，为法人的法定代表人。

法定代表人以法人名义从事的民事活动，其法律后果由法人承受。

法人章程或者法人权力机构对法定代表人代表权的限制，不得对抗善意相对人。

第六十二条　法定代表人因执行职务造成他人损害的，由法人承担民事责任。

法人承担民事责任后，依照法律或者法人章程的规定，可以向有过错的法定代表人追偿。

第六十三条　法人以其主要办事机构所在地为住所。依法需要办理法人登记的，应当将主要办事机构所在地登记为住所。

第六十四条　法人存续期间登记事项发生变化的，应当依法向登记机关申请变更登记。

第六十五条　法人的实际情况与登记的事项不一致的，不得对抗善意相对人。

第六十六条　登记机关应当依法及时公示法人登记的有关信息。

第六十七条　法人合并的，其权利和义务由合并后的法人享有和承担。

法人分立的,其权利和义务由分立后的法人享有连带债权,承担连带债务,但是债权人和债务人另有约定的除外。

第六十八条 有下列原因之一并依法完成清算、注销登记的,法人终止:

(一)法人解散;

(二)法人被宣告破产;

(三)法律规定的其他原因。

法人终止,法律、行政法规规定须经有关机关批准的,依照其规定。

第六十九条 有下列情形之一的,法人解散:

(一)法人章程规定的存续期间届满或者法人章程规定的其他解散事由出现;

(二)法人的权力机构决议解散;

(三)因法人合并或者分立需要解散;

(四)法人依法被吊销营业执照、登记证书,被责令关闭或者被撤销;

(五)法律规定的其他情形。

第七十条 法人解散的,除合并或者分立的情形外,清算义务人应当及时组成清算组进行清算。

法人的董事、理事等执行机构或者决策机构的成员为清算义务人。法律、行政法规另有规定的,依照其规定。

清算义务人未及时履行清算义务,造成损害的,应当承担民事责任;主管机关或者利害关系人可以申请人民法院指定有关人员组成清算组进行清算。

第七十一条 法人的清算程序和清算组职权,依照有关法律的规定;没有规定的,参照适用公司法律的有关规定。

第七十二条 清算期间法人存续,但是不得从事与清算无关的活动。

法人清算后的剩余财产,按照法人章程的规定或者法人权力机构的决议处理。法律另有规定的,依照其规定。

清算结束并完成法人注销登记时,法人终止;依法不需要办理法人登记的,清算结束时,法人终止。

第七十三条 法人被宣告破产的,依法进行破产清算并完成法人注销登记时,法人终止。

第七十四条 法人可以依法设立分支机构。法律、行政法规规定分支机构应当登记的,依照其规定。

分支机构以自己的名义从事民事活动,产生的民事责任由法人承担;也可以先以该分支机构管理的财产承担,不足以承担的,由法人承担。

第七十五条 设立人为设立法人从事的民事活动,其法律后果由法人承受;法人未成立的,其法律后果由设立人承受,设立人为二人以上的,享有连带债权,承担连带债务。

设立人为设立法人以自己的名义从事民事活动产生的民事责任,第三人有权选择请求法人或者设立人承担。

第二节 营利法人

第七十六条 以取得利润并分配给股东等出资人为目的成立的法人，为营利法人。

营利法人包括有限责任公司、股份有限公司和其他企业法人等。

第七十七条 营利法人经依法登记成立。

第七十八条 依法设立的营利法人，由登记机关发给营利法人营业执照。营业执照签发日期为营利法人的成立日期。

第七十九条 设立营利法人应当依法制定法人章程。

第八十条 营利法人应当设权力机构。

权力机构行使修改法人章程，选举或者更换执行机构、监督机构成员，以及法人章程规定的其他职权。

第八十一条 营利法人应当设执行机构。

执行机构行使召集权力机构会议，决定法人的经营计划和投资方案，决定法人内部管理机构的设置，以及法人章程规定的其他职权。

执行机构为董事会或者执行董事的，董事长、执行董事或者经理按照法人章程的规定担任法定代表人；未设董事会或者执行董事的，法人章程规定的主要负责人为其执行机构和法定代表人。

第八十二条 营利法人设监事会或者监事等监督机构的，监督机构依法行使检查法人财务，监督执行机构成员、高级管理人员执行法人职务的行为，以及法人章程规定的其他职权。

第八十三条 营利法人的出资人不得滥用出资人权利损害法人或者其他出资人的利益；滥用出资人权利造成法人或者其他出资人损失的，应当依法承担民事责任。

营利法人的出资人不得滥用法人独立地位和出资人有限责任损害法人债权人的利益；滥用法人独立地位和出资人有限责任，逃避债务，严重损害法人债权人的利益的，应当对法人债务承担连带责任。

第八十四条 营利法人的控股出资人、实际控制人、董事、监事、高级管理人员不得利用其关联关系损害法人的利益；利用关联关系造成法人损失的，应当承担赔偿责任。

第八十五条 营利法人的权力机构、执行机构作出决议的会议召集程序、表决方式违反法律、行政法规、法人章程，或者决议内容违反法人章程的，营利法人的出资人可以请求人民法院撤销该决议。但是，营利法人依据该决议与善意相对人形成的民事法律关系不受影响。

第八十六条 营利法人从事经营活动，应当遵守商业道德，维护交易安全，接受政府和社会的监督，承担社会责任。

第三节 非营利法人

第八十七条 为公益目的或者其他非营利目的成立，不向出资人、设立人或者会员分配所取得利润的法人，为非营利法人。

非营利法人包括事业单位、社会团体、基金会、社会服务机构等。

第八十八条 具备法人条件,为适应经济社会发展需要,提供公益服务设立的事业单位,经依法登记成立,取得事业单位法人资格;依法不需要办理法人登记的,从成立之日起,具有事业单位法人资格。

第八十九条 事业单位法人设理事会的,除法律另有规定外,理事会为其决策机构。事业单位法人的法定代表人依照法律、行政法规或者法人章程的规定产生。

第九十条 具备法人条件,基于会员共同意愿,为公益目的或者会员共同利益等非营利目的设立的社会团体,经依法登记成立,取得社会团体法人资格;依法不需要办理法人登记的,从成立之日起,具有社会团体法人资格。

第九十一条 设立社会团体法人应当依法制定法人章程。

社会团体法人应当设会员大会或者会员代表大会等权力机构。

社会团体法人应当设理事会等执行机构。理事长或者会长等负责人按照法人章程的规定担任法定代表人。

第九十二条 具备法人条件,为公益目的以捐助财产设立的基金会、社会服务机构等,经依法登记成立,取得捐助法人资格。

依法设立的宗教活动场所,具备法人条件的,可以申请法人登记,取得捐助法人资格。法律、行政法规对宗教活动场所有规定的,依照其规定。

第九十三条 设立捐助法人应当依法制定法人章程。

捐助法人应当设理事会、民主管理组织等决策机构,并设执行机构。理事长等负责人按照法人章程的规定担任法定代表人。

捐助法人应当设监事会等监督机构。

第九十四条 捐助人有权向捐助法人查询捐助财产的使用、管理情况,并提出意见和建议,捐助法人应当及时、如实答复。

捐助法人的决策机构、执行机构或者法定代表人作出决定的程序违反法律、行政法规、法人章程,或者决定内容违反法人章程的,捐助人等利害关系人或者主管机关可以请求人民法院撤销该决定。但是,捐助法人依据该决定与善意相对人形成的民事法律关系不受影响。

第九十五条 为公益目的成立的非营利法人终止时,不得向出资人、设立人或者会员分配剩余财产。剩余财产应当按照法人章程的规定或者权力机构的决议用于公益目的;无法按照法人章程的规定或者权力机构的决议处理的,由主管机关主持转给宗旨相同或者相近的法人,并向社会公告。

第四节 特别法人

第九十六条 本节规定的机关法人、农村集体经济组织法人、城镇农村的合作经济组织法人、基层群众性自治组织法人,为特别法人。

第九十七条 有独立经费的机关和承担行政职能的法定机构从成立之日起,具有机关法人资格,可以从事为履行职能所需要的民事活动。

第九十八条 机关法人被撤销的,法人终止,其民事权利和义务由继任的机关法人享有和承担；没有继任的机关法人的，由作出撤销决定的机关法人享有和承担。

第九十九条　农村集体经济组织依法取得法人资格。

法律、行政法规对农村集体经济组织有规定的，依照其规定。

第一百条　城镇农村的合作经济组织依法取得法人资格。

法律、行政法规对城镇农村的合作经济组织有规定的，依照其规定。

第一百零一条　居民委员会、村民委员会具有基层群众性自治组织法人资格，可以从事为履行职能所需要的民事活动。

未设立村集体经济组织的，村民委员会可以依法代行村集体经济组织的职能。

第四章　非法人组织

第一百零二条　非法人组织是不具有法人资格，但是能够依法以自己的名义从事民事活动的组织。

非法人组织包括个人独资企业、合伙企业、不具有法人资格的专业服务机构等。

第一百零三条　非法人组织应当依照法律的规定登记。

设立非法人组织，法律、行政法规规定须经有关机关批准的，依照其规定。

第一百零四条　非法人组织的财产不足以清偿债务的，其出资人或者设立人承担无限责任。法律另有规定的，依照其规定。

第一百零五条　非法人组织可以确定一人或者数人代表该组织从事民事活动。

第一百零六条　有下列情形之一的，非法人组织解散：

（一）章程规定的存续期间届满或者章程规定的其他解散事由出现；

（二）出资人或者设立人决定解散；

（三）法律规定的其他情形。

第一百零七条　非法人组织解散的，应当依法进行清算。

第一百零八条　非法人组织除适用本章规定外，参照适用本编第三章第一节的有关规定。

第五章　民事权利

第一百零九条　自然人的人身自由、人格尊严受法律保护。

第一百一十条　自然人享有生命权、身体权、健康权、姓名权、肖像权、名誉权、荣誉权、隐私权、婚姻自主权等权利。

法人、非法人组织享有名称权、名誉权和荣誉权。

第一百一十一条　自然人的个人信息受法律保护。任何组织或者个人需要获取他人个人信息的，应当依法取得并确保信息安全，不得非法收集、使用、加工、传输他人个人信息，不得非法买卖、提供或者公开他人个人信息。

第一百一十二条　自然人因婚姻家庭关系等产生的人身权利受法律保护。

第一百一十三条　民事主体的财产权利受法律平等保护。

第一百一十四条　民事主体依法享有物权。

物权是权利人依法对特定的物享有直接支配和排他的权利，包括所有权、用益物权和担保物权。

第一百一十五条　物包括不动产和动产。法律规定权利作为物权客体的，依照其规定。

第一百一十六条　物权的种类和内容，由法律规定。

第一百一十七条　为了公共利益的需要，依照法律规定的权限和程序征收、征用不动产或者动产的，应当给予公平、合理的补偿。

第一百一十八条　民事主体依法享有债权。

债权是因合同、侵权行为、无因管理、不当得利以及法律的其他规定，权利人请求特定义务人为或者不为一定行为的权利。

第一百一十九条　依法成立的合同，对当事人具有法律约束力。

第一百二十条　民事权益受到侵害的，被侵权人有权请求侵权人承担侵权责任。

第一百二十一条　没有法定的或者约定的义务，为避免他人利益受损失而进行管理的人，有权请求受益人偿还由此支出的必要费用。

第一百二十二条　因他人没有法律根据，取得不当利益，受损失的人有权请求其返还不当利益。

第一百二十三条　民事主体依法享有知识产权。

知识产权是权利人依法就下列客体享有的专有的权利：

（一）作品；

（二）发明、实用新型、外观设计；

（三）商标；

（四）地理标志；

（五）商业秘密；

（六）集成电路布图设计；

（七）植物新品种；

（八）法律规定的其他客体。

第一百二十四条　自然人依法享有继承权。

自然人合法的私有财产，可以依法继承。

第一百二十五条　民事主体依法享有股权和其他投资性权利。

第一百二十六条　民事主体享有法律规定的其他民事权利和利益。

第一百二十七条　法律对数据、网络虚拟财产的保护有规定的，依照其规定。

第一百二十八条　法律对未成年人、老年人、残疾人、妇女、消费者等的民事权利保护有特别规定的，依照其规定。

第一百二十九条　民事权利可以依据民事法律行为、事实行为、法律规定的事件或者法律规定的其他方式取得。

第一百三十条　民事主体按照自己的意愿依法行使民事权利，不受干涉。

第一百三十一条　民事主体行使权利时，应当履行法律规定的和当事人约定的义务。

第一百三十二条　民事主体不得滥用民事权利损害国家利益、社会公共利益或者他人合法权益。

第六章　民事法律行为

第一节　一般规定

第一百三十三条　民事法律行为是民事主体通过意思表示设立、变更、终止民事法律关系的行为。

第一百三十四条　民事法律行为可以基于双方或者多方的意思表示一致成立，也可以基于单方的意思表示成立。

法人、非法人组织依照法律或者章程规定的议事方式和表决程序作出决议的，该决议行为成立。

第一百三十五条　民事法律行为可以采用书面形式、口头形式或者其他形式；法律、行政法规规定或者当事人约定采用特定形式的，应当采用特定形式。

第一百三十六条　民事法律行为自成立时生效，但是法律另有规定或者当事人另有约定的除外。

行为人非依法律规定或者未经对方同意，不得擅自变更或者解除民事法律行为。

第二节　意思表示

第一百三十七条　以对话方式作出的意思表示，相对人知道其内容时生效。

以非对话方式作出的意思表示，到达相对人时生效。以非对话方式作出的采用数据电文形式的意思表示，相对人指定特定系统接收数据电文的，该数据电文进入该特定系统时生效；未指定特定系统的，相对人知道或者应当知道该数据电文进入其系统时生效。当事人对采用数据电文形式的意思表示的生效时间另有约定的，按照其约定。

第一百三十八条　无相对人的意思表示，表示完成时生效。法律另有规定的，依照其规定。

第一百三十九条　以公告方式作出的意思表示，公告发布时生效。

第一百四十条　行为人可以明示或者默示作出意思表示。

沉默只有在有法律规定、当事人约定或者符合当事人之间的交易习惯时，才可以视为意思表示。

第一百四十一条　行为人可以撤回意思表示。撤回意思表示的通知应当在意思表示到达相对人前或者与意思表示同时到达相对人。

第一百四十二条　有相对人的意思表示的解释，应当按照所使用的词句，结合相关条款、行为的性质和目的、习惯以及诚信原则，确定意思表示的含义。

无相对人的意思表示的解释，不能完全拘泥于所使用的词句，而应当结合相关条款、行为的性质和目的、习惯以及诚信原则，确定行为人的真实意思。

第三节　民事法律行为的效力

第一百四十三条　具备下列条件的民事法律行为有效：

（一）行为人具有相应的民事行为能力；

（二）意思表示真实；

（三）不违反法律、行政法规的强制性规定，不违背公序良俗。

第一百四十四条　无民事行为能力人实施的民事法律行为无效。

第一百四十五条　限制民事行为能力人实施的纯获利益的民事法律行为或者与其年龄、智力、精神健康状况相适应的民事法律行为有效；实施的其他民事法律行为经法定代理人同意或者追认后有效。

相对人可以催告法定代理人自收到通知之日起三十日内予以追认。法定代理人未作表示的，视为拒绝追认。民事法律行为被追认前，善意相对人有撤销的权利。撤销应当以通知的方式作出。

第一百四十六条　行为人与相对人以虚假的意思表示实施的民事法律行为无效。

以虚假的意思表示隐藏的民事法律行为的效力，依照有关法律规定处理。

第一百四十七条　基于重大误解实施的民事法律行为，行为人有权请求人民法院或者仲裁机构予以撤销。

第一百四十八条　一方以欺诈手段，使对方在违背真实意思的情况下实施的民事法律行为，受欺诈方有权请求人民法院或者仲裁机构予以撤销。

第一百四十九条　第三人实施欺诈行为，使一方在违背真实意思的情况下实施的民事法律行为，对方知道或者应当知道该欺诈行为的，受欺诈方有权请求人民法院或者仲裁机构予以撤销。

第一百五十条　一方或者第三人以胁迫手段，使对方在违背真实意思的情况下实施的民事法律行为，受胁迫方有权请求人民法院或者仲裁机构予以撤销。

第一百五十一条　一方利用对方处于危困状态、缺乏判断能力等情形，致使民事法律行为成立时显失公平的，受损害方有权请求人民法院或者仲裁机构予以撤销。

第一百五十二条　有下列情形之一的，撤销权消灭：

（一）当事人自知道或者应当知道撤销事由之日起一年内、重大误解的当事人自知道或者应当知道撤销事由之日起九十日内没有行使撤销权；

（二）当事人受胁迫，自胁迫行为终止之日起一年内没有行使撤销权；

（三）当事人知道撤销事由后明确表示或者以自己的行为表明放弃撤销权。

当事人自民事法律行为发生之日起五年内没有行使撤销权的，撤销权消灭。

第一百五十三条　违反法律、行政法规的强制性规定的民事法律行为无效。但是，该强制性规定不导致该民事法律行为无效的除外。

违背公序良俗的民事法律行为无效。

第一百五十四条　行为人与相对人恶意串通，损害他人合法权益的民事法律行为无效。

第一百五十五条　无效的或者被撤销的民事法律行为自始没有法律约束力。

第一百五十六条　民事法律行为部分无效，不影响其他部分效力的，其他部分仍然有效。

第一百五十七条　民事法律行为无效、被撤销或者确定不发生效力后，行为人因该行为取得的财产，应当予以返还；不能返还或者没有必要返还的，应当折价补偿。有过错的一方应当赔偿对方由此所受到的损失；各方都有过错的，应当各自承担相应的责任。法律另有规定的，依照其规定。

第四节　民事法律行为的附条件和附期限

第一百五十八条　民事法律行为可以附条件，但是根据其性质不得附条件的除外。附生效条件的民事法律行为，自条件成就时生效。附解除条件的民事法律行为，自条件成就时失效。

第一百五十九条　附条件的民事法律行为，当事人为自己的利益不正当地阻止条件成就的，视为条件已经成就；不正当地促成条件成就的，视为条件不成就。

第一百六十条　民事法律行为可以附期限，但是根据其性质不得附期限的除外。附生效期限的民事法律行为，自期限届至时生效。附终止期限的民事法律行为，自期限届满时失效。

第七章　代理

第一节　一般规定

第一百六十一条　民事主体可以通过代理人实施民事法律行为。

依照法律规定、当事人约定或者民事法律行为的性质，应当由本人亲自实施的民事法律行为，不得代理。

第一百六十二条　代理人在代理权限内，以被代理人名义实施的民事法律行为，对被代理人发生效力。

第一百六十三条　代理包括委托代理和法定代理。

委托代理人按照被代理人的委托行使代理权。法定代理人依照法律的规定行使代理权。

第一百六十四条　代理人不履行或者不完全履行职责，造成被代理人损害的，应当承担民事责任。

代理人和相对人恶意串通，损害被代理人合法权益的，代理人和相对人应当承担连带责任。

第二节　委托代理

第一百六十五条　委托代理授权采用书面形式的，授权委托书应当载明代理人的姓名或者名称、代理事项、权限和期限，并由被代理人签名或者盖章。

第一百六十六条　数人为同一代理事项的代理人的，应当共同行使代理权，但是当事人另有约定的除外。

第一百六十七条　代理人知道或者应当知道代理事项违法仍然实施代理行为，或者被代理人知道或者应当知道代理人的代理行为违法未作反对表示的，被代理人和代理人应当承担连带责任。

第一百六十八条　代理人不得以被代理人的名义与自己实施民事法律行为，但是被代理人同意或者追认的除外。

代理人不得以被代理人的名义与自己同时代理的其他人实施民事法律行为，但是被代理的双方同意或者追认的除外。

第一百六十九条　代理人需要转委托第三人代理的，应当取得被代理人的同意或者追认。

转委托代理经被代理人同意或者追认的，被代理人可以就代理事务直接指示转委托的第三人，代理人仅就第三人的选任以及对第三人的指示承担责任。

转委托代理未经被代理人同意或者追认的，代理人应当对转委托的第三人的行为承担责任；但是，在紧急情况下代理人为了维护被代理人的利益需要转委托第三人代理的除外。

第一百七十条　执行法人或者非法人组织工作任务的人员，就其职权范围内的事项，以法人或者非法人组织的名义实施的民事法律行为，对法人或者非法人组织发生效力。

法人或者非法人组织对执行其工作任务的人员职权范围的限制，不得对抗善意相对人。

第一百七十一条　行为人没有代理权、超越代理权或者代理权终止后，仍然实施代理行为，未经被代理人追认的，对被代理人不发生效力。

相对人可以催告被代理人自收到通知之日起三十日内予以追认。被代理人未作表示的，视为拒绝追认。行为人实施的行为被追认前，善意相对人有撤销的权利。撤销应当以通知的方式作出。

行为人实施的行为未被追认的，善意相对人有权请求行为人履行债务或者就其受到的损害请求行为人赔偿。但是，赔偿的范围不得超过被代理人追认时相对人所能获得的利益。

相对人知道或者应当知道行为人无权代理的，相对人和行为人按照各自的过错承担责任。

第一百七十二条　行为人没有代理权、超越代理权或者代理权终止后，仍然实施代理行为，相对人有理由相信行为人有代理权的，代理行为有效。

第三节　代理终止

第一百七十三条　有下列情形之一的，委托代理终止：

（一）代理期限届满或者代理事务完成；

（二）被代理人取消委托或者代理人辞去委托；

（三）代理人丧失民事行为能力；

（四）代理人或者被代理人死亡；

（五）作为代理人或者被代理人的法人、非法人组织终止。

第一百七十四条　被代理人死亡后，有下列情形之一的，委托代理人实施的代理行为有效：

（一）代理人不知道且不应当知道被代理人死亡；

（二）被代理人的继承人予以承认；

（三）授权中明确代理权在代理事务完成时终止；

（四）被代理人死亡前已经实施，为了被代理人的继承人的利益继续代理。

作为被代理人的法人、非法人组织终止的，参照适用前款规定。

第一百七十五条　有下列情形之一的，法定代理终止：

（一）被代理人取得或者恢复完全民事行为能力；

（二）代理人丧失民事行为能力；

（三）代理人或者被代理人死亡；

（四）法律规定的其他情形。

第八章　民事责任

第一百七十六条　民事主体依照法律规定或者按照当事人约定，履行民事义务，承担民事责任。

第一百七十七条　二人以上依法承担按份责任，能够确定责任大小的，各自承担相应的责任；难以确定责任大小的，平均承担责任。

第一百七十八条　二人以上依法承担连带责任的，权利人有权请求部分或者全部连带责任人承担责任。

连带责任人的责任份额根据各自责任大小确定；难以确定责任大小的，平均承担责任。实际承担责任超过自己责任份额的连带责任人，有权向其他连带责任人追偿。

连带责任，由法律规定或者当事人约定。

第一百七十九条　承担民事责任的方式主要有：

（一）停止侵害；

（二）排除妨碍；

（三）消除危险；

（四）返还财产；

（五）恢复原状；

（六）修理、重作、更换；

（七）继续履行；

（八）赔偿损失；

（九）支付违约金；

（十）消除影响、恢复名誉；

（十一）赔礼道歉。

法律规定惩罚性赔偿的，依照其规定。

本条规定的承担民事责任的方式，可以单独适用，也可以合并适用。

第一百八十条 因不可抗力不能履行民事义务的，不承担民事责任。法律另有规定的，依照其规定。

不可抗力是不能预见、不能避免且不能克服的客观情况。

第一百八十一条 因正当防卫造成损害的，不承担民事责任。

正当防卫超过必要的限度，造成不应有的损害的，正当防卫人应当承担适当的民事责任。

第一百八十二条 因紧急避险造成损害的，由引起险情发生的人承担民事责任。

危险由自然原因引起的，紧急避险人不承担民事责任，可以给予适当补偿。

紧急避险采取措施不当或者超过必要的限度，造成不应有的损害的，紧急避险人应当承担适当的民事责任。

第一百八十三条 因保护他人民事权益使自己受到损害的，由侵权人承担民事责任，受益人可以给予适当补偿。没有侵权人、侵权人逃逸或者无力承担民事责任，受害人请求补偿的，受益人应当给予适当补偿。

第一百八十四条 因自愿实施紧急救助行为造成受助人损害的，救助人不承担民事责任。

第一百八十五条 侵害英雄烈士等的姓名、肖像、名誉、荣誉，损害社会公共利益的，应当承担民事责任。

第一百八十六条 因当事人一方的违约行为，损害对方人身权益、财产权益的，受损害方有权选择请求其承担违约责任或者侵权责任。

第一百八十七条 民事主体因同一行为应当承担民事责任、行政责任和刑事责任的，承担行政责任或者刑事责任不影响承担民事责任；民事主体的财产不足以支付的，优先用于承担民事责任。

第九章 诉讼时效

第一百八十八条 向人民法院请求保护民事权利的诉讼时效期间为三年。法律另有规定的，依照其规定。

诉讼时效期间自权利人知道或者应当知道权利受到损害以及义务人之日起计算。法律另有规定的，依照其规定。但是，自权利受到损害之日起超过二十年的，人民法院不予保护，有特殊情况的，人民法院可以根据权利人的申请决定延长。

第一百八十九条 当事人约定同一债务分期履行的，诉讼时效期间自最后一期履行期限届满之日起计算。

第一百九十条 无民事行为能力人或者限制民事行为能力人对其法定代理人的请求权的诉讼时效期间，自该法定代理终止之日起计算。

第一百九十一条 未成年人遭受性侵害的损害赔偿请求权的诉讼时效期间，自受害人年满十八周岁之日起计算。

第一百九十二条　诉讼时效期间届满的，义务人可以提出不履行义务的抗辩。

诉讼时效期间届满后，义务人同意履行的，不得以诉讼时效期间届满为由抗辩；义务人已经自愿履行的，不得请求返还。

第一百九十三条　人民法院不得主动适用诉讼时效的规定。

第一百九十四条　在诉讼时效期间的最后六个月内，因下列障碍，不能行使请求权的，诉讼时效中止：

（一）不可抗力；

（二）无民事行为能力人或者限制民事行为能力人没有法定代理人，或者法定代理人死亡、丧失民事行为能力、丧失代理权；

（三）继承开始后未确定继承人或者遗产管理人；

（四）权利人被义务人或者其他人控制；

（五）其他导致权利人不能行使请求权的障碍。

自中止时效的原因消除之日起满六个月，诉讼时效期间届满。

第一百九十五条　有下列情形之一的，诉讼时效中断，从中断、有关程序终结时起，诉讼时效期间重新计算：

（一）权利人向义务人提出履行请求；

（二）义务人同意履行义务；

（三）权利人提起诉讼或者申请仲裁；

（四）与提起诉讼或者申请仲裁具有同等效力的其他情形。

第一百九十六条　下列请求权不适用诉讼时效的规定：

（一）请求停止侵害、排除妨碍、消除危险；

（二）不动产物权和登记的动产物权的权利人请求返还财产；

（三）请求支付抚养费、赡养费或者扶养费；

（四）依法不适用诉讼时效的其他请求权。

第一百九十七条　诉讼时效的期间、计算方法以及中止、中断的事由由法律规定，当事人约定无效。

当事人对诉讼时效利益的预先放弃无效。

第一百九十八条　法律对仲裁时效有规定的，依照其规定；没有规定的，适用诉讼时效的规定。

第一百九十九条　法律规定或者当事人约定的撤销权、解除权等权利的存续期间，除法律另有规定外，自权利人知道或者应当知道权利产生之日起计算，不适用有关诉讼时效中止、中断和延长的规定。存续期间届满，撤销权、解除权等权利消灭。

第十章　期间计算

第二百条　民法所称的期间按照公历年、月、日、小时计算。

第二百零一条 按照年、月、日计算期间的，开始的当日不计入，自下一日开始计算。

按照小时计算期间的，自法律规定或者当事人约定的时间开始计算。

第二百零二条 按照年、月计算期间的，到期月的对应日为期间的最后一日；没有对应日的，月末日为期间的最后一日。

第二百零三条 期间的最后一日是法定休假日的，以法定休假日结束的次日为期间的最后一日。

期间的最后一日的截止时间为二十四时；有业务时间的，停止业务活动的时间为截止时间。

第二百零四条 期间的计算方法依照本法的规定，但是法律另有规定或者当事人另有约定的除外。

第二编 物权

第一分编 通则

第一章 一般规定

第二百零五条 本编调整因物的归属和利用产生的民事关系。

第二百零六条 国家坚持和完善公有制为主体、多种所有制经济共同发展，按劳分配为主体、多种分配方式并存，社会主义市场经济体制等社会主义基本经济制度。

国家巩固和发展公有制经济，鼓励、支持和引导非公有制经济的发展。

国家实行社会主义市场经济，保障一切市场主体的平等法律地位和发展权利。

第二百零七条 国家、集体、私人的物权和其他权利人的物权受法律平等保护，任何组织或者个人不得侵犯。

第二百零八条 不动产物权的设立、变更、转让和消灭，应当依照法律规定登记。动产物权的设立和转让，应当依照法律规定交付。

第二章 物权的设立、变更、转让和消灭

第一节 不动产登记

第二百零九条 不动产物权的设立、变更、转让和消灭，经依法登记，发生效力；未经登记，不发生效力，但是法律另有规定的除外。

依法属于国家所有的自然资源，所有权可以不登记。

第二百一十条 不动产登记，由不动产所在地的登记机构办理。

国家对不动产实行统一登记制度。统一登记的范围、登记机构和登记办法，由法律、

行政法规规定。

第二百一十一条 当事人申请登记，应当根据不同登记事项提供权属证明和不动产界址、面积等必要材料。

第二百一十二条 登记机构应当履行下列职责：

（一）查验申请人提供的权属证明和其他必要材料；

（二）就有关登记事项询问申请人；

（三）如实、及时登记有关事项；

（四）法律、行政法规规定的其他职责。

申请登记的不动产的有关情况需要进一步证明的，登记机构可以要求申请人补充材料，必要时可以实地查看。

第二百一十三条 登记机构不得有下列行为：

（一）要求对不动产进行评估；

（二）以年检等名义进行重复登记；

（三）超出登记职责范围的其他行为。

第二百一十四条 不动产物权的设立、变更、转让和消灭，依照法律规定应当登记的，自记载于不动产登记簿时发生效力。

第二百一十五条 当事人之间订立有关设立、变更、转让和消灭不动产物权的合同，除法律另有规定或者当事人另有约定外，自合同成立时生效；未办理物权登记的，不影响合同效力。

第二百一十六条 不动产登记簿是物权归属和内容的根据。

不动产登记簿由登记机构管理。

第二百一十七条 不动产权属证书是权利人享有该不动产物权的证明。不动产权属证书记载的事项，应当与不动产登记簿一致；记载不一致的，除有证据证明不动产登记簿确有错误外，以不动产登记簿为准。

第二百一十八条 权利人、利害关系人可以申请查询、复制不动产登记资料，登记机构应当提供。

第二百一十九条 利害关系人不得公开、非法使用权利人的不动产登记资料。

第二百二十条 权利人、利害关系人认为不动产登记簿记载的事项错误的，可以申请更正登记。不动产登记簿记载的权利人书面同意更正或者有证据证明登记确有错误的，登记机构应当予以更正。

不动产登记簿记载的权利人不同意更正的，利害关系人可以申请异议登记。登记机构予以异议登记，申请人自异议登记之日起十五日内不提起诉讼的，异议登记失效。异议登记不当，造成权利人损害的，权利人可以向申请人请求损害赔偿。

第二百二十一条 当事人签订买卖房屋的协议或者签订其他不动产物权的协议，为保障将来实现物权，按照约定可以向登记机构申请预告登记。预告登记后，未经预告登记的权利人同意，处分该不动产的，不发生物权效力。

预告登记后，债权消灭或者自能够进行不动产登记之日起九十日内未申请登记的，预告登记失效。

第二百二十二条　当事人提供虚假材料申请登记，造成他人损害的，应当承担赔偿责任。

因登记错误，造成他人损害的，登记机构应当承担赔偿责任。登记机构赔偿后，可以向造成登记错误的人追偿。

第二百二十三条　不动产登记费按件收取，不得按照不动产的面积、体积或者价款的比例收取。

第二节　动产交付

第二百二十四条　动产物权的设立和转让，自交付时发生效力，但是法律另有规定的除外。

第二百二十五条　船舶、航空器和机动车等的物权的设立、变更、转让和消灭，未经登记，不得对抗善意第三人。

第二百二十六条　动产物权设立和转让前，权利人已经占有该动产的，物权自民事法律行为生效时发生效力。

第二百二十七条　动产物权设立和转让前，第三人占有该动产的，负有交付义务的人可以通过转让请求第三人返还原物的权利代替交付。

第二百二十八条　动产物权转让时，当事人又约定由出让人继续占有该动产的，物权自该约定生效时发生效力。

第三节　其他规定

第二百二十九条　因人民法院、仲裁机构的法律文书或者人民政府的征收决定等，导致物权设立、变更、转让或者消灭的，自法律文书或者征收决定等生效时发生效力。

第二百三十条　因继承取得物权的，自继承开始时发生效力。

第二百三十一条　因合法建造、拆除房屋等事实行为设立或者消灭物权的，自事实行为成就时发生效力。

第二百三十二条　处分依照本节规定享有的不动产物权，依照法律规定需要办理登记的，未经登记，不发生物权效力。

第三章　物权的保护

第二百三十三条　物权受到侵害的，权利人可以通过和解、调解、仲裁、诉讼等途径解决。

第二百三十四条　因物权的归属、内容发生争议的，利害关系人可以请求确认权利。

第二百三十五条　无权占有不动产或者动产的，权利人可以请求返还原物。

第二百三十六条　妨害物权或者可能妨害物权的，权利人可以请求排除妨害或者消除危险。

第二百三十七条　造成不动产或者动产毁损的，权利人可以依法请求修理、重作、更换或者恢复原状。

第二百三十八条　侵害物权，造成权利人损害的，权利人可以依法请求损害赔偿，也可以依法请求承担其他民事责任。

第二百三十九条　本章规定的物权保护方式，可以单独适用，也可以根据权利被侵害的情形合并适用。

第二分编　所有权

第四章　一般规定

第二百四十条　所有权人对自己的不动产或者动产，依法享有占有、使用、收益和处分的权利。

第二百四十一条　所有权人有权在自己的不动产或者动产上设立用益物权和担保物权。用益物权人、担保物权人行使权利，不得损害所有权人的权益。

第二百四十二条　法律规定专属于国家所有的不动产和动产，任何组织或者个人不能取得所有权。

第二百四十三条　为了公共利益的需要，依照法律规定的权限和程序可以征收集体所有的土地和组织、个人的房屋以及其他不动产。

征收集体所有的土地，应当依法及时足额支付土地补偿费、安置补助费以及农村村民住宅、其他地上附着物和青苗等的补偿费用，并安排被征地农民的社会保障费用，保障被征地农民的生活，维护被征地农民的合法权益。

征收组织、个人的房屋以及其他不动产，应当依法给予征收补偿，维护被征收人的合法权益；征收个人住宅的，还应当保障被征收人的居住条件。

任何组织或者个人不得贪污、挪用、私分、截留、拖欠征收补偿费等费用。

第二百四十四条　国家对耕地实行特殊保护，严格限制农用地转为建设用地，控制建设用地总量。不得违反法律规定的权限和程序征收集体所有的土地。

第二百四十五条　因抢险救灾、疫情防控等紧急需要，依照法律规定的权限和程序可以征用组织、个人的不动产或者动产。被征用的不动产或者动产使用后，应当返还被征用人。组织、个人的不动产或者动产被征用或者征用后毁损、灭失的，应当给予补偿。

第五章　国家所有权和集体所有权、私人所有权

第二百四十六条　法律规定属于国家所有的财产，属于国家所有即全民所有。

国有财产由国务院代表国家行使所有权。法律另有规定的，依照其规定。

第二百四十七条　矿藏、水流、海域属于国家所有。

第二百四十八条　无居民海岛属于国家所有，国务院代表国家行使无居民海岛所有权。

第二百四十九条　城市的土地，属于国家所有。法律规定属于国家所有的农村和城市

郊区的土地，属于国家所有。

第二百五十条　森林、山岭、草原、荒地、滩涂等自然资源，属于国家所有，但是法律规定属于集体所有的除外。

第二百五十一条　法律规定属于国家所有的野生动植物资源，属于国家所有。

第二百五十二条　无线电频谱资源属于国家所有。

第二百五十三条　法律规定属于国家所有的文物，属于国家所有。

第二百五十四条　国防资产属于国家所有。

铁路、公路、电力设施、电信设施和油气管道等基础设施，依照法律规定为国家所有的，属于国家所有。

第二百五十五条　国家机关对其直接支配的不动产和动产，享有占有、使用以及依照法律和国务院的有关规定处分的权利。

第二百五十六条　国家举办的事业单位对其直接支配的不动产和动产，享有占有、使用以及依照法律和国务院的有关规定收益、处分的权利。

第二百五十七条　国家出资的企业，由国务院、地方人民政府依照法律、行政法规规定分别代表国家履行出资人职责，享有出资人权益。

第二百五十八条　国家所有的财产受法律保护，禁止任何组织或者个人侵占、哄抢、私分、截留、破坏。

第二百五十九条　履行国有财产管理、监督职责的机构及其工作人员，应当依法加强对国有财产的管理、监督，促进国有财产保值增值，防止国有财产损失；滥用职权，玩忽职守，造成国有财产损失的，应当依法承担法律责任。

违反国有财产管理规定，在企业改制、合并分立、关联交易等过程中，低价转让、合谋私分、擅自担保或者以其他方式造成国有财产损失的，应当依法承担法律责任。

第二百六十条　集体所有的不动产和动产包括：

（一）法律规定属于集体所有的土地和森林、山岭、草原、荒地、滩涂；

（二）集体所有的建筑物、生产设施、农田水利设施；

（三）集体所有的教育、科学、文化、卫生、体育等设施；

（四）集体所有的其他不动产和动产。

第二百六十一条　农民集体所有的不动产和动产，属于本集体成员集体所有。

下列事项应当依照法定程序经本集体成员决定：

（一）土地承包方案以及将土地发包给本集体以外的组织或者个人承包；

（二）个别土地承包经营权人之间承包地的调整；

（三）土地补偿费等费用的使用、分配办法；

（四）集体出资的企业的所有权变动等事项；

（五）法律规定的其他事项。

第二百六十二条　对于集体所有的土地和森林、山岭、草原、荒地、滩涂等，依照下列规定行使所有权：

（一）属于村农民集体所有的，由村集体经济组织或者村民委员会依法代表集体行使所有权；

（二）分别属于村内两个以上农民集体所有的，由村内各该集体经济组织或者村民小组依法代表集体行使所有权；

（三）属于乡镇农民集体所有的，由乡镇集体经济组织代表集体行使所有权。

第二百六十三条　城镇集体所有的不动产和动产，依照法律、行政法规的规定由本集体享有占有、使用、收益和处分的权利。

第二百六十四条　农村集体经济组织或者村民委员会、村民小组应当依照法律、行政法规以及章程、村规民约向本集体成员公布集体财产的状况。集体成员有权查阅、复制相关资料。

第二百六十五条　集体所有的财产受法律保护，禁止任何组织或者个人侵占、哄抢、私分、破坏。

农村集体经济组织、村民委员会或者其负责人作出的决定侵害集体成员合法权益的，受侵害的集体成员可以请求人民法院予以撤销。

第二百六十六条　私人对其合法的收入、房屋、生活用品、生产工具、原材料等不动产和动产享有所有权。

第二百六十七条　私人的合法财产受法律保护，禁止任何组织或者个人侵占、哄抢、破坏。

第二百六十八条　国家、集体和私人依法可以出资设立有限责任公司、股份有限公司或者其他企业。国家、集体和私人所有的不动产或者动产投到企业的，由出资人按照约定或者出资比例享有资产收益、重大决策以及选择经营管理者等权利并履行义务。

第二百六十九条　营利法人对其不动产和动产依照法律、行政法规以及章程享有占有、使用、收益和处分的权利。

营利法人以外的法人，对其不动产和动产的权利，适用有关法律、行政法规以及章程的规定。

第二百七十条　社会团体法人、捐助法人依法所有的不动产和动产，受法律保护。

第六章　业主的建筑物区分所有权

第二百七十一条　业主对建筑物内的住宅、经营性用房等专有部分享有所有权，对专有部分以外的共有部分享有共有和共同管理的权利。

第二百七十二条　业主对其建筑物专有部分享有占有、使用、收益和处分的权利。业主行使权利不得危及建筑物的安全，不得损害其他业主的合法权益。

第二百七十三条　业主对建筑物专有部分以外的共有部分，享有权利，承担义务；不得以放弃权利为由不履行义务。

业主转让建筑物内的住宅、经营性用房，其对共有部分享有的共有和共同管理的权利一并转让。

第二百七十四条 建筑区划内的道路，属于业主共有，但是属于城镇公共道路的除外。建筑区划内的绿地，属于业主共有，但是属于城镇公共绿地或者明示属于个人的除外。建筑区划内的其他公共场所、公用设施和物业服务用房，属于业主共有。

第二百七十五条 建筑区划内，规划用于停放汽车的车位、车库的归属，由当事人通过出售、附赠或者出租等方式约定。

占用业主共有的道路或者其他场地用于停放汽车的车位，属于业主共有。

第二百七十六条 建筑区划内，规划用于停放汽车的车位、车库应当首先满足业主的需要。

第二百七十七条 业主可以设立业主大会，选举业主委员会。业主大会、业主委员会成立的具体条件和程序，依照法律、法规的规定。

地方人民政府有关部门、居民委员会应当对设立业主大会和选举业主委员会给予指导和协助。

第二百七十八条 下列事项由业主共同决定：

（一）制定和修改业主大会议事规则；

（二）制定和修改管理规约；

（三）选举业主委员会或者更换业主委员会成员；

（四）选聘和解聘物业服务企业或者其他管理人；

（五）使用建筑物及其附属设施的维修资金；

（六）筹集建筑物及其附属设施的维修资金；

（七）改建、重建建筑物及其附属设施；

（八）改变共有部分的用途或者利用共有部分从事经营活动；

（九）有关共有和共同管理权利的其他重大事项。

业主共同决定事项，应当由专有部分面积占比三分之二以上的业主且人数占比三分之二以上的业主参与表决。决定前款第六项至第八项规定的事项，应当经参与表决专有部分面积四分之三以上的业主且参与表决人数四分之三以上的业主同意。决定前款其他事项，应当经参与表决专有部分面积过半数的业主且参与表决人数过半数的业主同意。

第二百七十九条 业主不得违反法律、法规以及管理规约，将住宅改变为经营性用房。业主将住宅改变为经营性用房的，除遵守法律、法规以及管理规约外，应当经有利害关系的业主一致同意。

第二百八十条 业主大会或者业主委员会的决定，对业主具有法律约束力。

业主大会或者业主委员会作出的决定侵害业主合法权益的，受侵害的业主可以请求人民法院予以撤销。

第二百八十一条 建筑物及其附属设施的维修资金，属于业主共有。经业主共同决定，可以用于电梯、屋顶、外墙、无障碍设施等共有部分的维修、更新和改造。建筑物及其附属设施的维修资金的筹集、使用情况应当定期公布。

紧急情况下需要维修建筑物及其附属设施的，业主大会或者业主委员会可以依法申请使用建筑物及其附属设施的维修资金。

第二百八十二条　建设单位、物业服务企业或者其他管理人等利用业主的共有部分产生的收入，在扣除合理成本之后，属于业主共有。

第二百八十三条　建筑物及其附属设施的费用分摊、收益分配等事项，有约定的，按照约定；没有约定或者约定不明确的，按照业主专有部分面积所占比例确定。

第二百八十四条　业主可以自行管理建筑物及其附属设施，也可以委托物业服务企业或者其他管理人管理。

对建设单位聘请的物业服务企业或者其他管理人，业主有权依法更换。

第二百八十五条　物业服务企业或者其他管理人根据业主的委托，依照本法第三编有关物业服务合同的规定管理建筑区划内的建筑物及其附属设施，接受业主的监督，并及时答复业主对物业服务情况提出的询问。

物业服务企业或者其他管理人应当执行政府依法实施的应急处置措施和其他管理措施，积极配合开展相关工作。

第二百八十六条　业主应当遵守法律、法规以及管理规约，相关行为应当符合节约资源、保护生态环境的要求。对于物业服务企业或者其他管理人执行政府依法实施的应急处置措施和其他管理措施，业主应当依法予以配合。

业主大会或者业主委员会，对任意弃置垃圾、排放污染物或者噪声、违反规定饲养动物、违章搭建、侵占通道、拒付物业费等损害他人合法权益的行为，有权依照法律、法规以及管理规约，请求行为人停止侵害、排除妨碍、消除危险、恢复原状、赔偿损失。

业主或者其他行为人拒不履行相关义务的，有关当事人可以向有关行政主管部门报告或者投诉，有关行政主管部门应当依法处理。

第二百八十七条　业主对建设单位、物业服务企业或者其他管理人以及其他业主侵害自己合法权益的行为，有权请求其承担民事责任。

第七章　相邻关系

第二百八十八条　不动产的相邻权利人应当按照有利生产、方便生活、团结互助、公平合理的原则，正确处理相邻关系。

第二百八十九条　法律、法规对处理相邻关系有规定的，依照其规定；法律、法规没有规定的，可以按照当地习惯。

第二百九十条　不动产权利人应当为相邻权利人用水、排水提供必要的便利。

对自然流水的利用，应当在不动产的相邻权利人之间合理分配。对自然流水的排放，应当尊重自然流向。

第二百九十一条　不动产权利人对相邻权利人因通行等必须利用其土地的，应当提供必要的便利。

第二百九十二条　不动产权利人因建造、修缮建筑物以及铺设电线、电缆、水管、暖气和燃气管线等必须利用相邻土地、建筑物的，该土地、建筑物的权利人应当提供必要的便利。

第二百九十三条　建造建筑物，不得违反国家有关工程建设标准，不得妨碍相邻建筑物的通风、采光和日照。

第二百九十四条　不动产权利人不得违反国家规定弃置固体废物，排放大气污染物、水污染物、土壤污染物、噪声、光辐射、电磁辐射等有害物质。

第二百九十五条　不动产权利人挖掘土地、建造建筑物、铺设管线以及安装设备等，不得危及相邻不动产的安全。

第二百九十六条　不动产权利人因用水、排水、通行、铺设管线等利用相邻不动产的，应当尽量避免对相邻的不动产权利人造成损害。

第八章　共有

第二百九十七条　不动产或者动产可以由两个以上组织、个人共有。共有包括按份共有和共同共有。

第二百九十八条　按份共有人对共有的不动产或者动产按照其份额享有所有权。

第二百九十九条　共同共有人对共有的不动产或者动产共同享有所有权。

第三百条　共有人按照约定管理共有的不动产或者动产；没有约定或者约定不明确的，各共有人都有管理的权利和义务。

第三百零一条　处分共有的不动产或者动产以及对共有的不动产或者动产作重大修缮、变更性质或者用途的，应当经占份额三分之二以上的按份共有人或者全体共同共有人同意，但是共有人之间另有约定的除外。

第三百零二条　共有人对共有物的管理费用以及其他负担，有约定的，按照其约定；没有约定或者约定不明确的，按份共有人按照其份额负担，共同共有人共同负担。

第三百零三条　共有人约定不得分割共有的不动产或者动产，以维持共有关系的，应当按照约定，但是共有人有重大理由需要分割的，可以请求分割；没有约定或者约定不明确的，按份共有人可以随时请求分割，共同共有人在共有的基础丧失或者有重大理由需要分割时可以请求分割。因分割造成其他共有人损害的，应当给予赔偿。

第三百零四条　共有人可以协商确定分割方式。达不成协议，共有的不动产或者动产可以分割且不会因分割减损价值的，应当对实物予以分割；难以分割或者因分割会减损价值的，应当对折价或者拍卖、变卖取得的价款予以分割。

共有人分割所得的不动产或者动产有瑕疵的，其他共有人应当分担损失。

第三百零五条　按份共有人可以转让其享有的共有的不动产或者动产份额。其他共有人在同等条件下享有优先购买的权利。

第三百零六条　按份共有人转让其享有的共有的不动产或者动产份额的，应当将转让条件及时通知其他共有人。其他共有人应当在合理期限内行使优先购买权。

两个以上其他共有人主张行使优先购买权的，协商确定各自的购买比例；协商不成的，按照转让时各自的共有份额比例行使优先购买权。

第三百零七条 因共有的不动产或者动产产生的债权债务，在对外关系上，共有人享有连带债权、承担连带债务，但是法律另有规定或者第三人知道共有人不具有连带债权债务关系的除外；在共有人内部关系上，除共有人另有约定外，按份共有人按照份额享有债权、承担债务，共同共有人共同享有债权、承担债务。偿还债务超过自己应当承担份额的按份共有人，有权向其他共有人追偿。

第三百零八条 共有人对共有的不动产或者动产没有约定为按份共有或者共同共有，或者约定不明确的，除共有人具有家庭关系等外，视为按份共有。

第三百零九条 按份共有人对共有的不动产或者动产享有的份额，没有约定或者约定不明确的，按照出资额确定；不能确定出资额的，视为等额享有。

第三百一十条 两个以上组织、个人共同享有用益物权、担保物权的，参照适用本章的有关规定。

第九章 所有权取得的特别规定

第三百一十一条 无处分权人将不动产或者动产转让给受让人的，所有权人有权追回；除法律另有规定外，符合下列情形的，受让人取得该不动产或者动产的所有权：

（一）受让人受让该不动产或者动产时是善意；

（二）以合理的价格转让；

（三）转让的不动产或者动产依照法律规定应当登记的已经登记，不需要登记的已经交付给受让人。

受让人依据前款规定取得不动产或者动产的所有权的，原所有权人有权向无处分权人请求损害赔偿。

当事人善意取得其他物权的，参照适用前两款规定。

第三百一十二条 所有权人或者其他权利人有权追回遗失物。该遗失物通过转让被他人占有的，权利人有权向无处分权人请求损害赔偿，或者自知道或者应当知道受让人之日起二年内向受让人请求返还原物；但是，受让人通过拍卖或者向具有经营资格的经营者购得该遗失物的，权利人请求返还原物时应当支付受让人所付的费用。权利人向受让人支付所付费用后，有权向无处分权人追偿。

第三百一十三条 善意受让人取得动产后，该动产上的原有权利消灭。但是，善意受让人在受让时知道或者应当知道该权利的除外。

第三百一十四条 拾得遗失物，应当返还权利人。拾得人应当及时通知权利人领取，或者送交公安等有关部门。

第三百一十五条 有关部门收到遗失物，知道权利人的，应当及时通知其领取；不知道的，应当及时发布招领公告。

第三百一十六条 拾得人在遗失物送交有关部门前，有关部门在遗失物被领取前，应当妥善保管遗失物。因故意或者重大过失致使遗失物毁损、灭失的，应当承担民事责任。

第三百一十七条 权利人领取遗失物时，应当向拾得人或者有关部门支付保管遗失物等支出的必要费用。

权利人悬赏寻找遗失物的，领取遗失物时应当按照承诺履行义务。

拾得人侵占遗失物的，无权请求保管遗失物等支出的费用，也无权请求权利人按照承诺履行义务。

第三百一十八条　遗失物自发布招领公告之日起一年内无人认领的，归国家所有。

第三百一十九条　拾得漂流物、发现埋藏物或者隐藏物的，参照适用拾得遗失物的有关规定。法律另有规定的，依照其规定。

第三百二十条　主物转让的，从物随主物转让，但是当事人另有约定的除外。

第三百二十一条　天然孳息，由所有权人取得；既有所有权人又有用益物权人的，由用益物权人取得。当事人另有约定的，按照其约定。

法定孳息，当事人有约定的，按照约定取得；没有约定或者约定不明确的，按照交易习惯取得。

第三百二十二条　因加工、附合、混合而产生的物的归属，有约定的，按照约定；没有约定或者约定不明确的，依照法律规定；法律没有规定的，按照充分发挥物的效用以及保护无过错当事人的原则确定。因一方当事人的过错或者确定物的归属造成另一方当事人损害的，应当给予赔偿或者补偿。

第三分编　用益物权

第十章　一般规定

第三百二十三条　用益物权人对他人所有的不动产或者动产，依法享有占有、使用和收益的权利。

第三百二十四条　国家所有或者国家所有由集体使用以及法律规定属于集体所有的自然资源，组织、个人依法可以占有、使用和收益。

第三百二十五条　国家实行自然资源有偿使用制度，但是法律另有规定的除外。

第三百二十六条　用益物权人行使权利，应当遵守法律有关保护和合理开发利用资源、保护生态环境的规定。所有权人不得干涉用益物权人行使权利。

第三百二十七条　因不动产或者动产被征收、征用致使用益物权消灭或者影响用益物权行使的，用益物权人有权依据本法第二百四十三条、第二百四十五条的规定获得相应补偿。

第三百二十八条　依法取得的海域使用权受法律保护。

第三百二十九条　依法取得的探矿权、采矿权、取水权和使用水域、滩涂从事养殖、捕捞的权利受法律保护。

第十一章　土地承包经营权

第三百三十条　农村集体经济组织实行家庭承包经营为基础、统分结合的双层经营体制。

农民集体所有和国家所有由农民集体使用的耕地、林地、草地以及其他用于农业的土地，依法实行土地承包经营制度。

第三百三十一条　土地承包经营权人依法对其承包经营的耕地、林地、草地等享有占有、使用和收益的权利，有权从事种植业、林业、畜牧业等农业生产。

第三百三十二条　耕地的承包期为三十年。草地的承包期为三十年至五十年。林地的承包期为三十年至七十年。

前款规定的承包期限届满，由土地承包经营权人依照农村土地承包的法律规定继续承包。

第三百三十三条　土地承包经营权自土地承包经营权合同生效时设立。

登记机构应当向土地承包经营权人发放土地承包经营权证、林权证等证书，并登记造册，确认土地承包经营权。

第三百三十四条　土地承包经营权人依照法律规定，有权将土地承包经营权互换、转让。未经依法批准，不得将承包地用于非农建设。

第三百三十五条　土地承包经营权互换、转让的，当事人可以向登记机构申请登记；未经登记，不得对抗善意第三人。

第三百三十六条　承包期内发包人不得调整承包地。

因自然灾害严重毁损承包地等特殊情形，需要适当调整承包的耕地和草地的，应当依照农村土地承包的法律规定办理。

第三百三十七条　承包期内发包人不得收回承包地。法律另有规定的，依照其规定。

第三百三十八条　承包地被征收的，土地承包经营权人有权依据本法第二百四十三条的规定获得相应补偿。

第三百三十九条　土地承包经营权人可以自主决定依法采取出租、入股或者其他方式向他人流转土地经营权。

第三百四十条　土地经营权人有权在合同约定的期限内占有农村土地，自主开展农业生产经营并取得收益。

第三百四十一条　流转期限为五年以上的土地经营权，自流转合同生效时设立。当事人可以向登记机构申请土地经营权登记；未经登记，不得对抗善意第三人。

第三百四十二条　通过招标、拍卖、公开协商等方式承包农村土地，经依法登记取得权属证书的，可以依法采取出租、入股、抵押或者其他方式流转土地经营权。

第三百四十三条　国家所有的农用地实行承包经营的，参照适用本编的有关规定。

第十二章　建设用地使用权

第三百四十四条　建设用地使用权人依法对国家所有的土地享有占有、使用和收益的权利，有权利用该土地建造建筑物、构筑物及其附属设施。

第三百四十五条　建设用地使用权可以在土地的地表、地上或者地下分别设立。

第三百四十六条　设立建设用地使用权，应当符合节约资源、保护生态环境的要求，遵守法律、行政法规关于土地用途的规定，不得损害已经设立的用益物权。

第三百四十七条 设立建设用地使用权，可以采取出让或者划拨等方式。

工业、商业、旅游、娱乐和商品住宅等经营性用地以及同一土地有两个以上意向用地者的，应当采取招标、拍卖等公开竞价的方式出让。

严格限制以划拨方式设立建设用地使用权。

第三百四十八条 通过招标、拍卖、协议等出让方式设立建设用地使用权的，当事人应当采用书面形式订立建设用地使用权出让合同。

建设用地使用权出让合同一般包括下列条款：

（一）当事人的名称和住所；

（二）土地界址、面积等；

（三）建筑物、构筑物及其附属设施占用的空间；

（四）土地用途、规划条件；

（五）建设用地使用权期限；

（六）出让金等费用及其支付方式；

（七）解决争议的方法。

第三百四十九条 设立建设用地使用权的，应当向登记机构申请建设用地使用权登记。建设用地使用权自登记时设立。登记机构应当向建设用地使用权人发放权属证书。

第三百五十条 建设用地使用权人应当合理利用土地，不得改变土地用途；需要改变土地用途的，应当依法经有关行政主管部门批准。

第三百五十一条 建设用地使用权人应当依照法律规定以及合同约定支付出让金等费用。

第三百五十二条 建设用地使用权人建造的建筑物、构筑物及其附属设施的所有权属于建设用地使用权人，但是有相反证据证明的除外。

第三百五十三条 建设用地使用权人有权将建设用地使用权转让、互换、出资、赠与或者抵押，但是法律另有规定的除外。

第三百五十四条 建设用地使用权转让、互换、出资、赠与或者抵押的，当事人应当采用书面形式订立相应的合同。使用期限由当事人约定，但是不得超过建设用地使用权的剩余期限。

第三百五十五条 建设用地使用权转让、互换、出资或者赠与的，应当向登记机构申请变更登记。

第三百五十六条 建设用地使用权转让、互换、出资或者赠与的，附着于该土地上的建筑物、构筑物及其附属设施一并处分。

第三百五十七条 建筑物、构筑物及其附属设施转让、互换、出资或者赠与的，该建筑物、构筑物及其附属设施占用范围内的建设用地使用权一并处分。

第三百五十八条 建设用地使用权期限届满前，因公共利益需要提前收回该土地的，应当依据本法第二百四十三条的规定对该土地上的房屋以及其他不动产给予补偿，并退还相应的出让金。

第三百五十九条 住宅建设用地使用权期限届满的，自动续期。续期费用的缴纳或者减免，依照法律、行政法规的规定办理。

非住宅建设用地使用权期限届满后的续期，依照法律规定办理。该土地上的房屋以及其他不动产的归属，有约定的，按照约定；没有约定或者约定不明确的，依照法律、行政法规的规定办理。

第三百六十条 建设用地使用权消灭的，出让人应当及时办理注销登记。登记机构应当收回权属证书。

第三百六十一条 集体所有的土地作为建设用地的，应当依照土地管理的法律规定办理。

第十三章 宅基地使用权

第三百六十二条 宅基地使用权人依法对集体所有的土地享有占有和使用的权利，有权依法利用该土地建造住宅及其附属设施。

第三百六十三条 宅基地使用权的取得、行使和转让，适用土地管理的法律和国家有关规定。

第三百六十四条 宅基地因自然灾害等原因灭失的，宅基地使用权消灭。对失去宅基地的村民，应当依法重新分配宅基地。

第三百六十五条 已经登记的宅基地使用权转让或者消灭的，应当及时办理变更登记或者注销登记。

第十四章 居住权

第三百六十六条 居住权人有权按照合同约定，对他人的住宅享有占有、使用的用益物权，以满足生活居住的需要。

第三百六十七条 设立居住权，当事人应当采用书面形式订立居住权合同。

居住权合同一般包括下列条款：

（一）当事人的姓名或者名称和住所；

（二）住宅的位置；

（三）居住的条件和要求；

（四）居住权期限；

（五）解决争议的方法。

第三百六十八条 居住权无偿设立，但是当事人另有约定的除外。设立居住权的，应当向登记机构申请居住权登记。居住权自登记时设立。

第三百六十九条 居住权不得转让、继承。设立居住权的住宅不得出租，但是当事人另有约定的除外。

第三百七十条 居住权期限届满或者居住权人死亡的，居住权消灭。居住权消灭的，应当及时办理注销登记。

第三百七十一条　以遗嘱方式设立居住权的，参照适用本章的有关规定。

第十五章　地役权

第三百七十二条　地役权人有权按照合同约定，利用他人的不动产，以提高自己的不动产的效益。

前款所称他人的不动产为供役地，自己的不动产为需役地。

第三百七十三条　设立地役权，当事人应当采用书面形式订立地役权合同。

地役权合同一般包括下列条款：

（一）当事人的姓名或者名称和住所；

（二）供役地和需役地的位置；

（三）利用目的和方法；

（四）地役权期限；

（五）费用及其支付方式；

（六）解决争议的方法。

第三百七十四条　地役权自地役权合同生效时设立。当事人要求登记的，可以向登记机构申请地役权登记；未经登记，不得对抗善意第三人。

第三百七十五条　供役地权利人应当按照合同约定，允许地役权人利用其不动产，不得妨害地役权人行使权利。

第三百七十六条　地役权人应当按照合同约定的利用目的和方法利用供役地，尽量减少对供役地权利人物权的限制。

第三百七十七条　地役权期限由当事人约定；但是，不得超过土地承包经营权、建设用地使用权等用益物权的剩余期限。

第三百七十八条　土地所有权人享有地役权或者负担地役权的，设立土地承包经营权、宅基地使用权等用益物权时，该用益物权人继续享有或者负担已经设立的地役权。

第三百七十九条　土地上已经设立土地承包经营权、建设用地使用权、宅基地使用权等用益物权的，未经用益物权人同意，土地所有权人不得设立地役权。

第三百八十条　地役权不得单独转让。土地承包经营权、建设用地使用权等转让的，地役权一并转让，但是合同另有约定的除外。

第三百八十一条　地役权不得单独抵押。土地经营权、建设用地使用权等抵押的，在实现抵押权时，地役权一并转让。

第三百八十二条　需役地以及需役地上的土地承包经营权、建设用地使用权等部分转让时，转让部分涉及地役权的，受让人同时享有地役权。

第三百八十三条　供役地以及供役地上的土地承包经营权、建设用地使用权等部分转让时，转让部分涉及地役权的，地役权对受让人具有法律约束力。

第三百八十四条　地役权人有下列情形之一的，供役地权利人有权解除地役权合同，地役权消灭：

（一）违反法律规定或者合同约定，滥用地役权；

（二）有偿利用供役地，约定的付款期限届满后在合理期限内经两次催告未支付费用。

第三百八十五条　已经登记的地役权变更、转让或者消灭的，应当及时办理变更登记或者注销登记。

第四分编　担保物权

第十六章　一般规定

第三百八十六条　担保物权人在债务人不履行到期债务或者发生当事人约定的实现担保物权的情形，依法享有就担保财产优先受偿的权利，但是法律另有规定的除外。

第三百八十七条　债权人在借贷、买卖等民事活动中，为保障实现其债权，需要担保的，可以依照本法和其他法律的规定设立担保物权。

第三人为债务人向债权人提供担保的，可以要求债务人提供反担保。反担保适用本法和其他法律的规定。

第三百八十八条　设立担保物权，应当依照本法和其他法律的规定订立担保合同。担保合同包括抵押合同、质押合同和其他具有担保功能的合同。担保合同是主债权债务合同的从合同。主债权债务合同无效的，担保合同无效，但是法律另有规定的除外。

担保合同被确认无效后，债务人、担保人、债权人有过错的，应当根据其过错各自承担相应的民事责任。

第三百八十九条　担保物权的担保范围包括主债权及其利息、违约金、损害赔偿金、保管担保财产和实现担保物权的费用。当事人另有约定的，按照其约定。

第三百九十条　担保期间，担保财产毁损、灭失或者被征收等，担保物权人可以就获得的保险金、赔偿金或者补偿金等优先受偿。被担保债权的履行期限未届满的，也可以提存该保险金、赔偿金或者补偿金等。

第三百九十一条　第三人提供担保，未经其书面同意，债权人允许债务人转移全部或者部分债务的，担保人不再承担相应的担保责任。

第三百九十二条　被担保的债权既有物的担保又有人的担保的，债务人不履行到期债务或者发生当事人约定的实现担保物权的情形，债权人应当按照约定实现债权；没有约定或者约定不明确，债务人自己提供物的担保的，债权人应当先就该物的担保实现债权；第三人提供物的担保的，债权人可以就物的担保实现债权，也可以请求保证人承担保证责任。提供担保的第三人承担担保责任后，有权向债务人追偿。

第三百九十三条　有下列情形之一的，担保物权消灭：

（一）主债权消灭；

（二）担保物权实现；

（三）债权人放弃担保物权；

（四）法律规定担保物权消灭的其他情形。

第十七章 抵押权

第一节 一般抵押权

第三百九十四条 为担保债务的履行，债务人或者第三人不转移财产的占有，将该财产抵押给债权人的，债务人不履行到期债务或者发生当事人约定的实现抵押权的情形，债权人有权就该财产优先受偿。

前款规定的债务人或者第三人为抵押人，债权人为抵押权人，提供担保的财产为抵押财产。

第三百九十五条 债务人或者第三人有权处分的下列财产可以抵押：

（一）建筑物和其他土地附着物；

（二）建设用地使用权；

（三）海域使用权；

（四）生产设备、原材料、半成品、产品；

（五）正在建造的建筑物、船舶、航空器；

（六）交通运输工具；

（七）法律、行政法规未禁止抵押的其他财产。

抵押人可以将前款所列财产一并抵押。

第三百九十六条 企业、个体工商户、农业生产经营者可以将现有的以及将有的生产设备、原材料、半成品、产品抵押，债务人不履行到期债务或者发生当事人约定的实现抵押权的情形，债权人有权就抵押财产确定时的动产优先受偿。

第三百九十七条 以建筑物抵押的，该建筑物占用范围内的建设用地使用权一并抵押。以建设用地使用权抵押的，该土地上的建筑物一并抵押。

抵押人未依据前款规定一并抵押的，未抵押的财产视为一并抵押。

第三百九十八条 乡镇、村企业的建设用地使用权不得单独抵押。以乡镇、村企业的厂房等建筑物抵押的，其占用范围内的建设用地使用权一并抵押。

第三百九十九条 下列财产不得抵押：

（一）土地所有权；

（二）宅基地、自留地、自留山等集体所有土地的使用权，但是法律规定可以抵押的除外；

（三）学校、幼儿园、医疗机构等为公益目的成立的非营利法人的教育设施、医疗卫生设施和其他公益设施；

（四）所有权、使用权不明或者有争议的财产；

（五）依法被查封、扣押、监管的财产；

（六）法律、行政法规规定不得抵押的其他财产。

第四百条 设立抵押权，当事人应当采用书面形式订立抵押合同。

抵押合同一般包括下列条款：

（一）被担保债权的种类和数额；

（二）债务人履行债务的期限；

（三）抵押财产的名称、数量等情况；

（四）担保的范围。

第四百零一条 抵押权人在债务履行期限届满前，与抵押人约定债务人不履行到期债务时抵押财产归债权人所有的，只能依法就抵押财产优先受偿。

第四百零二条 以本法第三百九十五条第一款第一项至第三项规定的财产或者第五项规定的正在建造的建筑物抵押的，应当办理抵押登记。抵押权自登记时设立。

第四百零三条 以动产抵押的，抵押权自抵押合同生效时设立；未经登记，不得对抗善意第三人。

第四百零四条 以动产抵押的，不得对抗正常经营活动中已经支付合理价款并取得抵押财产的买受人。

第四百零五条 抵押权设立前，抵押财产已经出租并转移占有的，原租赁关系不受该抵押权的影响。

第四百零六条 抵押期间，抵押人可以转让抵押财产。当事人另有约定的，按照其约定。抵押财产转让的，抵押权不受影响。

抵押人转让抵押财产的，应当及时通知抵押权人。抵押权人能够证明抵押财产转让可能损害抵押权的，可以请求抵押人将转让所得的价款向抵押权人提前清偿债务或者提存。转让的价款超过债权数额的部分归抵押人所有，不足部分由债务人清偿。

第四百零七条 抵押权不得与债权分离而单独转让或者作为其他债权的担保。债权转让的，担保该债权的抵押权一并转让，但是法律另有规定或者当事人另有约定的除外。

第四百零八条 抵押人的行为足以使抵押财产价值减少的，抵押权人有权请求抵押人停止其行为；抵押财产价值减少的，抵押权人有权请求恢复抵押财产的价值，或者提供与减少的价值相应的担保。抵押人不恢复抵押财产的价值，也不提供担保的，抵押权人有权请求债务人提前清偿债务。

第四百零九条 抵押权人可以放弃抵押权或者抵押权的顺位。抵押权人与抵押人可以协议变更抵押权顺位以及被担保的债权数额等内容。但是，抵押权的变更未经其他抵押权人书面同意的，不得对其他抵押权人产生不利影响。

债务人以自己的财产设定抵押，抵押权人放弃该抵押权、抵押权顺位或者变更抵押权的，其他担保人在抵押权人丧失优先受偿权益的范围内免除担保责任，但是其他担保人承诺仍然提供担保的除外。

第四百一十条 债务人不履行到期债务或者发生当事人约定的实现抵押权的情形，抵押权人可以与抵押人协议以抵押财产折价或者以拍卖、变卖该抵押财产所得的价款优先受偿。协议损害其他债权人利益的，其他债权人可以请求人民法院撤销该协议。

抵押权人与抵押人未就抵押权实现方式达成协议的，抵押权人可以请求人民法院拍卖、变卖抵押财产。

抵押财产折价或者变卖的，应当参照市场价格。

第四百一十一条 依据本法第三百九十六条规定设定抵押的，抵押财产自下列情形之一发生时确定：

（一）债务履行期限届满，债权未实现；

（二）抵押人被宣告破产或者解散；

（三）当事人约定的实现抵押权的情形；

（四）严重影响债权实现的其他情形。

第四百一十二条 债务人不履行到期债务或者发生当事人约定的实现抵押权的情形，致使抵押财产被人民法院依法扣押的，自扣押之日起，抵押权人有权收取该抵押财产的天然孳息或者法定孳息，但是抵押权人未通知应当清偿法定孳息义务人的除外。

前款规定的孳息应当先充抵收取孳息的费用。

第四百一十三条 抵押财产折价或者拍卖、变卖后，其价款超过债权数额的部分归抵押人所有，不足部分由债务人清偿。

第四百一十四条 同一财产向两个以上债权人抵押的，拍卖、变卖抵押财产所得的价款依照下列规定清偿：

（一）抵押权已经登记的，按照登记的时间先后确定清偿顺序；

（二）抵押权已经登记的先于未登记的受偿；

（三）抵押权未登记的，按照债权比例清偿。

其他可以登记的担保物权，清偿顺序参照适用前款规定。

第四百一十五条 同一财产既设立抵押权又设立质权的，拍卖、变卖该财产所得的价款按照登记、交付的时间先后确定清偿顺序。

第四百一十六条 动产抵押担保的主债权是抵押物的价款，标的物交付后十日内办理抵押登记的，该抵押权人优先于抵押物买受人的其他担保物权人受偿，但是留置权人除外。

第四百一十七条 建设用地使用权抵押后，该土地上新增的建筑物不属于抵押财产。该建设用地使用权实现抵押权时，应当将该土地上新增的建筑物与建设用地使用权一并处分。但是，新增建筑物所得的价款，抵押权人无权优先受偿。

第四百一十八条 以集体所有土地的使用权依法抵押的，实现抵押权后，未经法定程序，不得改变土地所有权的性质和土地用途。

第四百一十九条 抵押权人应当在主债权诉讼时效期间行使抵押权；未行使的，人民法院不予保护。

第二节 最高额抵押权

第四百二十条 为担保债务的履行，债务人或者第三人对一定期间内将要连续发生的债权提供担保财产的，债务人不履行到期债务或者发生当事人约定的实现抵押权的情形，抵押权人有权在最高债权额限度内就该担保财产优先受偿。

最高额抵押权设立前已经存在的债权，经当事人同意，可以转入最高额抵押担保的债权范围。

第四百二十一条 最高额抵押担保的债权确定前，部分债权转让的，最高额抵押权不得转让，但是当事人另有约定的除外。

第四百二十二条 最高额抵押担保的债权确定前，抵押权人与抵押人可以通过协议变更债权确定的期间、债权范围以及最高债权额。但是，变更的内容不得对其他抵押权人产生不利影响。

第四百二十三条 有下列情形之一的，抵押权人的债权确定：

（一）约定的债权确定期间届满；

（二）没有约定债权确定期间或者约定不明确，抵押权人或者抵押人自最高额抵押权设立之日起满二年后请求确定债权；

（三）新的债权不可能发生；

（四）抵押权人知道或者应当知道抵押财产被查封、扣押；

（五）债务人、抵押人被宣告破产或者解散；

（六）法律规定债权确定的其他情形。

第四百二十四条 最高额抵押权除适用本节规定外，适用本章第一节的有关规定。

第十八章 质权

第一节 动产质权

第四百二十五条 为担保债务的履行，债务人或者第三人将其动产出质给债权人占有的，债务人不履行到期债务或者发生当事人约定的实现质权的情形，债权人有权就该动产优先受偿。

前款规定的债务人或者第三人为出质人，债权人为质权人，交付的动产为质押财产。

第四百二十六条 法律、行政法规禁止转让的动产不得出质。

第四百二十七条 设立质权，当事人应当采用书面形式订立质押合同。

质押合同一般包括下列条款：

（一）被担保债权的种类和数额；

（二）债务人履行债务的期限；

（三）质押财产的名称、数量等情况；

（四）担保的范围；

（五）质押财产交付的时间、方式。

第四百二十八条 质权人在债务履行期限届满前，与出质人约定债务人不履行到期债务时质押财产归债权人所有的，只能依法就质押财产优先受偿。

第四百二十九条 质权自出质人交付质押财产时设立。

第四百三十条 质权人有权收取质押财产的孳息，但是合同另有约定的除外。

前款规定的孳息应当先充抵收取孳息的费用。

第四百三十一条 质权人在质权存续期间，未经出质人同意，擅自使用、处分质押财产，造成出质人损害的，应当承担赔偿责任。

第四百三十二条　质权人负有妥善保管质押财产的义务；因保管不善致使质押财产毁损、灭失的，应当承担赔偿责任。

质权人的行为可能使质押财产毁损、灭失的，出质人可以请求质权人将质押财产提存，或者请求提前清偿债务并返还质押财产。

第四百三十三条　因不可归责于质权人的事由可能使质押财产毁损或者价值明显减少，足以危害质权人权利的，质权人有权请求出质人提供相应的担保；出质人不提供的，质权人可以拍卖、变卖质押财产，并与出质人协议将拍卖、变卖所得的价款提前清偿债务或者提存。

第四百三十四条　质权人在质权存续期间，未经出质人同意转质，造成质押财产毁损、灭失的，应当承担赔偿责任。

第四百三十五条　质权人可以放弃质权。债务人以自己的财产出质，质权人放弃该质权的，其他担保人在质权人丧失优先受偿权益的范围内免除担保责任，但是其他担保人承诺仍然提供担保的除外。

第四百三十六条　债务人履行债务或者出质人提前清偿所担保的债权的，质权人应当返还质押财产。

债务人不履行到期债务或者发生当事人约定的实现质权的情形，质权人可以与出质人协议以质押财产折价，也可以就拍卖、变卖质押财产所得的价款优先受偿。

质押财产折价或者变卖的，应当参照市场价格。

第四百三十七条　出质人可以请求质权人在债务履行期限届满后及时行使质权；质权人不行使的，出质人可以请求人民法院拍卖、变卖质押财产。

出质人请求质权人及时行使质权，因质权人怠于行使权利造成出质人损害的，由质权人承担赔偿责任。

第四百三十八条　质押财产折价或者拍卖、变卖后，其价款超过债权数额的部分归出质人所有，不足部分由债务人清偿。

第四百三十九条　出质人与质权人可以协议设立最高额质权。

最高额质权除适用本节有关规定外，参照适用本编第十七章第二节的有关规定。

第二节　权利质权

第四百四十条　债务人或者第三人有权处分的下列权利可以出质：

（一）汇票、本票、支票；

（二）债券、存款单；

（三）仓单、提单；

（四）可以转让的基金份额、股权；

（五）可以转让的注册商标专用权、专利权、著作权等知识产权中的财产权；

（六）现有的以及将有的应收账款；

（七）法律、行政法规规定可以出质的其他财产权利。

第四百四十一条　以汇票、本票、支票、债券、存款单、仓单、提单出质的，质权自权利凭证交付质权人时设立；没有权利凭证的，质权自办理出质登记时设立。法律另有规定的，依照其规定。

第四百四十二条　汇票、本票、支票、债券、存款单、仓单、提单的兑现日期或者提货日期先于主债权到期的，质权人可以兑现或者提货，并与出质人协议将兑现的价款或者提取的货物提前清偿债务或者提存。

第四百四十三条　以基金份额、股权出质的，质权自办理出质登记时设立。

基金份额、股权出质后，不得转让，但是出质人与质权人协商同意的除外。出质人转让基金份额、股权所得的价款，应当向质权人提前清偿债务或者提存。

第四百四十四条　以注册商标专用权、专利权、著作权等知识产权中的财产权出质的，质权自办理出质登记时设立。

知识产权中的财产权出质后，出质人不得转让或者许可他人使用，但是出质人与质权人协商同意的除外。出质人转让或者许可他人使用出质的知识产权中的财产权所得的价款，应当向质权人提前清偿债务或者提存。

第四百四十五条　以应收账款出质的，质权自办理出质登记时设立。

应收账款出质后，不得转让，但是出质人与质权人协商同意的除外。出质人转让应收账款所得的价款，应当向质权人提前清偿债务或者提存。

第四百四十六条　权利质权除适用本节规定外，适用本章第一节的有关规定。

第十九章　留置权

第四百四十七条　债务人不履行到期债务，债权人可以留置已经合法占有的债务人的动产，并有权就该动产优先受偿。

前款规定的债权人为留置权人，占有的动产为留置财产。

第四百四十八条　债权人留置的动产，应当与债权属于同一法律关系，但是企业之间留置的除外。

第四百四十九条　法律规定或者当事人约定不得留置的动产，不得留置。

第四百五十条　留置财产为可分物的，留置财产的价值应当相当于债务的金额。

第四百五十一条　留置权人负有妥善保管留置财产的义务；因保管不善致使留置财产毁损、灭失的，应当承担赔偿责任。

第四百五十二条　留置权人有权收取留置财产的孳息。

前款规定的孳息应当先充抵收取孳息的费用。

第四百五十三条　留置权人与债务人应当约定留置财产后的债务履行期限；没有约定或者约定不明确的，留置权人应当给债务人六十日以上履行债务的期限，但是鲜活易腐等不易保管的动产除外。债务人逾期未履行的，留置权人可以与债务人协议以留置财产折价，也可以就拍卖、变卖留置财产所得的价款优先受偿。

留置财产折价或者变卖的，应当参照市场价格。

第四百五十四条　债务人可以请求留置权人在债务履行期限届满后行使留置权；留置权人不行使的，债务人可以请求人民法院拍卖、变卖留置财产。

第四百五十五条　留置财产折价或者拍卖、变卖后，其价款超过债权数额的部分归债务人所有，不足部分由债务人清偿。

第四百五十六条　同一动产上已经设立抵押权或者质权，该动产又被留置的，留置权人优先受偿。

第四百五十七条　留置权人对留置财产丧失占有或者留置权人接受债务人另行提供担保的，留置权消灭。

第五分编　占有

第二十章　占有

第四百五十八条　基于合同关系等产生的占有，有关不动产或者动产的使用、收益、违约责任等，按照合同约定；合同没有约定或者约定不明确的，依照有关法律规定。

第四百五十九条　占有人因使用占有的不动产或者动产，致使该不动产或者动产受到损害的，恶意占有人应当承担赔偿责任。

第四百六十条　不动产或者动产被占有人占有的，权利人可以请求返还原物及其孳息；但是，应当支付善意占有人因维护该不动产或者动产支出的必要费用。

第四百六十一条　占有的不动产或者动产毁损、灭失，该不动产或者动产的权利人请求赔偿的，占有人应当将因毁损、灭失取得的保险金、赔偿金或者补偿金等返还给权利人；权利人的损害未得到足够弥补的，恶意占有人还应当赔偿损失。

第四百六十二条　占有的不动产或者动产被侵占的，占有人有权请求返还原物；对妨害占有的行为，占有人有权请求排除妨害或者消除危险；因侵占或者妨害造成损害的，占有人有权依法请求损害赔偿。

占有人返还原物的请求权，自侵占发生之日起一年内未行使的，该请求权消灭。

第三编　合同

第一分编　通则

第一章　一般规定

第四百六十三条　本编调整因合同产生的民事关系。

第四百六十四条　合同是民事主体之间设立、变更、终止民事法律关系的协议。

婚姻、收养、监护等有关身份关系的协议，适用有关该身份关系的法律规定；没有规定的，可以根据其性质参照适用本编规定。

第四百六十五条　依法成立的合同，受法律保护。

依法成立的合同，仅对当事人具有法律约束力，但是法律另有规定的除外。

第四百六十六条　当事人对合同条款的理解有争议的，应当依据本法第一百四十二条第一款的规定，确定争议条款的含义。

合同文本采用两种以上文字订立并约定具有同等效力的，对各文本使用的词句推定具有相同含义。各文本使用的词句不一致的，应当根据合同的相关条款、性质、目的以及诚信原则等予以解释。

第四百六十七条　本法或者其他法律没有明文规定的合同，适用本编通则的规定，并可以参照适用本编或者其他法律最相类似合同的规定。

在中华人民共和国境内履行的中外合资经营企业合同、中外合作经营企业合同、中外合作勘探开发自然资源合同，适用中华人民共和国法律。

第四百六十八条　非因合同产生的债权债务关系，适用有关该债权债务关系的法律规定；没有规定的，适用本编通则的有关规定，但是根据其性质不能适用的除外。

第二章　合同的订立

第四百六十九条　当事人订立合同，可以采用书面形式、口头形式或者其他形式。

书面形式是合同书、信件、电报、电传、传真等可以有形地表现所载内容的形式。

以电子数据交换、电子邮件等方式能够有形地表现所载内容，并可以随时调取查用的数据电文，视为书面形式。

第四百七十条　合同的内容由当事人约定，一般包括下列条款：

（一）当事人的姓名或者名称和住所；

（二）标的；

（三）数量；

（四）质量；

（五）价款或者报酬；

（六）履行期限、地点和方式；

（七）违约责任；

（八）解决争议的方法。

当事人可以参照各类合同的示范文本订立合同。

第四百七十一条　当事人订立合同，可以采取要约、承诺方式或者其他方式。

第四百七十二条　要约是希望与他人订立合同的意思表示，该意思表示应当符合下列条件：

（一）内容具体确定；

（二）表明经受要约人承诺，要约人即受该意思表示约束。

第四百七十三条　要约邀请是希望他人向自己发出要约的表示。拍卖公告、招标公告、招股说明书、债券募集办法、基金招募说明书、商业广告和宣传、寄送的价目表等为要约邀请。

商业广告和宣传的内容符合要约条件的，构成要约。

第四百七十四条　要约生效的时间适用本法第一百三十七条的规定。

第四百七十五条　要约可以撤回。要约的撤回适用本法第一百四十一条的规定。

第四百七十六条　要约可以撤销，但是有下列情形之一的除外：

（一）要约人以确定承诺期限或者其他形式明示要约不可撤销；

（二）受要约人有理由认为要约是不可撤销的，并已经为履行合同做了合理准备工作。

第四百七十七条　撤销要约的意思表示以对话方式作出的，该意思表示的内容应当在受要约人作出承诺之前为受要约人所知道；撤销要约的意思表示以非对话方式作出的，应当在受要约人作出承诺之前到达受要约人。

第四百七十八条　有下列情形之一的，要约失效：

（一）要约被拒绝；

（二）要约被依法撤销；

（三）承诺期限届满，受要约人未作出承诺；

（四）受要约人对要约的内容作出实质性变更。

第四百七十九条　承诺是受要约人同意要约的意思表示。

第四百八十条　承诺应当以通知的方式作出；但是，根据交易习惯或者要约表明可以通过行为作出承诺的除外。

第四百八十一条　承诺应当在要约确定的期限内到达要约人。

要约没有确定承诺期限的，承诺应当依照下列规定到达：

（一）要约以对话方式作出的，应当即时作出承诺；

（二）要约以非对话方式作出的，承诺应当在合理期限内到达。

第四百八十二条　要约以信件或者电报作出的，承诺期限自信件载明的日期或者电报交发之日开始计算。信件未载明日期的，自投寄该信件的邮戳日期开始计算。要约以电话、传真、电子邮件等快速通讯方式作出的，承诺期限自要约到达受要约人时开始计算。

第四百八十三条　承诺生效时合同成立，但是法律另有规定或者当事人另有约定的除外。

第四百八十四条　以通知方式作出的承诺，生效的时间适用本法第一百三十七条的规定。

承诺不需要通知的，根据交易习惯或者要约的要求作出承诺的行为时生效。

第四百八十五条　承诺可以撤回。承诺的撤回适用本法第一百四十一条的规定。

第四百八十六条　受要约人超过承诺期限发出承诺，或者在承诺期限内发出承诺，按照通常情形不能及时到达要约人的，为新要约；但是，要约人及时通知受要约人该承诺有效的除外。

第四百八十七条　受要约人在承诺期限内发出承诺，按照通常情形能够及时到达要约人，但是因其他原因致使承诺到达要约人时超过承诺期限的，除要约人及时通知受要约人因承诺超过期限不接受该承诺外，该承诺有效。

第四百八十八条　承诺的内容应当与要约的内容一致。受要约人对要约的内容作出实质性变更的，为新要约。有关合同标的、数量、质量、价款或者报酬、履行期限、履行地点和方式、违约责任和解决争议方法等的变更，是对要约内容的实质性变更。

第四百八十九条　承诺对要约的内容作出非实质性变更的，除要约人及时表示反对或者要约表明承诺不得对要约的内容作出任何变更外，该承诺有效，合同的内容以承诺的内容为准。

第四百九十条　当事人采用合同书形式订立合同的，自当事人均签名、盖章或者按指印时合同成立。在签名、盖章或者按指印之前，当事人一方已经履行主要义务，对方接受时，该合同成立。

法律、行政法规规定或者当事人约定合同应当采用书面形式订立，当事人未采用书面形式但是一方已经履行主要义务，对方接受时，该合同成立。

第四百九十一条　当事人采用信件、数据电文等形式订立合同要求签订确认书的，签订确认书时合同成立。

当事人一方通过互联网等信息网络发布的商品或者服务信息符合要约条件的，对方选择该商品或者服务并提交订单成功时合同成立，但是当事人另有约定的除外。

第四百九十二条　承诺生效的地点为合同成立的地点。

采用数据电文形式订立合同的，收件人的主营业地为合同成立的地点；没有主营业地的，其住所地为合同成立的地点。当事人另有约定的，按照其约定。

第四百九十三条　当事人采用合同书形式订立合同的，最后签名、盖章或者按指印的地点为合同成立的地点，但是当事人另有约定的除外。

第四百九十四条　国家根据抢险救灾、疫情防控或者其他需要下达国家订货任务、指令性任务的，有关民事主体之间应当依照有关法律、行政法规规定的权利和义务订立合同。

依照法律、行政法规的规定负有发出要约义务的当事人，应当及时发出合理的要约。

依照法律、行政法规的规定负有作出承诺义务的当事人，不得拒绝对方合理的订立合同要求。

第四百九十五条　当事人约定在将来一定期限内订立合同的认购书、订购书、预订书等，构成预约合同。

当事人一方不履行预约合同约定的订立合同义务的，对方可以请求其承担预约合同的违约责任。

第四百九十六条　格式条款是当事人为了重复使用而预先拟定，并在订立合同时未与对方协商的条款。

采用格式条款订立合同的，提供格式条款的一方应当遵循公平原则确定当事人之间的权利和义务，并采取合理的方式提示对方注意免除或者减轻其责任等与对方有重大利害关系的条款，按照对方的要求，对该条款予以说明。提供格式条款的一方未履行提示或者说明义务，致使对方没有注意或者理解与其有重大利害关系的条款的，对方可以主张该条款不成为合同的内容。

第四百九十七条 有下列情形之一的，该格式条款无效：

（一）具有本法第一编第六章第三节和本法第五百零六条规定的无效情形；

（二）提供格式条款一方不合理地免除或者减轻其责任、加重对方责任、限制对方主要权利；

（三）提供格式条款一方排除对方主要权利。

第四百九十八条 对格式条款的理解发生争议的，应当按照通常理解予以解释。对格式条款有两种以上解释的，应当作出不利于提供格式条款一方的解释。格式条款和非格式条款不一致的，应当采用非格式条款。

第四百九十九条 悬赏人以公开方式声明对完成特定行为的人支付报酬的，完成该行为的人可以请求其支付。

第五百条 当事人在订立合同过程中有下列情形之一，造成对方损失的，应当承担赔偿责任：

（一）假借订立合同，恶意进行磋商；

（二）故意隐瞒与订立合同有关的重要事实或者提供虚假情况；

（三）有其他违背诚信原则的行为。

第五百零一条 当事人在订立合同过程中知悉的商业秘密或者其他应当保密的信息，无论合同是否成立，不得泄露或者不正当地使用；泄露、不正当地使用该商业秘密或者信息，造成对方损失的，应当承担赔偿责任。

第三章 合同的效力

第五百零二条 依法成立的合同，自成立时生效，但是法律另有规定或者当事人另有约定的除外。

依照法律、行政法规的规定，合同应当办理批准等手续的，依照其规定。未办理批准等手续影响合同生效的，不影响合同中履行报批等义务条款以及相关条款的效力。应当办理申请批准等手续的当事人未履行义务的，对方可以请求其承担违反该义务的责任。

依照法律、行政法规的规定，合同的变更、转让、解除等情形应当办理批准等手续的，适用前款规定。

第五百零三条 无权代理人以被代理人的名义订立合同，被代理人已经开始履行合同义务或者接受相对人履行的，视为对合同的追认。

第五百零四条 法人的法定代表人或者非法人组织的负责人超越权限订立的合同，除相对人知道或者应当知道其超越权限外，该代表行为有效，订立的合同对法人或者非法人组织发生效力。

第五百零五条 当事人超越经营范围订立的合同的效力，应当依照本法第一编第六章

第三节和本编的有关规定确定，不得仅以超越经营范围确认合同无效。

第五百零六条　合同中的下列免责条款无效：

（一）造成对方人身损害的；

（二）因故意或者重大过失造成对方财产损失的。

第五百零七条　合同不生效、无效、被撤销或者终止的，不影响合同中有关解决争议方法的条款的效力。

第五百零八条　本编对合同的效力没有规定的，适用本法第一编第六章的有关规定。

第四章　合同的履行

第五百零九条　当事人应当按照约定全面履行自己的义务。

当事人应当遵循诚信原则，根据合同的性质、目的和交易习惯履行通知、协助、保密等义务。

当事人在履行合同过程中，应当避免浪费资源、污染环境和破坏生态。

第五百一十条　合同生效后，当事人就质量、价款或者报酬、履行地点等内容没有约定或者约定不明确的，可以协议补充；不能达成补充协议的，按照合同相关条款或者交易习惯确定。

第五百一十一条　当事人就有关合同内容约定不明确，依据前条规定仍不能确定的，适用下列规定：

（一）质量要求不明确的，按照强制性国家标准履行；没有强制性国家标准的，按照推荐性国家标准履行；没有推荐性国家标准的，按照行业标准履行；没有国家标准、行业标准的，按照通常标准或者符合合同目的的特定标准履行。

（二）价款或者报酬不明确的，按照订立合同时履行地的市场价格履行；依法应当执行政府定价或者政府指导价的，依照规定履行。

（三）履行地点不明确，给付货币的，在接受货币一方所在地履行；交付不动产的，在不动产所在地履行；其他标的，在履行义务一方所在地履行。

（四）履行期限不明确的，债务人可以随时履行，债权人也可以随时请求履行，但是应当给对方必要的准备时间。

（五）履行方式不明确的，按照有利于实现合同目的的方式履行。

（六）履行费用的负担不明确的，由履行义务一方负担；因债权人原因增加的履行费用，由债权人负担。

第五百一十二条　通过互联网等信息网络订立的电子合同的标的为交付商品并采用快递物流方式交付的，收货人的签收时间为交付时间。电子合同的标的为提供服务的，生成的电子凭证或者实物凭证中载明的时间为提供服务时间；前述凭证没有载明时间或者载明时间与实际提供服务时间不一致的，以实际提供服务的时间为准。

电子合同的标的物为采用在线传输方式交付的，合同标的物进入对方当事人指定的特定系统且能够检索识别的时间为交付时间。

电子合同当事人对交付商品或者提供服务的方式、时间另有约定的，按照其约定。

第五百一十三条　执行政府定价或者政府指导价的，在合同约定的交付期限内政府价格调整时，按照交付时的价格计价。逾期交付标的物的，遇价格上涨时，按照原价格执行；价格下降时，按照新价格执行。逾期提取标的物或者逾期付款的，遇价格上涨时，按照新价格执行；价格下降时，按照原价格执行。

第五百一十四条　以支付金钱为内容的债，除法律另有规定或者当事人另有约定外，债权人可以请求债务人以实际履行地的法定货币履行。

第五百一十五条　标的有多项而债务人只需履行其中一项的，债务人享有选择权；但是，法律另有规定、当事人另有约定或者另有交易习惯的除外。

享有选择权的当事人在约定期限内或者履行期限届满未作选择，经催告后在合理期限内仍未选择的，选择权转移至对方。

第五百一十六条　当事人行使选择权应当及时通知对方，通知到达对方时，标的确定。标的确定后不得变更，但是经对方同意的除外。

可选择的标的发生不能履行情形的，享有选择权的当事人不得选择不能履行的标的，但是该不能履行的情形是由对方造成的除外。

第五百一十七条　债权人为二人以上，标的可分，按照份额各自享有债权的，为按份债权；债务人为二人以上，标的可分，按照份额各自负担债务的，为按份债务。

按份债权人或者按份债务人的份额难以确定的，视为份额相同。

第五百一十八条　债权人为二人以上，部分或者全部债权人均可以请求债务人履行债务的，为连带债权；债务人为二人以上，债权人可以请求部分或者全部债务人履行全部债务的，为连带债务。

连带债权或者连带债务，由法律规定或者当事人约定。

第五百一十九条　连带债务人之间的份额难以确定的，视为份额相同。

实际承担债务超过自己份额的连带债务人，有权就超出部分在其他连带债务人未履行的份额范围内向其追偿，并相应地享有债权人的权利，但是不得损害债权人的利益。其他连带债务人对债权人的抗辩，可以向该债务人主张。

被追偿的连带债务人不能履行其应分担份额的，其他连带债务人应当在相应范围内按比例分担。

第五百二十条　部分连带债务人履行、抵销债务或者提存标的物的，其他债务人对债权人的债务在相应范围内消灭；该债务人可以依据前条规定向其他债务人追偿。

部分连带债务人的债务被债权人免除的，在该连带债务人应当承担的份额范围内，其他债务人对债权人的债务消灭。

部分连带债务人的债务与债权人的债权同归于一人的，在扣除该债务人应当承担的份额后，债权人对其他债务人的债权继续存在。

债权人对部分连带债务人的给付受领迟延的，对其他连带债务人发生效力。

第五百二十一条　连带债权人之间的份额难以确定的，视为份额相同。

实际受领债权的连带债权人，应当按比例向其他连带债权人返还。

连带债权参照适用本章连带债务的有关规定。

第五百二十二条　当事人约定由债务人向第三人履行债务，债务人未向第三人履行债务或者履行债务不符合约定的，应当向债权人承担违约责任。

法律规定或者当事人约定第三人可以直接请求债务人向其履行债务，第三人未在合理期限内明确拒绝，债务人未向第三人履行债务或者履行债务不符合约定的，第三人可以请求债务人承担违约责任；债务人对债权人的抗辩，可以向第三人主张。

第五百二十三条　当事人约定由第三人向债权人履行债务，第三人不履行债务或者履行债务不符合约定的，债务人应当向债权人承担违约责任。

第五百二十四条　债务人不履行债务，第三人对履行该债务具有合法利益的，第三人有权向债权人代为履行；但是，根据债务性质、按照当事人约定或者依照法律规定只能由债务人履行的除外。

债权人接受第三人履行后，其对债务人的债权转让给第三人，但是债务人和第三人另有约定的除外。

第五百二十五条　当事人互负债务，没有先后履行顺序的，应当同时履行。一方在对方履行之前有权拒绝其履行请求。一方在对方履行债务不符合约定时，有权拒绝其相应的履行请求。

第五百二十六条　当事人互负债务，有先后履行顺序，应当先履行债务一方未履行的，后履行一方有权拒绝其履行请求。先履行一方履行债务不符合约定的，后履行一方有权拒绝其相应的履行请求。

第五百二十七条　应当先履行债务的当事人，有确切证据证明对方有下列情形之一的，可以中止履行：

（一）经营状况严重恶化；

（二）转移财产、抽逃资金，以逃避债务；

（三）丧失商业信誉；

（四）有丧失或者可能丧失履行债务能力的其他情形。

当事人没有确切证据中止履行的，应当承担违约责任。

第五百二十八条　当事人依据前条规定中止履行的，应当及时通知对方。对方提供适当担保的，应当恢复履行。中止履行后，对方在合理期限内未恢复履行能力且未提供适当担保的，视为以自己的行为表明不履行主要债务，中止履行的一方可以解除合同并可以请求对方承担违约责任。

第五百二十九条　债权人分立、合并或者变更住所没有通知债务人，致使履行债务发生困难的，债务人可以中止履行或者将标的物提存。

第五百三十条　债权人可以拒绝债务人提前履行债务，但是提前履行不损害债权人利益的除外。

债务人提前履行债务给债权人增加的费用，由债务人负担。

第五百三十一条 债权人可以拒绝债务人部分履行债务，但是部分履行不损害债权人利益的除外。

债务人部分履行债务给债权人增加的费用，由债务人负担。

第五百三十二条 合同生效后，当事人不得因姓名、名称的变更或者法定代表人、负责人、承办人的变动而不履行合同义务。

第五百三十三条 合同成立后，合同的基础条件发生了当事人在订立合同时无法预见的、不属于商业风险的重大变化，继续履行合同对于当事人一方明显不公平的，受不利影响的当事人可以与对方重新协商；在合理期限内协商不成的，当事人可以请求人民法院或者仲裁机构变更或者解除合同。

人民法院或者仲裁机构应当结合案件的实际情况，根据公平原则变更或者解除合同。

第五百三十四条 对当事人利用合同实施危害国家利益、社会公共利益行为的，市场监督管理和其他有关行政主管部门依照法律、行政法规的规定负责监督处理。

第五章 合同的保全

第五百三十五条 因债务人怠于行使其债权或者与该债权有关的从权利，影响债权人的到期债权实现的，债权人可以向人民法院请求以自己的名义代位行使债务人对相对人的权利，但是该权利专属于债务人自身的除外。

代位权的行使范围以债权人的到期债权为限。债权人行使代位权的必要费用，由债务人负担。

相对人对债务人的抗辩，可以向债权人主张。

第五百三十六条 债权人的债权到期前，债务人的债权或者与该债权有关的从权利存在诉讼时效期间即将届满或者未及时申报破产债权等情形，影响债权人的债权实现的，债权人可以代位向债务人的相对人请求其向债务人履行、向破产管理人申报或者作出其他必要的行为。

第五百三十七条 人民法院认定代位权成立的，由债务人的相对人向债权人履行义务，债权人接受履行后，债权人与债务人、债务人与相对人之间相应的权利义务终止。债务人对相对人的债权或者与该债权有关的从权利被采取保全、执行措施，或者债务人破产的，依照相关法律的规定处理。

第五百三十八条 债务人以放弃其债权、放弃债权担保、无偿转让财产等方式无偿处分财产权益，或者恶意延长其到期债权的履行期限，影响债权人的债权实现的，债权人可以请求人民法院撤销债务人的行为。

第五百三十九条 债务人以明显不合理的低价转让财产、以明显不合理的高价受让他人财产或者为他人的债务提供担保，影响债权人的债权实现，债务人的相对人知道或者应当知道该情形的，债权人可以请求人民法院撤销债务人的行为。

第五百四十条 撤销权的行使范围以债权人的债权为限。债权人行使撤销权的必要费用，由债务人负担。

第五百四十一条　撤销权自债权人知道或者应当知道撤销事由之日起一年内行使。自债务人的行为发生之日起五年内没有行使撤销权的，该撤销权消灭。

第五百四十二条　债务人影响债权人的债权实现的行为被撤销的，自始没有法律约束力。

第六章　合同的变更和转让

第五百四十三条　当事人协商一致，可以变更合同。

第五百四十四条　当事人对合同变更的内容约定不明确的，推定为未变更。

第五百四十五条　债权人可以将债权的全部或者部分转让给第三人，但是有下列情形之一的除外：

（一）根据债权性质不得转让；

（二）按照当事人约定不得转让；

（三）依照法律规定不得转让。

当事人约定非金钱债权不得转让的，不得对抗善意第三人。当事人约定金钱债权不得转让的，不得对抗第三人。

第五百四十六条　债权人转让债权，未通知债务人的，该转让对债务人不发生效力。

债权转让的通知不得撤销，但是经受让人同意的除外。

第五百四十七条　债权人转让债权的，受让人取得与债权有关的从权利，但是该从权利专属于债权人自身的除外。

受让人取得从权利不因该从权利未办理转移登记手续或者未转移占有而受到影响。

第五百四十八条　债务人接到债权转让通知后，债务人对让与人的抗辩，可以向受让人主张。

第五百四十九条　有下列情形之一的，债务人可以向受让人主张抵销：

（一）债务人接到债权转让通知时，债务人对让与人享有债权，且债务人的债权先于转让的债权到期或者同时到期；

（二）债务人的债权与转让的债权是基于同一合同产生。

第五百五十条　因债权转让增加的履行费用，由让与人负担。

第五百五十一条　债务人将债务的全部或者部分转移给第三人的，应当经债权人同意。

债务人或者第三人可以催告债权人在合理期限内予以同意，债权人未作表示的，视为不同意。

第五百五十二条　第三人与债务人约定加入债务并通知债权人，或者第三人向债权人表示愿意加入债务，债权人未在合理期限内明确拒绝的，债权人可以请求第三人在其愿意承担的债务范围内和债务人承担连带债务。

第五百五十三条　债务人转移债务的，新债务人可以主张原债务人对债权人的抗辩；原债务人对债权人享有债权的，新债务人不得向债权人主张抵销。

第五百五十四条 债务人转移债务的，新债务人应当承担与主债务有关的从债务，但是该从债务专属于原债务人自身的除外。

第五百五十五条 当事人一方经对方同意，可以将自己在合同中的权利和义务一并转让给第三人。

第五百五十六条 合同的权利和义务一并转让的，适用债权转让、债务转移的有关规定。

第七章 合同的权利义务终止

第五百五十七条 有下列情形之一的，债权债务终止：

（一）债务已经履行；

（二）债务相互抵销；

（三）债务人依法将标的物提存；

（四）债权人免除债务；

（五）债权债务同归于一人；

（六）法律规定或者当事人约定终止的其他情形。

合同解除的，该合同的权利义务关系终止。

第五百五十八条 债权债务终止后，当事人应当遵循诚信等原则，根据交易习惯履行通知、协助、保密、旧物回收等义务。

第五百五十九条 债权债务终止时，债权的从权利同时消灭，但是法律另有规定或者当事人另有约定的除外。

第五百六十条 债务人对同一债权人负担的数项债务种类相同，债务人的给付不足以清偿全部债务的，除当事人另有约定外，由债务人在清偿时指定其履行的债务。

债务人未作指定的，应当优先履行已经到期的债务；数项债务均到期的，优先履行对债权人缺乏担保或者担保最少的债务；均无担保或者担保相等的，优先履行债务人负担较重的债务；负担相同的，按照债务到期的先后顺序履行；到期时间相同的，按照债务比例履行。

第五百六十一条 债务人在履行主债务外还应当支付利息和实现债权的有关费用，其给付不足以清偿全部债务的，除当事人另有约定外，应当按照下列顺序履行：

（一）实现债权的有关费用；

（二）利息；

（三）主债务。

第五百六十二条 当事人协商一致，可以解除合同。

当事人可以约定一方解除合同的事由。解除合同的事由发生时，解除权人可以解除合同。

第五百六十三条 有下列情形之一的，当事人可以解除合同：

（一）因不可抗力致使不能实现合同目的；

（二）在履行期限届满前，当事人一方明确表示或者以自己的行为表明不履行主要债务；

（三）当事人一方迟延履行主要债务，经催告后在合理期限内仍未履行；

（四）当事人一方迟延履行债务或者有其他违约行为致使不能实现合同目的；

（五）法律规定的其他情形。

以持续履行的债务为内容的不定期合同，当事人可以随时解除合同，但是应当在合理期限之前通知对方。

第五百六十四条　法律规定或者当事人约定解除权行使期限，期限届满当事人不行使的，该权利消灭。

法律没有规定或者当事人没有约定解除权行使期限，自解除权人知道或者应当知道解除事由之日起一年内不行使，或者经对方催告后在合理期限内不行使的，该权利消灭。

第五百六十五条　当事人一方依法主张解除合同的，应当通知对方。合同自通知到达对方时解除；通知载明债务人在一定期限内不履行债务则合同自动解除，债务人在该期限内未履行债务的，合同自通知载明的期限届满时解除。对方对解除合同有异议的，任何一方当事人均可以请求人民法院或者仲裁机构确认解除行为的效力。

当事人一方未通知对方，直接以提起诉讼或者申请仲裁的方式依法主张解除合同，人民法院或者仲裁机构确认该主张的，合同自起诉状副本或者仲裁申请书副本送达对方时解除。

第五百六十六条　合同解除后，尚未履行的，终止履行；已经履行的，根据履行情况和合同性质，当事人可以请求恢复原状或者采取其他补救措施，并有权请求赔偿损失。

合同因违约解除的，解除权人可以请求违约方承担违约责任，但是当事人另有约定的除外。

主合同解除后，担保人对债务人应当承担的民事责任仍应当承担担保责任，但是担保合同另有约定的除外。

第五百六十七条　合同的权利义务关系终止，不影响合同中结算和清理条款的效力。

第五百六十八条　当事人互负债务，该债务的标的物种类、品质相同的，任何一方可以将自己的债务与对方的到期债务抵销；但是，根据债务性质、按照当事人约定或者依照法律规定不得抵销的除外。

当事人主张抵销的，应当通知对方。通知自到达对方时生效。抵销不得附条件或者附期限。

第五百六十九条　当事人互负债务，标的物种类、品质不相同的，经协商一致，也可以抵销。

第五百七十条　有下列情形之一，难以履行债务的，债务人可以将标的物提存：

（一）债权人无正当理由拒绝受领；

（二）债权人下落不明；

（三）债权人死亡未确定继承人、遗产管理人，或者丧失民事行为能力未确定监护人；

（四）法律规定的其他情形。

标的物不适于提存或者提存费用过高的，债务人依法可以拍卖或者变卖标的物，提存所得的价款。

第五百七十一条 债务人将标的物或者将标的物依法拍卖、变卖所得价款交付提存部门时，提存成立。

提存成立的，视为债务人在其提存范围内已经交付标的物。

第五百七十二条 标的物提存后，债务人应当及时通知债权人或者债权人的继承人、遗产管理人、监护人、财产代管人。

第五百七十三条 标的物提存后，毁损、灭失的风险由债权人承担。提存期间，标的物的孳息归债权人所有。提存费用由债权人负担。

第五百七十四条 债权人可以随时领取提存物。但是，债权人对债务人负有到期债务的，在债权人未履行债务或者提供担保之前，提存部门根据债务人的要求应当拒绝其领取提存物。

债权人领取提存物的权利，自提存之日起五年内不行使而消灭，提存物扣除提存费用后归国家所有。但是，债权人未履行对债务人的到期债务，或者债权人向提存部门书面表示放弃领取提存物权利的，债务人负担提存费用后有权取回提存物。

第五百七十五条 债权人免除债务人部分或者全部债务的，债权债务部分或者全部终止，但是债务人在合理期限内拒绝的除外。

第五百七十六条 债权和债务同归于一人的，债权债务终止，但是损害第三人利益的除外。

第八章 违约责任

第五百七十七条 当事人一方不履行合同义务或者履行合同义务不符合约定的，应当承担继续履行、采取补救措施或者赔偿损失等违约责任。

第五百七十八条 当事人一方明确表示或者以自己的行为表明不履行合同义务的，对方可以在履行期限届满前请求其承担违约责任。

第五百七十九条 当事人一方未支付价款、报酬、租金、利息，或者不履行其他金钱债务的，对方可以请求其支付。

第五百八十条 当事人一方不履行非金钱债务或者履行非金钱债务不符合约定的，对方可以请求履行，但是有下列情形之一的除外：

（一）法律上或者事实上不能履行；

（二）债务的标的不适于强制履行或者履行费用过高；

（三）债权人在合理期限内未请求履行。

有前款规定的除外情形之一，致使不能实现合同目的的，人民法院或者仲裁机构可以根据当事人的请求终止合同权利义务关系，但是不影响违约责任的承担。

第五百八十一条 当事人一方不履行债务或者履行债务不符合约定，根据债务的性质不得强制履行的，对方可以请求其负担由第三人替代履行的费用。

第五百八十二条　履行不符合约定的，应当按照当事人的约定承担违约责任。对违约责任没有约定或者约定不明确，依据本法第五百一十条的规定仍不能确定的，受损害方根据标的的性质以及损失的大小，可以合理选择请求对方承担修理、重作、更换、退货、减少价款或者报酬等违约责任。

第五百八十三条　当事人一方不履行合同义务或者履行合同义务不符合约定的，在履行义务或者采取补救措施后，对方还有其他损失的，应当赔偿损失。

第五百八十四条　当事人一方不履行合同义务或者履行合同义务不符合约定，造成对方损失的，损失赔偿额应当相当于因违约所造成的损失，包括合同履行后可以获得的利益；但是，不得超过违约一方订立合同时预见到或者应当预见到的因违约可能造成的损失。

第五百八十五条　当事人可以约定一方违约时应当根据违约情况向对方支付一定数额的违约金，也可以约定因违约产生的损失赔偿额的计算方法。

约定的违约金低于造成的损失的，人民法院或者仲裁机构可以根据当事人的请求予以增加；约定的违约金过分高于造成的损失的，人民法院或者仲裁机构可以根据当事人的请求予以适当减少。

当事人就迟延履行约定违约金的，违约方支付违约金后，还应当履行债务。

第五百八十六条　当事人可以约定一方向对方给付定金作为债权的担保。定金合同自实际交付定金时成立。

定金的数额由当事人约定；但是，不得超过主合同标的额的百分之二十，超过部分不产生定金的效力。实际交付的定金数额多于或者少于约定数额的，视为变更约定的定金数额。

第五百八十七条　债务人履行债务的，定金应当抵作价款或者收回。给付定金的一方不履行债务或者履行债务不符合约定，致使不能实现合同目的的，无权请求返还定金；收受定金的一方不履行债务或者履行债务不符合约定，致使不能实现合同目的的，应当双倍返还定金。

第五百八十八条　当事人既约定违约金，又约定定金的，一方违约时，对方可以选择适用违约金或者定金条款。

定金不足以弥补一方违约造成的损失的，对方可以请求赔偿超过定金数额的损失。

第五百八十九条　债务人按照约定履行债务，债权人无正当理由拒绝受领的，债务人可以请求债权人赔偿增加的费用。

在债权人受领迟延期间，债务人无须支付利息。

第五百九十条　当事人一方因不可抗力不能履行合同的，根据不可抗力的影响，部分或者全部免除责任，但是法律另有规定的除外。因不可抗力不能履行合同的，应当及时通知对方，以减轻可能给对方造成的损失，并应当在合理期限内提供证明。

当事人迟延履行后发生不可抗力的，不免除其违约责任。

第五百九十一条　当事人一方违约后，对方应当采取适当措施防止损失的扩大；没有采取适当措施致使损失扩大的，不得就扩大的损失请求赔偿。

当事人因防止损失扩大而支出的合理费用，由违约方负担。

第五百九十二条　当事人都违反合同的，应当各自承担相应的责任。

当事人一方违约造成对方损失，对方对损失的发生有过错的，可以减少相应的损失赔偿额。

第五百九十三条　当事人一方因第三人的原因造成违约的，应当依法向对方承担违约责任。当事人一方和第三人之间的纠纷，依照法律规定或者按照约定处理。

第五百九十四条　因国际货物买卖合同和技术进出口合同争议提起诉讼或者申请仲裁的时效期间为四年。

第二分编　典型合同

第九章　买卖合同

第五百九十五条　买卖合同是出卖人转移标的物的所有权于买受人，买受人支付价款的合同。

第五百九十六条　买卖合同的内容一般包括标的物的名称、数量、质量、价款、履行期限、履行地点和方式、包装方式、检验标准和方法、结算方式、合同使用的文字及其效力等条款。

第五百九十七条　因出卖人未取得处分权致使标的物所有权不能转移的，买受人可以解除合同并请求出卖人承担违约责任。

法律、行政法规禁止或者限制转让的标的物，依照其规定。

第五百九十八条　出卖人应当履行向买受人交付标的物或者交付提取标的物的单证，并转移标的物所有权的义务。

第五百九十九条　出卖人应当按照约定或者交易习惯向买受人交付提取标的物单证以外的有关单证和资料。

第六百条　出卖具有知识产权的标的物的，除法律另有规定或者当事人另有约定外，该标的物的知识产权不属于买受人。

第六百零一条　出卖人应当按照约定的时间交付标的物。约定交付期限的，出卖人可以在该交付期限内的任何时间交付。

第六百零二条　当事人没有约定标的物的交付期限或者约定不明确的，适用本法第五百一十条、第五百一十一条第四项的规定。

第六百零三条　出卖人应当按照约定的地点交付标的物。

当事人没有约定交付地点或者约定不明确，依据本法第五百一十条的规定仍不能确定的，适用下列规定：

（一）标的物需要运输的，出卖人应当将标的物交付给第一承运人以运交给买受人；

（二）标的物不需要运输，出卖人和买受人订立合同时知道标的物在某一地点的，出卖人应当在该地点交付标的物；不知道标的物在某一地点的，应当在出卖人订立合同时的营业地交付标的物。

第六百零四条　标的物毁损、灭失的风险，在标的物交付之前由出卖人承担，交付之后由买受人承担，但是法律另有规定或者当事人另有约定的除外。

第六百零五条　因买受人的原因致使标的物未按照约定的期限交付的，买受人应当自违反约定时起承担标的物毁损、灭失的风险。

第六百零六条　出卖人出卖交由承运人运输的在途标的物，除当事人另有约定外，毁损、灭失的风险自合同成立时起由买受人承担。

第六百零七条　出卖人按照约定将标的物运送至买受人指定地点并交付给承运人后，标的物毁损、灭失的风险由买受人承担。

当事人没有约定交付地点或者约定不明确，依据本法第六百零三条第二款第一项的规定标的物需要运输的，出卖人将标的物交付给第一承运人后，标的物毁损、灭失的风险由买受人承担。

第六百零八条　出卖人按照约定或者依据本法第六百零三条第二款第二项的规定将标的物置于交付地点，买受人违反约定没有收取的，标的物毁损、灭失的风险自违反约定时起由买受人承担。

第六百零九条　出卖人按照约定未交付有关标的物的单证和资料的，不影响标的物毁损、灭失风险的转移。

第六百一十条　因标的物不符合质量要求，致使不能实现合同目的的，买受人可以拒绝接受标的物或者解除合同。买受人拒绝接受标的物或者解除合同的，标的物毁损、灭失的风险由出卖人承担。

第六百一十一条　标的物毁损、灭失的风险由买受人承担的，不影响因出卖人履行义务不符合约定，买受人请求其承担违约责任的权利。

第六百一十二条　出卖人就交付的标的物，负有保证第三人对该标的物不享有任何权利的义务，但是法律另有规定的除外。

第六百一十三条　买受人订立合同时知道或者应当知道第三人对买卖的标的物享有权利的，出卖人不承担前条规定的义务。

第六百一十四条　买受人有确切证据证明第三人对标的物享有权利的，可以中止支付相应的价款，但是出卖人提供适当担保的除外。

第六百一十五条　出卖人应当按照约定的质量要求交付标的物。出卖人提供有关标的物质量说明的，交付的标的物应当符合该说明的质量要求。

第六百一十六条　当事人对标的物的质量要求没有约定或者约定不明确，依据本法第五百一十条的规定仍不能确定的，适用本法第五百一十一条第一项的规定。

第六百一十七条　出卖人交付的标的物不符合质量要求的，买受人可以依据本法第五百八十二条至第五百八十四条的规定请求承担违约责任。

第六百一十八条 当事人约定减轻或者免除出卖人对标的物瑕疵承担的责任，因出卖人故意或者重大过失不告知买受人标的物瑕疵的，出卖人无权主张减轻或者免除责任。

第六百一十九条 出卖人应当按照约定的包装方式交付标的物。对包装方式没有约定或者约定不明确，依据本法第五百一十条的规定仍不能确定的，应当按照通用的方式包装；没有通用方式的，应当采取足以保护标的物且有利于节约资源、保护生态环境的包装方式。

第六百二十条 买受人收到标的物时应当在约定的检验期限内检验。没有约定检验期限的，应当及时检验。

第六百二十一条 当事人约定检验期限的，买受人应当在检验期限内将标的物的数量或者质量不符合约定的情形通知出卖人。买受人怠于通知的，视为标的物的数量或者质量符合约定。

当事人没有约定检验期限的，买受人应当在发现或者应当发现标的物的数量或者质量不符合约定的合理期限内通知出卖人。买受人在合理期限内未通知或者自收到标的物之日起二年内未通知出卖人的，视为标的物的数量或者质量符合约定；但是，对标的物有质量保证期的，适用质量保证期，不适用该二年的规定。

出卖人知道或者应当知道提供的标的物不符合约定的，买受人不受前两款规定的通知时间的限制。

第六百二十二条 当事人约定的检验期限过短，根据标的物的性质和交易习惯，买受人在检验期限内难以完成全面检验的，该期限仅视为买受人对标的物的外观瑕疵提出异议的期限。

约定的检验期限或者质量保证期短于法律、行政法规规定期限的，应当以法律、行政法规规定的期限为准。

第六百二十三条 当事人对检验期限未作约定，买受人签收的送货单、确认单等载明标的物数量、型号、规格的，推定买受人已经对数量和外观瑕疵进行检验，但是有相关证据足以推翻的除外。

第六百二十四条 出卖人依照买受人的指示向第三人交付标的物，出卖人和买受人约定的检验标准与买受人和第三人约定的检验标准不一致的，以出卖人和买受人约定的检验标准为准。

第六百二十五条 依照法律、行政法规的规定或者按照当事人的约定，标的物在有效使用年限届满后应予回收的，出卖人负有自行或者委托第三人对标的物予以回收的义务。

第六百二十六条 买受人应当按照约定的数额和支付方式支付价款。对价款的数额和支付方式没有约定或者约定不明确的，适用本法第五百一十条、第五百一十一条第二项和第五项的规定。

第六百二十七条 买受人应当按照约定的地点支付价款。对支付地点没有约定或者约定不明确，依据本法第五百一十条的规定仍不能确定的，买受人应当在出卖人的营业地支付；但是，约定支付价款以交付标的物或者交付提取标的物单证为条件的，在交付标的物或者交付提取标的物单证的所在地支付。

第六百二十八条　买受人应当按照约定的时间支付价款。对支付时间没有约定或者约定不明确，依据本法第五百一十条的规定仍不能确定的，买受人应当在收到标的物或者提取标的物单证的同时支付。

第六百二十九条　出卖人多交标的物的，买受人可以接收或者拒绝接收多交的部分。买受人接收多交部分的，按照约定的价格支付价款；买受人拒绝接收多交部分的，应当及时通知出卖人。

第六百三十条　标的物在交付之前产生的孳息，归出卖人所有；交付之后产生的孳息，归买受人所有。但是，当事人另有约定的除外。

第六百三十一条　因标的物的主物不符合约定而解除合同的，解除合同的效力及于从物。因标的物的从物不符合约定被解除的，解除的效力不及于主物。

第六百三十二条　标的物为数物，其中一物不符合约定的，买受人可以就该物解除。但是，该物与他物分离使标的物的价值显受损害的，买受人可以就数物解除合同。

第六百三十三条　出卖人分批交付标的物的，出卖人对其中一批标的物不交付或者交付不符合约定，致使该批标的物不能实现合同目的的，买受人可以就该批标的物解除。

出卖人不交付其中一批标的物或者交付不符合约定，致使之后其他各批标的物的交付不能实现合同目的的，买受人可以就该批以及之后其他各批标的物解除。

买受人如果就其中一批标的物解除，该批标的物与其他各批标的物相互依存的，可以就已经交付和未交付的各批标的物解除。

第六百三十四条　分期付款的买受人未支付到期价款的数额达到全部价款的五分之一，经催告后在合理期限内仍未支付到期价款的，出卖人可以请求买受人支付全部价款或者解除合同。

出卖人解除合同的，可以向买受人请求支付该标的物的使用费。

第六百三十五条　凭样品买卖的当事人应当封存样品，并可以对样品质量予以说明。出卖人交付的标的物应当与样品及其说明的质量相同。

第六百三十六条　凭样品买卖的买受人不知道样品有隐蔽瑕疵的，即使交付的标的物与样品相同，出卖人交付的标的物的质量仍然应当符合同种物的通常标准。

第六百三十七条　试用买卖的当事人可以约定标的物的试用期限。对试用期限没有约定或者约定不明确，依据本法第五百一十条的规定仍不能确定的，由出卖人确定。

第六百三十八条　试用买卖的买受人在试用期内可以购买标的物，也可以拒绝购买。试用期限届满，买受人对是否购买标的物未作表示的，视为购买。

试用买卖的买受人在试用期内已经支付部分价款或者对标的物实施出卖、出租、设立担保物权等行为的，视为同意购买。

第六百三十九条　试用买卖的当事人对标的物使用费没有约定或者约定不明确的，出卖人无权请求买受人支付。

第六百四十条　标的物在试用期内毁损、灭失的风险由出卖人承担。

第六百四十一条　当事人可以在买卖合同中约定买受人未履行支付价款或者其他义务的，标的物的所有权属于出卖人。

出卖人对标的物保留的所有权，未经登记，不得对抗善意第三人。

第六百四十二条　当事人约定出卖人保留合同标的物的所有权，在标的物所有权转移前，买受人有下列情形之一，造成出卖人损害的，除当事人另有约定外，出卖人有权取回标的物：

（一）未按照约定支付价款，经催告后在合理期限内仍未支付；

（二）未按照约定完成特定条件；

（三）将标的物出卖、出质或者作出其他不当处分。

出卖人可以与买受人协商取回标的物；协商不成的，可以参照适用担保物权的实现程序。

第六百四十三条　出卖人依据前条第一款的规定取回标的物后，买受人在双方约定或者出卖人指定的合理回赎期限内，消除出卖人取回标的物的事由的，可以请求回赎标的物。

买受人在回赎期限内没有回赎标的物，出卖人可以以合理价格将标的物出卖给第三人，出卖所得价款扣除买受人未支付的价款以及必要费用后仍有剩余的，应当返还买受人；不足部分由买受人清偿。

第六百四十四条　招标投标买卖的当事人的权利和义务以及招标投标程序等，依照有关法律、行政法规的规定。

第六百四十五条　拍卖的当事人的权利和义务以及拍卖程序等，依照有关法律、行政法规的规定。

第六百四十六条　法律对其他有偿合同有规定的，依照其规定；没有规定的，参照适用买卖合同的有关规定。

第六百四十七条　当事人约定易货交易，转移标的物的所有权的，参照适用买卖合同的有关规定。

第十章　供用电、水、气、热力合同

第六百四十八条　供用电合同是供电人向用电人供电，用电人支付电费的合同。

向社会公众供电的供电人，不得拒绝用电人合理的订立合同要求。

第六百四十九条　供用电合同的内容一般包括供电的方式、质量、时间，用电容量、地址、性质，计量方式，电价、电费的结算方式，供用电设施的维护责任等条款。

第六百五十条　供用电合同的履行地点，按照当事人约定；当事人没有约定或者约定不明确的，供电设施的产权分界处为履行地点。

第六百五十一条　供电人应当按照国家规定的供电质量标准和约定安全供电。供电人未按照国家规定的供电质量标准和约定安全供电，造成用电人损失的，应当承担赔偿责任。

第六百五十二条　供电人因供电设施计划检修、临时检修、依法限电或者用电人违法用电等原因，需要中断供电时，应当按照国家有关规定事先通知用电人；未事先通知用电人中断供电，造成用电人损失的，应当承担赔偿责任。

第六百五十三条　因自然灾害等原因断电，供电人应当按照国家有关规定及时抢修；未及时抢修，造成用电人损失的，应当承担赔偿责任。

第六百五十四条　用电人应当按照国家有关规定和当事人的约定及时支付电费。用电人逾期不支付电费的，应当按照约定支付违约金。经催告用电人在合理期限内仍不支付电费和违约金的，供电人可以按照国家规定的程序中止供电。

供电人依据前款规定中止供电的，应当事先通知用电人。

第六百五十五条　用电人应当按照国家有关规定和当事人的约定安全、节约和计划用电。用电人未按照国家有关规定和当事人的约定用电，造成供电人损失的，应当承担赔偿责任。

第六百五十六条　供用水、供用气、供用热力合同，参照适用供用电合同的有关规定。

第十一章　赠与合同

第六百五十七条　赠与合同是赠与人将自己的财产无偿给予受赠人，受赠人表示接受赠与的合同。

第六百五十八条　赠与人在赠与财产的权利转移之前可以撤销赠与。

经过公证的赠与合同或者依法不得撤销的具有救灾、扶贫、助残等公益、道德义务性质的赠与合同，不适用前款规定。

第六百五十九条　赠与的财产依法需要办理登记或者其他手续的，应当办理有关手续。

第六百六十条　经过公证的赠与合同或者依法不得撤销的具有救灾、扶贫、助残等公益、道德义务性质的赠与合同，赠与人不交付赠与财产的，受赠人可以请求交付。

依据前款规定应当交付的赠与财产因赠与人故意或者重大过失致使毁损、灭失的，赠与人应当承担赔偿责任。

第六百六十一条　赠与可以附义务。

赠与附义务的，受赠人应当按照约定履行义务。

第六百六十二条　赠与的财产有瑕疵的，赠与人不承担责任。附义务的赠与，赠与的财产有瑕疵的，赠与人在附义务的限度内承担与出卖人相同的责任。

赠与人故意不告知瑕疵或者保证无瑕疵，造成受赠人损失的，应当承担赔偿责任。

第六百六十三条　受赠人有下列情形之一的，赠与人可以撤销赠与：

（一）严重侵害赠与人或者赠与人近亲属的合法权益；

（二）对赠与人有扶养义务而不履行；

（三）不履行赠与合同约定的义务。

赠与人的撤销权，自知道或者应当知道撤销事由之日起一年内行使。

第六百六十四条 因受赠人的违法行为致使赠与人死亡或者丧失民事行为能力的，赠与人的继承人或者法定代理人可以撤销赠与。

赠与人的继承人或者法定代理人的撤销权，自知道或者应当知道撤销事由之日起六个月内行使。

第六百六十五条 撤销权人撤销赠与的，可以向受赠人请求返还赠与的财产。

第六百六十六条 赠与人的经济状况显著恶化，严重影响其生产经营或者家庭生活的，可以不再履行赠与义务。

第十二章 借款合同

第六百六十七条 借款合同是借款人向贷款人借款，到期返还借款并支付利息的合同。

第六百六十八条 借款合同应当采用书面形式，但是自然人之间借款另有约定的除外。

借款合同的内容一般包括借款种类、币种、用途、数额、利率、期限和还款方式等条款。

第六百六十九条 订立借款合同，借款人应当按照贷款人的要求提供与借款有关的业务活动和财务状况的真实情况。

第六百七十条 借款的利息不得预先在本金中扣除。利息预先在本金中扣除的，应当按照实际借款数额返还借款并计算利息。

第六百七十一条 贷款人未按照约定的日期、数额提供借款，造成借款人损失的，应当赔偿损失。

借款人未按照约定的日期、数额收取借款的，应当按照约定的日期、数额支付利息。

第六百七十二条 贷款人按照约定可以检查、监督借款的使用情况。借款人应当按照约定向贷款人定期提供有关财务会计报表或者其他资料。

第六百七十三条 借款人未按照约定的借款用途使用借款的，贷款人可以停止发放借款、提前收回借款或者解除合同。

第六百七十四条 借款人应当按照约定的期限支付利息。对支付利息的期限没有约定或者约定不明确，依据本法第五百一十条的规定仍不能确定，借款期间不满一年的，应当在返还借款时一并支付；借款期间一年以上的，应当在每届满一年时支付，剩余期间不满一年的，应当在返还借款时一并支付。

第六百七十五条 借款人应当按照约定的期限返还借款。对借款期限没有约定或者约定不明确，依据本法第五百一十条的规定仍不能确定的，借款人可以随时返还；贷款人可以催告借款人在合理期限内返还。

第六百七十六条 借款人未按照约定的期限返还借款的，应当按照约定或者国家有关规定支付逾期利息。

第六百七十七条　借款人提前返还借款的，除当事人另有约定外，应当按照实际借款的期间计算利息。

第六百七十八条　借款人可以在还款期限届满前向贷款人申请展期；贷款人同意的，可以展期。

第六百七十九条　自然人之间的借款合同，自贷款人提供借款时成立。

第六百八十条　禁止高利放贷，借款的利率不得违反国家有关规定。

借款合同对支付利息没有约定的，视为没有利息。

借款合同对支付利息约定不明确，当事人不能达成补充协议的，按照当地或者当事人的交易方式、交易习惯、市场利率等因素确定利息；自然人之间借款的，视为没有利息。

第十三章　保证合同

第一节　一般规定

第六百八十一条　保证合同是为保障债权的实现，保证人和债权人约定，当债务人不履行到期债务或者发生当事人约定的情形时，保证人履行债务或者承担责任的合同。

第六百八十二条　保证合同是主债权债务合同的从合同。主债权债务合同无效的，保证合同无效，但是法律另有规定的除外。

保证合同被确认无效后，债务人、保证人、债权人有过错的，应当根据其过错各自承担相应的民事责任。

第六百八十三条　机关法人不得为保证人，但是经国务院批准为使用外国政府或者国际经济组织贷款进行转贷的除外。

以公益为目的的非营利法人、非法人组织不得为保证人。

第六百八十四条　保证合同的内容一般包括被保证的主债权的种类、数额，债务人履行债务的期限，保证的方式、范围和期间等条款。

第六百八十五条　保证合同可以是单独订立的书面合同，也可以是主债权债务合同中的保证条款。

第三人单方以书面形式向债权人作出保证，债权人接收且未提出异议的，保证合同成立。

第六百八十六条　保证的方式包括一般保证和连带责任保证。

当事人在保证合同中对保证方式没有约定或者约定不明确的，按照一般保证承担保证责任。

第六百八十七条　当事人在保证合同中约定，债务人不能履行债务时，由保证人承担保证责任的，为一般保证。

一般保证的保证人在主合同纠纷未经审判或者仲裁，并就债务人财产依法强制执行仍不能履行债务前，有权拒绝向债权人承担保证责任，但是有下列情形之一的除外：

（一）债务人下落不明，且无财产可供执行；

（二）人民法院已经受理债务人破产案件；

（三）债权人有证据证明债务人的财产不足以履行全部债务或者丧失履行债务能力；

（四）保证人书面表示放弃本款规定的权利。

第六百八十八条 当事人在保证合同中约定保证人和债务人对债务承担连带责任的，为连带责任保证。

连带责任保证的债务人不履行到期债务或者发生当事人约定的情形时，债权人可以请求债务人履行债务，也可以请求保证人在其保证范围内承担保证责任。

第六百八十九条 保证人可以要求债务人提供反担保。

第六百九十条 保证人与债权人可以协商订立最高额保证的合同，约定在最高债权额限度内就一定期间连续发生的债权提供保证。

最高额保证除适用本章规定外，参照适用本法第二编最高额抵押权的有关规定。

第二节　保证责任

第六百九十一条 保证的范围包括主债权及其利息、违约金、损害赔偿金和实现债权的费用。当事人另有约定的，按照其约定。

第六百九十二条 保证期间是确定保证人承担保证责任的期间，不发生中止、中断和延长。

债权人与保证人可以约定保证期间，但是约定的保证期间早于主债务履行期限或者与主债务履行期限同时届满的，视为没有约定；没有约定或者约定不明确的，保证期间为主债务履行期限届满之日起六个月。

债权人与债务人对主债务履行期限没有约定或者约定不明确的，保证期间自债权人请求债务人履行债务的宽限期届满之日起计算。

第六百九十三条 一般保证的债权人未在保证期间对债务人提起诉讼或者申请仲裁的，保证人不再承担保证责任。

连带责任保证的债权人未在保证期间请求保证人承担保证责任的，保证人不再承担保证责任。

第六百九十四条 一般保证的债权人在保证期间届满前对债务人提起诉讼或者申请仲裁的，从保证人拒绝承担保证责任的权利消灭之日起，开始计算保证债务的诉讼时效。

连带责任保证的债权人在保证期间届满前请求保证人承担保证责任的，从债权人请求保证人承担保证责任之日起，开始计算保证债务的诉讼时效。

第六百九十五条 债权人和债务人未经保证人书面同意，协商变更主债权债务合同内容，减轻债务的，保证人仍对变更后的债务承担保证责任；加重债务的，保证人对加重的部分不承担保证责任。

债权人和债务人变更主债权债务合同的履行期限，未经保证人书面同意的，保证期间不受影响。

第六百九十六条 债权人转让全部或者部分债权，未通知保证人的，该转让对保证人不发生效力。

保证人与债权人约定禁止债权转让，债权人未经保证人书面同意转让债权的，保证人对受让人不再承担保证责任。

第六百九十七条　债权人未经保证人书面同意，允许债务人转移全部或者部分债务，保证人对未经其同意转移的债务不再承担保证责任，但是债权人和保证人另有约定的除外。

第三人加入债务的，保证人的保证责任不受影响。

第六百九十八条　一般保证的保证人在主债务履行期限届满后，向债权人提供债务人可供执行财产的真实情况，债权人放弃或者怠于行使权利致使该财产不能被执行的，保证人在其提供可供执行财产的价值范围内不再承担保证责任。

第六百九十九条　同一债务有两个以上保证人的，保证人应当按照保证合同约定的保证份额，承担保证责任；没有约定保证份额的，债权人可以请求任何一个保证人在其保证范围内承担保证责任。

第七百条　保证人承担保证责任后，除当事人另有约定外，有权在其承担保证责任的范围内向债务人追偿，享有债权人对债务人的权利，但是不得损害债权人的利益。

第七百零一条　保证人可以主张债务人对债权人的抗辩。债务人放弃抗辩的，保证人仍有权向债权人主张抗辩。

第七百零二条　债务人对债权人享有抵销权或者撤销权的，保证人可以在相应范围内拒绝承担保证责任。

第十四章　租赁合同

第七百零三条　租赁合同是出租人将租赁物交付承租人使用、收益，承租人支付租金的合同。

第七百零四条　租赁合同的内容一般包括租赁物的名称、数量、用途、租赁期限、租金及其支付期限和方式、租赁物维修等条款。

第七百零五条　租赁期限不得超过二十年。超过二十年的，超过部分无效。

租赁期限届满，当事人可以续订租赁合同；但是，约定的租赁期限自续订之日起不得超过二十年。

第七百零六条　当事人未依照法律、行政法规规定办理租赁合同登记备案手续的，不影响合同的效力。

第七百零七条　租赁期限六个月以上的，应当采用书面形式。当事人未采用书面形式，无法确定租赁期限的，视为不定期租赁。

第七百零八条　出租人应当按照约定将租赁物交付承租人，并在租赁期限内保持租赁物符合约定的用途。

第七百零九条　承租人应当按照约定的方法使用租赁物。对租赁物的使用方法没有约定或者约定不明确，依据本法第五百一十条的规定仍不能确定的，应当根据租赁物的性质使用。

第七百一十条　承租人按照约定的方法或者根据租赁物的性质使用租赁物，致使租赁物受到损耗的，不承担赔偿责任。

第七百一十一条　承租人未按照约定的方法或者未根据租赁物的性质使用租赁物，致使租赁物受到损失的，出租人可以解除合同并请求赔偿损失。

第七百一十二条　出租人应当履行租赁物的维修义务，但是当事人另有约定的除外。

第七百一十三条　承租人在租赁物需要维修时可以请求出租人在合理期限内维修。出租人未履行维修义务的，承租人可以自行维修，维修费用由出租人负担。因维修租赁物影响承租人使用的，应当相应减少租金或者延长租期。

因承租人的过错致使租赁物需要维修的，出租人不承担前款规定的维修义务。

第七百一十四条　承租人应当妥善保管租赁物，因保管不善造成租赁物毁损、灭失的，应当承担赔偿责任。

第七百一十五条　承租人经出租人同意，可以对租赁物进行改善或者增设他物。

承租人未经出租人同意，对租赁物进行改善或者增设他物的，出租人可以请求承租人恢复原状或者赔偿损失。

第七百一十六条　承租人经出租人同意，可以将租赁物转租给第三人。承租人转租的，承租人与出租人之间的租赁合同继续有效；第三人造成租赁物损失的，承租人应当赔偿损失。

承租人未经出租人同意转租的，出租人可以解除合同。

第七百一十七条　承租人经出租人同意将租赁物转租给第三人，转租期限超过承租人剩余租赁期限的，超过部分的约定对出租人不具有法律约束力，但是出租人与承租人另有约定的除外。

第七百一十八条　出租人知道或者应当知道承租人转租，但是在六个月内未提出异议的，视为出租人同意转租。

第七百一十九条　承租人拖欠租金的，次承租人可以代承租人支付其欠付的租金和违约金，但是转租合同对出租人不具有法律约束力的除外。

次承租人代为支付的租金和违约金，可以充抵次承租人应当向承租人支付的租金；超出其应付的租金数额的，可以向承租人追偿。

第七百二十条　在租赁期限内因占有、使用租赁物获得的收益，归承租人所有，但是当事人另有约定的除外。

第七百二十一条　承租人应当按照约定的期限支付租金。对支付租金的期限没有约定或者约定不明确，依据本法第五百一十条的规定仍不能确定，租赁期限不满一年的，应当在租赁期限届满时支付；租赁期限一年以上的，应当在每届满一年时支付，剩余期限不满一年的，应当在租赁期限届满时支付。

第七百二十二条　承租人无正当理由未支付或者迟延支付租金的，出租人可以请求承租人在合理期限内支付；承租人逾期不支付的，出租人可以解除合同。

第七百二十三条　因第三人主张权利，致使承租人不能对租赁物使用、收益的，承租人可以请求减少租金或者不支付租金。

第三人主张权利的，承租人应当及时通知出租人。

第七百二十四条　有下列情形之一，非因承租人原因致使租赁物无法使用的，承租人可以解除合同：

（一）租赁物被司法机关或者行政机关依法查封、扣押；

（二）租赁物权属有争议；

（三）租赁物具有违反法律、行政法规关于使用条件的强制性规定情形。

第七百二十五条　租赁物在承租人按照租赁合同占有期限内发生所有权变动的，不影响租赁合同的效力。

第七百二十六条　出租人出卖租赁房屋的，应当在出卖之前的合理期限内通知承租人，承租人享有以同等条件优先购买的权利；但是，房屋按份共有人行使优先购买权或者出租人将房屋出卖给近亲属的除外。

出租人履行通知义务后，承租人在十五日内未明确表示购买的，视为承租人放弃优先购买权。

第七百二十七条　出租人委托拍卖人拍卖租赁房屋的，应当在拍卖五日前通知承租人。承租人未参加拍卖的，视为放弃优先购买权。

第七百二十八条　出租人未通知承租人或者有其他妨害承租人行使优先购买权情形的，承租人可以请求出租人承担赔偿责任。但是，出租人与第三人订立的房屋买卖合同的效力不受影响。

第七百二十九条　因不可归责于承租人的事由，致使租赁物部分或者全部毁损、灭失的，承租人可以请求减少租金或者不支付租金；因租赁物部分或者全部毁损、灭失，致使不能实现合同目的的，承租人可以解除合同。

第七百三十条　当事人对租赁期限没有约定或者约定不明确，依据本法第五百一十条的规定仍不能确定的，视为不定期租赁；当事人可以随时解除合同，但是应当在合理期限之前通知对方。

第七百三十一条　租赁物危及承租人的安全或者健康的，即使承租人订立合同时明知该租赁物质量不合格，承租人仍然可以随时解除合同。

第七百三十二条　承租人在房屋租赁期限内死亡的，与其生前共同居住的人或者共同经营人可以按照原租赁合同租赁该房屋。

第七百三十三条　租赁期限届满，承租人应当返还租赁物。返还的租赁物应当符合按照约定或者根据租赁物的性质使用后的状态。

第七百三十四条　租赁期限届满，承租人继续使用租赁物，出租人没有提出异议的，原租赁合同继续有效，但是租赁期限为不定期。

租赁期限届满，房屋承租人享有以同等条件优先承租的权利。

第十五章　融资租赁合同

第七百三十五条　融资租赁合同是出租人根据承租人对出卖人、租赁物的选择，向出卖人购买租赁物，提供给承租人使用，承租人支付租金的合同。

第七百三十六条　融资租赁合同的内容一般包括租赁物的名称、数量、规格、技术性能、检验方法，租赁期限，租金构成及其支付期限和方式、币种，租赁期限届满租赁物的归属等条款。

融资租赁合同应当采用书面形式。

第七百三十七条　当事人以虚构租赁物方式订立的融资租赁合同无效。

第七百三十八条　依照法律、行政法规的规定，对于租赁物的经营使用应当取得行政许可的，出租人未取得行政许可不影响融资租赁合同的效力。

第七百三十九条　出租人根据承租人对出卖人、租赁物的选择订立的买卖合同，出卖人应当按照约定向承租人交付标的物，承租人享有与受领标的物有关的买受人的权利。

第七百四十条　出卖人违反向承租人交付标的物的义务，有下列情形之一的，承租人可以拒绝受领出卖人向其交付的标的物：

（一）标的物严重不符合约定；

（二）未按照约定交付标的物，经承租人或者出租人催告后在合理期限内仍未交付。

承租人拒绝受领标的物的，应当及时通知出租人。

第七百四十一条　出租人、出卖人、承租人可以约定，出卖人不履行买卖合同义务的，由承租人行使索赔的权利。承租人行使索赔权利的，出租人应当协助。

第七百四十二条　承租人对出卖人行使索赔权利，不影响其履行支付租金的义务。但是，承租人依赖出租人的技能确定租赁物或者出租人干预选择租赁物的，承租人可以请求减免相应租金。

第七百四十三条　出租人有下列情形之一，致使承租人对出卖人行使索赔权利失败的，承租人有权请求出租人承担相应的责任：

（一）明知租赁物有质量瑕疵而不告知承租人；

（二）承租人行使索赔权利时，未及时提供必要协助。

出租人怠于行使只能由其对出卖人行使的索赔权利，造成承租人损失的，承租人有权请求出租人承担赔偿责任。

第七百四十四条　出租人根据承租人对出卖人、租赁物的选择订立的买卖合同，未经承租人同意，出租人不得变更与承租人有关的合同内容。

第七百四十五条　出租人对租赁物享有的所有权，未经登记，不得对抗善意第三人。

第七百四十六条　融资租赁合同的租金，除当事人另有约定外，应当根据购买租赁物的大部分或者全部成本以及出租人的合理利润确定。

第七百四十七条　租赁物不符合约定或者不符合使用目的的，出租人不承担责任。但是，承租人依赖出租人的技能确定租赁物或者出租人干预选择租赁物的除外。

第七百四十八条　出租人应当保证承租人对租赁物的占有和使用。

出租人有下列情形之一的，承租人有权请求其赔偿损失：

（一）无正当理由收回租赁物；

（二）无正当理由妨碍、干扰承租人对租赁物的占有和使用；

（三）因出租人的原因致使第三人对租赁物主张权利；

（四）不当影响承租人对租赁物占有和使用的其他情形。

第七百四十九条　承租人占有租赁物期间，租赁物造成第三人人身损害或者财产损失的，出租人不承担责任。

第七百五十条　承租人应当妥善保管、使用租赁物。

承租人应当履行占有租赁物期间的维修义务。

第七百五十一条　承租人占有租赁物期间，租赁物毁损、灭失的，出租人有权请求承租人继续支付租金，但是法律另有规定或者当事人另有约定的除外。

第七百五十二条　承租人应当按照约定支付租金。承租人经催告后在合理期限内仍不支付租金的，出租人可以请求支付全部租金；也可以解除合同，收回租赁物。

第七百五十三条　承租人未经出租人同意，将租赁物转让、抵押、质押、投资入股或者以其他方式处分的，出租人可以解除融资租赁合同。

第七百五十四条　有下列情形之一的，出租人或者承租人可以解除融资租赁合同：

（一）出租人与出卖人订立的买卖合同解除、被确认无效或者被撤销，且未能重新订立买卖合同；

（二）租赁物因不可归责于当事人的原因毁损、灭失，且不能修复或者确定替代物；

（三）因出卖人的原因致使融资租赁合同的目的不能实现。

第七百五十五条　融资租赁合同因买卖合同解除、被确认无效或者被撤销而解除，出卖人、租赁物系由承租人选择的，出租人有权请求承租人赔偿相应损失；但是，因出租人原因致使买卖合同解除、被确认无效或者被撤销的除外。

出租人的损失已经在买卖合同解除、被确认无效或者被撤销时获得赔偿的，承租人不再承担相应的赔偿责任。

第七百五十六条　融资租赁合同因租赁物交付承租人后意外毁损、灭失等不可归责于当事人的原因解除的，出租人可以请求承租人按照租赁物折旧情况给予补偿。

第七百五十七条　出租人和承租人可以约定租赁期限届满租赁物的归属；对租赁物的归属没有约定或者约定不明确，依据本法第五百一十条的规定仍不能确定的，租赁物的所有权归出租人。

第七百五十八条　当事人约定租赁期限届满租赁物归承租人所有，承租人已经支付大部分租金，但是无力支付剩余租金，出租人因此解除合同收回租赁物，收回的租赁物的价值超过承租人欠付的租金以及其他费用的，承租人可以请求相应返还。

当事人约定租赁期限届满租赁物归出租人所有，因租赁物毁损、灭失或者附合、混合于他物致使承租人不能返还的，出租人有权请求承租人给予合理补偿。

第七百五十九条　当事人约定租赁期限届满，承租人仅需向出租人支付象征性价款的，视为约定的租金义务履行完毕后租赁物的所有权归承租人。

第七百六十条　融资租赁合同无效，当事人就该情形下租赁物的归属有约定的，按照其约定；没有约定或者约定不明确的，租赁物应当返还出租人。但是，因承租人原因致使合同无效，出租人不请求返还或者返还后会显著降低租赁物效用的，租赁物的所有权归承租人，由承租人给予出租人合理补偿。

第十六章　保理合同

第七百六十一条　保理合同是应收账款债权人将现有的或者将有的应收账款转让给保理人，保理人提供资金融通、应收账款管理或者催收、应收账款债务人付款担保等服务的合同。

第七百六十二条　保理合同的内容一般包括业务类型、服务范围、服务期限、基础交易合同情况、应收账款信息、保理融资款或者服务报酬及其支付方式等条款。

保理合同应当采用书面形式。

第七百六十三条　应收账款债权人与债务人虚构应收账款作为转让标的，与保理人订立保理合同的，应收账款债务人不得以应收账款不存在为由对抗保理人，但是保理人明知虚构的除外。

第七百六十四条　保理人向应收账款债务人发出应收账款转让通知的，应当表明保理人身份并附有必要凭证。

第七百六十五条　应收账款债务人接到应收账款转让通知后，应收账款债权人与债务人无正当理由协商变更或者终止基础交易合同，对保理人产生不利影响的，对保理人不发生效力。

第七百六十六条　当事人约定有追索权保理的，保理人可以向应收账款债权人主张返还保理融资款本息或者回购应收账款债权，也可以向应收账款债务人主张应收账款债权。保理人向应收账款债务人主张应收账款债权，在扣除保理融资款本息和相关费用后有剩余的，剩余部分应当返还给应收账款债权人。

第七百六十七条　当事人约定无追索权保理的，保理人应当向应收账款债务人主张应收账款债权，保理人取得超过保理融资款本息和相关费用的部分，无需向应收账款债权人返还。

第七百六十八条　应收账款债权人就同一应收账款订立多个保理合同，致使多个保理人主张权利的，已经登记的先于未登记的取得应收账款；均已经登记的，按照登记时间的先后顺序取得应收账款；均未登记的，由最先到达应收账款债务人的转让通知中载明的保理人取得应收账款；既未登记也未通知的，按照保理融资款或者服务报酬的比例取得应收账款。

第七百六十九条　本章没有规定的，适用本编第六章债权转让的有关规定。

第十七章　承揽合同

第七百七十条　承揽合同是承揽人按照定作人的要求完成工作，交付工作成果，定作人支付报酬的合同。

承揽包括加工、定作、修理、复制、测试、检验等工作。

第七百七十一条　承揽合同的内容一般包括承揽的标的、数量、质量、报酬，承揽方式，材料的提供，履行期限，验收标准和方法等条款。

第七百七十二条　承揽人应当以自己的设备、技术和劳力，完成主要工作，但是当事人另有约定的除外。

承揽人将其承揽的主要工作交由第三人完成的，应当就该第三人完成的工作成果向定作人负责；未经定作人同意的，定作人也可以解除合同。

第七百七十三条　承揽人可以将其承揽的辅助工作交由第三人完成。承揽人将其承揽的辅助工作交由第三人完成的，应当就该第三人完成的工作成果向定作人负责。

第七百七十四条　承揽人提供材料的，应当按照约定选用材料，并接受定作人检验。

第七百七十五条　定作人提供材料的，应当按照约定提供材料。承揽人对定作人提供的材料应当及时检验，发现不符合约定时，应当及时通知定作人更换、补齐或者采取其他补救措施。

承揽人不得擅自更换定作人提供的材料，不得更换不需要修理的零部件。

第七百七十六条　承揽人发现定作人提供的图纸或者技术要求不合理的，应当及时通知定作人。因定作人怠于答复等原因造成承揽人损失的，应当赔偿损失。

第七百七十七条　定作人中途变更承揽工作的要求，造成承揽人损失的，应当赔偿损失。

第七百七十八条　承揽工作需要定作人协助的，定作人有协助的义务。定作人不履行协助义务致使承揽工作不能完成的，承揽人可以催告定作人在合理期限内履行义务，并可以顺延履行期限；定作人逾期不履行的，承揽人可以解除合同。

第七百七十九条　承揽人在工作期间，应当接受定作人必要的监督检验。定作人不得因监督检验妨碍承揽人的正常工作。

第七百八十条　承揽人完成工作的，应当向定作人交付工作成果，并提交必要的技术资料和有关质量证明。定作人应当验收该工作成果。

第七百八十一条　承揽人交付的工作成果不符合质量要求的，定作人可以合理选择请求承揽人承担修理、重作、减少报酬、赔偿损失等违约责任。

第七百八十二条　定作人应当按照约定的期限支付报酬。对支付报酬的期限没有约定或者约定不明确，依据本法第五百一十条的规定仍不能确定的，定作人应当在承揽人交付工作成果时支付；工作成果部分交付的，定作人应当相应支付。

第七百八十三条　定作人未向承揽人支付报酬或者材料费等价款的，承揽人对完成的工作成果享有留置权或者有权拒绝交付，但是当事人另有约定的除外。

第七百八十四条　承揽人应当妥善保管定作人提供的材料以及完成的工作成果，因保管不善造成毁损、灭失的，应当承担赔偿责任。

第七百八十五条　承揽人应当按照定作人的要求保守秘密，未经定作人许可，不得留存复制品或者技术资料。

第七百八十六条 共同承揽人对定作人承担连带责任，但是当事人另有约定的除外。

第七百八十七条 定作人在承揽人完成工作前可以随时解除合同，造成承揽人损失的，应当赔偿损失。

第十八章 建设工程合同

第七百八十八条 建设工程合同是承包人进行工程建设，发包人支付价款的合同。

建设工程合同包括工程勘察、设计、施工合同。

第七百八十九条 建设工程合同应当采用书面形式。

第七百九十条 建设工程的招标投标活动，应当依照有关法律的规定公开、公平、公正进行。

第七百九十一条 发包人可以与总承包人订立建设工程合同，也可以分别与勘察人、设计人、施工人订立勘察、设计、施工承包合同。发包人不得将应当由一个承包人完成的建设工程支解成若干部分发包给数个承包人。

总承包人或者勘察、设计、施工承包人经发包人同意，可以将自己承包的部分工作交由第三人完成。第三人就其完成的工作成果与总承包人或者勘察、设计、施工承包人向发包人承担连带责任。承包人不得将其承包的全部建设工程转包给第三人或者将其承包的全部建设工程支解以后以分包的名义分别转包给第三人。

禁止承包人将工程分包给不具备相应资质条件的单位。禁止分包单位将其承包的工程再分包。建设工程主体结构的施工必须由承包人自行完成。

第七百九十二条 国家重大建设工程合同，应当按照国家规定的程序和国家批准的投资计划、可行性研究报告等文件订立。

第七百九十三条 建设工程施工合同无效，但是建设工程经验收合格的，可以参照合同关于工程价款的约定折价补偿承包人。

建设工程施工合同无效，且建设工程经验收不合格的，按照以下情形处理：

（一）修复后的建设工程经验收合格的，发包人可以请求承包人承担修复费用；

（二）修复后的建设工程经验收不合格的，承包人无权请求参照合同关于工程价款的约定折价补偿。

发包人对因建设工程不合格造成的损失有过错的，应当承担相应的责任。

第七百九十四条 勘察、设计合同的内容一般包括提交有关基础资料和概预算等文件的期限、质量要求、费用以及其他协作条件等条款。

第七百九十五条 施工合同的内容一般包括工程范围、建设工期、中间交工工程的开工和竣工时间、工程质量、工程造价、技术资料交付时间、材料和设备供应责任、拨款和结算、竣工验收、质量保修范围和质量保证期、相互协作等条款。

第七百九十六条 建设工程实行监理的，发包人应当与监理人采用书面形式订立委托监理合同。发包人与监理人的权利和义务以及法律责任，应当依照本编委托合同以及其他有关法律、行政法规的规定。

第七百九十七条　发包人在不妨碍承包人正常作业的情况下，可以随时对作业进度、质量进行检查。

第七百九十八条　隐蔽工程在隐蔽以前，承包人应当通知发包人检查。发包人没有及时检查的，承包人可以顺延工程日期，并有权请求赔偿停工、窝工等损失。

第七百九十九条　建设工程竣工后，发包人应当根据施工图纸及说明书、国家颁发的施工验收规范和质量检验标准及时进行验收。验收合格的，发包人应当按照约定支付价款，并接收该建设工程。

建设工程竣工经验收合格后，方可交付使用；未经验收或者验收不合格的，不得交付使用。

第八百条　勘察、设计的质量不符合要求或者未按照期限提交勘察、设计文件拖延工期，造成发包人损失的，勘察人、设计人应当继续完善勘察、设计，减收或者免收勘察、设计费并赔偿损失。

第八百零一条　因施工人的原因致使建设工程质量不符合约定的，发包人有权请求施工人在合理期限内无偿修理或者返工、改建。经过修理或者返工、改建后，造成逾期交付的，施工人应当承担违约责任。

第八百零二条　因承包人的原因致使建设工程在合理使用期限内造成人身损害和财产损失的，承包人应当承担赔偿责任。

第八百零三条　发包人未按照约定的时间和要求提供原材料、设备、场地、资金、技术资料的，承包人可以顺延工程日期，并有权请求赔偿停工、窝工等损失。

第八百零四条　因发包人的原因致使工程中途停建、缓建的，发包人应当采取措施弥补或者减少损失，赔偿承包人因此造成的停工、窝工、倒运、机械设备调迁、材料和构件积压等损失和实际费用。

第八百零五条　因发包人变更计划，提供的资料不准确，或者未按照期限提供必需的勘察、设计工作条件而造成勘察、设计的返工、停工或者修改设计，发包人应当按照勘察人、设计人实际消耗的工作量增付费用。

第八百零六条　承包人将建设工程转包、违法分包的，发包人可以解除合同。

发包人提供的主要建筑材料、建筑构配件和设备不符合强制性标准或者不履行协助义务，致使承包人无法施工，经催告后在合理期限内仍未履行相应义务的，承包人可以解除合同。

合同解除后，已经完成的建设工程质量合格的，发包人应当按照约定支付相应的工程价款；已经完成的建设工程质量不合格的，参照本法第七百九十三条的规定处理。

第八百零七条　发包人未按照约定支付价款的，承包人可以催告发包人在合理期限内支付价款。发包人逾期不支付的，除根据建设工程的性质不宜折价、拍卖外，承包人可以与发包人协议将该工程折价，也可以请求人民法院将该工程依法拍卖。建设工程的价款就该工程折价或者拍卖的价款优先受偿。

第八百零八条　本章没有规定的，适用承揽合同的有关规定。

第十九章 运输合同

第一节 一般规定

第八百零九条 运输合同是承运人将旅客或者货物从起运地点运输到约定地点，旅客、托运人或者收货人支付票款或者运输费用的合同。

第八百一十条 从事公共运输的承运人不得拒绝旅客、托运人通常、合理的运输要求。

第八百一十一条 承运人应当在约定期限或者合理期限内将旅客、货物安全运输到约定地点。

第八百一十二条 承运人应当按照约定的或者通常的运输路线将旅客、货物运输到约定地点。

第八百一十三条 旅客、托运人或者收货人应当支付票款或者运输费用。承运人未按照约定路线或者通常路线运输增加票款或者运输费用的，旅客、托运人或者收货人可以拒绝支付增加部分的票款或者运输费用。

第二节 客运合同

第八百一十四条 客运合同自承运人向旅客出具客票时成立，但是当事人另有约定或者另有交易习惯的除外。

第八百一十五条 旅客应当按照有效客票记载的时间、班次和座位号乘坐。旅客无票乘坐、超程乘坐、越级乘坐或者持不符合减价条件的优惠客票乘坐的，应当补交票款，承运人可以按照规定加收票款；旅客不支付票款的，承运人可以拒绝运输。

实名制客运合同的旅客丢失客票的，可以请求承运人挂失补办，承运人不得再次收取票款和其他不合理费用。

第八百一十六条 旅客因自己的原因不能按照客票记载的时间乘坐的，应当在约定的期限内办理退票或者变更手续；逾期办理的，承运人可以不退票款，并不再承担运输义务。

第八百一十七条 旅客随身携带行李应当符合约定的限量和品类要求；超过限量或者违反品类要求携带行李的，应当办理托运手续。

第八百一十八条 旅客不得随身携带或者在行李中夹带易燃、易爆、有毒、有腐蚀性、有放射性以及可能危及运输工具上人身和财产安全的危险物品或者违禁物品。

旅客违反前款规定的，承运人可以将危险物品或者违禁物品卸下、销毁或者送交有关部门。旅客坚持携带或者夹带危险物品或者违禁物品的，承运人应当拒绝运输。

第八百一十九条 承运人应当严格履行安全运输义务，及时告知旅客安全运输应当注意的事项。旅客对承运人为安全运输所作的合理安排应当积极协助和配合。

第八百二十条 承运人应当按照有效客票记载的时间、班次和座位号运输旅客。承运人迟延运输或者有其他不能正常运输情形的，应当及时告知和提醒旅客，采取必要的安置措施，并根据旅客的要求安排改乘其他班次或者退票；由此造成旅客损失的，承运人应当承担赔偿责任，但是不可归责于承运人的除外。

第八百二十一条　承运人擅自降低服务标准的，应当根据旅客的请求退票或者减收票款；提高服务标准的，不得加收票款。

第八百二十二条　承运人在运输过程中，应当尽力救助患有急病、分娩、遇险的旅客。

第八百二十三条　承运人应当对运输过程中旅客的伤亡承担赔偿责任；但是，伤亡是旅客自身健康原因造成的或者承运人证明伤亡是旅客故意、重大过失造成的除外。

前款规定适用于按照规定免票、持优待票或者经承运人许可搭乘的无票旅客。

第八百二十四条　在运输过程中旅客随身携带物品毁损、灭失，承运人有过错的，应当承担赔偿责任。

旅客托运的行李毁损、灭失的，适用货物运输的有关规定。

第三节　货运合同

第八百二十五条　托运人办理货物运输，应当向承运人准确表明收货人的姓名、名称或者凭指示的收货人，货物的名称、性质、重量、数量，收货地点等有关货物运输的必要情况。

因托运人申报不实或者遗漏重要情况，造成承运人损失的，托运人应当承担赔偿责任。

第八百二十六条　货物运输需要办理审批、检验等手续的，托运人应当将办理完有关手续的文件提交承运人。

第八百二十七条　托运人应当按照约定的方式包装货物。对包装方式没有约定或者约定不明确的，适用本法第六百一十九条的规定。

托运人违反前款规定的，承运人可以拒绝运输。

第八百二十八条　托运人托运易燃、易爆、有毒、有腐蚀性、有放射性等危险物品的，应当按照国家有关危险物品运输的规定对危险物品妥善包装，做出危险物品标志和标签，并将有关危险物品的名称、性质和防范措施的书面材料提交承运人。

托运人违反前款规定的，承运人可以拒绝运输，也可以采取相应措施以避免损失的发生，因此产生的费用由托运人负担。

第八百二十九条　在承运人将货物交付收货人之前，托运人可以要求承运人中止运输、返还货物、变更到达地或者将货物交给其他收货人，但是应当赔偿承运人因此受到的损失。

第八百三十条　货物运输到达后，承运人知道收货人的，应当及时通知收货人，收货人应当及时提货。收货人逾期提货的，应当向承运人支付保管费等费用。

第八百三十一条　收货人提货时应当按照约定的期限检验货物。对检验货物的期限没有约定或者约定不明确，依据本法第五百一十条的规定仍不能确定的，应当在合理期限内检验货物。收货人在约定的期限或者合理期限内对货物的数量、毁损等未提出异议的，视为承运人已经按照运输单证的记载交付的初步证据。

第八百三十二条　承运人对运输过程中货物的毁损、灭失承担赔偿责任。但是，承运人证明货物的毁损、灭失是因不可抗力、货物本身的自然性质或者合理损耗以及托运人、收货人的过错造成的，不承担赔偿责任。

第八百三十三条　货物的毁损、灭失的赔偿额，当事人有约定的，按照其约定；没有约定或者约定不明确，依据本法第五百一十条的规定仍不能确定的，按照交付或者应当交付时货物到达地的市场价格计算。法律、行政法规对赔偿额的计算方法和赔偿限额另有规定的，依照其规定。

第八百三十四条　两个以上承运人以同一运输方式联运的，与托运人订立合同的承运人应当对全程运输承担责任；损失发生在某一运输区段的，与托运人订立合同的承运人和该区段的承运人承担连带责任。

第八百三十五条　货物在运输过程中因不可抗力灭失，未收取运费的，承运人不得请求支付运费；已经收取运费的，托运人可以请求返还。法律另有规定的，依照其规定。

第八百三十六条　托运人或者收货人不支付运费、保管费或者其他费用的，承运人对相应的运输货物享有留置权，但是当事人另有约定的除外。

第八百三十七条　收货人不明或者收货人无正当理由拒绝受领货物的，承运人依法可以提存货物。

第四节　多式联运合同

第八百三十八条　多式联运经营人负责履行或者组织履行多式联运合同，对全程运输享有承运人的权利，承担承运人的义务。

第八百三十九条　多式联运经营人可以与参加多式联运的各区段承运人就多式联运合同的各区段运输约定相互之间的责任；但是，该约定不影响多式联运经营人对全程运输承担的义务。

第八百四十条　多式联运经营人收到托运人交付的货物时，应当签发多式联运单据。按照托运人的要求，多式联运单据可以是可转让单据，也可以是不可转让单据。

第八百四十一条　因托运人托运货物时的过错造成多式联运经营人损失的，即使托运人已经转让多式联运单据，托运人仍然应当承担赔偿责任。

第八百四十二条　货物的毁损、灭失发生于多式联运的某一运输区段的，多式联运经营人的赔偿责任和责任限额，适用调整该区段运输方式的有关法律规定；货物毁损、灭失发生的运输区段不能确定的，依照本章规定承担赔偿责任。

第二十章　技术合同

第一节　一般规定

第八百四十三条　技术合同是当事人就技术开发、转让、许可、咨询或者服务订立的确立相互之间权利和义务的合同。

第八百四十四条　订立技术合同，应当有利于知识产权的保护和科学技术的进步，促进科学技术成果的研发、转化、应用和推广。

第八百四十五条 技术合同的内容一般包括项目的名称，标的的内容、范围和要求，履行的计划、地点和方式，技术信息和资料的保密，技术成果的归属和收益的分配办法，验收标准和方法，名词和术语的解释等条款。

与履行合同有关的技术背景资料、可行性论证和技术评价报告、项目任务书和计划书、技术标准、技术规范、原始设计和工艺文件，以及其他技术文档，按照当事人的约定可以作为合同的组成部分。

技术合同涉及专利的，应当注明发明创造的名称、专利申请人和专利权人、申请日期、申请号、专利号以及专利权的有效期限。

第八百四十六条 技术合同价款、报酬或者使用费的支付方式由当事人约定，可以采取一次总算、一次总付或者一次总算、分期支付，也可以采取提成支付或者提成支付附加预付入门费的方式。

约定提成支付的，可以按照产品价格、实施专利和使用技术秘密后新增的产值、利润或者产品销售额的一定比例提成，也可以按照约定的其他方式计算。提成支付的比例可以采取固定比例、逐年递增比例或者逐年递减比例。

约定提成支付的，当事人可以约定查阅有关会计账目的办法。

第八百四十七条 职务技术成果的使用权、转让权属于法人或者非法人组织的，法人或者非法人组织可以就该项职务技术成果订立技术合同。法人或者非法人组织订立技术合同转让职务技术成果时，职务技术成果的完成人享有以同等条件优先受让的权利。

职务技术成果是执行法人或者非法人组织的工作任务，或者主要是利用法人或者非法人组织的物质技术条件所完成的技术成果。

第八百四十八条 非职务技术成果的使用权、转让权属于完成技术成果的个人，完成技术成果的个人可以就该项非职务技术成果订立技术合同。

第八百四十九条 完成技术成果的个人享有在有关技术成果文件上写明自己是技术成果完成者的权利和取得荣誉证书、奖励的权利。

第八百五十条 非法垄断技术或者侵害他人技术成果的技术合同无效。

第二节 技术开发合同

第八百五十一条 技术开发合同是当事人之间就新技术、新产品、新工艺、新品种或者新材料及其系统的研究开发所订立的合同。

技术开发合同包括委托开发合同和合作开发合同。

技术开发合同应当采用书面形式。

当事人之间就具有实用价值的科技成果实施转化订立的合同，参照适用技术开发合同的有关规定。

第八百五十二条 委托开发合同的委托人应当按照约定支付研究开发经费和报酬，提供技术资料，提出研究开发要求，完成协作事项，接受研究开发成果。

第八百五十三条 委托开发合同的研究开发人应当按照约定制定和实施研究开发计划，合理使用研究开发经费，按期完成研究开发工作，交付研究开发成果，提供有关的技术资料和必要的技术指导，帮助委托人掌握研究开发成果。

第八百五十四条 委托开发合同的当事人违反约定造成研究开发工作停滞、延误或者失败的，应当承担违约责任。

第八百五十五条 合作开发合同的当事人应当按照约定进行投资，包括以技术进行投资，分工参与研究开发工作，协作配合研究开发工作。

第八百五十六条 合作开发合同的当事人违反约定造成研究开发工作停滞、延误或者失败的，应当承担违约责任。

第八百五十七条 作为技术开发合同标的的技术已经由他人公开，致使技术开发合同的履行没有意义的，当事人可以解除合同。

第八百五十八条 技术开发合同履行过程中，因出现无法克服的技术困难，致使研究开发失败或者部分失败的，该风险由当事人约定；没有约定或者约定不明确，依据本法第五百一十条的规定仍不能确定的，风险由当事人合理分担。

当事人一方发现前款规定的可能致使研究开发失败或者部分失败的情形时，应当及时通知另一方并采取适当措施减少损失；没有及时通知并采取适当措施，致使损失扩大的，应当就扩大的损失承担责任。

第八百五十九条 委托开发完成的发明创造，除法律另有规定或者当事人另有约定外，申请专利的权利属于研究开发人。研究开发人取得专利权的，委托人可以依法实施该专利。

研究开发人转让专利申请权的，委托人享有以同等条件优先受让的权利。

第八百六十条 合作开发完成的发明创造，申请专利的权利属于合作开发的当事人共有；当事人一方转让其共有的专利申请权的，其他各方享有以同等条件优先受让的权利。但是，当事人另有约定的除外。

合作开发的当事人一方声明放弃其共有的专利申请权的，除当事人另有约定外，可以由另一方单独申请或者由其他各方共同申请。申请人取得专利权的，放弃专利申请权的一方可以免费实施该专利。

合作开发的当事人一方不同意申请专利的，另一方或者其他各方不得申请专利。

第八百六十一条 委托开发或者合作开发完成的技术秘密成果的使用权、转让权以及收益的分配办法，由当事人约定；没有约定或者约定不明确，依据本法第五百一十条的规定仍不能确定的，在没有相同技术方案被授予专利权前，当事人均有使用和转让的权利。但是，委托开发的研究开发人不得在向委托人交付研究开发成果之前，将研究开发成果转让给第三人。

第三节 技术转让合同和技术许可合同

第八百六十二条 技术转让合同是合法拥有技术的权利人，将现有特定的专利、专利申请、技术秘密的相关权利让与他人所订立的合同。

技术许可合同是合法拥有技术的权利人，将现有特定的专利、技术秘密的相关权利许可他人实施、使用所订立的合同。

技术转让合同和技术许可合同中关于提供实施技术的专用设备、原材料或者提供有关的技术咨询、技术服务的约定，属于合同的组成部分。

第八百六十三条　技术转让合同包括专利权转让、专利申请权转让、技术秘密转让等合同。

技术许可合同包括专利实施许可、技术秘密使用许可等合同。

技术转让合同和技术许可合同应当采用书面形式。

第八百六十四条　技术转让合同和技术许可合同可以约定实施专利或者使用技术秘密的范围，但是不得限制技术竞争和技术发展。

第八百六十五条　专利实施许可合同仅在该专利权的存续期限内有效。专利权有效期限届满或者专利权被宣告无效的，专利权人不得就该专利与他人订立专利实施许可合同。

第八百六十六条　专利实施许可合同的许可人应当按照约定许可被许可人实施专利，交付实施专利有关的技术资料，提供必要的技术指导。

第八百六十七条　专利实施许可合同的被许可人应当按照约定实施专利，不得许可约定以外的第三人实施该专利，并按照约定支付使用费。

第八百六十八条　技术秘密转让合同的让与人和技术秘密使用许可合同的许可人应当按照约定提供技术资料，进行技术指导，保证技术的实用性、可靠性，承担保密义务。

前款规定的保密义务，不限制许可人申请专利，但是当事人另有约定的除外。

第八百六十九条　技术秘密转让合同的受让人和技术秘密使用许可合同的被许可人应当按照约定使用技术，支付转让费、使用费，承担保密义务。

第八百七十条　技术转让合同的让与人和技术许可合同的许可人应当保证自己是所提供的技术的合法拥有者，并保证所提供的技术完整、无误、有效，能够达到约定的目标。

第八百七十一条　技术转让合同的受让人和技术许可合同的被许可人应当按照约定的范围和期限，对让与人、许可人提供的技术中尚未公开的秘密部分，承担保密义务。

第八百七十二条　许可人未按照约定许可技术的，应当返还部分或者全部使用费，并应当承担违约责任；实施专利或者使用技术秘密超越约定的范围的，违反约定擅自许可第三人实施该项专利或者使用该项技术秘密的，应当停止违约行为，承担违约责任；违反约定的保密义务的，应当承担违约责任。

让与人承担违约责任，参照适用前款规定。

第八百七十三条　被许可人未按照约定支付使用费的，应当补交使用费并按照约定支付违约金；不补交使用费或者支付违约金的，应当停止实施专利或者使用技术秘密，交还技术资料，承担违约责任；实施专利或者使用技术秘密超越约定的范围的，未经许可人同意擅自许可第三人实施该专利或者使用该技术秘密的，应当停止违约行为，承担违约责任；违反约定的保密义务的，应当承担违约责任。

受让人承担违约责任，参照适用前款规定。

第八百七十四条　受让人或者被许可人按照约定实施专利、使用技术秘密侵害他人合法权益的，由让与人或者许可人承担责任，但是当事人另有约定的除外。

第八百七十五条　当事人可以按照互利的原则，在合同中约定实施专利、使用技术秘密后续改进的技术成果的分享办法；没有约定或者约定不明确，依据本法第五百一十条的规定仍不能确定的，一方后续改进的技术成果，其他各方无权分享。

第八百七十六条　集成电路布图设计专有权、植物新品种权、计算机软件著作权等其他知识产权的转让和许可，参照适用本节的有关规定。

第八百七十七条　法律、行政法规对技术进出口合同或者专利、专利申请合同另有规定的，依照其规定。

第四节　技术咨询合同和技术服务合同

第八百七十八条　技术咨询合同是当事人一方以技术知识为对方就特定技术项目提供可行性论证、技术预测、专题技术调查、分析评价报告等所订立的合同。

技术服务合同是当事人一方以技术知识为对方解决特定技术问题所订立的合同，不包括承揽合同和建设工程合同。

第八百七十九条　技术咨询合同的委托人应当按照约定阐明咨询的问题，提供技术背景材料及有关技术资料，接受受托人的工作成果，支付报酬。

第八百八十条　技术咨询合同的受托人应当按照约定的期限完成咨询报告或者解答问题，提出的咨询报告应当达到约定的要求。

第八百八十一条　技术咨询合同的委托人未按照约定提供必要的资料，影响工作进度和质量，不接受或者逾期接受工作成果的，支付的报酬不得追回，未支付的报酬应当支付。

技术咨询合同的受托人未按期提出咨询报告或者提出的咨询报告不符合约定的，应当承担减收或者免收报酬等违约责任。

技术咨询合同的委托人按照受托人符合约定要求的咨询报告和意见作出决策所造成的损失，由委托人承担，但是当事人另有约定的除外。

第八百八十二条　技术服务合同的委托人应当按照约定提供工作条件，完成配合事项，接受工作成果并支付报酬。

第八百八十三条　技术服务合同的受托人应当按照约定完成服务项目，解决技术问题，保证工作质量，并传授解决技术问题的知识。

第八百八十四条　技术服务合同的委托人不履行合同义务或者履行合同义务不符合约定，影响工作进度和质量，不接受或者逾期接受工作成果的，支付的报酬不得追回，未支付的报酬应当支付。

技术服务合同的受托人未按照约定完成服务工作的，应当承担免收报酬等违约责任。

第八百八十五条　技术咨询合同、技术服务合同履行过程中，受托人利用委托人提供的技术资料和工作条件完成的新的技术成果，属于受托人。委托人利用受托人的工作成果完成的新的技术成果，属于委托人。当事人另有约定的，按照其约定。

第八百八十六条　技术咨询合同和技术服务合同对受托人正常开展工作所需费用的负担没有约定或者约定不明确的，由受托人负担。

第八百八十七条　法律、行政法规对技术中介合同、技术培训合同另有规定的，依照其规定。

第二十一章　保管合同

第八百八十八条　保管合同是保管人保管寄存人交付的保管物，并返还该物的合同。

寄存人到保管人处从事购物、就餐、住宿等活动，将物品存放在指定场所的，视为保管，但是当事人另有约定或者另有交易习惯的除外。

第八百八十九条　寄存人应当按照约定向保管人支付保管费。

当事人对保管费没有约定或者约定不明确，依据本法第五百一十条的规定仍不能确定的，视为无偿保管。

第八百九十条　保管合同自保管物交付时成立，但是当事人另有约定的除外。

第八百九十一条　寄存人向保管人交付保管物的，保管人应当出具保管凭证，但是另有交易习惯的除外。

第八百九十二条　保管人应当妥善保管保管物。

当事人可以约定保管场所或者方法。除紧急情况或者为维护寄存人利益外，不得擅自改变保管场所或者方法。

第八百九十三条　寄存人交付的保管物有瑕疵或者根据保管物的性质需要采取特殊保管措施的，寄存人应当将有关情况告知保管人。寄存人未告知，致使保管物受损失的，保管人不承担赔偿责任；保管人因此受损失的，除保管人知道或者应当知道且未采取补救措施外，寄存人应当承担赔偿责任。

第八百九十四条　保管人不得将保管物转交第三人保管，但是当事人另有约定的除外。

保管人违反前款规定，将保管物转交第三人保管，造成保管物损失的，应当承担赔偿责任。

第八百九十五条　保管人不得使用或者许可第三人使用保管物，但是当事人另有约定的除外。

第八百九十六条　第三人对保管物主张权利的，除依法对保管物采取保全或者执行措施外，保管人应当履行向寄存人返还保管物的义务。

第三人对保管人提起诉讼或者对保管物申请扣押的，保管人应当及时通知寄存人。

第八百九十七条　保管期内，因保管人保管不善造成保管物毁损、灭失的，保管人应当承担赔偿责任。但是，无偿保管人证明自己没有故意或者重大过失的，不承担赔偿责任。

第八百九十八条　寄存人寄存货币、有价证券或者其他贵重物品的，应当向保管人声明，由保管人验收或者封存；寄存人未声明的，该物品毁损、灭失后，保管人可以按照一般物品予以赔偿。

第八百九十九条　寄存人可以随时领取保管物。

当事人对保管期限没有约定或者约定不明确的，保管人可以随时请求寄存人领取保管物；约定保管期限的，保管人无特别事由，不得请求寄存人提前领取保管物。

第九百条 保管期限届满或者寄存人提前领取保管物的，保管人应当将原物及其孳息归还寄存人。

第九百零一条 保管人保管货币的，可以返还相同种类、数量的货币；保管其他可替代物的，可以按照约定返还相同种类、品质、数量的物品。

第九百零二条 有偿的保管合同，寄存人应当按照约定的期限向保管人支付保管费。

当事人对支付期限没有约定或者约定不明确，依据本法第五百一十条的规定仍不能确定的，应当在领取保管物的同时支付。

第九百零三条 寄存人未按照约定支付保管费或者其他费用的，保管人对保管物享有留置权，但是当事人另有约定的除外。

第二十二章　仓储合同

第九百零四条 仓储合同是保管人储存存货人交付的仓储物，存货人支付仓储费的合同。

第九百零五条 仓储合同自保管人和存货人意思表示一致时成立。

第九百零六条 储存易燃、易爆、有毒、有腐蚀性、有放射性等危险物品或者易变质物品的，存货人应当说明该物品的性质，提供有关资料。

存货人违反前款规定的，保管人可以拒收仓储物，也可以采取相应措施以避免损失的发生，因此产生的费用由存货人负担。

保管人储存易燃、易爆、有毒、有腐蚀性、有放射性等危险物品的，应当具备相应的保管条件。

第九百零七条 保管人应当按照约定对入库仓储物进行验收。保管人验收时发现入库仓储物与约定不符合的，应当及时通知存货人。保管人验收后，发生仓储物的品种、数量、质量不符合约定的，保管人应当承担赔偿责任。

第九百零八条 存货人交付仓储物的，保管人应当出具仓单、入库单等凭证。

第九百零九条 保管人应当在仓单上签名或者盖章。仓单包括下列事项：

（一）存货人的姓名或者名称和住所；

（二）仓储物的品种、数量、质量、包装及其件数和标记；

（三）仓储物的损耗标准；

（四）储存场所；

（五）储存期限；

（六）仓储费；

（七）仓储物已经办理保险的，其保险金额、期间以及保险人的名称；

（八）填发人、填发地和填发日期。

第九百一十条 仓单是提取仓储物的凭证。存货人或者仓单持有人在仓单上背书并经保管人签名或者盖章的，可以转让提取仓储物的权利。

第九百一十一条　保管人根据存货人或者仓单持有人的要求，应当同意其检查仓储物或者提取样品。

第九百一十二条　保管人发现入库仓储物有变质或者其他损坏的，应当及时通知存货人或者仓单持有人。

第九百一十三条　保管人发现入库仓储物有变质或者其他损坏，危及其他仓储物的安全和正常保管的，应当催告存货人或者仓单持有人作出必要的处置。因情况紧急，保管人可以作出必要的处置；但是，事后应当将该情况及时通知存货人或者仓单持有人。

第九百一十四条　当事人对储存期限没有约定或者约定不明确的，存货人或者仓单持有人可以随时提取仓储物，保管人也可以随时请求存货人或者仓单持有人提取仓储物，但是应当给予必要的准备时间。

第九百一十五条　储存期限届满，存货人或者仓单持有人应当凭仓单、入库单等提取仓储物。存货人或者仓单持有人逾期提取的，应当加收仓储费；提前提取的，不减收仓储费。

第九百一十六条　储存期限届满，存货人或者仓单持有人不提取仓储物的，保管人可以催告其在合理期限内提取；逾期不提取的，保管人可以提存仓储物。

第九百一十七条　储存期内，因保管不善造成仓储物毁损、灭失的，保管人应当承担赔偿责任。因仓储物本身的自然性质、包装不符合约定或者超过有效储存期造成仓储物变质、损坏的，保管人不承担赔偿责任。

第九百一十八条　本章没有规定的，适用保管合同的有关规定。

第二十三章　委托合同

第九百一十九条　委托合同是委托人和受托人约定，由受托人处理委托人事务的合同。

第九百二十条　委托人可以特别委托受托人处理一项或者数项事务，也可以概括委托受托人处理一切事务。

第九百二十一条　委托人应当预付处理委托事务的费用。受托人为处理委托事务垫付的必要费用，委托人应当偿还该费用并支付利息。

第九百二十二条　受托人应当按照委托人的指示处理委托事务。需要变更委托人指示的，应当经委托人同意；因情况紧急，难以和委托人取得联系的，受托人应当妥善处理委托事务，但是事后应当将该情况及时报告委托人。

第九百二十三条　受托人应当亲自处理委托事务。经委托人同意，受托人可以转委托。转委托经同意或者追认的，委托人可以就委托事务直接指示转委托的第三人，受托人仅就第三人的选任及其对第三人的指示承担责任。转委托未经同意或者追认的，受托人应当对转委托的第三人的行为承担责任；但是，在紧急情况下受托人为了维护委托人的利益需要转委托第三人的除外。

第九百二十四条 受托人应当按照委托人的要求，报告委托事务的处理情况。委托合同终止时，受托人应当报告委托事务的结果。

第九百二十五条 受托人以自己的名义，在委托人的授权范围内与第三人订立的合同，第三人在订立合同时知道受托人与委托人之间的代理关系的，该合同直接约束委托人和第三人；但是，有确切证据证明该合同只约束受托人和第三人的除外。

第九百二十六条 受托人以自己的名义与第三人订立合同时，第三人不知道受托人与委托人之间的代理关系的，受托人因第三人的原因对委托人不履行义务，受托人应当向委托人披露第三人，委托人因此可以行使受托人对第三人的权利。但是，第三人与受托人订立合同时如果知道该委托人就不会订立合同的除外。

受托人因委托人的原因对第三人不履行义务，受托人应当向第三人披露委托人，第三人因此可以选择受托人或者委托人作为相对人主张其权利，但是第三人不得变更选定的相对人。

委托人行使受托人对第三人的权利的，第三人可以向委托人主张其对受托人的抗辩。第三人选定委托人作为其相对人的，委托人可以向第三人主张其对受托人的抗辩以及受托人对第三人的抗辩。

第九百二十七条 受托人处理委托事务取得的财产，应当转交给委托人。

第九百二十八条 受托人完成委托事务的，委托人应当按照约定向其支付报酬。

因不可归责于受托人的事由，委托合同解除或者委托事务不能完成的，委托人应当向受托人支付相应的报酬。当事人另有约定的，按照其约定。

第九百二十九条 有偿的委托合同，因受托人的过错造成委托人损失的，委托人可以请求赔偿损失。无偿的委托合同，因受托人的故意或者重大过失造成委托人损失的，委托人可以请求赔偿损失。

受托人超越权限造成委托人损失的，应当赔偿损失。

第九百三十条 受托人处理委托事务时，因不可归责于自己的事由受到损失的，可以向委托人请求赔偿损失。

第九百三十一条 委托人经受托人同意，可以在受托人之外委托第三人处理委托事务。因此造成受托人损失的，受托人可以向委托人请求赔偿损失。

第九百三十二条 两个以上的受托人共同处理委托事务的，对委托人承担连带责任。

第九百三十三条 委托人或者受托人可以随时解除委托合同。因解除合同造成对方损失的，除不可归责于该当事人的事由外，无偿委托合同的解除方应当赔偿因解除时间不当造成的直接损失，有偿委托合同的解除方应当赔偿对方的直接损失和合同履行后可以获得的利益。

第九百三十四条 委托人死亡、终止或者受托人死亡、丧失民事行为能力、终止的，委托合同终止；但是，当事人另有约定或者根据委托事务的性质不宜终止的除外。

第九百三十五条 因委托人死亡或者被宣告破产、解散，致使委托合同终止将损害委托人利益的，在委托人的继承人、遗产管理人或者清算人承受委托事务之前，受托人应当继续处理委托事务。

第九百三十六条　因受托人死亡、丧失民事行为能力或者被宣告破产、解散，致使委托合同终止的，受托人的继承人、遗产管理人、法定代理人或者清算人应当及时通知委托人。因委托合同终止将损害委托人利益的，在委托人作出善后处理之前，受托人的继承人、遗产管理人、法定代理人或者清算人应当采取必要措施。

第二十四章　物业服务合同

第九百三十七条　物业服务合同是物业服务人在物业服务区域内，为业主提供建筑物及其附属设施的维修养护、环境卫生和相关秩序的管理维护等物业服务，业主支付物业费的合同。

物业服务人包括物业服务企业和其他管理人。

第九百三十八条　物业服务合同的内容一般包括服务事项、服务质量、服务费用的标准和收取办法、维修资金的使用、服务用房的管理和使用、服务期限、服务交接等条款。

物业服务人公开作出的有利于业主的服务承诺，为物业服务合同的组成部分。

物业服务合同应当采用书面形式。

第九百三十九条　建设单位依法与物业服务人订立的前期物业服务合同，以及业主委员会与业主大会依法选聘的物业服务人订立的物业服务合同，对业主具有法律约束力。

第九百四十条　建设单位依法与物业服务人订立的前期物业服务合同约定的服务期限届满前，业主委员会或者业主与新物业服务人订立的物业服务合同生效的，前期物业服务合同终止。

第九百四十一条　物业服务人将物业服务区域内的部分专项服务事项委托给专业性服务组织或者其他第三人的，应当就该部分专项服务事项向业主负责。

物业服务人不得将其应当提供的全部物业服务转委托给第三人，或者将全部物业服务支解后分别转委托给第三人。

第九百四十二条　物业服务人应当按照约定和物业的使用性质，妥善维修、养护、清洁、绿化和经营管理物业服务区域内的业主共有部分，维护物业服务区域内的基本秩序，采取合理措施保护业主的人身、财产安全。

对物业服务区域内违反有关治安、环保、消防等法律法规的行为，物业服务人应当及时采取合理措施制止、向有关行政主管部门报告并协助处理。

第九百四十三条　物业服务人应当定期将服务的事项、负责人员、质量要求、收费项目、收费标准、履行情况，以及维修资金使用情况、业主共有部分的经营与收益情况等以合理方式向业主公开并向业主大会、业主委员会报告。

第九百四十四条　业主应当按照约定向物业服务人支付物业费。物业服务人已经按照约定和有关规定提供服务的，业主不得以未接受或者无需接受相关物业服务为由拒绝支付物业费。

业主违反约定逾期不支付物业费的，物业服务人可以催告其在合理期限内支付；合理期限届满仍不支付的，物业服务人可以提起诉讼或者申请仲裁。

物业服务人不得采取停止供电、供水、供热、供燃气等方式催交物业费。

第九百四十五条　业主装饰装修房屋的，应当事先告知物业服务人，遵守物业服务人提示的合理注意事项，并配合其进行必要的现场检查。

业主转让、出租物业专有部分、设立居住权或者依法改变共有部分用途的，应当及时将相关情况告知物业服务人。

第九百四十六条　业主依照法定程序共同决定解聘物业服务人的，可以解除物业服务合同。决定解聘的，应当提前六十日书面通知物业服务人，但是合同对通知期限另有约定的除外。

依据前款规定解除合同造成物业服务人损失的，除不可归责于业主的事由外，业主应当赔偿损失。

第九百四十七条　物业服务期限届满前，业主依法共同决定续聘的，应当与原物业服务人在合同期限届满前续订物业服务合同。

物业服务期限届满前，物业服务人不同意续聘的，应当在合同期限届满前九十日书面通知业主或者业主委员会，但是合同对通知期限另有约定的除外。

第九百四十八条　物业服务期限届满后，业主没有依法作出续聘或者另聘物业服务人的决定，物业服务人继续提供物业服务的，原物业服务合同继续有效，但是服务期限为不定期。

当事人可以随时解除不定期物业服务合同，但是应当提前六十日书面通知对方。

第九百四十九条　物业服务合同终止的，原物业服务人应当在约定期限或者合理期限内退出物业服务区域，将物业服务用房、相关设施、物业服务所必需的相关资料等交还给业主委员会、决定自行管理的业主或者其指定的人，配合新物业服务人做好交接工作，并如实告知物业的使用和管理状况。

原物业服务人违反前款规定的，不得请求业主支付物业服务合同终止后的物业费；造成业主损失的，应当赔偿损失。

第九百五十条　物业服务合同终止后，在业主或者业主大会选聘的新物业服务人或者决定自行管理的业主接管之前，原物业服务人应当继续处理物业服务事项，并可以请求业主支付该期间的物业费。

第二十五章　行纪合同

第九百五十一条　行纪合同是行纪人以自己的名义为委托人从事贸易活动，委托人支付报酬的合同。

第九百五十二条　行纪人处理委托事务支出的费用，由行纪人负担，但是当事人另有约定的除外。

第九百五十三条　行纪人占有委托物的，应当妥善保管委托物。

第九百五十四条　委托物交付给行纪人时有瑕疵或者容易腐烂、变质的，经委托人同意，行纪人可以处分该物；不能与委托人及时取得联系的，行纪人可以合理处分。

第九百五十五条　行纪人低于委托人指定的价格卖出或者高于委托人指定的价格买入的，应当经委托人同意；未经委托人同意，行纪人补偿其差额的，该买卖对委托人发生效力。

行纪人高于委托人指定的价格卖出或者低于委托人指定的价格买入的，可以按照约定增加报酬；没有约定或者约定不明确，依据本法第五百一十条的规定仍不能确定的，该利益属于委托人。

委托人对价格有特别指示的，行纪人不得违背该指示卖出或者买入。

第九百五十六条　行纪人卖出或者买入具有市场定价的商品，除委托人有相反的意思表示外，行纪人自己可以作为买受人或者出卖人。

行纪人有前款规定情形的，仍然可以请求委托人支付报酬。

第九百五十七条　行纪人按照约定买入委托物，委托人应当及时受领。经行纪人催告，委托人无正当理由拒绝受领的，行纪人依法可以提存委托物。

委托物不能卖出或者委托人撤回出卖，经行纪人催告，委托人不取回或者不处分该物的，行纪人依法可以提存委托物。

第九百五十八条　行纪人与第三人订立合同的，行纪人对该合同直接享有权利、承担义务。

第三人不履行义务致使委托人受到损害的，行纪人应当承担赔偿责任，但是行纪人与委托人另有约定的除外。

第九百五十九条　行纪人完成或者部分完成委托事务的，委托人应当向其支付相应的报酬。委托人逾期不支付报酬的，行纪人对委托物享有留置权，但是当事人另有约定的除外。

第九百六十条　本章没有规定的，参照适用委托合同的有关规定。

第二十六章　中介合同

第九百六十一条　中介合同是中介人向委托人报告订立合同的机会或者提供订立合同的媒介服务，委托人支付报酬的合同。

第九百六十二条　中介人应当就有关订立合同的事项向委托人如实报告。

中介人故意隐瞒与订立合同有关的重要事实或者提供虚假情况，损害委托人利益的，不得请求支付报酬并应当承担赔偿责任。

第九百六十三条　中介人促成合同成立的，委托人应当按照约定支付报酬。对中介人的报酬没有约定或者约定不明确，依据本法第五百一十条的规定仍不能确定的，根据中介人的劳务合理确定。因中介人提供订立合同的媒介服务而促成合同成立的，由该合同的当事人平均负担中介人的报酬。

中介人促成合同成立的，中介活动的费用，由中介人负担。

第九百六十四条　中介人未促成合同成立的，不得请求支付报酬；但是，可以按照约定请求委托人支付从事中介活动支出的必要费用。

第九百六十五条 委托人在接受中介人的服务后，利用中介人提供的交易机会或者媒介服务，绕开中介人直接订立合同的，应当向中介人支付报酬。

第九百六十六条 本章没有规定的，参照适用委托合同的有关规定。

第二十七章 合伙合同

第九百六十七条 合伙合同是两个以上合伙人为了共同的事业目的，订立的共享利益、共担风险的协议。

第九百六十八条 合伙人应当按照约定的出资方式、数额和缴付期限，履行出资义务。

第九百六十九条 合伙人的出资、因合伙事务依法取得的收益和其他财产，属于合伙财产。

合伙合同终止前，合伙人不得请求分割合伙财产。

第九百七十条 合伙人就合伙事务作出决定的，除合伙合同另有约定外，应当经全体合伙人一致同意。

合伙事务由全体合伙人共同执行。按照合伙合同的约定或者全体合伙人的决定，可以委托一个或者数个合伙人执行合伙事务；其他合伙人不再执行合伙事务，但是有权监督执行情况。

合伙人分别执行合伙事务的，执行事务合伙人可以对其他合伙人执行的事务提出异议；提出异议后，其他合伙人应当暂停该项事务的执行。

第九百七十一条 合伙人不得因执行合伙事务而请求支付报酬，但是合伙合同另有约定的除外。

第九百七十二条 合伙的利润分配和亏损分担，按照合伙合同的约定办理；合伙合同没有约定或者约定不明确的，由合伙人协商决定；协商不成的，由合伙人按照实缴出资比例分配、分担；无法确定出资比例的，由合伙人平均分配、分担。

第九百七十三条 合伙人对合伙债务承担连带责任。清偿合伙债务超过自己应当承担份额的合伙人，有权向其他合伙人追偿。

第九百七十四条 除合伙合同另有约定外，合伙人向合伙人以外的人转让其全部或者部分财产份额的，须经其他合伙人一致同意。

第九百七十五条 合伙人的债权人不得代位行使合伙人依照本章规定和合伙合同享有的权利，但是合伙人享有的利益分配请求权除外。

第九百七十六条 合伙人对合伙期限没有约定或者约定不明确，依据本法第五百一十条的规定仍不能确定的，视为不定期合伙。

合伙期限届满，合伙人继续执行合伙事务，其他合伙人没有提出异议的，原合伙合同继续有效，但是合伙期限为不定期。

合伙人可以随时解除不定期合伙合同，但是应当在合理期限之前通知其他合伙人。

第九百七十七条　合伙人死亡、丧失民事行为能力或者终止的，合伙合同终止；但是，合伙合同另有约定或者根据合伙事务的性质不宜终止的除外。

第九百七十八条　合伙合同终止后，合伙财产在支付因终止而产生的费用以及清偿合伙债务后有剩余的，依据本法第九百七十二条的规定进行分配。

第三分编　准合同

第二十八章　无因管理

第九百七十九条　管理人没有法定的或者约定的义务，为避免他人利益受损失而管理他人事务的，可以请求受益人偿还因管理事务而支出的必要费用；管理人因管理事务受到损失的，可以请求受益人给予适当补偿。

管理事务不符合受益人真实意思的，管理人不享有前款规定的权利；但是，受益人的真实意思违反法律或者违背公序良俗的除外。

第九百八十条　管理人管理事务不属于前条规定的情形，但是受益人享有管理利益的，受益人应当在其获得的利益范围内向管理人承担前条第一款规定的义务。

第九百八十一条　管理人管理他人事务，应当采取有利于受益人的方法。中断管理对受益人不利的，无正当理由不得中断。

第九百八十二条　管理人管理他人事务，能够通知受益人的，应当及时通知受益人。管理的事务不需要紧急处理的，应当等待受益人的指示。

第九百八十三条　管理结束后，管理人应当向受益人报告管理事务的情况。管理人管理事务取得的财产，应当及时转交给受益人。

第九百八十四条　管理人管理事务经受益人事后追认的，从管理事务开始时起，适用委托合同的有关规定，但是管理人另有意思表示的除外。

第二十九章　不当得利

第九百八十五条　得利人没有法律根据取得不当利益的，受损失的人可以请求得利人返还取得的利益，但是有下列情形之一的除外：

（一）为履行道德义务进行的给付；

（二）债务到期之前的清偿；

（三）明知无给付义务而进行的债务清偿。

第九百八十六条　得利人不知道且不应当知道取得的利益没有法律根据，取得的利益已经不存在的，不承担返还该利益的义务。

第九百八十七条　得利人知道或者应当知道取得的利益没有法律根据的，受损失的人可以请求得利人返还其取得的利益并依法赔偿损失。

第九百八十八条　得利人已经将取得的利益无偿转让给第三人的，受损失的人可以请求第三人在相应范围内承担返还义务。

第四编 人格权

第一章 一般规定

第九百八十九条 本编调整因人格权的享有和保护产生的民事关系。

第九百九十条 人格权是民事主体享有的生命权、身体权、健康权、姓名权、名称权、肖像权、名誉权、荣誉权、隐私权等权利。

除前款规定的人格权外，自然人享有基于人身自由、人格尊严产生的其他人格权益。

第九百九十一条 民事主体的人格权受法律保护，任何组织或者个人不得侵害。

第九百九十二条 人格权不得放弃、转让或者继承。

第九百九十三条 民事主体可以将自己的姓名、名称、肖像等许可他人使用，但是依照法律规定或者根据其性质不得许可的除外。

第九百九十四条 死者的姓名、肖像、名誉、荣誉、隐私、遗体等受到侵害的，其配偶、子女、父母有权依法请求行为人承担民事责任；死者没有配偶、子女且父母已经死亡的，其他近亲属有权依法请求行为人承担民事责任。

第九百九十五条 人格权受到侵害的，受害人有权依照本法和其他法律的规定请求行为人承担民事责任。受害人的停止侵害、排除妨碍、消除危险、消除影响、恢复名誉、赔礼道歉请求权，不适用诉讼时效的规定。

第九百九十六条 因当事人一方的违约行为，损害对方人格权并造成严重精神损害，受损害方选择请求其承担违约责任的，不影响受损害方请求精神损害赔偿。

第九百九十七条 民事主体有证据证明行为人正在实施或者即将实施侵害其人格权的违法行为，不及时制止将使其合法权益受到难以弥补的损害的，有权依法向人民法院申请采取责令行为人停止有关行为的措施。

第九百九十八条 认定行为人承担侵害除生命权、身体权和健康权外的人格权的民事责任，应当考虑行为人和受害人的职业、影响范围、过错程度，以及行为的目的、方式、后果等因素。

第九百九十九条 为公共利益实施新闻报道、舆论监督等行为的，可以合理使用民事主体的姓名、名称、肖像、个人信息等；使用不合理侵害民事主体人格权的，应当依法承担民事责任。

第一千条 行为人因侵害人格权承担消除影响、恢复名誉、赔礼道歉等民事责任的，应当与行为的具体方式和造成的影响范围相当。

行为人拒不承担前款规定的民事责任的，人民法院可以采取在报刊、网络等媒体上发布公告或者公布生效裁判文书等方式执行，产生的费用由行为人负担。

第一千零一条 对自然人因婚姻家庭关系等产生的身份权利的保护，适用本法第一编、第五编和其他法律的相关规定；没有规定的，可以根据其性质参照适用本编人格权保护的有关规定。

第二章　生命权、身体权和健康权

第一千零二条　自然人享有生命权。自然人的生命安全和生命尊严受法律保护。任何组织或者个人不得侵害他人的生命权。

第一千零三条　自然人享有身体权。自然人的身体完整和行动自由受法律保护。任何组织或者个人不得侵害他人的身体权。

第一千零四条　自然人享有健康权。自然人的身心健康受法律保护。任何组织或者个人不得侵害他人的健康权。

第一千零五条　自然人的生命权、身体权、健康权受到侵害或者处于其他危难情形的，负有法定救助义务的组织或者个人应当及时施救。

第一千零六条　完全民事行为能力人有权依法自主决定无偿捐献其人体细胞、人体组织、人体器官、遗体。任何组织或者个人不得强迫、欺骗、利诱其捐献。

完全民事行为能力人依据前款规定同意捐献的，应当采用书面形式，也可以订立遗嘱。

自然人生前未表示不同意捐献的，该自然人死亡后，其配偶、成年子女、父母可以共同决定捐献，决定捐献应当采用书面形式。

第一千零七条　禁止以任何形式买卖人体细胞、人体组织、人体器官、遗体。

违反前款规定的买卖行为无效。

第一千零八条　为研制新药、医疗器械或者发展新的预防和治疗方法，需要进行临床试验的，应当依法经相关主管部门批准并经伦理委员会审查同意，向受试者或者受试者的监护人告知试验目的、用途和可能产生的风险等详细情况，并经其书面同意。

进行临床试验的，不得向受试者收取试验费用。

第一千零九条　从事与人体基因、人体胚胎等有关的医学和科研活动，应当遵守法律、行政法规和国家有关规定，不得危害人体健康，不得违背伦理道德，不得损害公共利益。

第一千零一十条　违背他人意愿，以言语、文字、图像、肢体行为等方式对他人实施性骚扰的，受害人有权依法请求行为人承担民事责任。

机关、企业、学校等单位应当采取合理的预防、受理投诉、调查处置等措施，防止和制止利用职权、从属关系等实施性骚扰。

第一千零一十一条　以非法拘禁等方式剥夺、限制他人的行动自由，或者非法搜查他人身体的，受害人有权依法请求行为人承担民事责任。

第三章　姓名权和名称权

第一千零一十二条　自然人享有姓名权，有权依法决定、使用、变更或者许可他人使用自己的姓名，但是不得违背公序良俗。

第一千零一十三条　法人、非法人组织享有名称权，有权依法决定、使用、变更、转让或者许可他人使用自己的名称。

第一千零一十四条　任何组织或者个人不得以干涉、盗用、假冒等方式侵害他人的姓名权或者名称权。

第一千零一十五条　自然人应当随父姓或者母姓，但是有下列情形之一的，可以在父姓和母姓之外选取姓氏：

（一）选取其他直系长辈血亲的姓氏；

（二）因由法定扶养人以外的人扶养而选取扶养人姓氏；

（三）有不违背公序良俗的其他正当理由。

少数民族自然人的姓氏可以遵从本民族的文化传统和风俗习惯。

第一千零一十六条　自然人决定、变更姓名，或者法人、非法人组织决定、变更、转让名称的，应当依法向有关机关办理登记手续，但是法律另有规定的除外。

民事主体变更姓名、名称的，变更前实施的民事法律行为对其具有法律约束力。

第一千零一十七条　具有一定社会知名度，被他人使用足以造成公众混淆的笔名、艺名、网名、译名、字号、姓名和名称的简称等，参照适用姓名权和名称权保护的有关规定。

第四章　肖像权

第一千零一十八条　自然人享有肖像权，有权依法制作、使用、公开或者许可他人使用自己的肖像。

肖像是通过影像、雕塑、绘画等方式在一定载体上所反映的特定自然人可以被识别的外部形象。

第一千零一十九条　任何组织或者个人不得以丑化、污损，或者利用信息技术手段伪造等方式侵害他人的肖像权。未经肖像权人同意，不得制作、使用、公开肖像权人的肖像，但是法律另有规定的除外。

未经肖像权人同意，肖像作品权利人不得以发表、复制、发行、出租、展览等方式使用或者公开肖像权人的肖像。

第一千零二十条　合理实施下列行为的，可以不经肖像权人同意：

（一）为个人学习、艺术欣赏、课堂教学或者科学研究，在必要范围内使用肖像权人已经公开的肖像；

（二）为实施新闻报道，不可避免地制作、使用、公开肖像权人的肖像；

（三）为依法履行职责，国家机关在必要范围内制作、使用、公开肖像权人的肖像；

（四）为展示特定公共环境，不可避免地制作、使用、公开肖像权人的肖像；

（五）为维护公共利益或者肖像权人合法权益，制作、使用、公开肖像权人的肖像的其他行为。

第一千零二十一条　当事人对肖像许可使用合同中关于肖像使用条款的理解有争议的，应当作出有利于肖像权人的解释。

第一千零二十二条　当事人对肖像许可使用期限没有约定或者约定不明确的，任何一方当事人可以随时解除肖像许可使用合同，但是应当在合理期限之前通知对方。

当事人对肖像许可使用期限有明确约定，肖像权人有正当理由的，可以解除肖像许可使用合同，但是应当在合理期限之前通知对方。因解除合同造成对方损失的，除不可归责于肖像权人的事由外，应当赔偿损失。

第一千零二十三条　对姓名等的许可使用，参照适用肖像许可使用的有关规定。

对自然人声音的保护，参照适用肖像权保护的有关规定。

第五章　名誉权和荣誉权

第一千零二十四条　民事主体享有名誉权。任何组织或者个人不得以侮辱、诽谤等方式侵害他人的名誉权。

名誉是对民事主体的品德、声望、才能、信用等的社会评价。

第一千零二十五条　行为人为公共利益实施新闻报道、舆论监督等行为，影响他人名誉的，不承担民事责任，但是有下列情形之一的除外：

（一）捏造、歪曲事实；

（二）对他人提供的严重失实内容未尽到合理核实义务；

（三）使用侮辱性言辞等贬损他人名誉。

第一千零二十六条　认定行为人是否尽到前条第二项规定的合理核实义务，应当考虑下列因素：

（一）内容来源的可信度；

（二）对明显可能引发争议的内容是否进行了必要的调查；

（三）内容的时限性；

（四）内容与公序良俗的关联性；

（五）受害人名誉受贬损的可能性；

（六）核实能力和核实成本。

第一千零二十七条　行为人发表的文学、艺术作品以真人真事或者特定人为描述对象，含有侮辱、诽谤内容，侵害他人名誉权的，受害人有权依法请求该行为人承担民事责任。

行为人发表的文学、艺术作品不以特定人为描述对象，仅其中的情节与该特定人的情况相似的，不承担民事责任。

第一千零二十八条　民事主体有证据证明报刊、网络等媒体报道的内容失实，侵害其名誉权的，有权请求该媒体及时采取更正或者删除等必要措施。

第一千零二十九条　民事主体可以依法查询自己的信用评价；发现信用评价不当的，有权提出异议并请求采取更正、删除等必要措施。信用评价人应当及时核查，经核查属实的，应当及时采取必要措施。

第一千零三十条 民事主体与征信机构等信用信息处理者之间的关系，适用本编有关个人信息保护的规定和其他法律、行政法规的有关规定。

第一千零三十一条 民事主体享有荣誉权。任何组织或者个人不得非法剥夺他人的荣誉称号，不得诋毁、贬损他人的荣誉。

获得的荣誉称号应当记载而没有记载的，民事主体可以请求记载；获得的荣誉称号记载错误的，民事主体可以请求更正。

第六章 隐私权和个人信息保护

第一千零三十二条 自然人享有隐私权。任何组织或者个人不得以刺探、侵扰、泄露、公开等方式侵害他人的隐私权。

隐私是自然人的私人生活安宁和不愿为他人知晓的私密空间、私密活动、私密信息。

第一千零三十三条 除法律另有规定或者权利人明确同意外，任何组织或者个人不得实施下列行为：

（一）以电话、短信、即时通讯工具、电子邮件、传单等方式侵扰他人的私人生活安宁；

（二）进入、拍摄、窥视他人的住宅、宾馆房间等私密空间；

（三）拍摄、窥视、窃听、公开他人的私密活动；

（四）拍摄、窥视他人身体的私密部位；

（五）处理他人的私密信息；

（六）以其他方式侵害他人的隐私权。

第一千零三十四条 自然人的个人信息受法律保护。

个人信息是以电子或者其他方式记录的能够单独或者与其他信息结合识别特定自然人的各种信息，包括自然人的姓名、出生日期、身份证件号码、生物识别信息、住址、电话号码、电子邮箱、健康信息、行踪信息等。

个人信息中的私密信息，适用有关隐私权的规定；没有规定的，适用有关个人信息保护的规定。

第一千零三十五条 处理个人信息的，应当遵循合法、正当、必要原则，不得过度处理，并符合下列条件：

（一）征得该自然人或者其监护人同意，但是法律、行政法规另有规定的除外；

（二）公开处理信息的规则；

（三）明示处理信息的目的、方式和范围；

（四）不违反法律、行政法规的规定和双方的约定。

个人信息的处理包括个人信息的收集、存储、使用、加工、传输、提供、公开等。

第一千零三十六条 处理个人信息，有下列情形之一的，行为人不承担民事责任：

（一）在该自然人或者其监护人同意的范围内合理实施的行为；

（二）合理处理该自然人自行公开的或者其他已经合法公开的信息，但是该自然人明确拒绝或者处理该信息侵害其重大利益的除外；

（三）为维护公共利益或者该自然人合法权益，合理实施的其他行为。

第一千零三十七条　自然人可以依法向信息处理者查阅或者复制其个人信息；发现信息有错误的，有权提出异议并请求及时采取更正等必要措施。

自然人发现信息处理者违反法律、行政法规的规定或者双方的约定处理其个人信息的，有权请求信息处理者及时删除。

第一千零三十八条　信息处理者不得泄露或者篡改其收集、存储的个人信息；未经自然人同意，不得向他人非法提供其个人信息，但是经过加工无法识别特定个人且不能复原的除外。

信息处理者应当采取技术措施和其他必要措施，确保其收集、存储的个人信息安全，防止信息泄露、篡改、丢失；发生或者可能发生个人信息泄露、篡改、丢失的，应当及时采取补救措施，按照规定告知自然人并向有关主管部门报告。

第一千零三十九条　国家机关、承担行政职能的法定机构及其工作人员对于履行职责过程中知悉的自然人的隐私和个人信息，应当予以保密，不得泄露或者向他人非法提供。

第五编　婚姻家庭

第一章　一般规定

第一千零四十条　本编调整因婚姻家庭产生的民事关系。

第一千零四十一条　婚姻家庭受国家保护。

实行婚姻自由、一夫一妻、男女平等的婚姻制度。

保护妇女、未成年人、老年人、残疾人的合法权益。

第一千零四十二条　禁止包办、买卖婚姻和其他干涉婚姻自由的行为。禁止借婚姻索取财物。

禁止重婚。禁止有配偶者与他人同居。

禁止家庭暴力。禁止家庭成员间的虐待和遗弃。

第一千零四十三条　家庭应当树立优良家风，弘扬家庭美德，重视家庭文明建设。

夫妻应当互相忠实，互相尊重，互相关爱；家庭成员应当敬老爱幼，互相帮助，维护平等、和睦、文明的婚姻家庭关系。

第一千零四十四条　收养应当遵循最有利于被收养人的原则，保障被收养人和收养人的合法权益。

禁止借收养名义买卖未成年人。

第一千零四十五条　亲属包括配偶、血亲和姻亲。

配偶、父母、子女、兄弟姐妹、祖父母、外祖父母、孙子女、外孙子女为近亲属。

配偶、父母、子女和其他共同生活的近亲属为家庭成员。

第二章　结婚

第一千零四十六条　结婚应当男女双方完全自愿，禁止任何一方对另一方加以强迫，禁止任何组织或者个人加以干涉。

第一千零四十七条　结婚年龄，男不得早于二十二周岁，女不得早于二十周岁。

第一千零四十八条　直系血亲或者三代以内的旁系血亲禁止结婚。

第一千零四十九条　要求结婚的男女双方应当亲自到婚姻登记机关申请结婚登记。符合本法规定的，予以登记，发给结婚证。完成结婚登记，即确立婚姻关系。未办理结婚登记的，应当补办登记。

第一千零五十条　登记结婚后，按照男女双方约定，女方可以成为男方家庭的成员，男方可以成为女方家庭的成员。

第一千零五十一条　有下列情形之一的，婚姻无效：

（一）重婚；

（二）有禁止结婚的亲属关系；

（三）未到法定婚龄。

第一千零五十二条　因胁迫结婚的，受胁迫的一方可以向人民法院请求撤销婚姻。

请求撤销婚姻的，应当自胁迫行为终止之日起一年内提出。

被非法限制人身自由的当事人请求撤销婚姻的，应当自恢复人身自由之日起一年内提出。

第一千零五十三条　一方患有重大疾病的，应当在结婚登记前如实告知另一方；不如实告知的，另一方可以向人民法院请求撤销婚姻。

请求撤销婚姻的，应当自知道或者应当知道撤销事由之日起一年内提出。

第一千零五十四条　无效的或者被撤销的婚姻自始没有法律约束力，当事人不具有夫妻的权利和义务。同居期间所得的财产，由当事人协议处理；协议不成的，由人民法院根据照顾无过错方的原则判决。对重婚导致的无效婚姻的财产处理，不得侵害合法婚姻当事人的财产权益。当事人所生的子女，适用本法关于父母子女的规定。

婚姻无效或者被撤销的，无过错方有权请求损害赔偿。

第三章　家庭关系

第一节　夫妻关系

第一千零五十五条　夫妻在婚姻家庭中地位平等。

第一千零五十六条　夫妻双方都有各自使用自己姓名的权利。

第一千零五十七条　夫妻双方都有参加生产、工作、学习和社会活动的自由，一方不得对另一方加以限制或者干涉。

第一千零五十八条　夫妻双方平等享有对未成年子女抚养、教育和保护的权利，共同承担对未成年子女抚养、教育和保护的义务。

第一千零五十九条　夫妻有相互扶养的义务。

需要扶养的一方，在另一方不履行扶养义务时，有要求其给付扶养费的权利。

第一千零六十条　夫妻一方因家庭日常生活需要而实施的民事法律行为，对夫妻双方发生效力，但是夫妻一方与相对人另有约定的除外。

夫妻之间对一方可以实施的民事法律行为范围的限制，不得对抗善意相对人。

第一千零六十一条　夫妻有相互继承遗产的权利。

第一千零六十二条　夫妻在婚姻关系存续期间所得的下列财产，为夫妻的共同财产，归夫妻共同所有：

（一）工资、奖金、劳务报酬；

（二）生产、经营、投资的收益；

（三）知识产权的收益；

（四）继承或者受赠的财产，但是本法第一千零六十三条第三项规定的除外；

（五）其他应当归共同所有的财产。

夫妻对共同财产，有平等的处理权。

第一千零六十三条　下列财产为夫妻一方的个人财产：

（一）一方的婚前财产；

（二）一方因受到人身损害获得的赔偿或者补偿；

（三）遗嘱或者赠与合同中确定只归一方的财产；

（四）一方专用的生活用品；

（五）其他应当归一方的财产。

第一千零六十四条　夫妻双方共同签名或者夫妻一方事后追认等共同意思表示所负的债务，以及夫妻一方在婚姻关系存续期间以个人名义为家庭日常生活需要所负的债务，属于夫妻共同债务。

夫妻一方在婚姻关系存续期间以个人名义超出家庭日常生活需要所负的债务，不属于夫妻共同债务；但是，债权人能够证明该债务用于夫妻共同生活、共同生产经营或者基于夫妻双方共同意思表示的除外。

第一千零六十五条　男女双方可以约定婚姻关系存续期间所得的财产以及婚前财产归各自所有、共同所有或者部分各自所有、部分共同所有。约定应当采用书面形式。没有约定或者约定不明确的，适用本法第一千零六十二条、第一千零六十三条的规定。

夫妻对婚姻关系存续期间所得的财产以及婚前财产的约定，对双方具有法律约束力。

夫妻对婚姻关系存续期间所得的财产约定归各自所有，夫或者妻一方对外所负的债务，相对人知道该约定的，以夫或者妻一方的个人财产清偿。

第一千零六十六条　婚姻关系存续期间，有下列情形之一的，夫妻一方可以向人民法院请求分割共同财产：

（一）一方有隐藏、转移、变卖、毁损、挥霍夫妻共同财产或者伪造夫妻共同债务等严重损害夫妻共同财产利益的行为；

（二）一方负有法定扶养义务的人患重大疾病需要医治，另一方不同意支付相关医疗费用。

第二节　父母子女关系和其他近亲属关系

第一千零六十七条　父母不履行抚养义务的，未成年子女或者不能独立生活的成年子女，有要求父母给付抚养费的权利。

成年子女不履行赡养义务的，缺乏劳动能力或者生活困难的父母，有要求成年子女给付赡养费的权利。

第一千零六十八条　父母有教育、保护未成年子女的权利和义务。未成年子女造成他人损害的，父母应当依法承担民事责任。

第一千零六十九条　子女应当尊重父母的婚姻权利，不得干涉父母离婚、再婚以及婚后的生活。子女对父母的赡养义务，不因父母的婚姻关系变化而终止。

第一千零七十条　父母和子女有相互继承遗产的权利。

第一千零七十一条　非婚生子女享有与婚生子女同等的权利，任何组织或者个人不得加以危害和歧视。

不直接抚养非婚生子女的生父或者生母，应当负担未成年子女或者不能独立生活的成年子女的抚养费。

第一千零七十二条　继父母与继子女间，不得虐待或者歧视。

继父或者继母和受其抚养教育的继子女间的权利义务关系，适用本法关于父母子女关系的规定。

第一千零七十三条　对亲子关系有异议且有正当理由的，父或者母可以向人民法院提起诉讼，请求确认或者否认亲子关系。

对亲子关系有异议且有正当理由的，成年子女可以向人民法院提起诉讼，请求确认亲子关系。

第一千零七十四条　有负担能力的祖父母、外祖父母，对于父母已经死亡或者父母无力抚养的未成年孙子女、外孙子女，有抚养的义务。

有负担能力的孙子女、外孙子女，对于子女已经死亡或者子女无力赡养的祖父母、外祖父母，有赡养的义务。

第一千零七十五条　有负担能力的兄、姐，对于父母已经死亡或者父母无力抚养的未成年弟、妹，有扶养的义务。

由兄、姐扶养长大的有负担能力的弟、妹，对于缺乏劳动能力又缺乏生活来源的兄、姐，有扶养的义务。

第四章　离婚

第一千零七十六条　夫妻双方自愿离婚的，应当签订书面离婚协议，并亲自到婚姻登记机关申请离婚登记。

离婚协议应当载明双方自愿离婚的意思表示和对子女抚养、财产以及债务处理等事项协商一致的意见。

第一千零七十七条　自婚姻登记机关收到离婚登记申请之日起三十日内，任何一方不愿意离婚的，可以向婚姻登记机关撤回离婚登记申请。

前款规定期限届满后三十日内，双方应当亲自到婚姻登记机关申请发给离婚证；未申请的，视为撤回离婚登记申请。

第一千零七十八条　婚姻登记机关查明双方确实是自愿离婚，并已经对子女抚养、财产以及债务处理等事项协商一致的，予以登记，发给离婚证。

第一千零七十九条　夫妻一方要求离婚的，可以由有关组织进行调解或者直接向人民法院提起离婚诉讼。

人民法院审理离婚案件，应当进行调解；如果感情确已破裂，调解无效的，应当准予离婚。

有下列情形之一，调解无效的，应当准予离婚：

（一）重婚或者与他人同居；

（二）实施家庭暴力或者虐待、遗弃家庭成员；

（三）有赌博、吸毒等恶习屡教不改；

（四）因感情不和分居满二年；

（五）其他导致夫妻感情破裂的情形。

一方被宣告失踪，另一方提起离婚诉讼的，应当准予离婚。

经人民法院判决不准离婚后，双方又分居满一年，一方再次提起离婚诉讼的，应当准予离婚。

第一千零八十条　完成离婚登记，或者离婚判决书、调解书生效，即解除婚姻关系。

第一千零八十一条　现役军人的配偶要求离婚，应当征得军人同意，但是军人一方有重大过错的除外。

第一千零八十二条　女方在怀孕期间、分娩后一年内或者终止妊娠后六个月内，男方不得提出离婚；但是，女方提出离婚或者人民法院认为确有必要受理男方离婚请求的除外。

第一千零八十三条　离婚后，男女双方自愿恢复婚姻关系的，应当到婚姻登记机关重新进行结婚登记。

第一千零八十四条　父母与子女间的关系，不因父母离婚而消除。离婚后，子女无论由父或者母直接抚养，仍是父母双方的子女。

离婚后，父母对于子女仍有抚养、教育、保护的权利和义务。

离婚后，不满两周岁的子女，以由母亲直接抚养为原则。已满两周岁的子女，父母双方对抚养问题协议不成的，由人民法院根据双方的具体情况，按照最有利于未成年子女的原则判决。子女已满八周岁的，应当尊重其真实意愿。

第一千零八十五条 离婚后，子女由一方直接抚养的，另一方应当负担部分或者全部抚养费。负担费用的多少和期限的长短，由双方协议；协议不成的，由人民法院判决。

前款规定的协议或者判决，不妨碍子女在必要时向父母任何一方提出超过协议或者判决原定数额的合理要求。

第一千零八十六条 离婚后，不直接抚养子女的父或者母，有探望子女的权利，另一方有协助的义务。

行使探望权利的方式、时间由当事人协议；协议不成的，由人民法院判决。

父或者母探望子女，不利于子女身心健康的，由人民法院依法中止探望；中止的事由消失后，应当恢复探望。

第一千零八十七条 离婚时，夫妻的共同财产由双方协议处理；协议不成的，由人民法院根据财产的具体情况，按照照顾子女、女方和无过错方权益的原则判决。

对夫或者妻在家庭土地承包经营中享有的权益等，应当依法予以保护。

第一千零八十八条 夫妻一方因抚育子女、照料老年人、协助另一方工作等负担较多义务的，离婚时有权向另一方请求补偿，另一方应当给予补偿。具体办法由双方协议；协议不成的，由人民法院判决。

第一千零八十九条 离婚时，夫妻共同债务应当共同偿还。共同财产不足清偿或者财产归各自所有的，由双方协议清偿；协议不成的，由人民法院判决。

第一千零九十条 离婚时，如果一方生活困难，有负担能力的另一方应当给予适当帮助。具体办法由双方协议；协议不成的，由人民法院判决。

第一千零九十一条 有下列情形之一，导致离婚的，无过错方有权请求损害赔偿：

（一）重婚；

（二）与他人同居；

（三）实施家庭暴力；

（四）虐待、遗弃家庭成员；

（五）有其他重大过错。

第一千零九十二条 夫妻一方隐藏、转移、变卖、毁损、挥霍夫妻共同财产，或者伪造夫妻共同债务企图侵占另一方财产的，在离婚分割夫妻共同财产时，对该方可以少分或者不分。离婚后，另一方发现有上述行为的，可以向人民法院提起诉讼，请求再次分割夫妻共同财产。

第五章 收养

第一节 收养关系的成立

第一千零九十三条 下列未成年人，可以被收养：

（一）丧失父母的孤儿；

（二）查找不到生父母的未成年人；

（三）生父母有特殊困难无力抚养的子女。

第一千零九十四条　下列个人、组织可以作送养人：

（一）孤儿的监护人；

（二）儿童福利机构；

（三）有特殊困难无力抚养子女的生父母。

第一千零九十五条　未成年人的父母均不具备完全民事行为能力且可能严重危害该未成年人的，该未成年人的监护人可以将其送养。

第一千零九十六条　监护人送养孤儿的，应当征得有抚养义务的人同意。有抚养义务的人不同意送养、监护人不愿意继续履行监护职责的，应当依照本法第一编的规定另行确定监护人。

第一千零九十七条　生父母送养子女，应当双方共同送养。生父母一方不明或者查找不到的，可以单方送养。

第一千零九十八条　收养人应当同时具备下列条件：

（一）无子女或者只有一名子女；

（二）有抚养、教育和保护被收养人的能力；

（三）未患有在医学上认为不应当收养子女的疾病；

（四）无不利于被收养人健康成长的违法犯罪记录；

（五）年满三十周岁。

第一千零九十九条　收养三代以内旁系同辈血亲的子女，可以不受本法第一千零九十三条第三项、第一千零九十四条第三项和第一千一百零二条规定的限制。

华侨收养三代以内旁系同辈血亲的子女，还可以不受本法第一千零九十八条第一项规定的限制。

第一千一百条　无子女的收养人可以收养两名子女；有子女的收养人只能收养一名子女。

收养孤儿、残疾未成年人或者儿童福利机构抚养的查找不到生父母的未成年人，可以不受前款和本法第一千零九十八条第一项规定的限制。

第一千一百零一条　有配偶者收养子女，应当夫妻共同收养。

第一千一百零二条　无配偶者收养异性子女的，收养人与被收养人的年龄应当相差四十周岁以上。

第一千一百零三条　继父或者继母经继子女的生父母同意，可以收养继子女，并可以不受本法第一千零九十三条第三项、第一千零九十四条第三项、第一千零九十八条和第一千一百条第一款规定的限制。

第一千一百零四条　收养人收养与送养人送养，应当双方自愿。收养八周岁以上未成年人的，应当征得被收养人的同意。

第一千一百零五条　收养应当向县级以上人民政府民政部门登记。收养关系自登记之日起成立。

收养查找不到生父母的未成年人的，办理登记的民政部门应当在登记前予以公告。

收养关系当事人愿意签订收养协议的，可以签订收养协议。

收养关系当事人各方或者一方要求办理收养公证的，应当办理收养公证。

县级以上人民政府民政部门应当依法进行收养评估。

第一千一百零六条 收养关系成立后，公安机关应当按照国家有关规定为被收养人办理户口登记。

第一千一百零七条 孤儿或者生父母无力抚养的子女，可以由生父母的亲属、朋友抚养；抚养人与被抚养人的关系不适用本章规定。

第一千一百零八条 配偶一方死亡，另一方送养未成年子女的，死亡一方的父母有优先抚养的权利。

第一千一百零九条 外国人依法可以在中华人民共和国收养子女。

外国人在中华人民共和国收养子女，应当经其所在国主管机关依照该国法律审查同意。收养人应当提供由其所在国有权机构出具的有关其年龄、婚姻、职业、财产、健康、有无受过刑事处罚等状况的证明材料，并与送养人签订书面协议，亲自向省、自治区、直辖市人民政府民政部门登记。

前款规定的证明材料应当经收养人所在国外交机关或者外交机关授权的机构认证，并经中华人民共和国驻该国使领馆认证，但是国家另有规定的除外。

第一千一百一十条 收养人、送养人要求保守收养秘密的，其他人应当尊重其意愿，不得泄露。

第二节　收养的效力

第一千一百一十一条 自收养关系成立之日起，养父母与养子女间的权利义务关系，适用本法关于父母子女关系的规定；养子女与养父母的近亲属间的权利义务关系，适用本法关于子女与父母的近亲属关系的规定。

养子女与生父母以及其他近亲属间的权利义务关系，因收养关系的成立而消除。

第一千一百一十二条 养子女可以随养父或者养母的姓氏，经当事人协商一致，也可以保留原姓氏。

第一千一百一十三条 有本法第一编关于民事法律行为无效规定情形或者违反本编规定的收养行为无效。

无效的收养行为自始没有法律约束力。

第三节　收养关系的解除

第一千一百一十四条 收养人在被收养人成年以前，不得解除收养关系，但是收养人、送养人双方协议解除的除外。养子女八周岁以上的，应当征得本人同意。

收养人不履行抚养义务，有虐待、遗弃等侵害未成年养子女合法权益行为的，送养人有权要求解除养父母与养子女间的收养关系。送养人、收养人不能达成解除收养关系协议的，可以向人民法院提起诉讼。

第一千一百一十五条 养父母与成年养子女关系恶化、无法共同生活的，可以协议解除收养关系。不能达成协议的，可以向人民法院提起诉讼。

第一千一百一十六条　当事人协议解除收养关系的，应当到民政部门办理解除收养关系登记。

第一千一百一十七条　收养关系解除后，养子女与养父母以及其他近亲属间的权利义务关系即行消除，与生父母以及其他近亲属间的权利义务关系自行恢复。但是，成年养子女与生父母以及其他近亲属间的权利义务关系是否恢复，可以协商确定。

第一千一百一十八条　收养关系解除后，经养父母抚养的成年养子女，对缺乏劳动能力又缺乏生活来源的养父母，应当给付生活费。因养子女成年后虐待、遗弃养父母而解除收养关系的，养父母可以要求养子女补偿收养期间支出的抚养费。

生父母要求解除收养关系的，养父母可以要求生父母适当补偿收养期间支出的抚养费；但是，因养父母虐待、遗弃养子女而解除收养关系的除外。

第六编　继承

第一章　一般规定

第一千一百一十九条　本编调整因继承产生的民事关系。

第一千一百二十条　国家保护自然人的继承权。

第一千一百二十一条　继承从被继承人死亡时开始。

相互有继承关系的数人在同一事件中死亡，难以确定死亡时间的，推定没有其他继承人的人先死亡。都有其他继承人，辈份不同的，推定长辈先死亡；辈份相同的，推定同时死亡，相互不发生继承。

第一千一百二十二条　遗产是自然人死亡时遗留的个人合法财产。

依照法律规定或者根据其性质不得继承的遗产，不得继承。

第一千一百二十三条　继承开始后，按照法定继承办理；有遗嘱的，按照遗嘱继承或者遗赠办理；有遗赠扶养协议的，按照协议办理。

第一千一百二十四条　继承开始后，继承人放弃继承的，应当在遗产处理前，以书面形式作出放弃继承的表示；没有表示的，视为接受继承。

受遗赠人应当在知道受遗赠后六十日内，作出接受或者放弃受遗赠的表示；到期没有表示的，视为放弃受遗赠。

第一千一百二十五条　继承人有下列行为之一的，丧失继承权：

（一）故意杀害被继承人；

（二）为争夺遗产而杀害其他继承人；

（三）遗弃被继承人，或者虐待被继承人情节严重；

（四）伪造、篡改、隐匿或者销毁遗嘱，情节严重；

（五）以欺诈、胁迫手段迫使或者妨碍被继承人设立、变更或者撤回遗嘱，情节严重。

继承人有前款第三项至第五项行为，确有悔改表现，被继承人表示宽恕或者事后在遗嘱中将其列为继承人的，该继承人不丧失继承权。

受遗赠人有本条第一款规定行为的，丧失受遗赠权。

第二章 法定继承

第一千一百二十六条 继承权男女平等。

第一千一百二十七条 遗产按照下列顺序继承：

（一）第一顺序：配偶、子女、父母；

（二）第二顺序：兄弟姐妹、祖父母、外祖父母。

继承开始后，由第一顺序继承人继承，第二顺序继承人不继承；没有第一顺序继承人继承的，由第二顺序继承人继承。

本编所称子女，包括婚生子女、非婚生子女、养子女和有扶养关系的继子女。

本编所称父母，包括生父母、养父母和有扶养关系的继父母。

本编所称兄弟姐妹，包括同父母的兄弟姐妹、同父异母或者同母异父的兄弟姐妹、养兄弟姐妹、有扶养关系的继兄弟姐妹。

第一千一百二十八条 被继承人的子女先于被继承人死亡的，由被继承人的子女的直系晚辈血亲代位继承。

被继承人的兄弟姐妹先于被继承人死亡的，由被继承人的兄弟姐妹的子女代位继承。

代位继承人一般只能继承被代位继承人有权继承的遗产份额。

第一千一百二十九条 丧偶儿媳对公婆，丧偶女婿对岳父母，尽了主要赡养义务的，作为第一顺序继承人。

第一千一百三十条 同一顺序继承人继承遗产的份额，一般应当均等。

对生活有特殊困难又缺乏劳动能力的继承人，分配遗产时，应当予以照顾。

对被继承人尽了主要扶养义务或者与被继承人共同生活的继承人，分配遗产时，可以多分。

有扶养能力和有扶养条件的继承人，不尽扶养义务的，分配遗产时，应当不分或者少分。

继承人协商同意的，也可以不均等。

第一千一百三十一条 对继承人以外的依靠被继承人扶养的人，或者继承人以外的对被继承人扶养较多的人，可以分给适当的遗产。

第一千一百三十二条 继承人应当本着互谅互让、和睦团结的精神，协商处理继承问题。遗产分割的时间、办法和份额，由继承人协商确定；协商不成的，可以由人民调解委员会调解或者向人民法院提起诉讼。

第三章 遗嘱继承和遗赠

第一千一百三十三条 自然人可以依照本法规定立遗嘱处分个人财产，并可以指定遗嘱执行人。

自然人可以立遗嘱将个人财产指定由法定继承人中的一人或者数人继承。

自然人可以立遗嘱将个人财产赠与国家、集体或者法定继承人以外的组织、个人。

自然人可以依法设立遗嘱信托。

第一千一百三十四条　自书遗嘱由遗嘱人亲笔书写，签名，注明年、月、日。

第一千一百三十五条　代书遗嘱应当有两个以上见证人在场见证，由其中一人代书，并由遗嘱人、代书人和其他见证人签名，注明年、月、日。

第一千一百三十六条　打印遗嘱应当有两个以上见证人在场见证。遗嘱人和见证人应当在遗嘱每一页签名，注明年、月、日。

第一千一百三十七条　以录音录像形式立的遗嘱，应当有两个以上见证人在场见证。遗嘱人和见证人应当在录音录像中记录其姓名或者肖像，以及年、月、日。

第一千一百三十八条　遗嘱人在危急情况下，可以立口头遗嘱。口头遗嘱应当有两个以上见证人在场见证。危急情况消除后，遗嘱人能够以书面或者录音录像形式立遗嘱的，所立的口头遗嘱无效。

第一千一百三十九条　公证遗嘱由遗嘱人经公证机构办理。

第一千一百四十条　下列人员不能作为遗嘱见证人：

（一）无民事行为能力人、限制民事行为能力人以及其他不具有见证能力的人；

（二）继承人、受遗赠人；

（三）与继承人、受遗赠人有利害关系的人。

第一千一百四十一条　遗嘱应当为缺乏劳动能力又没有生活来源的继承人保留必要的遗产份额。

第一千一百四十二条　遗嘱人可以撤回、变更自己所立的遗嘱。

立遗嘱后，遗嘱人实施与遗嘱内容相反的民事法律行为的，视为对遗嘱相关内容的撤回。

立有数份遗嘱，内容相抵触的，以最后的遗嘱为准。

第一千一百四十三条　无民事行为能力人或者限制民事行为能力人所立的遗嘱无效。

遗嘱必须表示遗嘱人的真实意思，受欺诈、胁迫所立的遗嘱无效。

伪造的遗嘱无效。

遗嘱被篡改的，篡改的内容无效。

第一千一百四十四条　遗嘱继承或者遗赠附有义务的，继承人或者受遗赠人应当履行义务。没有正当理由不履行义务的，经利害关系人或者有关组织请求，人民法院可以取消其接受附义务部分遗产的权利。

第四章　遗产的处理

第一千一百四十五条　继承开始后，遗嘱执行人为遗产管理人；没有遗嘱执行人的，继承人应当及时推选遗产管理人；继承人未推选的，由继承人共同担任遗产管理人；没有继承人或者继承人均放弃继承的，由被继承人生前住所地的民政部门或者村民委员会担任遗产管理人。

第一千一百四十六条　对遗产管理人的确定有争议的，利害关系人可以向人民法院申请指定遗产管理人。

第一千一百四十七条　遗产管理人应当履行下列职责：

（一）清理遗产并制作遗产清单；

（二）向继承人报告遗产情况；

（三）采取必要措施防止遗产毁损、灭失；

（四）处理被继承人的债权债务；

（五）按照遗嘱或者依照法律规定分割遗产；

（六）实施与管理遗产有关的其他必要行为。

第一千一百四十八条　遗产管理人应当依法履行职责，因故意或者重大过失造成继承人、受遗赠人、债权人损害的，应当承担民事责任。

第一千一百四十九条　遗产管理人可以依照法律规定或者按照约定获得报酬。

第一千一百五十条　继承开始后，知道被继承人死亡的继承人应当及时通知其他继承人和遗嘱执行人。继承人中无人知道被继承人死亡或者知道被继承人死亡而不能通知的，由被继承人生前所在单位或者住所地的居民委员会、村民委员会负责通知。

第一千一百五十一条　存有遗产的人，应当妥善保管遗产，任何组织或者个人不得侵吞或者争抢。

第一千一百五十二条　继承开始后，继承人于遗产分割前死亡，并没有放弃继承的，该继承人应当继承的遗产转给其继承人，但是遗嘱另有安排的除外。

第一千一百五十三条　夫妻共同所有的财产，除有约定的外，遗产分割时，应当先将共同所有的财产的一半分出为配偶所有，其余的为被继承人的遗产。

遗产在家庭共有财产之中的，遗产分割时，应当先分出他人的财产。

第一千一百五十四条　有下列情形之一的，遗产中的有关部分按照法定继承办理：

（一）遗嘱继承人放弃继承或者受遗赠人放弃受遗赠；

（二）遗嘱继承人丧失继承权或者受遗赠人丧失受遗赠权；

（三）遗嘱继承人、受遗赠人先于遗嘱人死亡或者终止；

（四）遗嘱无效部分所涉及的遗产；

（五）遗嘱未处分的遗产。

第一千一百五十五条　遗产分割时，应当保留胎儿的继承份额。胎儿娩出时是死体的，保留的份额按照法定继承办理。

第一千一百五十六条　遗产分割应当有利于生产和生活需要，不损害遗产的效用。

不宜分割的遗产，可以采取折价、适当补偿或者共有等方法处理。

第一千一百五十七条　夫妻一方死亡后另一方再婚的，有权处分所继承的财产，任何组织或者个人不得干涉。

第一千一百五十八条　自然人可以与继承人以外的组织或者个人签订遗赠扶养协议。按照协议，该组织或者个人承担该自然人生养死葬的义务，享有受遗赠的权利。

第一千一百五十九条　分割遗产，应当清偿被继承人依法应当缴纳的税款和债务；但是，应当为缺乏劳动能力又没有生活来源的继承人保留必要的遗产。

第一千一百六十条　无人继承又无人受遗赠的遗产，归国家所有，用于公益事业；死者生前是集体所有制组织成员的，归所在集体所有制组织所有。

第一千一百六十一条　继承人以所得遗产实际价值为限清偿被继承人依法应当缴纳的税款和债务。超过遗产实际价值部分，继承人自愿偿还的不在此限。

继承人放弃继承的，对被继承人依法应当缴纳的税款和债务可以不负清偿责任。

第一千一百六十二条　执行遗赠不得妨碍清偿遗赠人依法应当缴纳的税款和债务。

第一千一百六十三条　既有法定继承又有遗嘱继承、遗赠的，由法定继承人清偿被继承人依法应当缴纳的税款和债务；超过法定继承遗产实际价值部分，由遗嘱继承人和受遗赠人按比例以所得遗产清偿。

第七编　侵权责任

第一章　一般规定

第一千一百六十四条　本编调整因侵害民事权益产生的民事关系。

第一千一百六十五条　行为人因过错侵害他人民事权益造成损害的，应当承担侵权责任。

依照法律规定推定行为人有过错，其不能证明自己没有过错的，应当承担侵权责任。

第一千一百六十六条　行为人造成他人民事权益损害，不论行为人有无过错，法律规定应当承担侵权责任的，依照其规定。

第一千一百六十七条　侵权行为危及他人人身、财产安全的，被侵权人有权请求侵权人承担停止侵害、排除妨碍、消除危险等侵权责任。

第一千一百六十八条　二人以上共同实施侵权行为，造成他人损害的，应当承担连带责任。

第一千一百六十九条　教唆、帮助他人实施侵权行为的，应当与行为人承担连带责任。

教唆、帮助无民事行为能力人、限制民事行为能力人实施侵权行为的，应当承担侵权责任；该无民事行为能力人、限制民事行为能力人的监护人未尽到监护职责的，应当承担相应的责任。

第一千一百七十条　二人以上实施危及他人人身、财产安全的行为，其中一人或者数人的行为造成他人损害，能够确定具体侵权人的，由侵权人承担责任；不能确定具体侵权人的，行为人承担连带责任。

第一千一百七十一条 二人以上分别实施侵权行为造成同一损害，每个人的侵权行为都足以造成全部损害的，行为人承担连带责任。

第一千一百七十二条 二人以上分别实施侵权行为造成同一损害，能够确定责任大小的，各自承担相应的责任；难以确定责任大小的，平均承担责任。

第一千一百七十三条 被侵权人对同一损害的发生或者扩大有过错的，可以减轻侵权人的责任。

第一千一百七十四条 损害是因受害人故意造成的，行为人不承担责任。

第一千一百七十五条 损害是因第三人造成的，第三人应当承担侵权责任。

第一千一百七十六条 自愿参加具有一定风险的文体活动，因其他参加者的行为受到损害的，受害人不得请求其他参加者承担侵权责任；但是，其他参加者对损害的发生有故意或者重大过失的除外。

活动组织者的责任适用本法第一千一百九十八条至第一千二百零一条的规定。

第一千一百七十七条 合法权益受到侵害，情况紧迫且不能及时获得国家机关保护，不立即采取措施将使其合法权益受到难以弥补的损害的，受害人可以在保护自己合法权益的必要范围内采取扣留侵权人的财物等合理措施；但是，应当立即请求有关国家机关处理。

受害人采取的措施不当造成他人损害的，应当承担侵权责任。

第一千一百七十八条 本法和其他法律对不承担责任或者减轻责任的情形另有规定的，依照其规定。

第二章 损害赔偿

第一千一百七十九条 侵害他人造成人身损害的，应当赔偿医疗费、护理费、交通费、营养费、住院伙食补助费等为治疗和康复支出的合理费用，以及因误工减少的收入。造成残疾的，还应当赔偿辅助器具费和残疾赔偿金；造成死亡的，还应当赔偿丧葬费和死亡赔偿金。

第一千一百八十条 因同一侵权行为造成多人死亡的，可以以相同数额确定死亡赔偿金。

第一千一百八十一条 被侵权人死亡的，其近亲属有权请求侵权人承担侵权责任。被侵权人为组织，该组织分立、合并的，承继权利的组织有权请求侵权人承担侵权责任。

被侵权人死亡的，支付被侵权人医疗费、丧葬费等合理费用的人有权请求侵权人赔偿费用，但是侵权人已经支付该费用的除外。

第一千一百八十二条 侵害他人人身权益造成财产损失的，按照被侵权人因此受到的损失或者侵权人因此获得的利益赔偿；被侵权人因此受到的损失以及侵权人因此获得的利益难以确定，被侵权人和侵权人就赔偿数额协商不一致，向人民法院提起诉讼的，由人民法院根据实际情况确定赔偿数额。

第一千一百八十三条　侵害自然人人身权益造成严重精神损害的，被侵权人有权请求精神损害赔偿。

因故意或者重大过失侵害自然人具有人身意义的特定物造成严重精神损害的，被侵权人有权请求精神损害赔偿。

第一千一百八十四条　侵害他人财产的，财产损失按照损失发生时的市场价格或者其他合理方式计算。

第一千一百八十五条　故意侵害他人知识产权，情节严重的，被侵权人有权请求相应的惩罚性赔偿。

第一千一百八十六条　受害人和行为人对损害的发生都没有过错的，依照法律的规定由双方分担损失。

第一千一百八十七条　损害发生后，当事人可以协商赔偿费用的支付方式。协商不一致的，赔偿费用应当一次性支付；一次性支付确有困难的，可以分期支付，但是被侵权人有权请求提供相应的担保。

第三章　责任主体的特殊规定

第一千一百八十八条　无民事行为能力人、限制民事行为能力人造成他人损害的，由监护人承担侵权责任。监护人尽到监护职责的，可以减轻其侵权责任。

有财产的无民事行为能力人、限制民事行为能力人造成他人损害的，从本人财产中支付赔偿费用；不足部分，由监护人赔偿。

第一千一百八十九条　无民事行为能力人、限制民事行为能力人造成他人损害，监护人将监护职责委托给他人的，监护人应当承担侵权责任；受托人有过错的，承担相应的责任。

第一千一百九十条　完全民事行为能力人对自己的行为暂时没有意识或者失去控制造成他人损害有过错的，应当承担侵权责任；没有过错的，根据行为人的经济状况对受害人适当补偿。

完全民事行为能力人因醉酒、滥用麻醉药品或者精神药品对自己的行为暂时没有意识或者失去控制造成他人损害的，应当承担侵权责任。

第一千一百九十一条　用人单位的工作人员因执行工作任务造成他人损害的，由用人单位承担侵权责任。用人单位承担侵权责任后，可以向有故意或者重大过失的工作人员追偿。

劳务派遣期间，被派遣的工作人员因执行工作任务造成他人损害的，由接受劳务派遣的用工单位承担侵权责任；劳务派遣单位有过错的，承担相应的责任。

第一千一百九十二条　个人之间形成劳务关系，提供劳务一方因劳务造成他人损害的，由接受劳务一方承担侵权责任。接受劳务一方承担侵权责任后，可以向有故意或者重大过失的提供劳务一方追偿。提供劳务一方因劳务受到损害的，根据双方各自的过错承担相应的责任。

提供劳务期间，因第三人的行为造成提供劳务一方损害的，提供劳务一方有权请求第三人承担侵权责任，也有权请求接受劳务一方给予补偿。接受劳务一方补偿后，可以向第三人追偿。

第一千一百九十三条　承揽人在完成工作过程中造成第三人损害或者自己损害的，定作人不承担侵权责任。但是，定作人对定作、指示或者选任有过错的，应当承担相应的责任。

第一千一百九十四条　网络用户、网络服务提供者利用网络侵害他人民事权益的，应当承担侵权责任。法律另有规定的，依照其规定。

第一千一百九十五条　网络用户利用网络服务实施侵权行为的，权利人有权通知网络服务提供者采取删除、屏蔽、断开链接等必要措施。通知应当包括构成侵权的初步证据及权利人的真实身份信息。

网络服务提供者接到通知后，应当及时将该通知转送相关网络用户，并根据构成侵权的初步证据和服务类型采取必要措施；未及时采取必要措施的，对损害的扩大部分与该网络用户承担连带责任。

权利人因错误通知造成网络用户或者网络服务提供者损害的，应当承担侵权责任。法律另有规定的，依照其规定。

第一千一百九十六条　网络用户接到转送的通知后，可以向网络服务提供者提交不存在侵权行为的声明。声明应当包括不存在侵权行为的初步证据及网络用户的真实身份信息。

网络服务提供者接到声明后，应当将该声明转送发出通知的权利人，并告知其可以向有关部门投诉或者向人民法院提起诉讼。网络服务提供者在转送声明到达权利人后的合理期限内，未收到权利人已经投诉或者提起诉讼通知的，应当及时终止所采取的措施。

第一千一百九十七条　网络服务提供者知道或者应当知道网络用户利用其网络服务侵害他人民事权益，未采取必要措施的，与该网络用户承担连带责任。

第一千一百九十八条　宾馆、商场、银行、车站、机场、体育场馆、娱乐场所等经营场所、公共场所的经营者、管理者或者群众性活动的组织者，未尽到安全保障义务，造成他人损害的，应当承担侵权责任。

因第三人的行为造成他人损害的，由第三人承担侵权责任；经营者、管理者或者组织者未尽到安全保障义务的，承担相应的补充责任。经营者、管理者或者组织者承担补充责任后，可以向第三人追偿。

第一千一百九十九条　无民事行为能力人在幼儿园、学校或者其他教育机构学习、生活期间受到人身损害的，幼儿园、学校或者其他教育机构应当承担侵权责任；但是，能够证明尽到教育、管理职责的，不承担侵权责任。

第一千二百条　限制民事行为能力人在学校或者其他教育机构学习、生活期间受到人身损害，学校或者其他教育机构未尽到教育、管理职责的，应当承担侵权责任。

第一千二百零一条　无民事行为能力人或者限制民事行为能力人在幼儿园、学校或者其他教育机构学习、生活期间，受到幼儿园、学校或者其他教育机构以外的第三人人身损害的，由第三人承担侵权责任；幼儿园、学校或者其他教育机构未尽到管理职责的，承担相应的补充责任。幼儿园、学校或者其他教育机构承担补充责任后，可以向第三人追偿。

第四章　产品责任

第一千二百零二条　因产品存在缺陷造成他人损害的，生产者应当承担侵权责任。

第一千二百零三条　因产品存在缺陷造成他人损害的，被侵权人可以向产品的生产者请求赔偿，也可以向产品的销售者请求赔偿。

产品缺陷由生产者造成的，销售者赔偿后，有权向生产者追偿。因销售者的过错使产品存在缺陷的，生产者赔偿后，有权向销售者追偿。

第一千二百零四条　因运输者、仓储者等第三人的过错使产品存在缺陷，造成他人损害的，产品的生产者、销售者赔偿后，有权向第三人追偿。

第一千二百零五条　因产品缺陷危及他人人身、财产安全的，被侵权人有权请求生产者、销售者承担停止侵害、排除妨碍、消除危险等侵权责任。

第一千二百零六条　产品投入流通后发现存在缺陷的，生产者、销售者应当及时采取停止销售、警示、召回等补救措施；未及时采取补救措施或者补救措施不力造成损害扩大的，对扩大的损害也应当承担侵权责任。

依据前款规定采取召回措施的，生产者、销售者应当负担被侵权人因此支出的必要费用。

第一千二百零七条　明知产品存在缺陷仍然生产、销售，或者没有依据前条规定采取有效补救措施，造成他人死亡或者健康严重损害的，被侵权人有权请求相应的惩罚性赔偿。

第五章　机动车交通事故责任

第一千二百零八条　机动车发生交通事故造成损害的，依照道路交通安全法律和本法的有关规定承担赔偿责任。

第一千二百零九条　因租赁、借用等情形机动车所有人、管理人与使用人不是同一人时，发生交通事故造成损害，属于该机动车一方责任的，由机动车使用人承担赔偿责任；机动车所有人、管理人对损害的发生有过错的，承担相应的赔偿责任。

第一千二百一十条　当事人之间已经以买卖或者其他方式转让并交付机动车但是未办理登记，发生交通事故造成损害，属于该机动车一方责任的，由受让人承担赔偿责任。

第一千二百一十一条　以挂靠形式从事道路运输经营活动的机动车，发生交通事故造成损害，属于该机动车一方责任的，由挂靠人和被挂靠人承担连带责任。

第一千二百一十二条　未经允许驾驶他人机动车，发生交通事故造成损害，属于该机动车一方责任的，由机动车使用人承担赔偿责任；机动车所有人、管理人对损害的发生有过错的，承担相应的赔偿责任，但是本章另有规定的除外。

第一千二百一十三条 机动车发生交通事故造成损害，属于该机动车一方责任的，先由承保机动车强制保险的保险人在强制保险责任限额范围内予以赔偿；不足部分，由承保机动车商业保险的保险人按照保险合同的约定予以赔偿；仍然不足或者没有投保机动车商业保险的，由侵权人赔偿。

第一千二百一十四条 以买卖或者其他方式转让拼装或者已经达到报废标准的机动车，发生交通事故造成损害的，由转让人和受让人承担连带责任。

第一千二百一十五条 盗窃、抢劫或者抢夺的机动车发生交通事故造成损害的，由盗窃人、抢劫人或者抢夺人承担赔偿责任。盗窃人、抢劫人或者抢夺人与机动车使用人不是同一人，发生交通事故造成损害，属于该机动车一方责任的，由盗窃人、抢劫人或者抢夺人与机动车使用人承担连带责任。

保险人在机动车强制保险责任限额范围内垫付抢救费用的，有权向交通事故责任人追偿。

第一千二百一十六条 机动车驾驶人发生交通事故后逃逸，该机动车参加强制保险的，由保险人在机动车强制保险责任限额范围内予以赔偿；机动车不明、该机动车未参加强制保险或者抢救费用超过机动车强制保险责任限额，需要支付被侵权人人身伤亡的抢救、丧葬等费用的，由道路交通事故社会救助基金垫付。道路交通事故社会救助基金垫付后，其管理机构有权向交通事故责任人追偿。

第一千二百一十七条 非营运机动车发生交通事故造成无偿搭乘人损害，属于该机动车一方责任的，应当减轻其赔偿责任，但是机动车使用人有故意或者重大过失的除外。

第六章 医疗损害责任

第一千二百一十八条 患者在诊疗活动中受到损害，医疗机构或者其医务人员有过错的，由医疗机构承担赔偿责任。

第一千二百一十九条 医务人员在诊疗活动中应当向患者说明病情和医疗措施。需要实施手术、特殊检查、特殊治疗的，医务人员应当及时向患者具体说明医疗风险、替代医疗方案等情况，并取得其明确同意；不能或者不宜向患者说明的，应当向患者的近亲属说明，并取得其明确同意。

医务人员未尽到前款义务，造成患者损害的，医疗机构应当承担赔偿责任。

第一千二百二十条 因抢救生命垂危的患者等紧急情况，不能取得患者或者其近亲属意见的，经医疗机构负责人或者授权的负责人批准，可以立即实施相应的医疗措施。

第一千二百二十一条 医务人员在诊疗活动中未尽到与当时的医疗水平相应的诊疗义务，造成患者损害的，医疗机构应当承担赔偿责任。

第一千二百二十二条 患者在诊疗活动中受到损害，有下列情形之一的，推定医疗机构有过错：

（一）违反法律、行政法规、规章以及其他有关诊疗规范的规定；

（二）隐匿或者拒绝提供与纠纷有关的病历资料；

（三）遗失、伪造、篡改或者违法销毁病历资料。

第一千二百二十三条　因药品、消毒产品、医疗器械的缺陷，或者输入不合格的血液造成患者损害的，患者可以向药品上市许可持有人、生产者、血液提供机构请求赔偿，也可以向医疗机构请求赔偿。患者向医疗机构请求赔偿的，医疗机构赔偿后，有权向负有责任的药品上市许可持有人、生产者、血液提供机构追偿。

第一千二百二十四条　患者在诊疗活动中受到损害，有下列情形之一的，医疗机构不承担赔偿责任：

（一）患者或者其近亲属不配合医疗机构进行符合诊疗规范的诊疗；

（二）医务人员在抢救生命垂危的患者等紧急情况下已经尽到合理诊疗义务；

（三）限于当时的医疗水平难以诊疗。

前款第一项情形中，医疗机构或者其医务人员也有过错的，应当承担相应的赔偿责任。

第一千二百二十五条　医疗机构及其医务人员应当按照规定填写并妥善保管住院志、医嘱单、检验报告、手术及麻醉记录、病理资料、护理记录等病历资料。

患者要求查阅、复制前款规定的病历资料的，医疗机构应当及时提供。

第一千二百二十六条　医疗机构及其医务人员应当对患者的隐私和个人信息保密。泄露患者的隐私和个人信息，或者未经患者同意公开其病历资料的，应当承担侵权责任。

第一千二百二十七条　医疗机构及其医务人员不得违反诊疗规范实施不必要的检查。

第一千二百二十八条　医疗机构及其医务人员的合法权益受法律保护。

干扰医疗秩序，妨碍医务人员工作、生活，侵害医务人员合法权益的，应当依法承担法律责任。

第七章　环境污染和生态破坏责任

第一千二百二十九条　因污染环境、破坏生态造成他人损害的，侵权人应当承担侵权责任。

第一千二百三十条　因污染环境、破坏生态发生纠纷，行为人应当就法律规定的不承担责任或者减轻责任的情形及其行为与损害之间不存在因果关系承担举证责任。

第一千二百三十一条　两个以上侵权人污染环境、破坏生态的，承担责任的大小，根据污染物的种类、浓度、排放量，破坏生态的方式、范围、程度，以及行为对损害后果所起的作用等因素确定。

第一千二百三十二条　侵权人违反法律规定故意污染环境、破坏生态造成严重后果的，被侵权人有权请求相应的惩罚性赔偿。

第一千二百三十三条　因第三人的过错污染环境、破坏生态的，被侵权人可以向侵权人请求赔偿，也可以向第三人请求赔偿。侵权人赔偿后，有权向第三人追偿。

第一千二百三十四条　违反国家规定造成生态环境损害，生态环境能够修复的，国家规定的机关或者法律规定的组织有权请求侵权人在合理期限内承担修复责任。侵权人在期限内未修复的，国家规定的机关或者法律规定的组织可以自行或者委托他人进行修复，所需费用由侵权人负担。

第一千二百三十五条 违反国家规定造成生态环境损害的，国家规定的机关或者法律规定的组织有权请求侵权人赔偿下列损失和费用：

（一）生态环境受到损害至修复完成期间服务功能丧失导致的损失；

（二）生态环境功能永久性损害造成的损失；

（三）生态环境损害调查、鉴定评估等费用；

（四）清除污染、修复生态环境费用；

（五）防止损害的发生和扩大所支出的合理费用。

第八章 高度危险责任

第一千二百三十六条 从事高度危险作业造成他人损害的，应当承担侵权责任。

第一千二百三十七条 民用核设施或者运入运出核设施的核材料发生核事故造成他人损害的，民用核设施的营运单位应当承担侵权责任；但是，能够证明损害是因战争、武装冲突、暴乱等情形或者受害人故意造成的，不承担责任。

第一千二百三十八条 民用航空器造成他人损害的，民用航空器的经营者应当承担侵权责任；但是，能够证明损害是因受害人故意造成的，不承担责任。

第一千二百三十九条 占有或者使用易燃、易爆、剧毒、高放射性、强腐蚀性、高致病性等高度危险物造成他人损害的，占有人或者使用人应当承担侵权责任；但是，能够证明损害是因受害人故意或者不可抗力造成的，不承担责任。被侵权人对损害的发生有重大过失的，可以减轻占有人或者使用人的责任。

第一千二百四十条 从事高空、高压、地下挖掘活动或者使用高速轨道运输工具造成他人损害的，经营者应当承担侵权责任；但是，能够证明损害是因受害人故意或者不可抗力造成的，不承担责任。被侵权人对损害的发生有重大过失的，可以减轻经营者的责任。

第一千二百四十一条 遗失、抛弃高度危险物造成他人损害的，由所有人承担侵权责任。所有人将高度危险物交由他人管理的，由管理人承担侵权责任；所有人有过错的，与管理人承担连带责任。

第一千二百四十二条 非法占有高度危险物造成他人损害的，由非法占有人承担侵权责任。所有人、管理人不能证明对防止非法占有尽到高度注意义务的，与非法占有人承担连带责任。

第一千二百四十三条 未经许可进入高度危险活动区域或者高度危险物存放区域受到损害，管理人能够证明已经采取足够安全措施并尽到充分警示义务的，可以减轻或者不承担责任。

第一千二百四十四条 承担高度危险责任，法律规定赔偿限额的，依照其规定，但是行为人有故意或者重大过失的除外。

第九章　饲养动物损害责任

第一千二百四十五条　饲养的动物造成他人损害的，动物饲养人或者管理人应当承担侵权责任；但是，能够证明损害是因被侵权人故意或者重大过失造成的，可以不承担或者减轻责任。

第一千二百四十六条　违反管理规定，未对动物采取安全措施造成他人损害的，动物饲养人或者管理人应当承担侵权责任；但是，能够证明损害是因被侵权人故意造成的，可以减轻责任。

第一千二百四十七条　禁止饲养的烈性犬等危险动物造成他人损害的，动物饲养人或者管理人应当承担侵权责任。

第一千二百四十八条　动物园的动物造成他人损害的，动物园应当承担侵权责任；但是，能够证明尽到管理职责的，不承担侵权责任。

第一千二百四十九条　遗弃、逃逸的动物在遗弃、逃逸期间造成他人损害的，由动物原饲养人或者管理人承担侵权责任。

第一千二百五十条　因第三人的过错致使动物造成他人损害的，被侵权人可以向动物饲养人或者管理人请求赔偿，也可以向第三人请求赔偿。动物饲养人或者管理人赔偿后，有权向第三人追偿。

第一千二百五十一条　饲养动物应当遵守法律法规，尊重社会公德，不得妨碍他人生活。

第十章　建筑物和物件损害责任

第一千二百五十二条　建筑物、构筑物或者其他设施倒塌、塌陷造成他人损害的，由建设单位与施工单位承担连带责任，但是建设单位与施工单位能够证明不存在质量缺陷的除外。建设单位、施工单位赔偿后，有其他责任人的，有权向其他责任人追偿。

因所有人、管理人、使用人或者第三人的原因，建筑物、构筑物或者其他设施倒塌、塌陷造成他人损害的，由所有人、管理人、使用人或者第三人承担侵权责任。

第一千二百五十三条　建筑物、构筑物或者其他设施及其搁置物、悬挂物发生脱落、坠落造成他人损害，所有人、管理人或者使用人不能证明自己没有过错的，应当承担侵权责任。所有人、管理人或者使用人赔偿后，有其他责任人的，有权向其他责任人追偿。

第一千二百五十四条　禁止从建筑物中抛掷物品。从建筑物中抛掷物品或者从建筑物上坠落的物品造成他人损害的，由侵权人依法承担侵权责任；经调查难以确定具体侵权人的，除能够证明自己不是侵权人的外，由可能加害的建筑物使用人给予补偿。可能加害的建筑物使用人补偿后，有权向侵权人追偿。

物业服务企业等建筑物管理人应当采取必要的安全保障措施防止前款规定情形的发生；未采取必要的安全保障措施的，应当依法承担未履行安全保障义务的侵权责任。

发生本条第一款规定的情形的，公安等机关应当依法及时调查，查清责任人。

第一千二百五十五条　堆放物倒塌、滚落或者滑落造成他人损害，堆放人不能证明自己没有过错的，应当承担侵权责任。

第一千二百五十六条　在公共道路上堆放、倾倒、遗撒妨碍通行的物品造成他人损害的，由行为人承担侵权责任。公共道路管理人不能证明已经尽到清理、防护、警示等义务的，应当承担相应的责任。

第一千二百五十七条　因林木折断、倾倒或者果实坠落等造成他人损害，林木的所有人或者管理人不能证明自己没有过错的，应当承担侵权责任。

第一千二百五十八条　在公共场所或者道路上挖掘、修缮安装地下设施等造成他人损害，施工人不能证明已经设置明显标志和采取安全措施的，应当承担侵权责任。

窨井等地下设施造成他人损害，管理人不能证明尽到管理职责的，应当承担侵权责任。

附则

第一千二百五十九条　民法所称的"以上"、"以下"、"以内"、"届满"，包括本数；所称的"不满"、"超过"、"以外"，不包括本数。

第一千二百六十条　本法自 2021 年 1 月 1 日起施行。《中华人民共和国婚姻法》、《中华人民共和国继承法》、《中华人民共和国民法通则》、《中华人民共和国收养法》、《中华人民共和国担保法》、《中华人民共和国合同法》、《中华人民共和国物权法》、《中华人民共和国侵权责任法》、《中华人民共和国民法总则》同时废止。

附录二　最高人民法院关于适用
《中华人民共和国民法典》
婚姻家庭编的解释（一）

（2020 年 12 月 25 日最高人民法院审判委员会
第 1825 次会议通过，自 2021 年 1 月 1 日起施行）

为正确审理婚姻家庭纠纷案件，根据《中华人民共和国民法典》《中华人民共和国民事诉讼法》等相关法律规定，结合审判实践，制定本解释。

一、一般规定

第一条　持续性、经常性的家庭暴力，可以认定为民法典第一千零四十二条、第一千零七十九条、第一千零九十一条所称的"虐待"。

第二条　民法典第一千零四十二条、第一千零七十九条、第一千零九十一条规定的"与他人同居"的情形，是指有配偶者与婚外异性，不以夫妻名义，持续、稳定地共同居住。

第三条　当事人提起诉讼仅请求解除同居关系的，人民法院不予受理；已经受理的，裁定驳回起诉。

当事人因同居期间财产分割或者子女抚养纠纷提起诉讼的，人民法院应当受理。

第四条　当事人仅以民法典第一千零四十三条为依据提起诉讼的，人民法院不予受理；已经受理的，裁定驳回起诉。

第五条　当事人请求返还按照习俗给付的彩礼的，如果查明属于以下情形，人民法院应当予以支持：

（一）双方未办理结婚登记手续；

（二）双方办理结婚登记手续但确未共同生活；

（三）婚前给付并导致给付人生活困难。

适用前款第二项、第三项的规定，应当以双方离婚为条件。

二、结婚

第六条　男女双方依据民法典第一千零四十九条规定补办结婚登记的，婚姻关系的效力从双方均符合民法典所规定的结婚的实质要件时起算。

第七条　未依据民法典第一千零四十九条规定办理结婚登记而以夫妻名义共同生活的

男女，提起诉讼要求离婚的，应当区别对待：

（一）1994年2月1日民政部《婚姻登记管理条例》公布实施以前，男女双方已经符合结婚实质要件的，按事实婚姻处理。

（二）1994年2月1日民政部《婚姻登记管理条例》公布实施以后，男女双方符合结婚实质要件的，人民法院应当告知其补办结婚登记。未补办结婚登记的，依据本解释第三条规定处理。

第八条　未依据民法典第一千零四十九条规定办理结婚登记而以夫妻名义共同生活的男女，一方死亡，另一方以配偶身份主张享有继承权的，依据本解释第七条的原则处理。

第九条　有权依据民法典第一千零五十一条规定向人民法院就已办理结婚登记的婚姻请求确认婚姻无效的主体，包括婚姻当事人及利害关系人。其中，利害关系人包括：

（一）以重婚为由的，为当事人的近亲属及基层组织；

（二）以未到法定婚龄为由的，为未到法定婚龄者的近亲属；

（三）以有禁止结婚的亲属关系为由的，为当事人的近亲属。

第十条　当事人依据民法典第一千零五十一条规定向人民法院请求确认婚姻无效，法定的无效婚姻情形在提起诉讼时已经消失的，人民法院不予支持。

第十一条　人民法院受理请求确认婚姻无效案件后，原告申请撤诉的，不予准许。

对婚姻效力的审理不适用调解，应当依法作出判决。

涉及财产分割和子女抚养的，可以调解。调解达成协议的，另行制作调解书；未达成调解协议的，应当一并作出判决。

第十二条　人民法院受理离婚案件后，经审理确属无效婚姻的，应当将婚姻无效的情形告知当事人，并依法作出确认婚姻无效的判决。

第十三条　人民法院就同一婚姻关系分别受理了离婚和请求确认婚姻无效案件的，对于离婚案件的审理，应当待请求确认婚姻无效案件作出判决后进行。

第十四条　夫妻一方或者双方死亡后，生存一方或者利害关系人依据民法典第一千零五十一条的规定请求确认婚姻无效的，人民法院应当受理。

第十五条　利害关系人依据民法典第一千零五十一条的规定，请求人民法院确认婚姻无效的，利害关系人为原告，婚姻关系当事人双方为被告。

夫妻一方死亡的，生存一方为被告。

第十六条　人民法院审理重婚导致的无效婚姻案件时，涉及财产处理的，应当准许合法婚姻当事人作为有独立请求权的第三人参加诉讼。

第十七条　当事人以民法典第一千零五十一条规定的三种无效婚姻以外的情形请求确认婚姻无效的，人民法院应当判决驳回当事人的诉讼请求。

当事人以结婚登记程序存在瑕疵为由提起民事诉讼，主张撤销结婚登记的，告知其可以依法申请行政复议或者提起行政诉讼。

第十八条　行为人以给另一方当事人或者其近亲属的生命、身体、健康、名誉、财产等方面造成损害为要挟，迫使另一方当事人违背真实意愿结婚的，可以认定为民法典第一千零五十二条所称的"胁迫"。

因受胁迫而请求撤销婚姻的，只能是受胁迫一方的婚姻关系当事人本人。

第十九条　民法典第一千零五十二条规定的"一年"，不适用诉讼时效中止、中断或者延长的规定。

受胁迫或者被非法限制人身自由的当事人请求撤销婚姻的，不适用民法典第一百五十二条第二款的规定。

第二十条　民法典第一千零五十四条所规定的"自始没有法律约束力"，是指无效婚姻或者可撤销婚姻在依法被确认无效或者被撤销时，才确定该婚姻自始不受法律保护。

第二十一条　人民法院根据当事人的请求，依法确认婚姻无效或者撤销婚姻的，应当收缴双方的结婚证书并将生效的判决书寄送当地婚姻登记管理机关。

第二十二条　被确认无效或者被撤销的婚姻，当事人同居期间所得的财产，除有证据证明为当事人一方所有的以外，按共同共有处理。

三、夫妻关系

第二十三条　夫以妻擅自终止妊娠侵犯其生育权为由请求损害赔偿的，人民法院不予支持；夫妻双方因是否生育发生纠纷，致使感情确已破裂，一方请求离婚的，人民法院经调解无效，应依照民法典第一千零七十九条第三款第五项的规定处理。

第二十四条　民法典第一千零六十二条第一款第三项规定的"知识产权的收益"，是指婚姻关系存续期间，实际取得或者已经明确可以取得的财产性收益。

第二十五条　婚姻关系存续期间，下列财产属于民法典第一千零六十二条规定的"其他应当归共同所有的财产"：

（一）一方以个人财产投资取得的收益；

（二）男女双方实际取得或者应当取得的住房补贴、住房公积金；

（三）男女双方实际取得或者应当取得的基本养老金、破产安置补偿费。

第二十六条　夫妻一方个人财产在婚后产生的收益，除孳息和自然增值外，应认定为夫妻共同财产。

第二十七条　由一方婚前承租、婚后用共同财产购买的房屋，登记在一方名下的，应当认定为夫妻共同财产。

第二十八条　一方未经另一方同意出售夫妻共同所有的房屋，第三人善意购买、支付合理对价并已办理不动产登记，另一方主张追回该房屋的，人民法院不予支持。

夫妻一方擅自处分共同所有的房屋造成另一方损失，离婚时另一方请求赔偿损失的，人民法院应予支持。

第二十九条　当事人结婚前，父母为双方购置房屋出资的，该出资应当认定为对自己子女个人的赠与，但父母明确表示赠与双方的除外。

当事人结婚后，父母为双方购置房屋出资的，依照约定处理；没有约定或者约定不明确的，按照民法典第一千零六十二条第一款第四项规定的原则处理。

第三十条 军人的伤亡保险金、伤残补助金、医药生活补助费属于个人财产。

第三十一条 民法典第一千零六十三条规定为夫妻一方的个人财产，不因婚姻关系的延续而转化为夫妻共同财产。但当事人另有约定的除外。

第三十二条 婚前或者婚姻关系存续期间，当事人约定将一方所有的房产赠与另一方或者共有，赠与方在赠与房产变更登记之前撤销赠与，另一方请求判令继续履行的，人民法院可以按照民法典第六百五十八条的规定处理。

第三十三条 债权人就一方婚前所负个人债务向债务人的配偶主张权利的，人民法院不予支持。但债权人能够证明所负债务用于婚后家庭共同生活的除外。

第三十四条 夫妻一方与第三人串通，虚构债务，第三人主张该债务为夫妻共同债务的，人民法院不予支持。

夫妻一方在从事赌博、吸毒等违法犯罪活动中所负债务，第三人主张该债务为夫妻共同债务的，人民法院不予支持。

第三十五条 当事人的离婚协议或者人民法院生效判决、裁定、调解书已经对夫妻财产分割问题作出处理的，债权人仍有权就夫妻共同债务向男女双方主张权利。

一方就夫妻共同债务承担清偿责任后，主张由另一方按照离婚协议或者人民法院的法律文书承担相应债务的，人民法院应予支持。

第三十六条 夫或者妻一方死亡的，生存一方应当对婚姻关系存续期间的夫妻共同债务承担清偿责任。

第三十七条 民法典第一千零六十五条第三款所称"相对人知道该约定的"，夫妻一方对此负有举证责任。

第三十八条 婚姻关系存续期间，除民法典第一千零六十六条规定情形以外，夫妻一方请求分割共同财产的，人民法院不予支持。

四、父母子女关系

第三十九条 父或者母向人民法院起诉请求否认亲子关系，并已提供必要证据予以证明，另一方没有相反证据又拒绝做亲子鉴定的，人民法院可以认定否认亲子关系一方的主张成立。

父或者母以及成年子女起诉请求确认亲子关系，并提供必要证据予以证明，另一方没有相反证据又拒绝做亲子鉴定的，人民法院可以认定确认亲子关系一方的主张成立。

第四十条 婚姻关系存续期间，夫妻双方一致同意进行人工授精，所生子女应视为婚生子女，父母子女间的权利义务关系适用民法典的有关规定。

第四十一条 尚在校接受高中及其以下学历教育，或者丧失、部分丧失劳动能力等非因主观原因而无法维持正常生活的成年子女，可以认定为民法典第一千零六十七条规定的"不能独立生活的成年子女"。

第四十二条 民法典第一千零六十七条所称"抚养费"，包括子女生活费、教育费、医疗费等费用。

第四十三条　婚姻关系存续期间，父母双方或者一方拒不履行抚养子女义务，未成年子女或者不能独立生活的成年子女请求支付抚养费的，人民法院应予支持。

第四十四条　离婚案件涉及未成年子女抚养的，对不满两周岁的子女，按照民法典第一千零八十四条第三款规定的原则处理。母亲有下列情形之一，父亲请求直接抚养的，人民法院应予支持：

（一）患有久治不愈的传染性疾病或者其他严重疾病，子女不宜与其共同生活；

（二）有抚养条件不尽抚养义务，而父亲要求子女随其生活；

（三）因其他原因，子女确不宜随母亲生活。

第四十五条　父母双方协议不满两周岁子女由父亲直接抚养，并对子女健康成长无不利影响的，人民法院应予支持。

第四十六条　对已满两周岁的未成年子女，父母均要求直接抚养，一方有下列情形之一的，可予优先考虑：

（一）已做绝育手术或者因其他原因丧失生育能力；

（二）子女随其生活时间较长，改变生活环境对子女健康成长明显不利；

（三）无其他子女，而另一方有其他子女；

（四）子女随其生活，对子女成长有利，而另一方患有久治不愈的传染性疾病或者其他严重疾病，或者有其他不利于子女身心健康的情形，不宜与子女共同生活。

第四十七条　父母抚养子女的条件基本相同，双方均要求直接抚养子女，但子女单独随祖父母或者外祖父母共同生活多年，且祖父母或者外祖父母要求并且有能力帮助子女照顾孙子女或者外孙子女的，可以作为父或者母直接抚养子女的优先条件予以考虑。

第四十八条　在有利于保护子女利益的前提下，父母双方协议轮流直接抚养子女的，人民法院应予支持。

第四十九条　抚养费的数额，可以根据子女的实际需要、父母双方的负担能力和当地的实际生活水平确定。

有固定收入的，抚养费一般可以按其月总收入的百分之二十至三十的比例给付。负担两个以上子女抚养费的，比例可以适当提高，但一般不得超过月总收入的百分之五十。

无固定收入的，抚养费的数额可以依据当年总收入或者同行业平均收入，参照上述比例确定。

有特殊情况的，可以适当提高或者降低上述比例。

第五十条　抚养费应当定期给付，有条件的可以一次性给付。

第五十一条　父母一方无经济收入或者下落不明的，可以用其财物折抵抚养费。

第五十二条　父母双方可以协议由一方直接抚养子女并由直接抚养方负担子女全部抚养费。但是，直接抚养方的抚养能力明显不能保障子女所需费用，影响子女健康成长的，人民法院不予支持。

第五十三条　抚养费的给付期限，一般至子女十八周岁为止。

十六周岁以上不满十八周岁，以其劳动收入为主要生活来源，并能维持当地一般生活水平的，父母可以停止给付抚养费。

第五十四条　生父与继母离婚或者生母与继父离婚时，对曾受其抚养教育的继子女，继父或者继母不同意继续抚养的，仍应由生父或者生母抚养。

第五十五条　离婚后，父母一方要求变更子女抚养关系的，或者子女要求增加抚养费的，应当另行提起诉讼。

第五十六条　具有下列情形之一，父母一方要求变更子女抚养关系的，人民法院应予支持：

（一）与子女共同生活的一方因患严重疾病或者因伤残无力继续抚养子女；

（二）与子女共同生活的一方不尽抚养义务或有虐待子女行为，或者其与子女共同生活对子女身心健康确有不利影响；

（三）已满八周岁的子女，愿随另一方生活，该方又有抚养能力；

（四）有其他正当理由需要变更。

第五十七条　父母双方协议变更子女抚养关系的，人民法院应予支持。

第五十八条　具有下列情形之一，子女要求有负担能力的父或者母增加抚养费的，人民法院应予支持：

（一）原定抚养费数额不足以维持当地实际生活水平；

（二）因子女患病、上学，实际需要已超过原定数额；

（三）有其他正当理由应当增加。

第五十九条　父母不得因子女变更姓氏而拒付子女抚养费。父或者母擅自将子女姓氏改为继母或继父姓氏而引起纠纷的，应当责令恢复原姓氏。

第六十条　在离婚诉讼期间，双方均拒绝抚养子女的，可以先行裁定暂由一方抚养。

第六十一条　对拒不履行或者妨害他人履行生效判决、裁定、调解书中有关子女抚养义务的当事人或者其他人，人民法院可依照民事诉讼法第一百一十一条的规定采取强制措施。

五、离婚

第六十二条　无民事行为能力人的配偶有民法典第三十六条第一款规定行为，其他有监护资格的人可以要求撤销其监护资格，并依法指定新的监护人；变更后的监护人代理无民事行为能力一方提起离婚诉讼的，人民法院应予受理。

第六十三条　人民法院审理离婚案件，符合民法典第一千零七十九条第三款规定"应当准予离婚"情形的，不应当因当事人有过错而判决不准离婚。

第六十四条　民法典第一千零八十一条所称的"军人一方有重大过错"，可以依据民法典第一千零七十九条第三款前三项规定及军人有其他重大过错导致夫妻感情破裂的情形予以判断。

第六十五条　人民法院作出的生效的离婚判决中未涉及探望权，当事人就探望权问题单独提起诉讼的，人民法院应予受理。

第六十六条　当事人在履行生效判决、裁定或者调解书的过程中，一方请求中止探望的，人民法院在征询双方当事人意见后，认为需要中止探望的，依法作出裁定；中止探望的情形消失后，人民法院应当根据当事人的请求书面通知其恢复探望。

第六十七条　未成年子女、直接抚养子女的父或者母以及其他对未成年子女负担抚养、教育、保护义务的法定监护人，有权向人民法院提出中止探望的请求。

第六十八条　对于拒不协助另一方行使探望权的有关个人或者组织，可以由人民法院依法采取拘留、罚款等强制措施，但是不能对子女的人身、探望行为进行强制执行。

第六十九条　当事人达成的以协议离婚或者到人民法院调解离婚为条件的财产以及债务处理协议，如果双方离婚未成，一方在离婚诉讼中反悔的，人民法院应当认定该财产以及债务处理协议没有生效，并根据实际情况依照民法典第一千零八十七条和第一千零八十九条的规定判决。

当事人依照民法典第一千零七十六条签订的离婚协议中关于财产以及债务处理的条款，对男女双方具有法律约束力。登记离婚后当事人因履行上述协议发生纠纷提起诉讼的，人民法院应当受理。

第七十条　夫妻双方协议离婚后就财产分割问题反悔，请求撤销财产分割协议的，人民法院应当受理。

人民法院审理后，未发现订立财产分割协议时存在欺诈、胁迫等情形的，应当依法驳回当事人的诉讼请求。

第七十一条　人民法院审理离婚案件，涉及分割发放到军人名下的复员费、自主择业费等一次性费用的，以夫妻婚姻关系存续年限乘以年平均值，所得数额为夫妻共同财产。

前款所称年平均值，是指将发放到军人名下的上述费用总额按具体年限均分得出的数额。其具体年限为人均寿命七十岁与军人入伍时实际年龄的差额。

第七十二条　夫妻双方分割共同财产中的股票、债券、投资基金份额等有价证券以及未上市股份有限公司股份时，协商不成或者按市价分配有困难的，人民法院可以根据数量按比例分配。

第七十三条　人民法院审理离婚案件，涉及分割夫妻共同财产中以一方名义在有限责任公司的出资额，另一方不是该公司股东的，按以下情形分别处理：

（一）夫妻双方协商一致将出资额部分或者全部转让给该股东的配偶，其他股东过半数同意，并且其他股东均明确表示放弃优先购买权的，该股东的配偶可以成为该公司股东；

（二）夫妻双方就出资额转让份额和转让价格等事项协商一致后，其他股东半数以上不同意转让，但愿意以同等条件购买该出资额的，人民法院可以对转让出资所得财产进行分割。其他股东半数以上不同意转让，也不愿意以同等条件购买该出资额的，视为其同意转让，该股东的配偶可以成为该公司股东。

用于证明前款规定的股东同意的证据，可以是股东会议材料，也可以是当事人通过其他合法途径取得的股东的书面声明材料。

第七十四条　人民法院审理离婚案件，涉及分割夫妻共同财产中以一方名义在合伙企业中的出资，另一方不是该企业合伙人的，当夫妻双方协商一致，将其合伙企业中的财产份额全部或者部分转让给对方时，按以下情形分别处理：

（一）其他合伙人一致同意的，该配偶依法取得合伙人地位；

（二）其他合伙人不同意转让，在同等条件下行使优先购买权的，可以对转让所得的财产进行分割；

（三）其他合伙人不同意转让，也不行使优先购买权，但同意该合伙人退伙或者削减部分财产份额的，可以对结算后的财产进行分割；

（四）其他合伙人既不同意转让，也不行使优先购买权，又不同意该合伙人退伙或者削减部分财产份额的，视为全体合伙人同意转让，该配偶依法取得合伙人地位。

第七十五条　夫妻以一方名义投资设立个人独资企业的，人民法院分割夫妻在该个人独资企业中的共同财产时，应当按照以下情形分别处理：

（一）一方主张经营该企业的，对企业资产进行评估后，由取得企业资产所有权一方给予另一方相应的补偿；

（二）双方均主张经营该企业的，在双方竞价基础上，由取得企业资产所有权的一方给予另一方相应的补偿；

（三）双方均不愿意经营该企业的，按照《中华人民共和国个人独资企业法》等有关规定办理。

第七十六条　双方对夫妻共同财产中的房屋价值及归属无法达成协议时，人民法院按以下情形分别处理：

（一）双方均主张房屋所有权并且同意竞价取得的，应当准许；

（二）一方主张房屋所有权的，由评估机构按市场价格对房屋作出评估，取得房屋所有权的一方应当给予另一方相应的补偿；

（三）双方均不主张房屋所有权的，根据当事人的申请拍卖、变卖房屋，就所得价款进行分割。

第七十七条　离婚时双方对尚未取得所有权或者尚未取得完全所有权的房屋有争议且协商不成的，人民法院不宜判决房屋所有权的归属，应当根据实际情况判决由当事人使用。

当事人就前款规定的房屋取得完全所有权后，有争议的，可以另行向人民法院提起诉讼。

第七十八条　夫妻一方婚前签订不动产买卖合同，以个人财产支付首付款并在银行贷款，婚后用夫妻共同财产还贷，不动产登记于首付款支付方名下的，离婚时该不动产由双方协议处理。

依前款规定不能达成协议的，人民法院可以判决该不动产归登记一方，尚未归还的贷款为不动产登记一方的个人债务。双方婚后共同还贷支付的款项及其相对应财产增值部分，离婚时应根据民法典第一千零八十七条第一款规定的原则，由不动产登记一方对另一方进行补偿。

第七十九条 婚姻关系存续期间，双方用夫妻共同财产出资购买以一方父母名义参加房改的房屋，登记在一方父母名下，离婚时另一方主张按照夫妻共同财产对该房屋进行分割的，人民法院不予支持。购买该房屋时的出资，可以作为债权处理。

第八十条 离婚时夫妻一方尚未退休、不符合领取基本养老金条件，另一方请求按照夫妻共同财产分割基本养老金的，人民法院不予支持；婚后以夫妻共同财产缴纳基本养老保险费，离婚时一方主张将养老金账户中婚姻关系存续期间个人实际缴纳部分及利息作为夫妻共同财产分割的，人民法院应予支持。

第八十一条 婚姻关系存续期间，夫妻一方作为继承人依法可以继承的遗产，在继承人之间尚未实际分割，起诉离婚时另一方请求分割的，人民法院应当告知当事人在继承人之间实际分割遗产后另行起诉。

第八十二条 夫妻之间订立借款协议，以夫妻共同财产出借给一方从事个人经营活动或者用于其他个人事务的，应视为双方约定处分夫妻共同财产的行为，离婚时可以按照借款协议的约定处理。

第八十三条 离婚后，一方以尚有夫妻共同财产未处理为由向人民法院起诉请求分割的，经审查该财产确属离婚时未涉及的夫妻共同财产，人民法院应当依法予以分割。

第八十四条 当事人依据民法典第一千零九十二条的规定向人民法院提起诉讼，请求再次分割夫妻共同财产的诉讼时效期间为三年，从当事人发现之日起计算。

第八十五条 夫妻一方申请对配偶的个人财产或者夫妻共同财产采取保全措施的，人民法院可以在采取保全措施可能造成损失的范围内，根据实际情况，确定合理的财产担保数额。

第八十六条 民法典第一千零九十一条规定的"损害赔偿"，包括物质损害赔偿和精神损害赔偿。涉及精神损害赔偿的，适用《最高人民法院关于确定民事侵权精神损害赔偿责任若干问题的解释》的有关规定。

第八十七条 承担民法典第一千零九十一条规定的损害赔偿责任的主体，为离婚诉讼当事人中无过错方的配偶。

人民法院判决不准离婚的案件，对于当事人基于民法典第一千零九十一条提出的损害赔偿请求，不予支持。

在婚姻关系存续期间，当事人不起诉离婚而单独依据民法典第一千零九十一条提起损害赔偿请求的，人民法院不予受理。

第八十八条 人民法院受理离婚案件时，应当将民法典第一千零九十一条等规定中当事人的有关权利义务，书面告知当事人。在适用民法典第一千零九十一条时，应当区分以下不同情况：

（一）符合民法典第一千零九十一条规定的无过错方作为原告基于该条规定向人民法院提起损害赔偿请求的，必须在离婚诉讼的同时提出。

（二）符合民法典第一千零九十一条规定的无过错方作为被告的离婚诉讼案件，如果被告不同意离婚也不基于该条规定提起损害赔偿请求的，可以就此单独提起诉讼。

（三）无过错方作为被告的离婚诉讼案件，一审时被告未基于民法典第一千零九十一条规定提出损害赔偿请求，二审期间提出的，人民法院应当进行调解；调解不成的，告知当事人另行起诉。双方当事人同意由第二审人民法院一并审理的，第二审人民法院可以一并裁判。

第八十九条　当事人在婚姻登记机关办理离婚登记手续后，以民法典第一千零九十一条规定为由向人民法院提出损害赔偿请求的，人民法院应当受理。但当事人在协议离婚时已经明确表示放弃该项请求的，人民法院不予支持。

第九十条　夫妻双方均有民法典第一千零九十一条规定的过错情形，一方或者双方向对方提出离婚损害赔偿请求的，人民法院不予支持。

六、附则

第九十一条　本解释自 2021 年 1 月 1 日起施行。

附录三　最高人民法院关于适用《中华人民共和国民法典》继承编的解释（一）

（2020 年 12 月 25 日最高人民法院审判委员会
第 1825 次会议通过，自 2021 年 1 月 1 日起施行）

为正确审理继承纠纷案件，根据《中华人民共和国民法典》等相关法律规定，结合审判实践，制定本解释。

一、一般规定

第一条　继承从被继承人生理死亡或者被宣告死亡时开始。

宣告死亡的，根据民法典第四十八条规定确定的死亡日期，为继承开始的时间。

第二条　承包人死亡时尚未取得承包收益的，可以将死者生前对承包所投入的资金和所付出的劳动及其增值和孳息，由发包单位或者接续承包合同的人合理折价、补偿。其价额作为遗产。

第三条　被继承人生前与他人订有遗赠扶养协议，同时又立有遗嘱的，继承开始后，如果遗赠扶养协议与遗嘱没有抵触，遗产分别按协议和遗嘱处理；如果有抵触，按协议处理，与协议抵触的遗嘱全部或者部分无效。

第四条　遗嘱继承人依遗嘱取得遗产后，仍有权依照民法典第一千一百三十条的规定取得遗嘱未处分的遗产。

第五条　在遗产继承中，继承人之间因是否丧失继承权发生纠纷，向人民法院提起诉讼的，由人民法院依据民法典第一千一百二十五条的规定，判决确认其是否丧失继承权。

第六条　继承人是否符合民法典第一千一百二十五条第一款第三项规定的"虐待被继承人情节严重"，可以从实施虐待行为的时间、手段、后果和社会影响等方面认定。

虐待被继承人情节严重的，不论是否追究刑事责任，均可确认其丧失继承权。

第七条　继承人故意杀害被继承人的，不论是既遂还是未遂，均应当确认其丧失继承权。

第八条　继承人有民法典第一千一百二十五条第一款第一项或者第二项所列之行为，而被继承人以遗嘱将遗产指定由该继承人继承的，可以确认遗嘱无效，并确认该继承人丧失继承权。

第九条　继承人伪造、篡改、隐匿或者销毁遗嘱，侵害了缺乏劳动能力又无生活来源的继承人的利益，并造成其生活困难的，应当认定为民法典第一千一百二十五条第一款第四项规定的"情节严重"。

二、法定继承

第十条 被收养人对养父母尽了赡养义务，同时又对生父母扶养较多的，除可以依照民法典第一千一百二十七条的规定继承养父母的遗产外，还可以依照民法典第一千一百三十一条的规定分得生父母适当的遗产。

第十一条 继子女继承了继父母遗产的，不影响其继承生父母的遗产。

继父母继承了继子女遗产的，不影响其继承生子女的遗产。

第十二条 养子女与生子女之间、养子女与养子女之间，系养兄弟姐妹，可以互为第二顺序继承人。

被收养人与其亲兄弟姐妹之间的权利义务关系，因收养关系的成立而消除，不能互为第二顺序继承人。

第十三条 继兄弟姐妹之间的继承权，因继兄弟姐妹之间的扶养关系而发生。没有扶养关系的，不能互为第二顺序继承人。

继兄弟姐妹之间相互继承了遗产的，不影响其继承亲兄弟姐妹的遗产。

第十四条 被继承人的孙子女、外孙子女、曾孙子女、外曾孙子女都可以代位继承，代位继承人不受辈数的限制。

第十五条 被继承人的养子女、已形成扶养关系的继子女的生子女可以代位继承；被继承人亲生子女的养子女可以代位继承；被继承人养子女的养子女可以代位继承；与被继承人已形成扶养关系的继子女的养子女也可以代位继承。

第十六条 代位继承人缺乏劳动能力又没有生活来源，或者对被继承人尽过主要赡养义务的，分配遗产时，可以多分。

第十七条 继承人丧失继承权的，其晚辈直系血亲不得代位继承。如该代位继承人缺乏劳动能力又没有生活来源，或者对被继承人尽赡养义务较多的，可以适当分给遗产。

第十八条 丧偶儿媳对公婆、丧偶女婿对岳父母，无论其是否再婚，依照民法典第一千一百二十九条规定作为第一顺序继承人时，不影响其子女代位继承。

第十九条 对被继承人生活提供了主要经济来源，或者在劳务等方面给予了主要扶助的，应当认定其尽了主要赡养义务或主要扶养义务。

第二十条 依照民法典第一千一百三十一条规定可以分给适当遗产的人，分给他们遗产时，按具体情况可以多于或者少于继承人。

第二十一条 依照民法典第一千一百三十一条规定可以分给适当遗产的人，在其依法取得被继承人遗产的权利受到侵犯时，本人有权以独立的诉讼主体资格向人民法院提起诉讼。

第二十二条 继承人有扶养能力和扶养条件，愿意尽扶养义务，但被继承人因有固定收入和劳动能力，明确表示不要求其扶养的，分配遗产时，一般不应因此而影响其继承份额。

第二十三条 有扶养能力和扶养条件的继承人虽然与被继承人共同生活，但对需要扶养的被继承人不尽扶养义务，分配遗产时，可以少分或者不分。

三、遗嘱继承和遗赠

第二十四条 继承人、受遗赠人的债权人、债务人，共同经营的合伙人，也应当视为与继承人、受遗赠人有利害关系，不能作为遗嘱的见证人。

第二十五条 遗嘱未保留缺乏劳动能力又没有生活来源的继承人的遗产份额，遗产处理时，应当为该继承人留下必要的遗产，所剩余的部分，才可参照遗嘱确定的分配原则处理。

继承人是否缺乏劳动能力又没有生活来源，应当按遗嘱生效时该继承人的具体情况确定。

第二十六条 遗嘱人以遗嘱处分了国家、集体或者他人财产的，应当认定该部分遗嘱无效。

第二十七条 自然人在遗书中涉及死后个人财产处分的内容，确为死者的真实意思表示，有本人签名并注明了年、月、日，又无相反证据的，可以按自书遗嘱对待。

第二十八条 遗嘱人立遗嘱时必须具有完全民事行为能力。无民事行为能力人或者限制民事行为能力人所立的遗嘱，即使其本人后来具有完全民事行为能力，仍属无效遗嘱。遗嘱人立遗嘱时具有完全民事行为能力，后来成为无民事行为能力人或者限制民事行为能力人的，不影响遗嘱的效力。

第二十九条 附义务的遗嘱继承或者遗赠，如义务能够履行，而继承人、受遗赠人无正当理由不履行，经受益人或者其他继承人请求，人民法院可以取消其接受附义务部分遗产的权利，由提出请求的继承人或者受益人负责按遗嘱人的意愿履行义务，接受遗产。

四、遗产的处理

第三十条 人民法院在审理继承案件时，如果知道有继承人而无法通知的，分割遗产时，要保留其应继承的遗产，并确定该遗产的保管人或者保管单位。

第三十一条 应当为胎儿保留的遗产份额没有保留的，应从继承人所继承的遗产中扣回。

为胎儿保留的遗产份额，如胎儿出生后死亡的，由其继承人继承；如胎儿娩出时是死体的，由被继承人的继承人继承。

第三十二条 继承人因放弃继承权，致其不能履行法定义务的，放弃继承权的行为无效。

第三十三条 继承人放弃继承应当以书面形式向遗产管理人或者其他继承人表示。

第三十四条 在诉讼中，继承人向人民法院以口头方式表示放弃继承的，要制作笔录，由放弃继承的人签名。

第三十五条　继承人放弃继承的意思表示，应当在继承开始后、遗产分割前作出。遗产分割后表示放弃的不再是继承权，而是所有权。

第三十六条　遗产处理前或者在诉讼进行中，继承人对放弃继承反悔的，由人民法院根据其提出的具体理由，决定是否承认。遗产处理后，继承人对放弃继承反悔的，不予承认。

第三十七条　放弃继承的效力，追溯到继承开始的时间。

第三十八条　继承开始后，受遗赠人表示接受遗赠，并于遗产分割前死亡的，其接受遗赠的权利转移给他的继承人。

第三十九条　由国家或者集体组织供给生活费用的烈属和享受社会救济的自然人，其遗产仍应准许合法继承人继承。

第四十条　继承人以外的组织或者个人与自然人签订遗赠扶养协议后，无正当理由不履行，导致协议解除的，不能享有受遗赠的权利，其支付的供养费用一般不予补偿；遗赠人无正当理由不履行，导致协议解除的，则应当偿还继承人以外的组织或者个人已支付的供养费用。

第四十一条　遗产因无人继承又无人受遗赠归国家或者集体所有制组织所有时，按照民法典第一千一百三十一条规定可以分给适当遗产的人提出取得遗产的诉讼请求，人民法院应当视情况适当分给遗产。

第四十二条　人民法院在分割遗产中的房屋、生产资料和特定职业所需要的财产时，应当依据有利于发挥其使用效益和继承人的实际需要，兼顾各继承人的利益进行处理。

第四十三条　人民法院对故意隐匿、侵吞或者争抢遗产的继承人，可以酌情减少其应继承的遗产。

第四十四条　继承诉讼开始后，如继承人、受遗赠人中有既不愿参加诉讼，又不表示放弃实体权利的，应当追加为共同原告；继承人已书面表示放弃继承、受遗赠人在知道受遗赠后六十日内表示放弃受遗赠或者到期没有表示的，不再列为当事人。

五、附则

第四十五条　本解释自 2021 年 1 月 1 日起施行。